高等学校“十二五”规划教材·计算机软件工程系列

计算机组成原理与结构

主　编　崔林海
副主编　张子迎　姜占鹏　郭　鑫

哈爾濱工業大學出版社

内容简介

本书系统地介绍了计算机系统的基本组成原理及体系结构。全书共分9章,内容包括:计算机系统概述、数据在计算机中的表示、运算方法与运算器、存储器系统、指令系统、中央处理器、总线系统、输入/输出系统及并行计算机系统。本书涵盖了计算机各部件的组成原理、设计方法及其构成计算机整机系统的技术。读者通过阅读可对计算机系统有比较全面的了解,为进一步深入学习和研究奠定基础。

本书在描述电路实现时采用EDA技术,特色突出,可作为高等院校计算机专业及相关专业本科生的教材,也可供从事计算机等领域工作的科技人员参考。

图书在版编目(CIP)数据

计算机组成原理与结构/崔林海主编. —哈尔滨:哈尔滨工业大学出版社,2015.1(2018.8重印)
ISBN 978-7-5603-4923-7

Ⅰ.①计… Ⅱ.①崔… Ⅲ.①计算机组成原理-高等学校-教材 ②计算机体系结构-高等学校-教材 Ⅳ.①TP30

中国版本图书馆CIP数据核字(2014)第204296号

策划编辑 王桂芝
责任编辑 刘 瑶
出版发行 哈尔滨工业大学出版社
社 址 哈尔滨市南岗区复华四道街10号 邮编150006
传 真 0451-86414749
网 址 http://hitpress.hit.edu.cn
印 刷 黑龙江艺德印刷有限责任公司
开 本 787mm×1092mm 1/16 印张15.5 字数373千字
版 次 2015年1月第1版 2018年8月第4次印刷
书 号 ISBN 978-7-5603-4923-7
定 价 34.00元

高等学校"十二五"规划教材

计 算 机 软 件 工 程 系 列

◎序

Foreword

随着计算机软件工程的发展和社会对计算机软件工程人才需求的增长,软件工程专业的培养目标更加明确,特色更加突出。目前,国内多数高校软件工程专业的培养目标是以需求为导向,注重培养学生掌握软件工程基本理论、专业知识和基本技能,具备运用先进的工程化方法、技术和工具从事软件系统分析、设计、开发、维护和管理等工作能力,以及具备参与工程项目的实践能力、团队协作能力、技术创新能力和市场开拓能力,具有发展成软件行业高层次工程技术和企业管理人才潜力的,适应社会市场经济和信息产业发展需要的"工程实用型"人才。

本系列教材针对软件工程专业"突出学生的软件开发能力和软件工程素质,培养从事软件项目开发和管理的高级工程技术人才"的培养目标,集9家软件学院(软件工程专业)的优秀作者和强势课程,本着"立足基础,注重实践应用;科学统筹,突出创新特色"的原则,精心策划编写。具体特色如下:

1. 紧密结合企业需求,多校优秀作者联合编写

本系列教材编写在充分进行企业需求、学生需要、教师授课方便等多方市场调研的基础上,采取了校企适度联合编写的做法,根据目前企业的普遍需要,结合在校学生的实际学习情况,校企作者共同研讨、确定课程的安排和相关教材内容,力求使学生在校学习过程中就能熟悉和掌握科学研究及工程实践中需要的理论知识和实践技能,以便适应就业及创业的需要,满足国家对软件工程人才的需要。

2. 多门课程系统规划,注重培养学生工程素质

本系列教材精心策划,从计算机基础课程→软件工程基础与主干课程→设计与实践课程,系统规划,统一编写。既考虑到到每门课程的相对独立性,基础知识的完整性,又兼顾相关课程之间的横向联系,避免知识点的简单重复,力求形成科学、完整的知识体系。

本系列教材中的《离散数学》、《数据库系统原理》、《算法设计与分析》等基础教材在引入概念和理论时,尽量使其贴近社会现实及软件工程等学科的技术和应用,力图将基本知识与软件工程学科的实际问题结合起来,在具备直观性的同时强调启发性,必须让学生理解所

学的知识。《软件工程导论》、《软件体系结构》、《软件质量保证与测试》、《软件项目管理》等软件工程主干课程以《软件工程导论》为线索，各课程间相辅相成，互相照应，系统地介绍了软件工程的整个学习过程。《数据结构应用设计》、《编译原理设计与实践》、《操作系统设计与实践》、《数据库系统设计与实践》等实践类教材以实验为主题，坚持理论内容以必须和够用为度，实验内容以新颖、实用为原则编写。通过一系列实验，培养学生的探究、分析问题的能力，激发学生的学习兴趣，充分调动学生的非智力因素，提高学生的实践能力。

相信本系列教材的出版，对于培养软件工程人才、推动我国计算机软件工程事业的发展必将起到积极作用。

王义和

2011 年 7 月

◎前 言

Preface

“计算机组成原理”是计算机专业及相关电子类专业计算机硬件系列课程的核心课程，主要讲述单处理机计算机系统的组成、工作原理及逻辑设计方法。学习本课程的目的是使学生建立起在控制器控制之下的计算机整体概念，充分理解程序、指令、控制、操作之间的关系，为学习其他硬件系列课程，特别是应用型课程如接口技术、单片机技术等，打下良好的基础。

本课程涉及的知识面较广，既有数字逻辑电路方面的知识，也有汇编语言、操作系统等方面的基础知识，其侧重点虽然在硬件，但指令与控制的理念贯穿始终。从某种角度讲，计算机的硬件系统就是围绕着实现计算机指令系统的功能而设计的。

作者在多年的计算机组成原理课程教学中，深深体会到这门课程对学习计算机专业及相关电子类专业的重要性。随着 EDA 技术的普及，用硬件描述语言设计实现电路系统的方式已经成为趋势，因此，本书在描述部分电路实现时采用了 Verilog 硬件描述语言和 EDA 技术，这也是本书的特色之一。

本书在编写过程中力求做到内容全面、概念清楚、选材恰当、结构合理，结合作者多年的教学经验与科研实践，征求和收集了部分教授、专家的意见和建议，也参考了国内外有关的教材和文献资料。本书力求符合认识论规律，由浅入深，循序渐进，图文并茂，具有科学性和启发性；注重内容的先进性与实用性，理论联系实际。

全书共分 9 章：第 1、2 章介绍计算机基础知识，包括计算机的基本组成、主要技术指标、计算机中的数制与码制、数据的表示方法，对计算机中的检错、纠错码也做了必要的探讨；第 3 章介绍运算方法与运算器的组成，包括定点数和浮点数的运算方法以及运算器的电路实现；第 4 章介绍存储系统，从一般的半导体读写存储器和只读存储器入手，介绍并行主存系统、Cache 主存存储层次和虚拟存储系统的构成；第 5 章介绍指令系统，指令系统是计算机系统中软、硬件的交界面，主要讨论指令格式的优化，介绍几种常用的寻址方式；第 6 章介绍中央处理器，主要对控制器进行较深入的探讨，介绍典型的 CPU 结构，对计算机中的流水结构进行简要分析，对控制器的两种常见实现方式——组合逻辑控制和微程序控制进行探讨；第 7 章介绍总线系统，包括几种常用总线的基本结构；第 8 章介绍输入输出系统，包括输入输出设备与主机交换信息的几种控制方式和输入输出设备的基础；第 9 章介绍计算机系统结构的新发展，包括并行处理机和多处理机系统。最后在附录中简介 EDA 技术。

本书由哈尔滨理工大学崔林海主编，负责全书的组织和统稿，并编写第1、9章和附录；哈尔滨工程大学张子迎编写第5、6章；哈尔滨理工大学姜占鹏和徐瑞编写第2~4章；哈尔滨广厦学院郭鑫编写第7章；哈尔滨广厦学院陈井霞和哈尔滨铁路局哈尔滨房产建筑段侯景威合作编写第8章。

限于作者水平，书中的错漏在所难免，恳请读者批评指正。

为满足教学需要，本书为教师配有电子课件与习题参考答案，如有需要，可与作者(cuilinhai@ hrbust. edu. cn)或出版社编辑(wgz_w@ 126. com)联系。

编　者

2014年8月

◎目录

Contents

第 1 章　计算机系统概述 …… 1
1.1　计算机的发展历史及趋势 …… 1
1.2　计算机的特性与分类 …… 3
1.3　计算机的性能指标与应用 …… 5
1.4　计算机系统的基本结构 …… 8
习　题 …… 14
第 2 章　数据在计算机中的表示 …… 15
2.1　数据与信息 …… 15
2.2　数值型数据的表示 …… 16
2.3　非数值型数据的表示 …… 26
2.4　数据校验编码 …… 29
习　题 …… 35
第 3 章　运算方法与运算器 …… 37
3.1　定点加减运算 …… 37
3.2　定点乘法运算 …… 42
3.3　定点除法运算 …… 49
3.4　浮点运算 …… 52
3.5　十进制数的加、减法运算 …… 57
3.6　运算器的基本组成 …… 58
3.7　算术与逻辑单元的组成 …… 61
习　题 …… 66
第 4 章　存储器系统 …… 68
4.1　存储器概述 …… 68
4.2　主存储器 …… 72
4.3　高速缓冲存储器 …… 82
4.4　虚拟存储器 …… 88
4.5　辅助存储器 …… 92
4.6　用 Verilog 描述的存储器 …… 96
习　题 …… 97
第 5 章　指令系统 …… 99
5.1　指令概述 …… 99

目录 Contents

5.2 寻址方式 …… 102
5.3 指令的功能和类型 …… 107
5.4 堆栈和堆栈存取方式 …… 111
5.5 指令系统举例 …… 113
5.6 CISC 与 RISC 指令 …… 119
习 题 …… 121

第6章 中央处理器 …… 122
6.1 CPU 的组成与功能 …… 122
6.2 组合逻辑控制 …… 144
6.3 微程序控制 …… 146
习 题 …… 153

第7章 总线系统 …… 155
7.1 总线概述 …… 155
7.2 总线设计要素 …… 159
7.3 总线接口单元 …… 170
7.4 总线标准 …… 173
7.5 总线结构 …… 185
习 题 …… 188

第8章 输入/输出系统 …… 190
8.1 I/O 接口 …… 190
8.2 I/O 数据传送控制方式 …… 193
8.3 中断方式 …… 194
8.4 直接存储器存取(DMA)方式 …… 204
8.5 通道和 I/O 处理机方式 …… 208
8.6 外部接口 …… 211
8.7 输入输出设备 …… 214
习 题 …… 218

第9章 并行计算机系统 …… 220
9.1 并行性的概念 …… 220
9.2 并行计算机系统 …… 223
习 题 …… 226

附录 EDA 技术 …… 227

参考文献 …… 236

第1章

计算机系统概述

学习目标：本章以概念为主，要求宏观掌握，不必追究细节，对概念的理解要准确；掌握计算机的发展历史；掌握冯·诺依曼型计算机的原理、特点和基本结构；掌握计算机系统的层次结构、硬件系统、软件系统及它们之间的关系；理解计算机组成与计算机系统结构的概念及关系。

1.1 计算机的发展历史及趋势

计算机是20世纪人类最伟大的发明创造之一，它的诞生、发展和应用是科学技术的卓越成就，也是技术革命的基础，对人类社会产生了巨大而深远的影响，并改变着人们的生活方式。自第一台电子计算机出现以来，计算机技术和应用在世界范围内蓬勃发展，规模空前。现在，我们的工作和生活都已经离不开计算机，学习和掌握计算机技术已经成为人们的现实需求。

1.1.1 电子计算机的诞生

计算机是一种能够自动、高速、准确地对各种信息进行高速加工、处理、存储和传送的电子设备。今天所说的计算机(Computer)实际上是指电子数字计算机(Electronic Digital Computer)。计算机的一个比较确切的定义是：计算机是一种以电子器件为基础，不需人的直接干预，能够对各种数字化信息进行快速算术运算和逻辑运算的工具。

世界上第一台电子数字计算机是1946年问世的ENIAC(Electronic Numerical Integrator and Computer)，如图1.1所示。

图1.1 世界上第一台通用电子数字计算机ENIAC

它是美国陆军出资40万美元,由美国宾夕法尼亚大学花了20年研制出来的。该机重达30 t,功耗150 kW,占地170 m^2,使用了18 800个电子管,其运算速度为5 000次/s,它的存储容量小,没有采用二进制操作和存储程序控制,未具备现代电子计算机的主要特征。ENIAC计算机虽然有许多明显的不足,它的功能也远不及现在的一台普通微型计算机,但它的诞生宣告了电子计算机时代的到来。

和其他机器设备一样,计算机首先是一个工具。但与其他增强人的体力的机器设备不同,计算机是增强人的脑力的工具,俗称“电脑”。计算机主要增强的是人的记忆、计算、逻辑判断和信息处理的能力,而人类所独有的智慧水平,计算机是远远达不到的。掌握计算机首先应该熟练地掌握它的使用,然后再进一步掌握其工作原理。后者是一个计算机科学工作者深入学习计算机技术的基础。

电子计算机几十年的发展历史表明,计算机硬件的发展受电子器件的影响极大,为此,人们习惯以元器件的更新作为计算机技术进步的主要标志。

1.1.2 第一代计算机(1946~1958年)

第一代计算机的主要元器件采用电子管,称为电子管计算机。这一代计算机的体积很大,运算速度慢,典型逻辑结构为定点运算,每秒进行几千次到几万次基本运算,功耗大,价格昂贵,可靠性差,使用和维护很不方便。当时,计算机“软件”一词尚未出现,使用机器语言或汇编语言来编制程序,主要用于科学计算。

1.1.3 第二代计算机(1959~1964年)

第二代计算机为晶体管计算机,其主要元器件是晶体管。与第一代电子管计算机相比,第二代机体积小、速度快、功耗低、可靠性高。这一代计算机除了逻辑元件采用晶体管以外,其内存储器由磁芯构成,外存储器由磁鼓和磁带组成,实现了浮点运算、变址、中断、I/O处理等。计算机软件也得到了发展,出现了FORTRAN,COBOL,ALGOL 60等高级语言及其编译程序,使程序设计得以简化和方便,计算机的应用领域也从单一的科学计算拓展到数据处理和实时控制等方面。

1.1.4 第三代计算机(1965~1971年)

第三代计算机的主要电子器件是小规模集成电路(SSI)和中规模集成电路(MSI)。这一代计算机的典型代表是IBM公司于1964年4月宣布的IBM 360系统,这是计算机发展史上具有重要意义的事件。该系统采用了计算机科学技术中一系列新事物,包括微程序控制、高速缓存、虚拟存储器、流水线技术等,运算速度进一步提高。在软件方面出现了分时操作系统和多种高级语言,使计算机的功能越来越强,应用范围越来越广。

1.1.5 第四代计算机(1971年至今)

微电子技术的飞速发展,使大规模(LSI)和超大规模(VLSI)集成电路成为计算机的主要器件,集成度高,运算速度快,稳定性好,计算机综合性能大大提高。软件方面,出现了数据库管理系统和软件工程技术,提高了软件生产效率和可靠性。计算机网络的飞速发展使计算机应用日益广泛。

第四代计算机的一个重要分支是微型计算机。1971年11月,美国Intel公司研制出第一个微处理器芯片,从此,微型机发展速度之快、普及之广超出了人们的预料。微型计算机的核心是微处理器,微处理器的发展又大致经历了4个阶段:

第一阶段是1971~1973年,为微处理器的低性能阶段。微处理器芯片有Intel 4004,Intel 4040,Intel 8008,字长为4位或8位。

第二阶段是1973~1977年,为微型计算机的发展和改进阶段,其性能较第一阶段有了很大的提高。微处理器芯片有Intel 8080,Intel 8085,M6800及Z80,字长为8位。微型机产品有MCS-80型及APPLE-Ⅱ型的微型计算机,在20世纪80年代初期曾一度风靡世界。

第三阶段是1978~1983年,为16位微型计算机的发展阶段。微处理器芯片有Intel 8086,Intel 8088,Intel 80286,M68000及Z8000。微型机的代表产品是IBM-PC(CPU为Intel 8086)及IBM公司的PC/AT 286(CPU为Intel 80286)。

第四阶段是从1983年以后的32位、64位微型计算机的发展阶段。32位微处理器芯片有Intel 80386,Intel 80486。1993年,Intel公司推出了64位的Pentium(奔腾)微处理器。

本时期的另一个重要特点是计算机网络的发展与广泛应用。进入20世纪90年代后,由于计算机技术与通信技术的高速发展与密切结合,掀起了网络热,大量的计算机联入到不同规模的网中,然后通过Internet(互联网)与世界各地的计算机相连,这样大大扩展和加速了信息的流通,使计算机的应用方式也由个人计算方式向分布式和集群式计算方向发展。

1.1.6 计算机的发展趋势

人们以元器件的更新换代作为计算机划分时代的标志,因此只要是硅材料半导体器件集成电路组成的计算机,且计算机基本结构仍然遵循冯·诺依曼体系结构,我们仍把它们称为第四代计算机。

在组织结构和功能上,未来计算机将向巨型化、微型化、网络化及智能化的方向发展。同时,人们在不断努力探索,以寻找速度更快、功能更强、全新的元器件来组成计算机,如生物计算机、纳米计算机、超导计算机、量子计算机、光计算机等。计算机的基本结构也试图突破冯·诺依曼结构体系,这是人类对计算机技术的一种挑战,也是对其他相关领域和学科的挑战,它必将促进其他众多学科的进一步发展。

1.2 计算机的特性与分类

计算机是一种高速数据运算和信息处理工具。计算机的运算主要包括算术运算和逻辑运算;计算机的信息处理是指对信息的搜索、识别、变换、联想、思考和推理等。

1.2.1 计算机的特性

现代电子计算机与算盘及各类机械式计算器的主要区别是自动和高速。

1. 高速处理能力

计算机具有高速的运算能力,从最初每秒完成几千次加法运算到现在每秒千亿次、万亿次的浮点运算。几十年来,人们为提高计算机的运算速度,对计算机本身的组织结构也进行了不断的改进,如RISC技术、多级Cache技术、超级流水线技术、并行处理技术等。计算机运算速度越高,信息处理能力就越强。

2. 巨大的存储和快速存取能力

计算机具有容量很大的存储装置,它不仅可以长久地存储大量文字、图形、图像、声音等信息资料,还可以存储指挥计算机工作的程序。近年来,随着计算机与集成电路技术的发展,各类存储设备的容量越来越大,存取速度越来越快。

3. 精确的运算能力和逻辑判断能力

计算机不仅运算速度快,而且运算精度高。计算机的运算精度,通常取决于计算机的字长,即计算机一次运算所能处理的二进制数的位数。字长越长,有效位数就越多,精确度也就越高。目前微型机的字长为32位或64位。

计算机还具有可靠的逻辑判断能力。在执行程序的过程中,能进行各种逻辑判断,并根据其结果自动决策下一步做什么。

4. 存储程序和自动执行能力

冯·诺依曼型计算机的一个重要特点是存储程序。只要将事先编制的程序存入计算机内存,计算机就能自动按照程序规定的步骤完成预定的任务。

实际上,计算机的特点远不止这些,特别是近几年随着多媒体技术的发展和网络的普及,计算机在信息处理方面将出现更多的新特性。

1.2.2 计算机的分类

从不同角度出发可以对计算机进行不同的分类。如按计算机所处理信号的性质可分为数字电子计算机和模拟电子计算机;按用途可分为通用计算机和专用计算机;按规模可分为单片机、微型机、小型机、中型机、大型机和巨型机;按发展历程可分为电子管、晶体管、集成电路、大规模和超大规模集成电路计算机;按指令和数据流可分为单指令流单数据流系统(SISD)、单指令流多数据流系统(SIMD)、多指令流单数据流系统(MISI)及多指令流多数据流系统(MIMD)。

通用计算机功能齐全,通用性强,适应面广,可完成各种各样的工作,但是牺牲了效率、速度和经济性。专用计算机是专为某些特定问题而设计的功能单一的计算机,一般来说,其结构要比通用计算机简单,具有可靠性高、速度快、成本低的优点,是最有效、最经济和最快速的计算机,但是其适应性很差。

通用计算机按规模和能力划分为巨型机、大型机、小型机、工作站和个人计算机。

1. 巨型机(Super Computer)

巨型机也称超级计算机,是计算机家族中价格最高、运算速度最快、存储容量和体积最大、功能最强的一类,运算速度一般在每秒上万亿次,包含数以百计、千计的CPU,运算处理能力极强。

巨型机大多用在国防、科研、气象等领域。巨型机的研制水平、生产能力及其应用程序成为衡量一个国家经济实力与科技水平的重要标志,当前美国、日本是生产巨型机的主要国家。

2. 大型机(Mainframe)

大型机的特点是大型、通用、速度快、处理能力强、存储容量大,有很强的管理和处理数据的能力，主要用于大银行、大公司、规模较大的高等学校和科研院所。大型机的处理机系统可以是单处理机、多处理机或多个子系统的复合体。

3. 小型机(Minicomputer)

小型机结构简单、价格较低、管理维护容易、使用方便，备受中小企业欢迎。其发展大致分为 4 个阶段，分别是 20 世纪 60 年代小规模集成电路计算机(如 DEC 公司的 PDP-8)；60 年代末至 70 年代末的大规模集成电路计算机(如 DEC 的 PDP-11)；70 年代末至 80 年代末的超大规模集成电路计算机(如 VAX-11 系列)；80 年代末以来的精简指令集计算机(Reduced Instruction Set Computer，RISC)。目前，小型机基本上被高性能的微型计算机所取代。

4. 工作站(Workstation)

工作站是介于小型机和个人计算机之间的一种高档微机，以个人计算环境和分布式网络计算环境为基础，为特定应用领域的人员提供一个具有友好人机界面的高效率工作平台。工作站的处理功能除了具有高速的定点和浮点运算能力以外，还有很强的处理图形、图像、声音、视频等多媒体信息的能力和较强的网络通信能力。工作站适用于工程技术、科学研究和商业应用。

5. 个人计算机(Personal Computer，简称 PC 机)

个人计算机也称微型计算机、微机或个人电脑，是以微处理器为中央处理器而组成的计算机系统。它的发展到目前为止大致可以分成 4 个阶段。第一阶段(1971～1977 年)，以 8 位微处理器为基础，有较完整的指令系统，存储容量为 64 KB。典型微处理器有 Intel 8080，8085，Zilog 公司的 Z-80 及 Motorola 的 M6800，配有简单操作系统(如 CP/M)。第二阶段(1978～1981 年)，微处理器以 16 位或准 32 位为基础，采用虚拟存储、存储保护等以前的小型或大型机中所采用的技术，内存为 1 MB，还有较大容量的软盘和硬盘。第三阶段(20 世纪 80 年代初至中期)，80 年代初，IBM 推出了以 80X86 为处理器的开放式 IBM PC 机，这是微型机发展过程中的一个里程碑。当时，IBM PC 所用芯片(8086，80286 和 80386)、操作系统(MS-DOS)和总线实际上形成了国际工业生产的主要标准，微型机应用也得到了迅速的发展。第四阶段(20 世纪 80 年代后期至今)，RISC 技术的出现使微处理器的体系结构发生了重大变革，从而出现了 RISC 与 CISC 计算机相互学习、相互促进、共同发展的新局面。

1.3　计算机的性能指标与应用

计算机系统的发展实际上与计算机的应用是互相促进的，计算机的应用从早期的科学计算、数据处理到工业控制、实时控制，直至目前的网络技术(电子商务、网络教育)、多媒体技术与人工智能等方面的应用对计算机的性能提出了更高的要求。随着社会需求和微电子技术的不断发展，计算机的性能在不断提高，计算机的体系结构可能会有重大突破。

1.3.1　计算机的性能指标

计算机的性能指标有很多，如体积、功耗、流水线结构、Cache 级数等，但其基本性能一般从以下几个方面来衡量：

1. 字长

字长是指计算机的运算部件能同时处理的二进制数据的位数,通常是字节的整数倍。它决定着处理器内寄存器、运算器、内部数据总线的宽度(即位数),因而直接影响着硬件的代价。字长也标志着计算精度,字长越长,计算机的运算精度就越高。因此,高性能的计算机其字长较长,而性能较差的计算机字长相对要短一些。为了兼顾精度与硬件代价,许多计算机允许变字长运算。字长也影响机器的运算速度,字长越长,计算机的运算速度越快。

2. 内存容量

内存容量指计算机主存储器(内存)所能存储信息的字节数。内存容量的基本单位是字节(Byte, 缩写为 B),此外还有 KB,MB,GB,TB 等单位。约定 8 位二进制代码为一个字节, 1 024 B=1 kB,1 024 kB=1 MB,1 024 MB=1 GB,1 024 GB=1 TB。

内存容量变化范围是较大的。同一台机器能配置的容量大小也有一个允许范围。

3. 速度

计算机的速度取决于主频、内存的存取周期、外存的数据传送速率和输入输出设备的速度。

(1)主频。中央处理器(CPU)的主频表示在 CPU 内数字脉冲信号振荡的速度,指 CPU 的时钟频率,单位是赫兹,字母表示为 Hz。主频是 CPU 的一个重要性能指标,是衡量 CPU 速度的重要参数,它与 CPU 实际的运行能力并没有直接关系,主频越高,CPU 的速度就越快。主频的倒数是时钟周期,这是 CPU 中最小的时间元素。每个动作至少需要一个时钟周期。

(2)存取速度。存取速度是衡量存储器性能的一项重要指标。通常用存取周期和存取时间两项指标来描述。

(3)运算速度。运算速度指 CPU 单位时间内能执行的指令条数,用 *MIPS* 或 *MFLOPS* 表示。*MIPS* 表示每秒执行多少百万条指令。对于一个给定的程序,*MIPS* 的定义如下:

$$MIPS=\frac{\text{指令条数}}{\text{执行时间}\times 10^6}$$

MFLOPS 表示每秒执行多少百万次浮点运算。对于一个给定的程序,*MFLOPS* 的定义如下:

$$MFLOPS=\frac{\text{浮点操作次数}}{\text{执行时间}\times 10^6}$$

运算速度是一项综合性技术指标,其值的大小不仅与 CPU 有关,还与存储器、系统总线等各部件密切相关。由于每条指令的执行时间不同,因此运算速度有不同的计算方法,一般采用专用的基准程序作为测试标准。

(4)*CPI*。*CPI* 指每条指令执行所需的时钟周期数。

(5)CPU 执行时间。

$$\text{CPU 执行时间}=\frac{\text{CPU 时钟周期数}}{\text{时钟频率}}=\frac{IC\times CPI}{\text{时钟频率}}$$

4. 吞吐量

吞吐量是指系统在单位时间内处理请求的数量。

5. 响应时间

响应时间是指系统对请求做出响应的时间。

1.3.2 计算机的应用

计算机早期的应用主要集中在科学计算、数据处理和自动控制3个方面。计算机网络的发展，特别是Internet的出现，扩展和加速了信息的流通，使计算机应用向分布式和集群式计算发展，21世纪初出现了云计算。

1. 科学计算

把科学技术及工程设计应用中的各种数学问题的计算，统称为科学计算。它不仅能减轻繁杂的计算工作量，而且解决了过去无法解决或不能及时解决的问题。例如，宇宙飞船运动轨迹和气动干扰问题的计算；人造卫星和洲际导弹发射后，正确制导入轨的计算；天文测量和天气预报计算；在现代工程中，电站、桥梁、水坝、隧道等最佳设计方案的选择。

2. 数据信息处理

对数据进行加工、分析、传送、存储及检测与操作都称为数据处理或信息处理，是目前计算机应用最广的一个领域。在信息社会中，信息无处不在，计算机已成为信息处理的主要工具。多媒体技术的发展，使计算机不仅能处理字符信息，还能处理图形、图像、声音、动画和影像等各种信息。网络通信技术的发展，使计算机不仅能处理信息，还能快速地在网络上传递信息，如银行联网系统、售票联网系统、电子商务等众多应用。

3. 计算机自动控制

所谓计算机自动控制，就是利用计算机实时检测工业生产过程中的数据，按照预定的算法进行处理，然后选择最佳方案，对控制对象进行自动控制。目前，计算机被广泛应用到工厂自动化中，特别是仪器仪表引进计算机技术后所构成的智能化仪表，数据库技术、管理信息技术相结合，可以实现车间、工厂的完全自动化。

4. 计算机辅助技术

计算机辅助技术包含计算机辅助设计（CAD）、计算机辅助制造（CAM）、计算机辅助测试（CAT）、计算机辅助教学（CAI）等。

(1)计算机辅助设计。利用计算机来帮助设计人员进行工程设计，以提高设计工作的自动化程度，节省人力和物力。目前，CAD已广泛应用于电路、机械、土木工程、航空、船舶、汽车、服装等设计领域。

(2)计算机辅助制造。利用计算机进行生产设备的管理、控制与操作，从而提高产品质量，降低生产成本，缩短生产周期，改善制造人员的工作条件。CAM常用于机械、汽车、船舶和飞机的制造过程中。

CAD和CAM相结合，实现了从设计到生产全过程的自动化。CAD，CAM和MIS（管理信息系统）相结合，就构成了计算机集成制造系统（CIMS）。

(3)计算机辅助教学。近几年，随着多媒体技术的发展，CAI的应用越来越普遍。市场上有许多软件供各种层次的学生学习；从小学到大学，都在逐渐推广和使用CAI教学，使课堂教学更有生机。网络技术的发展使计算机远程教学更具生命力。

5. 人工智能(AI)

人类的许多脑力劳动,如证明数学定理、进行常识性推理、诊断疾病、下棋等都需要"智能"。人工智能是将人脑在进行演绎推理的思维进程、规则和所采取的策略技巧等编成计算机程序,在计算机中存储一些公理和推理规则,然后让机器去自动探索解题的方法。

随着计算机技术的发展,计算机应用技术从最初的数值计算已逐渐渗透到人类活动的各个领域,其服务的对象从面向专业人员扩展到面向大众、面向社会。计算机应用系统也由最初的单机系统向集成化、网络化、智能化的方向发展。

1.4 计算机系统的基本结构

计算机系统是包括计算机硬件(Hardware)系统和软件(Software)系统的一个整体,两者不可分割。计算机的硬件系统是计算机系统中的物理设备,是一种高度复杂的、由多种电子线路、精密机械装置等构成的、能自动并且高速地完成数据计算的装置。计算机的软件系统是计算机系统中的程序和相关数据,分为完成计算机资源管理、方便用户使用的系统软件(如操作系统)和完成用户对数据的预期处理功能的应用软件(用户设计并使用)两大类。1983年,IEEE对软件给出了一个较为全面的定义:软件是计算机程序、方法和规范及其相应的文档以及在计算机上运行时所必需的数据。

软件是相对于机器硬件而言的。没有软件的"裸机"寸步难行,发挥不了任何作用,等于人只有躯壳,没有灵魂一样。而硬件是软件的物质基础,正是由于硬件的高度进步才为软件的发展提供了舞台。

1.4.1 计算机硬件

计算机硬件是组成计算机的所有电子器件和机电装置的总称,是构成计算机的物质基础,是计算机系统的核心。

目前大多数计算机都是根据冯·诺依曼体系结构的思想来设计的。其基本思想是:事先设计好用于描述计算机工作过程的程序,并与数据一样采用二进制形式存储在机器中,计算机在工作时自动、高速地从机器中按顺序逐条取出程序指令加以执行。

在计算机存储器里把程序及其操作数据一同存储的思想,是冯·诺依曼体系结构(或称存储程序体系结构)的关键所在。在某些情况下,计算机也可以把程序存储在与其操作数据分开的存储器中,这种结构被称为哈佛体系结构(Harvard Architecture)。

冯·诺依曼体系结构的计算机具有共同的基本配置,即具有5大部件:控制器、运算器、存储器、输入设备和输出设备,这些部件用总线相互连接,如图1.2所示。

其中,控制器和运算器合称为中央处理器(Central Processing Unit,CPU)。早期的CPU由许多分立元件组成,但是自从20世纪70年代中期以来,CPU通常被制作在单片集成电路上,称为微处理器(Microprocessor)。

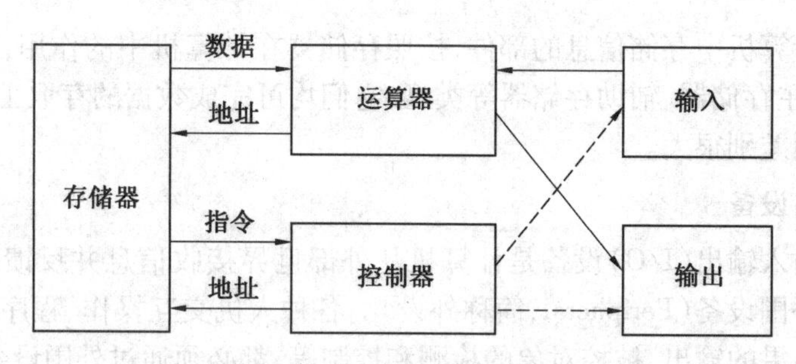

图 1.2　计算机的硬件组成

1. 控制器

控制器是计算机的管理机构和指挥中心,协调控制计算机各部件有条不紊地自动工作。它主要包括指令寄存器、指令译码及时序控制等部件。它按照预先确定的操作步骤,每次从存储器读取一条指令,经过分析译码,产生一系列操纵计算机其他部分工作的控制信号(操作命令),发向各个部件,控制各部件动作,使整个机器连续运行。对所有 CPU 而言,一个共同的关键部件是程序计数器(Program Counter,PC),它是一个特殊的寄存器,记录着将要读取的下一条指令在存储器中的位置。

2. 运算器

运算器是一个用于信息加工的部件,用于对数据进行算术运算和逻辑运算。运算器通常被称为算术逻辑单元(Arithmetic Logic Unit,ALU),是具体完成算术与逻辑运算的单元,是运算器的核心,由加法器和其他逻辑运算单元组成。运算数据以二进制格式给出,它可从存储器取出或来自输入设备,运算结果或写入存储器,或通过输出设备输出。

有些 ALU 只支持整数,而有些 ALU 则可以使用浮点来表示有限精度的实数。但是,能够执行最简单运算的任何计算机,都可以通过编程,把复杂的运算分解成它可以执行的简单步骤。所以,任何计算机都可以通过编程来执行任何的算术运算,如果其 ALU 不能从硬件上直接支持,则该运算将用软件方式实现,但需要花费较多的时间。

超标量(Superscalar)计算机包含多个 ALU,可以同时处理多条指令。图形处理器和具有单指令流多数据流和多指令流多数据流特性的计算机,通常提供可以执行矢量和矩阵算术运算的 ALU。

3. 存储器

存储器的主要功能是存放程序和数据。程序是计算机操作的依据,数据是计算机操作的对象。不管是程序还是数据,在存储器中都是用二进制数的形式来表示的。向存储器存入或从存储器取出信息,都称为访问存储器。计算机存储器由可以存放和读取数值的一系列单元所组成,每个存储单元都有一个编号,称为“地址”。向存储器中存数或者从存储器中取数,都要按给定的地址来寻找所选择的存储单元。

由于计算机仅使用 0 和 1 两个二进制数字,所以使用位(bit,简写成 b)作为数字计算机的最小信息单位,包含 1 位二进制信息(0 或 1)。当 CPU 向存储器送入或从存储器取出信息时,不能存取单个的位,而是使用字节、字等较大的信息单位。一个字节(Byte,简写成 B)由 8 位二进制信息组成,而一个字(Word)则表示计算机一次所能处理的一组二进制数,它由一个以上的字节所组成。

存储器是计算机中存储信息的部件，按照存储器在计算机中的作用，可分为寄存器、高速缓冲存储器、主存储器、辅助存储器等类型，它们均可完成数据的存取工作，但性能及其在计算机中的作用差别很大。

4. 输入输出设备

计算机的输入输出(I/O)设备是计算机从外部世界接收信息并反馈结果的手段，统称为I/O设备或外围设备(Peripheral，简称外设)。各种人机交互操作、程序和数据的输入、计算结果或中间结果的输出、被控对象的检测和控制等，都必须通过外围设备才能实现。

在一台典型的个人计算机上，外围设备包括键盘和鼠标等输入设备，以及显示器和打印机等输出设备。

5. 总线

除了上述4大部件外，计算机系统中还必须有总线(Bus)。计算机系统通过总线将CPU、主存储器及I/O设备连接起来。总线是构成计算机系统的骨架，是多个系统部件之间进行数据传送的公共通路。借助于总线连接，计算机在各部件之间实现传送地址、数据和控制信息的操作。

按照信号类型，可将总线分为数据总线、地址总线和控制总线。其中，数据总线主要传送数据，是双向的，既可以输入，又可以输出；地址总线传送地址信息，是单向的，决定数据或命令传送给谁；而控制总线则传送各种控制信号。

以上5大部件以运算器为中心进行组织。这种由运算器和控制器包揽一切的组织方式，使计算机必须等待输入/输出操作完成后，才能进行下一个操作，影响了计算机的效率。后来以存储器为中心组织的计算机，批量的输入输出数据可以直接在输入/输出设备和存储器之间进行，提高了效率。

1.4.2 计算机软件

软件是指计算机系统中使用的各种程序及其文档。程序是计算任务的处理对象和规则的描述，文档是为了便于了解程序所需要的阐述性资料。

1. 软件的发展

软件的发展过程大致分为3个阶段。

从第一台计算机上的第一个程序出现到实用的高级语言出现为第一阶段。这时计算机的应用以科学计算为主，计算量较大，但输入/输出量不大。机器以CPU为中心，存储器较小，编制程序工具为机器语言，突出问题是程序设计与编制工作复杂、繁琐、易出错。因此重点考虑程序本身，使它占用内存小，节省运行时间，从而提高效率。这时尚未出现软件一词。

从实用的高级程序设计语言出现到软件工程出现以前为第二阶段。这时除了科学计算外，出现了大量数据处理问题，计算量不大，但输入/输出量较大。机器结构转向以存储器为中心，出现了大容量存储器，输入/输出设备增加。为了充分利用这些资源，出现了操作系统；为了提高程序人员的工作效率，出现了高级语言；为了适应大量的数据处理，出现了数据库及其管理系统。这时也认识到文档的重要性，出现了“软件”一词。随着软件复杂性的不断提高，甚至出现了人们难以控制的局面，即所谓的软件危机。为了克服危机，人们也采取多种方法加以克服，特别是“软件工程”方法的出现。

软件工程出现以后迄今一直为第三阶段。对于一些复杂的大型软件,采用个体或者合作的方式进行开发不仅效率低、可靠性差,而且很难完成,必须采用工程方法才能适用,因此软件工程得到了迅速的发展。目前,人们除了研究改进软件传统技术外,还在着重研究智能化、自动化、集成化、并行化以及自然化为标志的软件新技术。

2. **软件的分类**

软件按功能大致可以分为 3 类,即系统软件、支撑软件和应用软件。

(1)系统软件。系统软件包括操作系统和各类语言的编译程序,它位于计算机系统中最接近硬件的层,其他软件只有通过系统软件才能发挥作用,与具体应用无关。

操作系统管理整个计算机系统的软、硬件资源,包括对它们进行调度、管理、监视、服务等,以改善人机界面,并提供对应用软件的支持。操作系统按功能可以分为多种类型,包括单用户操作系统和批处理操作系统,分时操作系统和实时操作系统,网络操作系统,分布式操作系统和并行操作系统等。

编译程序把由程序人员编写的各类高级语言书写的程序翻译成能与之等价的、可执行的机器语言代码。

(2)支撑软件。支撑软件是支撑其他软件的开发与维护的软件。数据库管理系统、各类子程序库以及网络软件等均为支撑软件。20 世纪 70 年代中后期发展起来的软件开发环境则是支撑软件的代表,它主要包括环境数据库、各类接口软件和工具组。

(3)应用软件。各类用户为满足各自的需要而开发的应用程序。例如,为进行数据处理、科学计算、事务管理、工程设计以及过程控制所编写的各类应用程序。

3. **软件的作用**

计算机的工作是由存储在其内部的程序指挥的,这是冯·诺依曼计算机的重要特色,因此说程序或者软件质量的好坏将极大地影响计算机性能的发挥,特别是并行处理技术以及 RISC 计算机的出现更显得软件之重要。软件的作用如下:

(1)在计算机系统中起着指挥和管理的作用。计算机系统中有各种各样的软、硬件资源,必须由相应的软件(特别是操作系统)来统一管理和指挥。

(2)软件是计算机用户和硬件的接口界面。用户要使用计算机,必须编制程序,那就必须使用软件,用户主要通过软件与计算机进行交流。

(3)软件是计算机体系结构设计的主要依据。为了方便用户,使计算机系统具有较高的总体效率,在设计计算机时必须考虑软件和硬件的结合,以及用户对软件的要求。

软件是人类开发的智力产品。随着硬件技术的不断发展和应用要求的日益提高,软件产品越来越复杂、庞大,如何来保证软件的准确性、友善性、高效率以及智能化,是软件工作者始终努力的目标。

1.4.3 计算机固件

随着大规模集成电路技术的发展和软件硬化的趋势,要明确划分计算机系统软、硬件的界限已经比较困难了。因为任何操作既可以由软件来实现,也可以由硬件来实现;任何指令的执行都可以由硬件完成,也可以由软件来完成。因此,计算机系统的软件与硬件可以互相转化,它们之间可以互为补充。

对于某一功能采用硬件方案还是软件方案,取决于器件价格、速度、可靠性、存储容量、变更周期等因素。容量大、价格低、体积小、可以改写的只读存储器为软件固化提供了良好的物质手段。现在已经可以把许多复杂的、常用的程序制作成所谓的固件(Firmware),就其功能而言是软件,但从形态来说又是硬件。

目前,在一片芯片上制作复杂的逻辑电路已经变得现实可行,这就为扩大指令的功能提供了物质基础,因此,本来通过软件手段实现的某些功能,现在可以通过硬件直接解释执行。

当研制一台计算机时,设计者必须明确分配每一级的任务,确定哪些情况使用硬件,哪些情况使用软件,而硬件始终放在最低级。就目前而言,一些计算机的特点,就是把原来通过编制程序实现的操作,如整数乘除法指令、浮点运算指令、处理字符串指令等,改为直接由硬件完成。

1.4.4 计算机系统的层次结构

由于硬件设计师、软件程序员以及计算机用户都从不同的角度,以不同的语言来对待同一个计算机系统,所以又可以把计算机系统看成是由多个不同的层次(级)的组合,每个层次都能进行程序设计,计算机硬件和软件系统的组成关系可以从图 1.3 所示的 6 个层次来进一步深入认识。图中最下面的 2 层属于硬件部分,最上面的 3 层属于软件部分,而中间的指令系统层连接了硬件和软件两部分,与两部分都有密切关系。

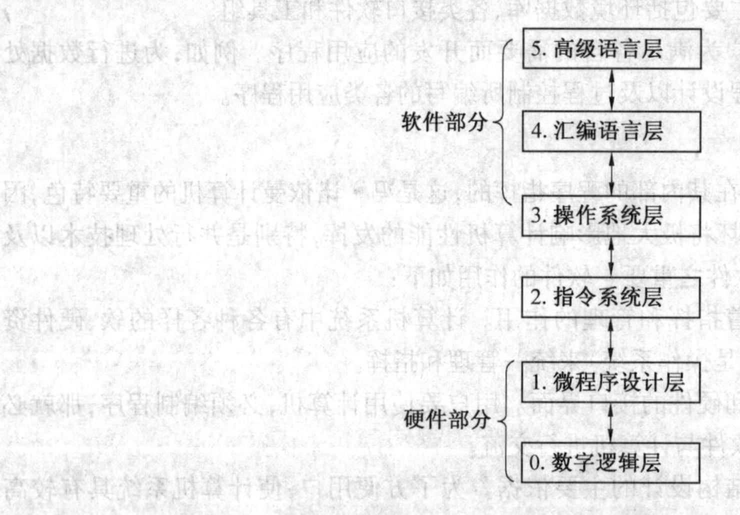

图 1.3 计算机系统的层次结构

最底层(0 层)是数字逻辑层,为硬件内核,它是计算机系统的根基,其设计目标更多地集中于性能、方便硬件实现和降低成本。

第 1 层是微程序设计层。它属于硬件级,由机器硬件直接执行微指令,是计算机系统底层的硬件系统。这一层也可直接用组合逻辑和时序逻辑电路实现。

第 2 层是指令系统(Instruction Set)层。它介于硬件和软件之间,由微程序解释机器指令系统,这一级控制硬件系统的操作。这涉及确定使用哪些指令,指令能够处理的数据类型和对其运算所用的算法,每条指令的格式和完成的功能,如何指出要执行读操作或者写操作的一个存储器单元,如何指出执行输入或者输出操作的一个外围设备,执行哪一种运算,如何保存计算结果等。指令系统是计算机硬件系统设计、实现的最基本和最重要的依据,与计算机硬件实现的复杂程度、设计程序的难易程度、程序占用硬件资源的多少、程序运行的效率等都直接相关。

第 3 层是操作系统(Operating System)层。它主要负责计算机系统中的资源管理与分配,向用户提供简单、方便、高效的服务。一套计算机系统,包含了大量复杂的硬件资源和软件资源,用户不能直接控制和操作这些资源,资源管理和调度功能由操作系统承担。

第 4 层是汇编语言(Assembly Language)层。汇编语言是计算机机器语言的符号化表示。与机器语言相比,汇编语言有两大优点。首先实现用英文单词或其缩写形式替代二进制的指令代码,更容易为人们记忆和理解;其次是可以选用含义明确的英文单词来表示程序中用到的数据(常量和变量),并且避免程序设计人员亲自花费精力为这些数据分配存储单元。用汇编语言编写的源程序必须经过一个叫作汇编程序的系统软件的翻译,将其转换为计算机的机器语言后,才能在计算机的硬件系统上执行。

第 5 层是高级语言层。高级语言又称算法语言(Algorithm Language),它着重面向解决实际问题所用的算法。常用的高级语言有 BASIC,FORTRAN,C,C++,PASCAL,JAVA 等。用这些语言设计出来的程序,需要经过一个叫作编译程序的软件翻译成机器语言程序,或者首先编译成汇编程序后,再经过汇编后得到机器语言程序,才能在计算机的硬件系统上执行;也可以由一个叫作解释程序的软件,逐条读取相应高级语言程序的每个语句并直接控制其完成执行过程,而不是把整个程序编译为机器语言程序之后再交给硬件系统加以执行,解释程序的最大缺点是运行效率比较低。

各层之间关系紧密,上面的一层是在其下一层的基础上实现的,功能更强大。也就是说,上一层较之下一层更接近人们解决问题的思维方式和处理问题的具体过程,更便于使用,使用这一层提供的功能时,不必关心下一层的实现细节。

采用这种分层次的方法来分析和解决某些问题,有利于简化处理问题的难度,在某一时间段,在处理某一层中的问题时,只需集中精力解决当前最需要关心的核心问题即可,而不必牵扯上、下各层中的其他问题。例如,在用高级语言设计程序时,无须深入了解汇编及其各低层内容。

人们通常把没有配备软件的纯硬件系统称为“裸机”,其提供的功能相对较弱,只能执行机器语言程序,难以使用。为此,人们期望能开发出功能更强、更接近人的思维方式和使用习惯的语言,这是通过在裸机上配备适当的软件来完成的。每加一层软件就构成一个新的“虚拟计算机”,功能更强大,使用也更加方便。

1.4.5 计算机系统的结构和组成

计算机体系结构(Computer Architecture)或计算机系统结构通常指机器语言或者汇编语言的程序设计人员所见到的计算机系统的属性,一般是计算机的外特性,是硬件子系统的概念结构及其功能特性。

计算机体系结构的发展过程一直是在冯·诺依曼体系结构的基础上,以提高速度、扩大存储容量、降低成本、提高系统可靠性、方便用户使用为目的,不断采用新的器件、研制新的软件的过程。任何操作可以由软件来实现,也可以由硬件来实现;任何指令的执行可以由硬件来实现,也可以由软件来实现。确立软件和硬件的界面是计算机体系结构的核心。就体系结构本身来说,主要是指令系统、微程序设计、程序可访问的寄存器、数据类型及格式、流水线结构、多级存储器体系结构、输入/输出体系结构、并行体系结构、分布式体系结构等。

计算机组成或计算机组织(Computer Organization)是依据计算机体系结构确定的硬件子系统的概念结构和功能特性,设计计算机各部件的具体组成、它们之间的连接关系、实现机器指令级的各种功能和特性。主要涉及硬件,是指计算机主要由哪些功能部件组成,各部件之间如何连接。例如,算术、逻辑运算方法及 ALU 的逻辑设计;指令执行过程及指令部件的设计与实现,是采用组合逻辑技术或微程序设计技术,还是 PLA 技术;是复杂指令集计算机(CISC),还是精简指令集计算机(RISC);提高存储器容量与速度的方法;输入/输出方法、组织以及它们之间的互联技术;接口(总线)技术。

两台计算机可以有相同的结构,但可以有不同的组成,这就是系列机的概念。一个系列的计算机,在其中一台计算机上编译的目标代码,不需修改就可以在另外一台计算机上正常运行,从而保护用户的软件投资。

习 题

1. 什么是电子数字计算机？其主要特征是什么？
2. 电子计算机从诞生到现在已有几代？其主要标志各是什么？
3. 冯·诺依曼计算机的主要特点是什么？
4. 计算机的主要性能指标有哪些？
5. 简述计算机软件的作用和分类。
6. 简述计算机的分类。
7. 如何划分计算机的层次结构？
8. 计算机组织与结构的含义有什么不同？

第2章 数据在计算机中的表示

学习目标：掌握计算机内部各类基本数据的表示方法；掌握计算机中的常用编码格式和特点；掌握计算机中的信息在传输过程中的检错/纠错码的编码方法；掌握机器数的定点和浮点表示方法以及二进制、十进制和十六进制之间的关系。

人类已进入了信息社会，计算机对信息社会的发展将产生更加广泛和深刻的影响。信息在计算机中是如何表示的呢？又是如何处理的呢？本章将介绍计算机中信息的基本表示和处理方式。

数据是计算机处理的对象。硬件能够直接识别，能被指令系统直接调用的只是一些常用的、简单的几种基本数据类型，称为数据表示，如定点数（整数）、浮点数（实数）、逻辑数（布尔数）、十进制数、字符、字符串等。而那些复杂的数据类型则是由基本数据类型按某种结构描述方式在软件中实现的，称为数据结构。

2.1 数据与信息

2.1.1 数据的含义

平时人们所说的“数据”，是指可比较其大小的一些数值。但信息处理领域中数据的概念要宽泛得多。世界上的一切事物和现象都可以通过一组特征“数据”去描述它。对于计算机来说，不管它要处理的对象是什么事物或现象，都必须通过某种方式获取其“特征描述数据”，才能在计算机中进行处理。通常意义下的数值、文字、图形、声音、活动图像等都可以认为是数据。

从计算机的外部功能来看，它可以进行数值计算，处理公文和报表，识别和合成语音，绘制图形，生成和识别图像，编辑播放活动图像等。但是，在计算机内部，数字、文字、图形、声音、活动图像等都不能直接由计算机进行处理和存储，它们必须采取“特殊的表达形式”才能由计算机进行加工处理。这种“特殊的表达形式”就是二进制编码形式，即采用二进制编码表示的数值、文字、图形、声音和活动图像才能由计算机进行处理。所以，计算机系统中所指的数据均是以二进制编码形式出现的。

计算机内部的数据区分为数值型数据和非数值型数据。数值型数据可用来表示数量的多少，可比较其大小。非数值型数据包括字符数据、逻辑数据等。也有一些专用处理器的指令集可对多媒体信息进行专门处理。图形、声音和活动图像数据是非数值型数据。

2.1.2 信息与数据的关系

要严格区分数据和信息是不容易的。可以通俗地认为，信息是对人有用的数据，这些数据可能影响到人们的行为和决策。

计算机信息处理，实质上就是由计算机进行数据处理的过程，即通过数据的采集和输入，有效地把数据组织到计算机中，由计算机系统对数据进行相应的处理加工，最后向人们提供有用的信息，这个全过程就是信息处理。简而言之，信息处理的本质即是数据处理，数据处理的主要目标是获取有用的信息。

2.2 数值型数据的表示

在计算机系统中，凡是要进行处理、存储和传输的信息，都用二进制编码。输入计算机内部的数据若有确定的值，即在数轴上能找到其对应的点，则称为数值型数据。那么，在计算机内部是如何表示一个数值型数据的呢？

表示一个数值型数据要确定 3 个要素，即进位计数制、定/浮点表示和数的编码表示。任何一个给定的二进制编码（即 0,1 序列），在未确定它采用什么进位计数制、采用定点还是浮点表示、采用什么样的编码表示方法之前，它所代表的数值型数据的值是无法确定的。

2.2.1 数制及其转换

我们最熟悉十进制数，它用 10 个不同的符号（0,1,2,…,9）来表示，当每个符号处于十进制数中不同位置时，它所代表的实际数值不一样。例如，2585.62 代表的实际值是

$$2\times10^3+5\times10^2+8\times10^1+5\times10^0+6\times10^{-1}+2\times10^{-2}$$

一般的，任意一个十进制数

$$D=d_n d_{n-1}\cdots d_1 d_0.\ d_{-1} d_{-2}\cdots d_{-m}\quad (m,n\text{ 为正整数})$$

其值应为

$$d_n\times10^n+d_{n-1}\times10^{n-1}+\cdots+d_1\times10^1+d_0\times10^0+d_{-1}\times10^{-1}+d_{-2}\times10^{-2}+\cdots+d_{-m}\times10^{-m}$$

其中，$d_i(i=n,n-1,\cdots,1,0,-1,-2,\cdots,-m)$ 可以是 0,1,2,3,4,5,6,7,8,9 这 10 个数字符号中的任何一个，“10”称为基数，它代表不同数字符号的个数。10^i 称为第 i 位上的权。在十进制数进行运算时，每位满 10 之后就要向高位进一，即日常所说的“逢十进一”。

二进制和十进制类似，它的基数是 2，只使用两个不同的数字符号（0 和 1），与十进制数不同，运算时采用“逢二进一”的规则，第 i 位上的权是 2^i。例如，二进制数 $(100101.01)_2$ 代表的实际值是

$$(100101.01)_2=1\times2^5+0\times2^4+0\times2^3+1\times2^2+0\times2^1+1\times2^0+0\times2^{-1}+1\times2^{-2}=(37.25)_{10}$$

在某个数字系统中，若采用 R 个基本符号（$0,1,2,\cdots,R-1$）表示各位上的数字，则称其为基 R 数制，或称 R 进制数字系统，R 被称为该数字系统的基，采用“逢 R 进一”的运算规则，对于每个数位 i，其该位上的权为 R^i。

在计算机系统中，常用的进位计数制有下列几种：

二进制：$R=2$，基本符号为 0,1。

八进制：$R=8$，基本符号为 0,1,2,3,4,5,6,7。

十六进制：$R=16$，基本符号为 0,1,2,3,4,5,6,7,8,9,A,B,C,D,E,F。

十进制：$R=10$，基本符号为 0,1,2,3,4,5,6,7,8,9。

表 2.1 列出了二、八、十、十六 4 种进位制数之间的对应关系。从中可看出，十六进制系统的前 10 个数字与十进制系统中的相同，后 6 个基本符 A,B,C,D,E,F 的值分别为十进制的 10,11,12,13,14,15。在书写时可使用后缀字母标识该数的进位计数制，一般用 B(Binary)表示二进制，用 O(Octal)表示八进制，用 D(Decimal)表示十进制(十进制数的后缀可以省略)，用 H(Hexadecimal)表示十六进制数。例如，二进制数 10011B，十进制数 56D 或 56，十六进制数 308FH，3C.5H 等。

表 2.1　4 种进位制数之间的对应关系

二进制数	八进制数	十进制数	十六进制数
0000	0	0	0
0001	1	1	1
0010	2	2	2
0011	3	3	3
0100	4	4	4
0101	5	5	5
0110	6	6	6
0111	7	7	7
1000	10	8	8
1001	11	9	9
1010	12	10	A
1011	13	11	B
1100	14	12	C
1101	15	13	D
1110	16	14	E
1111	17	15	F

计算机内部所有的信息采用二进制编码表示。但在计算机外部，为了书写和阅读的方便，大多采用八、十或十六进制表示形式。因此，计算机在数据输入后或输出前都必须实现这些进位制数之间的转换。

1. *R* 进制数转换成十进制数

任何一个 *R* 进制数转换成十进制数时，只要“按权展开相加”即可。

【例 2.1】　二进制数转换成十进制数。

$$(10101.01)_2=(1\times2^4+0\times2^3+1\times2^2+0\times2^1+1\times2^0+0\times2^{-1}+1\times2^{-2})_{10}=(21.25)_{10}$$

【例 2.2】　八进制数转换成十进制数。

$$(307.6)_8=(3\times8^2+0\times8^1+7\times8^0+6\times8^{-1})_{10}=(199.75)_{10}$$

【例 2.3】　十六进制数转换成十进制数。

$$(3A.C)_{16}=(3\times16^1+10\times16^0+12\times16^{-1})_{10}=(58.75)_{10}$$

2. 十进制数转换成 *R* 进制数

任何一个十进制数转换成 *R* 进制数时，都要将整数和小数部分分别进行转换。

(1)整数部分的转换。整数部分的转换方法是“除基取余,上右下左”。也就是说,用要转换的十进制整数去除以基数 R,将得到的余数作为结果数据中各位的数字,直到余数为 0 为止。上面的余数(即先得到的余数)作为右边的低位数位,下面的余数作为左边的高位数位。

【例 2.4】 将十进制整数 835 分别转换成二、八进制数。

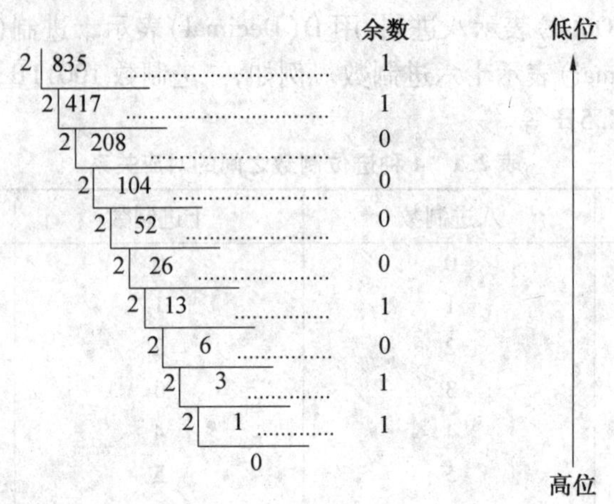

所以,$(835)_{10}=(1101000011)_2$。

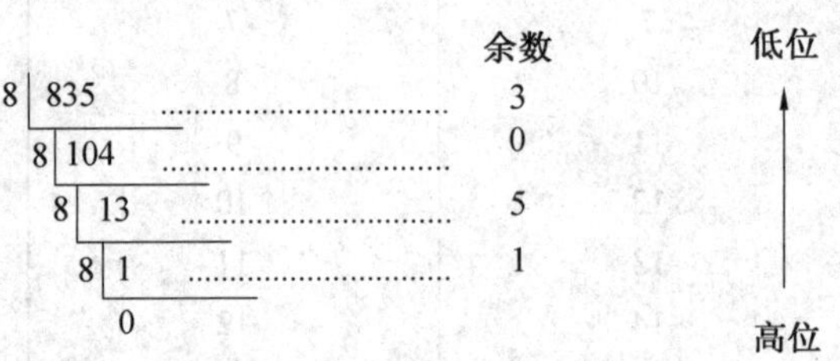

所以,$(835)_{10}=(1503)_8$。

(2)小数部分的转换。小数部分的转换方法是“乘基取整,上左下右”。也就是说,用要转换的十进制小数去乘以基数 R,将得到的乘积的整数部分作为结果数据中各位的数字,小数部分继续与基数 R 相乘。依此类推,直到某一步乘积的小数部分为 0 或已得到希望的位数为止。最后,将上面的整数部分作为左边的高位数位,下面的整数部分作为右边的低位数位。

【例 2.5】 将十进制小数 0.6875 分别转换成二、八进制数。

$0.6875\times2=1.375$　　整数部分=1　　(高位)

$0.375\times2=0.75$　　整数部分=0　　↓

$0.75\times2=1.5$　　整数部分=1　　↓

$0.5\times2=1.0$　　整数部分=1　　(低位)

所以,$(0.6875)_{10}=(0.1011)_2$。

$0.6875\times8=5.5$　　整数部分=5　　(高位)

$0.5\times8=4.0$　　整数部分=4　　(低位)

所以,$(0.6875)_{10}=(0.54)_8$。

【例 2.6】 将十进制小数 0.63 转换成二进制数。

$0.63\times2=1.26$　　整数部分=1　　(高位)

$0.26\times2=0.52$ 整数部分=0 ↓

$0.52\times2=1.04$ 整数部分=1 ↓

$0.04\times2=0.08$ 整数部分=0 （低位）

所以，$(0.63)_{10}=(0.1010)_2$（近似值）。

（3）含整数、小数部分的数的转换。只要将整数、小数部分分别进行转换，得到转换后的整数和小数部分，然后再将这两部分组合起来就得到一个完整的数。

【例 2.7】 将十进制数 835.6875 转换成二、八进制数。

$$(835.6875)_{10}=(1101000011.1011)_2=(1503.54)_8$$

3. 二、八、十六进制数的相互转换

（1）八进制数转换成二进制数。八进制数转换成二进制数的方法很简单，只要把每个八进制数字改写成等值的 3 位二进制数即可，且保持高低位的次序不变。八进制数字与二进制数的对应关系如下：

$(0)_8=000$ $(1)_8=001$ $(2)_8=010$ $(3)_8=011$

$(4)_8=100$ $(5)_8=101$ $(6)_8=110$ $(7)_8=111$

【例 2.8】 将 $(13.724)_8$ 转换成二进制数。

$$(13.724)_8=(001\ 011\ .\ 111\quad 010\quad 100)_2=(1011.1110101)_2$$

（2）十六进制数转换成二进制数。十六进制数转换成二进制数的方法与八进制数转换成二进制数的方法类似，只要把每个十六进制数字改写成等值的 4 位二进制数即可，且保持高低位的次序不变。十六进制数字与二进制数的对应关系如下：

$(0)_{16}=0000$ $(1)_{16}=0001$ $(2)_{16}=0010$ $(3)_{16}=0011$

$(4)_{16}=0100$ $(5)_{16}=0101$ $(6)_{16}=0110$ $(7)_{16}=0111$

$(8)_{16}=1000$ $(9)_{16}=1001$ $(A)_{16}=1010$ $(B)_{16}=1011$

$(C)_{16}=1100$ $(D)_{16}=1101$ $(E)_{16}=1110$ $(F)_{16}=1111$

【例 2.9】 将十六进制数 2B.5E 转换成二进制数。

$$(2B.5E)_{16}=(0010\quad 1011.0101\quad 1110)_2=(101011.0101111)_2$$

（3）二进制数转换成八进制数。二进制数转换成八进制数时，整数部分从低位向高位方向每 3 位用一个等值的八进制数来替换，最后不足 3 位时在高位补 0 凑满 3 位；小数部分从高位向低位方向每 3 位用一个等值的八进制数来替换，最后不足 3 位时在低位补 0 凑满 3 位。例如：

① $(0.10101)_2=(000.101\quad 010)_2=(0.52)_8$。

② $(10011.01)_2=(010\quad 011.010)_2=(23.2)_8$。

（4）二进制数转换成十六进制数。二进制数转换成十六进制数时，整数部分从低位向高位方向每 4 位用一个等值的十六进制数来替换，最后不足 4 位时在高位补 0 凑满 4 位；小数部分从高位向低位方向每 4 位用一个等值的十六进制数来替换，最后不足 4 位时在低位补 0 凑满 4 位。例如：

$$(11001.11)_2=(0001\quad 1001.1100)_2=(19.C)_{16}$$

计算机中只使用二进制一种计数制，并不使用其他计数制。但为了阅读开发程序、调试程序、阅读机器内部代码，人们经常使用八进制或十六进制来等价地表示二进制，所以读者也必须熟练掌握八进制和十六进制。

2.2.2 数值型数据编码

当计算机内部一个二进制数编码的所有位都用来表示数值时，该编码表示的是无符号数；如果用最高位表示符号位，其余各位表示数值时，则该编码表示的是有符号数；有符号数分为符号和数值两部分。其符号只有正、负两种情况，因此，其取值用0或1，一般规定0表示正号，1表示负号，这种处理称为符号数字化。那么数字化了的符号能否和数值部分一起参加运算而得到正确的结果呢？为了解决这个问题，就产生了把符号位和数值部分一起进行编码的各种方法。通常将数值型数据在计算机内部编码表示的数称为机器数，而机器数真正的值称为机器数的真值。

假设：机器数 X 的真值为

$$X_T = \pm X_{n-1}{}'X_{n-2}{}'\cdots X_1{}'X_0{}' \quad (\text{当 } X \text{ 为定点整数时})$$

$$X_T = \pm 0\,.\,X_{-1}{}'X_{-2}{}'\cdots X_{-(n-1)}{}'X_{-n}{}' \quad (\text{当 } X \text{ 为定点小数时})$$

数字化编码后的机器数 X 表示为

$$X = X_n X_{n-1} X_{n-2} \cdots X_1 X_0$$

那么，研究数值型数据在计算机内部的编码问题，就是解决机器数 X 中的各位 X_i 的取值与真值 X_T 的关系问题。

机器数 X 中的第一位 X_n 是数的符号位，取值时与真值 X_T 的符号有关，一般规定：当 X_T 为正数时，X_n 取值为0；当 X_T 为负数时，X_n 取值为1；当 X_T 为0时，则不同的编码方式有不同的规定。

机器数 X 中除 X_n 外的后若干位 $X_{n-1}\cdots X_1\ X_0$ 是数的数值部分外，各位的取值规定如下：

（1）当 X_T 为正数时，$X_i = X'_i$（当 X 为定点整数时）或 $X_i = X'_{(i-n)}$（当 X 为定点小数时）。

（2）当 X_T 为负数或0时，数值部分各位的取值就依赖于相应的编码表示方式。常用的编码表示方式有3种，即原码、补码和反码。

从以上两个规定来看，一个正数的所有编码表示（如原码、补码、反码）都是相同的。其结果总是：符号位取值为0，数值部分取值为真值中对应的数值部分。对于负数的所有编码表示，其符号位总是为1，而数值部分对于不同的编码则有不同的取值。下面介绍常用的3种编码表示方式。

1. 原码表示法

原码表示的机器数由符号位后直接跟上真值的数值构成。即任意一个数的原码的数值部分就是其真值的数值部分。因此，在原码表示法中，正数和负数的编码表示结果仅符号位不同，数值部分完全相同，都取真值的数值部分。

原码0有两种表示形式，即

$$[+0]_{原} = 000\cdots0$$

$$[-0]_{原} = 100\cdots0$$

原码表示的优点是与真值的对应关系直观、方便，但其加/减法运算规则复杂。在进行原码的加/减运算过程中，要判定是否是两个异号数相加或两个同号数相减，若是，则必须判定两个数的绝对值的大小，并根据判断结果决定结果符号。因此，在计算机中一般用补码实现加减运算。

2. 补码表示法

补码表示的机器数由符号位后跟上真值的模 2 补码构成。因此，在介绍补码的概念之前，先介绍有关模运算的概念。

(1) 模运算。n 位二进制数只能表示 2^n 个不同的定点数，在进行运算过程中可能会产生一个超出范围的数，即出现用 n 位无法表示的情况，此时，计算机一般保留低 n 位，舍弃高位。这样做可能会产生两种结果：

① 剩下的低 n 位数不能正确表示运算结果，即丢掉的高位是运算结果的一部分。在这种情况下，意味着运算的结果已超出了计算机能表达的范围，称此时发生了“溢出”。

② 剩下的低 n 位数能正确表达计算结果，即高位的舍去并不影响其运算结果。

“对一个多于 n 位的数丢弃高位而保留低 n 位数”这样一种处理，实际上等价于“将这个多于 n 位的数去除以 2^n，然后丢去商保留其余数”的操作。这种操作运算就是“模运算”。也就是说，在一个模运算系统中，一个数与它除以模后得到的余数是等价的。例如，“钟表”就是一个典型的模运算系统，其模数为 12。假定现在钟表时针指向 10 点，要将它拨向 6 点，则有两种拨法：

① 倒拨 4 格：$10-4=6$。

② 顺拨 8 格：$10+8=18\equiv6\pmod{12}$。

所以在模 12 系统中：$10-4\equiv10+8\pmod{12}$，即 $-4\equiv8\pmod{12}$，称 8 是 -4 对模 12 的补码。同样有 $-3\equiv9\pmod{12}$；$-5\equiv7\pmod{12}$ 等。这样，补码可以用加法实现减法运算。

【例 2.10】　“钟表”模运算系统。

$$10-4\equiv10+(12-4)\equiv10+8\equiv6\pmod{12}$$

(2) 补码的定义。一个负数的补码等于模与该数绝对值之差。即某负数 X_T 的补码为

$$[X_T]_{补}=M-|X_T|\pmod{M}$$

补码 0 的表示是唯一的，即

$$[+0]_{补}=00\cdots0$$

$$[-0]_{补}=2^n-0=100\cdots0=00\cdots0\pmod{2^n}$$

【例 2.11】　设补码的位数为 n，求负数 -2^{n-1} 的补码表示。

由上述定义，$[-2^{n-1}]_{补}=2^n-2^{n-1}=2^{n-1}=10\cdots0$（$n-1$ 个 0）

【例 2.12】　设补码的位数为 n，求负数 -1 的补码表示。

从上述定义来看，对于整数补码有

$$[-1]_{补}=2^n-1=11\cdots1\quad(n\text{ 个 }1)$$

对于小数补码有

$$[-1]_{补}=2-1=1.00\cdots0\quad(n-1\text{ 个 }0)$$

由此可见，“-1”既可在整数范围内表示，也可在小数范围内表示，在计算机中有两种不同的补码表示。“-1”的补码小数表示与“-2^{n-1}”的补码表示结果相同，即都是符号位为 1，数值部分为 $n-1$ 个 0。“-1”与“-2^{n-1}”分别是补码小数和补码整数中可表示的最小负数。

【例 2.13】　设补码的位数为 6，求负数 -0.10110 的补码表示。

$$[-0.10110]_{补}=2-0.10110=10.00000-0.10110=1.01010$$

上面例子用补码的定义求某个负数的补码，实际上可以用以下简单方法求负数的补码：

符号位固定为1,其余各位由真值中相应各位取反后,末尾加1所得。

由此得到由补码求真值的简便方法:若符号位为1,则真值的符号为负,其数值部分的各位由补码中相应各位取反后,末尾加1所得。

进一步可以得到求一个补码“取负”后的补码表示方法:只要对该已知补码各位取反,末尾加1即可。这里要注意最小负数取负后会发生溢出,即最小负数取负后的补码表示不存在。

【例2.14】 已知:$X_T=-0.1011010$,求$[X_T]_{补}$。

$$[X_T]_{补}=1.0100101+2^{-7}=1.0100101+0.0000001=1.0100110$$

【例2.15】 已知:$[X_T]_{补}=1011010$,求X_T。

$$X_T=-100101+1=-100110$$

【例2.16】 已知:$[X_T]_{补}=1011010$,求$[-X_T]_{补}$。

$$[-X_T]_{补}=0100101+1=0100110$$

3. 反码表示法

负数的补码可采用“各位求反,末尾加1”的方法得到,如果仅各位求反而末尾不加1,那么就可得到负数的反码表示,因此负数反码的定义就是在相应的补码表示中再末尾减1。

假定反码的位数为n(其中符号占1位,数值部分占$n-1$位),则负数的反码表示的定义如下:

① 定点负整数。

$$[X_T]_{反}=(2^n-1)-|X_T|,\quad -2^{n-1}<X_T\leqslant 0,\mathrm{mod}\ 2^n-1$$

② 定点负小数。

$$[X_T]_{补}=[2-2^{-(n-1)}]-|X_T|,\quad -1<X_T\leqslant 0,\mathrm{mod}\ 2-2^{-(n-1)}$$

反码表示的零有两种,即

$$[+0]_{反}=00\cdots0$$

$$[-0]_{反}=11\cdots1$$

4.3种编码的比较

以上简单介绍了计算机内部常用的几种编码表示。下面对这3种编码从几个方面进行总结比较。

(1)3种编码都是为了解决负数在机器中的表示而提出的。对于正数,它们的符号都是0,其数值部分都是真值的数值部分本身;而对于负数,符号位均为“1”,数值位则各有不同的表示,具体如下:

①原码:同真值的数值位。

②补码:真值的数值位各位取反,末位加1。

③反码:真值的数值位各位取反。

④由编码求真值,则是完全相反的过程。只要将符号位“1”转换成“负号”即可。

(2)原码和反码都有+0和-0两种零的表示方法,而补码可唯一表示零。

(3)补码和反码的符号位可作为数值的一部分看待,可以和数值位一起参加运算。而原码的符号位必须和代表绝对值的数值位分开处理。

(4)原码和反码能表示的正数和负数的范围相对零来说是对称的。假定数值位数为 n,即编码共有 $n+1$ 位时,原码和反码的表数范围都是:整数为$\pm(2^n-1)$;小数为$\pm(1-2^{-n})$。

补码的表示范围不对称,负数的表示范围较正数宽,能多表示一个最小负数,即-2^n或-1。

(5)各种编码采用不同的方法进行移位处理。对于带符号的定点数,应采用算术移位方式,也就是说,只对数值部分移位,而符号位不动。右移 1 位,意味着原数缩小 50%,即移位后的结果为原数的 1/2;左移 1 位,意味着原数扩大 1 倍,即移位后的结果为原数的 2 倍。各种编码的数值部分的移位规则如下:

① 原码。

左移:高位移出,末位补 0。当移出非零时,发生溢出。

右移:高位补 0,低位移出。移出时进行舍入操作。

② 补码。

左移:高位移出,末位补 0。当移出的位不同于符号位时,发生溢出。

右移:高位补符,低位移出。移出时进行舍入操作。

③ 反码。

左移:高位移出,末位补符。当移出的位不同于符号位时,发生溢出。

右移:高位补符,低位移出。移出时进行舍入操作。

【例 2.17】　已知:$[X_T]_{补}$= 1.1010110,求$[X_T/2]_{补}$,$[2X_T]_{补}$和$[4X_T]_{补}$。

$[X_T/2]_{补}$=1.11010110 =1.1101011

$[2X_T]_{补}$=1.1010110 0=1.01011100

$[4X_T]_{补}$=1.1010110 00,移出的第二位为 0,不同于符号位 1,故发生溢出。

(6)各种编码采用不同的方法进行填充处理。在计算机内部,有时需要将一个取来的短数扩展为一个长数,此时要进行填充处理。对于定点小数,填充处理在低位进行;而对于定点整数,则在符号位后的数值高位进行。

① 原码。

定点小数:在原数的末位后面补足 0。

定点整数:符号位不变,在原数的符号位后补足 0。

② 补码。

定点小数:在原数的末位后面补足 0。

定点整数:符号位不变,在原数的符号位后用数符补足所需的位数。

5. 浮点数的表示

计算机只能识别和表示“0”和“1”,而无法识别小数点,要解决小数点的表示问题,计算机中是通过采用相应的定点与浮点表示规则来解决该问题的。在定点表示法中,小数点是固定的,用来表示纯小数和整数。在浮点表示法中,小数点是不固定的,是浮动的。

用浮点形式不仅可以表示整数和纯小数,而且可以表示一般的实数,此外,其表数范围比定点数要大得多。因为不管定点表示还是浮点表示,n 位编码总是只能表示 2^n 个数。所以用浮点数表示虽然扩大了表数范围,但并没有增加可表示的数值的个数,只是数据间的间隔变稀疏了。

用浮点数表示一个数值型数据时,实际上是用两个定点数来表示的。一个定点小数用来表示浮点数的尾数,一个定点整数用来表示浮点数的阶。一般浮点数的阶都用一种称之为“移码”的编码方式来表示。若将移码最高位看成是符号位,则移码和补码仅符号位不同。

浮点数尾数的位数表示数的有效数位,有效数位越多,数据的精度越高。为了在浮点数运算过程中,尽可能多地保留有效数字的位数,使有效数字尽量占满尾数数位,必须在运算过程中经常对浮点数进行“规格化”操作。

规格化数的标志是真值的尾数部分中最高位具有非零数字。即若基为2,则规格化数的形式应为:$\pm 0.1bb\cdots b\times 2^E$(这里 b 是0或1)。用补码表示尾数,则规格化数的标志为:尾数的符号位和数值部分最高位具有不同的代码。

当任意一个数表示为浮点数时,必须确定数的符号 S、尾数 M 和阶码 E,规定它们各自所用的位数、编码方式和所在的位置。而基数 R 与定点数的小数点位置一样是默认的,不需要存储。每种计算机的浮点数表示格式各不相同。

【例2.18】 将十进制数65798转换为下述IBM370的短浮点数格式(32位)。

IBM370的短浮点数格式说明如下:

0	1 … 7	8 … 31
数符	阶 码	尾 数

0位:数符 S。

1~7位:7位移码表示的阶码 E(偏置常数=64)。

8~31位:6位16进制原码小数表示的尾数 M。

(尾数之基 $R=16$,所以阶码变化1等于尾数移动4位)

因为 $(65798)_{10}=(10106)_{16}=(0.101060)_{16}\times 16^5$,所以,数符 $S=0$,阶码 $E=(64+5)_{10}=(69)_{10}=(1000101)_2$。

故用该浮点数形式表示为

0	1000101	0001 0000 0001 0000 0110 0000

可用十六进制书写成以下简单形式:45101060H。

【例2.19】 将十进制数65798转换为下述典型的32位浮点数格式。

0	1 … 8	9 … 31
数符	阶 码	尾 数

0位:数的符号。

1~8位:8位移码表示的阶码(偏置常数为128)。

9~31位:24位二进制原码小数表示的尾数。规格化尾数的第一位总是1,故不保存。即虽只有23位,但可以表示24位数据。

因为

$(65798)_{10}=(10106)_{16}=(1\ 0000\ 0001\ 0000\ 011)_2=(0.1000\ 0000\ 1000\ 0011)_2\times 2^{16}$

所以数符 $S=0$,阶码 $E=(128+16)_{10}=(144)_{10}=(10010000)_2$。

故用该浮点数形式表示为

0	10010000	000 0000 1000 0011 0000 0000

可以用十六进制书写成简单形式，即 48008300H。

上述格式的规格化浮点数的表示范围如下。

正数的最大值：$0.11\cdots1\times2^{11\cdots1}=(1-2^{-24})\times2^{127}$

正数的最小值：$0.10\cdots0\times2^{00\cdots0}=(1/2)\times2^{-128}=2^{-129}$

在浮点数总位数不变的情况下，阶码位数越多，则尾数位数（有效位数）越少，表数范围越大，精度越差（数变稀疏）。

6. BCD 编码

有些计算机采用一种用二进制编码的十进制数来表示数值型数据。这种十进制数用二进制编码的形式被称为 BCD 码（Binary Coded Decimal）。许多计算机都有专门的十进制运算指令，并有专门的逻辑线路在 BCD 码运算时使每 4 位二进制数按十进制处理。

每位十进制数用 4 位二进制位来表示。而 4 位二进制位可以组合成 16 种状态，所以从 16 种状态中选取 10 种状态表示一位十进制数的方法很多，如 8421 码、5421 码、2421 码、余 3 码等。

（1）十进制有权码。十进制有权码是指表示每个十进制数位的 4 个二进制数位（称为基 2 码）都有一个确定的权。表 2.2 列出了几种常用的十进制有权码方案。最常用的就是 8421 码，它选取 4 位二进制数按计数顺序的前 10 个代码与十进制数字相对应。每位的权从左到右分别为 8，4，2，1，因此称为 8421 码。

表 2.2　4 位有权码

十进制数	8421 码	2421 码	5211 码	84-2-1 码	4311 码
0	0000	0000	0000	0000	0000
1	0001	0001	0001	0111	0001
2	0010	0010	0011	0110	0011
3	0011	0011	0101	0101	0100
4	0100	0100	0111	0100	1000
5	0101	1011	1000	1011	0111
6	0110	1100	1010	1010	1011
7	0111	1101	1100	1001	1100
8	1000	1110	1110	1000	1110
9	1001	1111	1111	1111	1111

（2）十进制无权码。十进制无权码是指表示每个十进制数位的 4 个基 2 码没有确定的权。在无权码方案中，用得较多的是余 3 码和格雷码。表 2.3 列出了这两种常用的十进制无权码方案。

余 3 码是在 8421 码的基础上，把每个代码都加 0011 而形成的。其主要优点是执行十进制数加法时，能正确产生进位，而且还给减法运算带来方便。

格雷码又称循环码。其编码规则是使任何两个相邻的代码只有一个二进位的状态不同，其余 3 个二进位必须相同。这样使得从一个编码变到下一个编码时，只有一位发生变化,变码速度最快,且有利于得到更好的译码波形,故在 D/A 或 A/D 转换电路中得到很好的运行结果。

表 2.3 4 位无权码

十进制数	余 3 码	格雷码(1)	格雷码(2)
0	0011	0000	0000
1	0100	0001	0100
2	0101	0011	0110
3	0110	0010	0010
4	0111	0110	1010
5	1000	1110	1011
6	1001	1010	0011
7	1010	1000	0001
8	1011	1100	1001
9	1100	0100	1000

2.3 非数值型数据的表示

计算机除了可以表示数值型数据,还可以表示诸如字符、图像、声音、视频等非数值型数据。非数值型数据在计算机内部也用二进制表示,但表示方法与数值型数据不同。

2.3.1 字符型数据表示

根据所需二进制编码位数和编码方法的不同,字符型数据又分为西文字符和汉字字符两种方式。

1. **西文字符**

西文由拉丁字母、数字、标点符号及一些特殊符号组成,它们统称为字符(Character)。所有字符的集合称为字符集。字符不能直接在计算机内部进行处理,因而也必须对其进行数字化编码。

字符集有多种,每个字符集的编码方法也多种多样。字符主要用于外部设备和计算机之间交换信息。一旦确定了所使用的字符集和编码方法后,计算机内部所表示的二进制代码和外部设备输入、打印和显示的字符之间就有唯一的对应关系。

目前,计算机中使用最广泛的西文字符集及其编码是 ASCII 码,即美国标准信息交换码(American Standard Code for Information Interchange),ASCII 字符编码见表 2.4。从表中可看出,每个字符都由 7 位二进制数 $b_6b_5b_4b_3b_2b_1b_0$ 表示,其中 $b_6b_5b_4$ 是高位部分,$b_3b_2b_1b_0$ 是低位部分。一个字符在计算机中实际上是用 8 位表示的。一般情况下,最高一位 b_7 为“0”。在需要奇偶校验时,这一位可用于存放奇偶校验值,此时称这一位为奇偶校验位。$b_6b_5b_4b_3b_2b_1b_0$ 取值从 0000000 到 1111111,共 128 种编码,可用来表示 128 个不同的字符,其中包括 10

个数字、26 个小写字母、26 个大写字母、算术运算符、标点符号、商业符号等。表中共有 95 个可打印(或显示)字符和 33 个控制字符。这 95 个可打印(或显示)字符在计算机键盘上能找到相应的键,按键后就可将对应字符的二进制编码送入计算机内。

表 2.4　ASCII 码表

	$b_6b_5b_4$ =000	$b_6b_5b_4$ =001	$b_6b_5b_4$ =010	$b_6b_5b_4$ =011	$b_6b_5b_4$ =100	$b_6b_5b_4$ =101	$b_6b_5b_4$ =110	$b_6b_5b_4$ =111
$b_3b_2b_1b_0$=0000	NUL	DLE	SP	0	@	P	‘	p
$b_3b_2b_1b_0$=0001	SOH	DC1	!	1	A	Q	a	q
$b_3b_2b_1b_0$=0010	STX	DC2	“	2	B	R	b	r
$b_3b_2b_1b_0$=0011	ETX	DC3	#	3	C	S	c	s
$b_3b_2b_1b_0$=0100	EOT	DC4	$	4	D	T	d	t
$b_3b_2b_1b_0$=0101	ENQ	NAK	%	5	E	U	e	u
$b_3b_2b_1b_0$=0110	ACK	SYN	&	6	F	V	f	v
$b_3b_2b_1b_0$=0111	BEL	ETB	‘	7	G	W	g	w
$b_3b_2b_1b_0$=1000	BS	CAN	(	8	H	X	h	x
$b_3b_2b_1b_0$=1001	HT	EM	)	9	I	Y	i	y
$b_3b_2b_1b_0$=1010	LF	SUB	*	:	J	Z	j	z
$b_3b_2b_1b_0$=1011	VT	ESC	+	;	K	[	k	{
$b_3b_2b_1b_0$=1100	FF	FS	,	<	L	\	l	|
$b_3b_2b_1b_0$=1101	CR	GS	-	=	M	]	m	}
$b_3b_2b_1b_0$=1110	SO	RS	.	>	N	^	n	~
$b_3b_2b_1b_0$=1111	SI	US	/	?	O	_	o	DEL

从表 2.4 中可以看出,这种字符编码有两个规律:

(1)字符 0 ~ 9 这 10 个数字字符的高 3 位编码为 011,低 4 位分别为 0000 ~ 1001。当去掉高 3 位时,低 4 位正好是二进制形式的 0 ~ 9。这样既满足了正常的排序关系,又有利于实现 ASCII 码与二进制数之间的转换。

(2)英文字母字符的编码值也满足正常的字母排序关系,而且大、小写字母的编码之间有简单的对应关系,差别仅在 b_5 这一位上,若这一位为 0,则是大写字母;若为 1,则是小写字母。这使得大、小写字母之间的转换非常方便。

2. 汉字字符

西文是一种拼音文字,用有限的几个字母可以拼写出所有单词。所有西文字符集的字符总数不超过 256 个,所以使用 7 个或 8 个二进位就可表示。为了适应汉字系统各组成部分对汉字信息处理的不同需要,汉字系统必须能表示和处理汉字的输入码、内码及字模点阵码代码。

(1)汉字的输入码。怎样向计算机输入汉字呢?目前来说,最简便、最广泛采用的汉字输入方法是利用英文键盘输入汉字。由于汉字字数多,无法使每个汉字与西文键盘上的一个键相对应,因此必须使每个汉字用一个或几个键来表示,这种对每个汉字用相应的按键进行编码的表示方法就称为汉字的输入码,又称外码。

汉字输入编码方法大体分成如下几类:①数字编码:用一串数字来表示汉字的编码,如电报码、区位码等;②字音编码:基于汉语拼音的编码,如现在常用的微软拼音输入法和智能ABC输入法等;③字形编码:将汉字的字形分解归类而给出的编码,如五笔字型法等。

(2)字符集与汉字内码。汉字被输入到计算机内部后,就按照一种称为"内码"的编码形式在系统中进行存储、查找、传送等处理。对于西文字符数据,它的内码就是ASCII码。

在计算机内部,为了处理与存储的方便,汉字码共需2个字节才能表示一个汉字。这种双字节的汉字编码就是一种汉字"机内码"(即汉字内码)。目前,PC机中汉字内码的表示大多数都采用这种方式。

汉字输入码与汉字内码完全是不同范畴的概念,不能把它们混淆起来。使用不同的输入编码方法输入计算机中的汉字,它们的内码还是一样的。

(3)汉字的字模点阵码。经过计算机处理后的汉字,如果需要在屏幕上显示出来或用打印机打印出来,必须把汉字内码转换成人们可以阅读的方块字形式。

每个汉字的字形都必须预先存放在计算机内,一套汉字的所有字符的形状描述信息集合在一起称为字形信息库,简称字库(Font)。不同的字体(如宋体、仿宋、楷体、黑体等)对应着不同的字库。在输出每个汉字时,计算机都要先到字库中去找到它的字形描述信息,然后把字形信息送到相应的设备输出。

字模点阵描述是将字库中的各个汉字用一个由"0"和"1"组成的方阵(如16×16,24×24,32×32甚至更大)来表示,汉字或字符中有黑点的地方用"1"表示;空白处用"0"表示,我们把这种用来描述汉字字模的二进制点阵数据称为汉字的字模点阵码。

(4)汉字交换码。汉字交换码是汉字信息处理系统之间或通信系统之间传输信息时所使用的编码,即国标码。

2.3.2 多媒体数据表示

近年来,计算机除了对数值信息、文字信息的处理能力有了大幅度提高外,还提高了它的多媒体信息处理能力,进一步拓宽了它的应用领域。计算机要能够对多媒体信息进行处理,首先必须能在计算机内部用二进制数形式对它们进行描述。

1. 图的表示

一幅图在计算机内部有两种表示方式:一种称为图像(Image)方式;另一种称为图形(Graphics)方式。

图像表示法类似于汉字的字模点阵码。汉字描述的仅仅是形状(即字模),而对于图像除了要描述形状外,还要描述其颜色或灰度。具体来说,就是把原始画面离散成 $m \times n$ 个像点(又称像素)所组成的一个矩阵。黑白画面的每个像素用一个二进制数表示该点的灰度。例如,对于只有两个灰度级的图像,可以只用一位二进制数表示;对于有256个灰度级的图像,则需要用8位二进制数表示。一个彩色图像的各个彩色成分(如RGB空间中的红色成分)的所有像素构成一个位平面,彩色图像通常有3个或4个位平面。图像中的每个像素用各个位平面中对应点的一个二进制数灰度值表示。组成图像的所有位平面中像素的位数之和称为颜色深度。

图形表示法是根据画面中包含的内容，分别用几何要素（如点、线、面、体等）和物体表面的材料与性质以及环境的光照条件、观察位置等来进行描述，如工程图纸、地图等可采用图形表示，它们易于加工处理，数据量也少。

2. 声音的表示

在计算机内部可以用波形法和合成法两种方法来表示声音。一般对于语音和效果声，大多采用波形法来表示；而对于音乐声，则用合成法来表示。

声音可以用一种连续的随时间变化的声波波形来表示，这种波形反映了声音在空气中的振动。计算机要能够对声音进行处理，必须将声波波形转换成二进制表示形式，这个转换过程称为声音的“数字化编码”。声音的数字化编码过程分为以下 3 步：

（1）首先以固定的时间间隔对声音波形进行采样，使连续的声音波形变成一个个离散的采样信号（即样本值），每秒钟采样的次数被称为采样频率。采样频率越高，声音的保真度越好。

（2）对得到的每个样本值进行模数转换（称为 A/D 转换），将每个样本值用一个二进制数来表示。这个过程即是所谓的量化处理。转换后的二进制数的位数越多，量化精度越高，噪声越小，声音质量也就越好。

（3）最后对产生的二进制数据进行编码（有时还需进行数据压缩），以按照规定的统一格式进行表示。

声音的另一种表示方法是合成法，它主要适用于音乐在计算机内部的表示。它把音乐乐谱、弹奏的乐器类型、击键力度等用符号进行记录。目前广为采用的一种标准称为 MIDI（Musical Instrument Digital Interface）。与波形表示方法相比，采用合成法的 MIDI 表示，其数据量要少得多（相差 2～3 个数量级），编辑修改也较容易。它主要适用于表现各种乐器所演奏的乐曲，但不能用来表示语音等其他声音。

为了处理上述两类数字声音信息，计算机内都有一个相应的声音处理硬件（如声卡），用来完成对各种声音输入设备输入的声音进行数字化编码处理，并将处理后的数字波形声音还原为模拟信号声音，经功率放大后输出。

3. 视频信息的表示

视频信息的处理是多媒体技术的核心。计算机通过在内部安装一个视频获取设备（如视频卡等），将各类视频源（如电视机、摄像机、VCD 机或放像机等）输入的视频信号进行相应的处理，转化为计算机内部可以表示的二进制数字信息。

视频获取设备将视频信号转换为计算机内部表示的二进制数字信息的过程被称为视频信息的“数字化”。视频信息的数字化过程比声音更复杂一些，它是以一幅幅彩色画面为单位进行的。每幅彩色画面有亮度（Y）和色差（U，V）3 个分量，对 Y，U，V 3 个分量需分别进行采样和量化，得到一幅数字图像。

2.4　数据校验编码

由于元器件故障或噪声干扰等原因，数据在计算、存取和传送的过程中，会出现差错。为了减少和避免这些错误，一方面要从计算机硬件本身的可靠性入手，在电路、电源、布线等各方面采取必要的措施,提高计算机的抗干扰能力;另一方面就是要采取相应的数据检错和校正措施,自动地发现并纠正错误。

所谓校验码,又称检错码,是指具有发现某些错误或自动改正错误能力的一种数据编码方法,用于检查或纠正读写和传送数据的过程中可能出现的错误。到目前为止,所提出的数据校验方法大多采用一种"冗余校验"的思想,即除原数据信息外,还增加若干位编码,这些新增的代码被称为校验位。

为了判断一种码制的冗余程度,并估价它的查错和纠错能力,引入了"码距"的概念。由若干位代码组成的一个字称为码字,将两个码字逐位比较,具有不同代码的位的个数称为这两个码字间的距离。一种码制可能有若干个码字,而且,其中任意两个码字之间的距离可能不同,我们将各码字间的最小距离称为码距,它就是这个码制的距离。在数据校验码中,一个码字是指数据位和校验位按照某种规律排列得到的代码。

常用的数据校验码有奇偶校验码、海明校验码和循环冗余校验码。

2.4.1 奇偶校验码

奇偶校验是最简单的一种数据校验方法。它的实现原理如下:假设将数据 $B=b_{n-1}b_{n-2}\cdots b_1b_0$ 从源部件传送至终部件。在终部件接收到的数据为 $B'=b'_{n-1}b'_{n-2}\cdots b'_1b'_0$。为了判断数据 B 在传送中是否发生了错误,可以按照如下步骤,通过最终得到的奇(偶)校验位 P^* 来判断是否发生了数据传送错误。

第一步:在源部件求出奇(偶)校验位 P。

若采用奇校验位,则 $P=b_{n-1}\oplus b_{n-2}\oplus\cdots\oplus b_1\oplus b_0\oplus 1$。即若 B 有奇数个 1,则 P 取 0,否则,P 取 1。若采用偶校验位,则 $P=b_{n-1}\oplus b_{n-2}\oplus\cdots\oplus b_1\oplus b_0$。

例如,若传送的是字符 A 为 1000001,则增加奇校验位后的编码为 11000001,而加上偶校验位后的编码为 01000001。

第二步:在终部件求出奇(偶)校验位 P'。

若采用奇校验位,则 $P'=b_{n-1}'\oplus b_{n-2}'\oplus\cdots\oplus b_1'\oplus b_0'\oplus 1$。

若采用偶校验位,则 $P'=b_{n-1}'\oplus b_{n-2}'\oplus\cdots\oplus b_1'\oplus b_0'$。

第三步:计算最终的校验位 P^*,并根据其值判断有无奇偶错。

P 与 B 是一起从源部件传到终部件的,假定 P 在终部件接收到的值为 P'',则采用异或操作 $P^*=P'\oplus P''$,对 P' 和 P'' 进行下列比较,确定有无奇偶错:

① 若 $P^*=1$,则表示终部件接收的数据有奇数位错。

② 若 $P^*=0$,则表示终部件接收的数据正确或有偶数个错。

奇偶校验码只能发现奇数位出错,不能发现偶数位出错,而且也不能确定发生错误的位置,因而不具有纠错能力。但奇偶校验法所用的开销小,它常被用于存储器读写检查或按字节传输过程中的数据校验。因为一字节长的代码发生错误时,1 位出错的概率较大,两位以上出错的概率则很小,所以奇偶校验码用于校验一字节长的代码还是有效的。

2.4.2 海明校验码

海明校验码主要用于存储器中数据存取校验。奇偶校验码对整个数据编码生成一位校验位,因此它的检错能力差,并且没有纠错能力。如果将整个数据按某种规律分成若干组,对每组进行相应的奇偶检验,就能提供多位检错信息,从而对错误位置进行定位,并将其纠正。海明校验码实质上就是一种多重奇偶校验码。

1. 校验位位数的确定

要实现对某个数据发生的错误进行定位,该数据的校验位至少有几位呢?假定该数据的位数为 n,校验位为 k 位,则故障字的位数也为 k 位。那么 k 位的故障字所能表示的状态最多是 2^k,每种状态可用来说明一种出错情况。对于最多只有一位错的情况,其结果可能是无错,或数据中某一位出错,或校验位中有一位出错。因此,共有 $1+n+k$ 种情况,所以,要能对一位错的所有结果进行正确表示,则 n 和 k 必须满足下列关系:

$$2^k \geqslant 1+n+k$$

即

$$2^k-1 \geqslant n+k$$

当存取的有效数据有 8 位时,校验位和故障字都应有 4 位。4 位的故障字最多可以表示 16 种状态,而单个位出错情况最多只有 12 种可能(8 个数据位和 4 个校验位),再加上无错的情况,一共有 13 种可能。所以,用 16 种状态表示 13 种情况应是足够了。

2. 分组方式的确定

数据位和校验位是一起被存储的,通过将它们中的各位按某种方式排列为一个 $n+k$ 的码字,将该字中每位的出错位置与故障字的数值建立关系,这样就可通过故障字的值确定是该码字中的哪一位发生了错误,并能将其取反来纠正。

根据上述基本思想,我们按以下规则来解释各故障字的值。

(1)如果故障字各位全部是 0,则表示没有发生错误。

(2)如果故障字中有且仅有一位为 1,则表示校验位中有一位出错,不需纠正。

(3)如果故障字中多位为 1,则表示有一个数据位出错,其在码字中的出错位置由故障字的数值来确定。纠正时只要将出错位取反即可。

为了介绍海明校验码的原理,以 8 位数据进行单个位检错和纠错的代码为例说明。假定一个 8 位数据 $M=M_8M_7M_6M_5M_4M_3M_2M_1$,其相应的 4 位校验位为 $P=P_4P_3P_2P_1$。根据上述规则将数据 M 和校验位 P 按照一定的规律排到一个 12 位的码字中。根据上述第一个规则,故障字为 0000 时,表示无错,因此没有和位置号 0000 对应的出错情况,所以位置号从 0001 开始。根据第二个规则,故障字中有且仅有一位为 1 时,表示校验位中有一位出错,此时,故障字只可能是 0001,0010,0100,1000 4 种情况,将这 4 种状态分别代表校验位中第 P_1,P_2,P_3,P_4 位发生错误的情况,因此,校验位 P_1,P_2,P_3,P_4 应分别位于码字的第 0001,0010,0100,1000 位。根据最后一个规则,将其他多位为 1 的故障字依次表示数据位 $M_1 \sim M_8$ 发生错误的情况。因此,数据位 $M_1 \sim M_8$ 应分别位于码字的第 0011,0101,0110,0111,1001,1010,1011,1100 位。即码字的排列为

$$M_8M_7M_6M_5P_4M_4M_3M_2P_3M_1P_2P_1$$

这样得到故障字 $S=S_4S_3S_2S_1$ 的各个状态和出错情况的对应关系,见表 2.5。表中根据这种对应关系对整个数据进行了分组。12 位码字分成了 4 组,若某组 i 中 s 的一位发生错误,那么该组对应的那些位的奇偶性发生变化,与上述奇偶校验法相同,可以根据该组对应的故障位 S_i 的值是否为 1,来判断奇偶性是否发生了变化,从而确定该组中是否发生了一位错误。

表 2.5 故障字和出错情况的对应关系

分组＼序号／含义	1	2	3	4	5	6	7	8	9	10	11	12	故障字	正确	出错位											
	P_1	P_2	M_1	P_3	M_2	M_3	M_4	P_4	M_5	M_6	M_7	M_8			1	2	3	4	5	6	7	8	9	10	11	12
第4组								✓	✓	✓	✓	✓	S_4	0	0	0	0	0	0	0	0	1	1	1	1	1
第3组				✓	✓	✓	✓					✓	S_3	0	0	0	0	1	1	1	1	0	0	0	0	1
第2组		✓	✓			✓	✓			✓	S_2	0	S_2	1	1	0	0	1	1	0	0	1	1	0		
第1组	✓		✓		✓		✓		✓		S_1	0	S_1	0	1	0	1	0	1	0	1	0	1	0		

3. 校验位的生成、检错和纠错

分组完成后，就可对每组采用相应的奇（偶）校验，以得到相应的一个校验位。假定采用偶校验（即取校验位 P_i，使对应组中有偶数个1），则得到校验位与数据位之间存在如下关系：

$$P_1 = M_1 \oplus M_2 \oplus M_4 \oplus M_5 \oplus M_7$$
$$P_2 = M_1 \oplus M_3 \oplus M_4 \oplus M_6 \oplus M_7$$
$$P_3 = M_2 \oplus M_3 \oplus M_4 \oplus M_8$$
$$P_4 = M_5 \oplus M_6 \oplus M_7 \oplus M_8$$

根据上面的公式，可以求出每组对应的校验位 $P_i(i=1,2,3,4)$。数据 M 和校验位 P 一起被存储。读出后的数据 M'，通过上述同样的公式得到新的校验位 P'，然后将读出后的校验位 P'' 与新生成的校验位 P' 按位进行异或操作，得到故障字 $S = S_4S_3S_2S_1$，根据 S 的值可以确定是没有发生错误，是仅校验位发生错误，还是哪一个数据位发生了错误。

下面举例说明具体的检错、纠错过程。假定一个8位数据 M 为

$$M_8M_7M_6M_5M_4M_3M_2M_1 = 01101010$$

根据上述公式求出相应的校验位为

$$P_1 = M_1 \oplus M_2 \oplus M_4 \oplus M_5 \oplus M_7 = 0 \oplus 1 \oplus 1 \oplus 0 \oplus 1 = 1$$
$$P_2 = M_1 \oplus M_3 \oplus M_4 \oplus M_6 \oplus M_7 = 0 \oplus 0 \oplus 1 \oplus 1 \oplus 1 = 1$$
$$P_3 = M_2 \oplus M_3 \oplus M_4 \oplus M_8 = 1 \oplus 0 \oplus 1 \oplus 0 = 0$$
$$P_4 = M_5 \oplus M_6 \oplus M_7 \oplus M_8 = 0 \oplus 1 \oplus 1 \oplus 0 = 0$$

假定12位的码字读出后的结果是以下几种情况，分别考察每种情况下的故障字。

（1）数据位 $M' = M = 01101010$，校验位 $P'' = P = 0011$，即所有位都无错。

在这种情况下，因为 $M' = M$，所以 $P' = P$，因此 $S = P'' \oplus P' = P \oplus P = 0000$。

（2）数据位 $M' = 01111010$，校验位 $P'' = P = 0011$，即数据位第5位（M_5）错。

在这种情况下，对 M' 生成新的校验位 P' 为

$$P_1' = M_1' \oplus M_2' \oplus M_4' \oplus M_5' \oplus M_7' = 0 \oplus 1 \oplus 1 \oplus 1 \oplus 1 = 0$$
$$P_2' = M_1' \oplus M_3' \oplus M_4' \oplus M_6' \oplus M_7' = 0 \oplus 0 \oplus 1 \oplus 1 \oplus 1 = 1$$
$$P_3' = M_2' \oplus M_3' \oplus M_4' \oplus M_8' = 1 \oplus 0 \oplus 1 \oplus 0 = 0$$
$$P_4' = M_5' \oplus M_6' \oplus M_7' \oplus M_8' = 1 \oplus 1 \oplus 1 \oplus 0 = 1$$

故障字 S 为

$$S_1 = P_1' \oplus P_1'' = 0 \oplus 1 = 1$$
$$S_2 = P_2' \oplus P_2'' = 1 \oplus 1 = 0$$
$$S_3 = P_3' \oplus P_3'' = 0 \oplus 0 = 0$$
$$S_4 = P_4' \oplus P_4'' = 1 \oplus 0 = 1$$

根据故障字的数值 1001,可以判断出发生错误的位是在 12 位码字的第 1001 位(即第 9 位),在这一位上排列的是数据位 M_5,所以检错正确,纠错时,只要将码字的第 9 位(即第 5 个数据位)取反即可。

(3)数据位 $M'=M=01101010$,校验位 $P''=1011$,即校验位第 4 位(P_4)错。

在这种情况下,因为 $M'=M$,所以 $P'=P$,因此故障位 S 为

$$S_1 = P_1' \oplus P_1'' = 1 \oplus 1 = 0$$
$$S_2 = P_2' \oplus P_2'' = 1 \oplus 1 = 0$$
$$S_3 = P_3' \oplus P_3'' = 0 \oplus 0 = 0$$
$$S_4 = P_4' \oplus P_4'' = 0 \oplus 1 = 1$$

根据故障字的数值 1000,可以判断出发生错误的位是在 12 位码字的第 1000 位(即第 8 位),在这一位上排列的是校验位 P_4,所以检错正确,不需纠错。

上述给出的数据位数 $n=8$、校验位数 $k=4$ 的例子中,如果两个数据有一位不同,那么由于该位至少要参与两组校验位的生成,因而至少会引起两个校验位的不同,再加上数据位本身一位的不同,所以其码距 $d=3$。根据码距与检错、纠错能力的关系,可知道这种码制若用来判别有无错误,则能发现两位错;若用来纠错,则只能对单个位出错进行定位和纠错。这种码称为单纠错码。

2.4.3　循环冗余校验码

循环冗余校验码(Cyclic Redundancy Check),简称 CRC 码,是一种具有很强检错、纠错能力的校验码。循环冗余校验码常用于外存储器的数据校验,在计算机通信中,也被广泛采用。在数据传输中,奇偶校验码是在每个字符信息后增加一位奇偶校验位来进行数据校验的,这样对大批量传输数据进行校验时,会增加大量的额外开销,尤其是在网络通信中,传输的数据信息都是二进制比特流,因而没有必要将数据再分解成一个个字符,这样也就无法采用奇偶校验码,因此,通常采用 CRC 码进行校验。

前面所介绍的奇偶校验码和海明校验码都是以奇偶检测为手段的,而循环冗余校验码则是通过某种数学运算来建立数据和校验位之间的约定关系。

1. CRC 码的检错方法

假设要进行校验的数据信息 $M(x)$ 为一个 n 位的二进制数据,将 $M(x)$ 左移 k 位后,与一个约定的“生成多项式”$G(x)$ 相除,$G(x)$ 是一个 $k+1$ 位的二进制数,相除后得到的 k 位余数就是校验位。这些校验位拼接到 $M(x)$ 的 n 位数据后面,形成一个 $n+k$ 位的代码,称这个代码为循环冗余校验(CRC)码,也称$(n+k,n)$码,如图 2.1 所示。一个 CRC 码一定能被生成多项式整除,所以当数据和校验位一起送到接收端后,只要将接收到的数据和校验位用同样的方法生成多项式相除,如果正好除尽,表明没有发生错误;若除不尽,则表明某些数据位发生了错误。

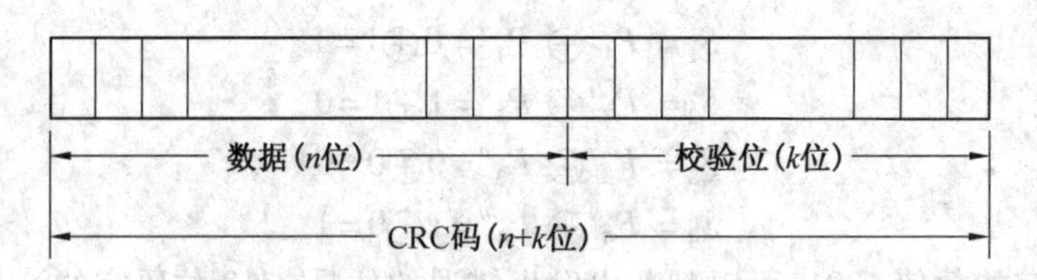

图 2.1 CRC 码的组成

2. 校验位的生成

下面用一个例子来说明校验位的生成过程。假设要传送的数据信息为 100011,即报文多项式为 $M(x)=x^5+x+1$,若约定的生成多项式为 $G(x)=x^3+1$,则数据信息位数 $n=6$,生成多项式位数为 4 位,所以校验位位数 $k=3$。生成校验位时,用 $x^3\cdot M(x)$ 去除以 $G(x)$,相除时采用“模 2 运算”的多项式除法。模 2 运算时不考虑加法进位和减法借位,进行模 2 除法时,上商的原则是当部分余数首位是 1 时,商取 1;反之,商取 0。然后按模 2 相减原则求得最高位后面几位的余数。这样当被除数逐步除完时,最后的余数位数比除数少一位。这样得到的余数就是校验码,此例中最终的余数有 3 位。

3. CRC 码的纠错

接收方将收到的 CRC 码用约定的生成多项式 $G(x)$ 去除,如果码字没有错误,则余数为 0,若有一位出错,则余数不为 0,而且不同的出错位置其余数不同。更换不同的码字,余数和出错位的关系不变。例如,表 2.6 给出了(7,4)循环码中生成多项式 $G(x)=1011$ 时出错位置与余数的关系。表中给出两种不同的码字,可以看出其出错位置与余数的关系是相同的。对于其他码制或选用其他生成多项式,出错位置与余数的关系可能发生改变。

如果 CRC 码中有一位出错,用特定的 $G(x)$ 作模 2 除,则会得到一个不为 0 的余数。若对余数补 0 后继续除下去,则会出现一个有趣的现象:各次余数将会按照一个特定的顺序循环。例如,在表 2.6 所示的例子中,若将第 7 位出错时对应的余数 001 后面补 0,继续再除一次,则会得到新余数 010,在 010 后补 0,继续再除一次,则会得到下一个余数 100,如此继续下去,依次得到 011,110,111,…,反复循环。这是为什么称为“循环”冗余码的由来。

表 2.6 码字、余数和出错位的关系

	码字举例														余数			出错位
	D_1	D_2	D_3	D_4	P_1	P_2	P_3	D_1	D_2	D_3	D_4	P_1	P_2	P_3				
正确	1	0	1	0	0	1	1	1	0	1	1	0	0	0	0	0	0	无
	1	0	1	0	0	1	0	1	0	1	1	0	0	1	0	0	1	7
	1	0	1	0	0	0	1	1	0	1	1	0	1	0	0	1	0	6
	1	0	1	0	1	1	1	1	0	1	1	1	0	0	1	0	0	5
错误	1	0	1	1	0	1	1	1	0	1	0	0	0	0	0	1	1	4
	1	0	0	0	0	1	1	1	0	0	1	0	0	0	1	1	0	3
	1	1	1	0	0	1	1	1	1	1	1	0	0	0	1	1	1	2
	0	0	1	0	0	1	1	0	0	1	1	0	0	0	1	0	1	1

利用这种特点,能方便地对出错码字进行纠错,所用硬件开销小。在大批量数据传输校验中,能有效地降低硬件成本。这是它为何被广泛使用的主要原因。

4. 生成多项式的选取

并不是任何一个 k 位多项式都能作为生成多项式。从查错和纠错的要求来看,选取的一个生成多项式应满足以下几个条件:

(1)任何一位发生错误时,都应使余数不为 0。

(2)不同位发生错误时,余数应该不同。

(3)对余数作模 2 除时,应使余数循环。

将这些条件用数学方式描述起来比较复杂,对一个(n,k)码来说,可将(x^n-1)按模 2 运算分解为若干个质因子,根据所要求的码距,选取其中的因式或若干因式的乘积作为生成多项式。例如,若要求对一个$(7,k)$码选取相应的生成多项式,可以按上述方法对(x^7-1)分解质因子。

$$x^7-1=(x+1)(x^3+x+1)(x^3+x^2+1)\quad（模 2 运算）$$

若选择 $G(x)=x+1=11$,则可构成(7,6)码,只能发现一位错。若选择 $G(x)=x^3+x+1=1011$ 或 $G(x)=x^3+x^2+1=1101$,则可构成(7,4)码,能纠正一位错或发现两位错。若选择 $G(x)=(x+1)(x^3+x+1)=11101$,则可构成(7,3)码,能纠正一位错并发现两位错。

下面是几种常用的生成多项式。

CRC-CCITT：　$G(x)=x^{16}+x^{12}+x^5+1$

CRC-16：　$G(x)=x^{16}+x^{15}+x^2+1$

CRC-12：　$G(x)=x^{12}+x^{11}+x^3+x^2+x+1$

CRC-32：　$G(x)=x^{32}+x^{26}+x^{23}+x^{16}+x^{12}+x^{11}+x^{10}+x^8+x^7+x^5+x^4+x^2+x+1$

习　题

1. 实现下列各数的转换。

(1) $(25.8125)_{10}=(?)_2=(?)_8=(?)_{16}$

(2) $(101101.011)_2=(?)_{10}=(?)_8=(?)_{16}=(?)_{8421}$

(3) $(0101\ 1001\ 0110.0011)_{8421}=(?)_{10}=(?)_2=(?)_{16}$

(4) $(3B4E.5C)_{16}=(?)_{10}=(?)_2$

2. 假定机器数的位数为 8 位(1 位符号,7 位数值),写出下列各二进制数的原码、补码和反码表示。

+1001,-1001,+1,-1.0,+0.010100,-0.010100,+0,-0

3. 已知$[x]_{原}$,求$[x]_{补}$和$[x]_{反}$。

(1) $[x]_{原}=0.10100$　　(3) $[x]_{原}=1.00111$

(2) $[x]_{原}=010100$　　(4) $[x]_{原}=110100$

4. 已知 $[x]_{补}$,求 x。

(1) $[x]_{补}=1.1100111$　　(3) $[x]_{补}=10000000$

(2) $[x]_{补}=0.1010010$　　(4) $[x]_{补}=11010011$

5. 已知 $[x]_{补}=1.1001110$,分别求:

$[2x]_{补}=?$　　$[4x]_{补}=?$　　$[-x]_{补}=?$

6. 已知 $[x]_{补}=101100110$,分别求:

$[x/2]_{补}=?$　　$[x/4]_{补}=?$　　$[-x]_{补}=?$

7. 已知下列字符编码,求 E,e,f,7,G,Z,5 的 7 位 ACSII 码。

A=1000001　　a=1100001　　0=0110000

8. 在第 7 题的各个编码的第一位前,加入奇校验位。

9. 设浮点数的格式为:

数符	阶码	尾数
1 位	5 位移码	6 位补码

(1)设基数为 4,要求用这种格式表示下列十进制数:+1.7,−0.12,+19,−1/8。

(2)写出这种格式所能表示的范围,并与 12 位定点补码整数和定点补码小数的表示范围进行比较。

10. 某机字长 16 位,问下列几种情况所能表示的数的范围是什么?

(1)无符号整数。

(2)原码定点小数。

(3)补码定点小数。

(4)补码定点整数。

(5)下述格式的浮点数(基为 2):

数符	阶码	尾数
1 位	8 位移码	7 位补码

11. 给定 12 位字长的浮点数格式具有下列 3 个字段:

数符 1 位;阶码 5 位,用二进制(基为 2)移码表示;尾数 6 位,用原码表示,并保持规格化格式。

(1)说明移码和补码的关系以及它们在表示“机器 0”上的差别。

(2)用十进制形式写出该格式的浮点数能表示的最大正数、最小负数和绝对值最小的非零数,并在数轴上表示出上溢区和下溢区的范围。

(3)如果用 12 位字长的二进制补码表示定点小数,则能表示的最大正数、最小负数和绝对值最小的非零数转换为十进制数各是多少?在数轴上表示溢出区的范围。

(4)若保持同样的字长和字段划分,但基变为 4,则此浮点数格式表示的数的范围、能表示的数的个数以及数的分布有何变化?试就正数部分做一比较。

12. 假设要传送的数据信息为 100011,若约定的生成多项式为 $G(x)=x^3+1$,则校验码为 111。假定在接收端接收到的数据信息为 100010,说明如何正确检测其错误,写出检测过程。

第3章 运算方法与运算器

学习目标：理解和熟练掌握补码加、减法运算；掌握原码和补码的一位乘算法；掌握浮点加减法的运算过程；了解浮点乘除法的运算方法；了解十进制数的加、减法的运算过程；掌握半加器与全加器的逻辑设计；了解串行进位与并行进位的特点。

计算机中的基本运算有两大类，即算术运算和逻辑运算。算术运算主要是指加、减、乘、除四则运算，参加运算的数据一般要考虑符号和编码格式（即原码、反码还是补码）。由于数据有定点数和浮点数两大类，因此也可以分为定点数四则运算和浮点数四则运算。而逻辑运算包括逻辑与、或、非、异或等运算，针对的是不带符号的二进制数。

3.1 定点加减运算

计算机的一个重要特点是它只能用有限的数码位数来表示操作数和操作结果，因此定点加、减法运算只有在遵守模运算规则的限制条件下其结果才是正确的，否则就会出现结果“溢出”。正是利用了这一特点，制定了用来表示正、负数的各种码制。反过来数据编码又简化了数据的运算，特别是补码，把加法和减法巧妙地结合起来。本节主要叙述在补码和原码这两种码制下定点数的加、减法运算，以及对结果溢出的讨论。对定点数加、减法运算的讨论都以定点整数运算为例，对定点小数的运算方法是类似的。

定点加、减法运算属于算术运算，要考虑参加运算数据的符号和编码格式。在计算机中，定点数据主要有原码、反码及补码3种形式；在定点加减法运算时，3种编码形式从理论上来说都是可以实现的，但难度不同。

首先，原码是一种最直接、方便的编码方案，但是它的符号位不能直接参与加减运算，必须单独处理。在原码加减运算时，一方面要根据参加运算的两个数据的符号位以及指令的操作码来综合决定到底是做加法还是减法运算；另一方面，运算结果的符号位也要根据运算结果来单独决定，实现起来很麻烦。

其次，反码的符号位可以和数值位一起参与运算，而不用单独处理。但是反码的运算存在一个问题，就是符号位一旦有进位，结果就会发生偏差，因此要采用循环进位法进行修正，即符号位的进位要加到最低位上去，这也会给运算带来不便。

3.1.1 补码定点加、减法

两个数进行补码运算时，可以把符号位与数值位一起处理。只要最终的运算结果不超出机器数允许的表示范围，运算结果一定是正确的。这样一来，补码运算就显得很简单，因为它既不需要事先判断参加运算数据的符号位,运算结果的符号位如果有进位,也只要将进位数据舍弃即可,不需做任何特殊处理。因此,现代计算机的运算器一般都采用补码形式进行加、减法运算。

若已有两个 n 位的定点整数$[X]_补=x_{n-1}x_{n-2}\cdots x_0$,$[Y]_补=y_{n-1}y_{n-2}\cdots y_0$,$[X+Y]_补$和$[X-Y]_补$的运算表达式为

$$[X+Y]_补=([X]_补+[Y]_补)\bmod 2^n$$
$$[X-Y]_补=([X]_补+[-Y]_补)\bmod 2^n$$

这就是补码的加、减法运算公式。这两个运算公式的正确性可以从补码的编码规则得到证明。从上述运算表达式中可以看出,在补码制方法下,无论 X,Y 是正数还是负数,加、减法运算统一采用加法来处理,而且$[X]_补$和$[Y]_补$的符号位(最高位)和数值位一起参与求和运算,加、减运算结果的符号位也在求和运算中直接得出。

【例 3.1】 已知$[X]_补=01001$,$[Y]_补=11011$,则$[-Y]_补=00101$。

$$[X+Y]_补=([X]_补+[Y]_补)\bmod 2^5=(01001+11011)\bmod 2^5=00100$$
$$[X-Y]_补=([X]_补+[-Y]_补)\bmod 2^5=(01001+00101)\bmod 2^5=01110$$

前面已经提到计算机中的数据是用有限的数码位数来表示的。例如,对于 n 位的二进制码表示的补码整数(符号位占一位),它可表示的数据范围为$-2^{n-1}\sim 2^{n-1}-1$。算术运算的结果不能超出数码位数允许的数据范围,否则结果将溢出。若结果超过了允许表示的最大正数时,产生的溢出称为上溢;若结果超过了允许表示的最小负数时,产生的溢出称为下溢。在运算器中应设有溢出判别线路和溢出标志位。

【例 3.2】 已知$[X]_补=01010$,$[Y]_补=01010$。

$$[X+Y]_补=(01010+01010)\bmod 2^5=10100 \quad (溢出)$$

【例 3.3】 已知$[X]_补=10010$,$[Y]_补=00100$。

$$[X-Y]_补=(10010+11100)\bmod 2^5=01110 \quad (溢出)$$

显然,在例 3.2 中的$[X+Y]_补$和例 3.3 中的$[X-Y]_补$的值都产生了溢出。这是由于运算的结果$(10)_{10}+(10)_{10}=(20)_{10}$以及$(-14)_{10}-(4)_{10}=(-18)_{10}$已经超出了 5 位二进制数码所能表示的数据范围$(-16\sim 15)$,因此产生溢出。同号相加或异号相减有可能产生溢出。

常用来判别溢出的方法如下:

(1) 两个补码数实现加、减运算时,若最高数值位向符号位的进位值 C_{n-1} 与符号位产生的进位输出值 C_n 不相同,表明加减运算产生了溢出 OVR,可以表示为

$$OVR=C_{n-1}\oplus C_n$$

$OVR=1$ 表示结果有溢出,$OVR=0$ 表示结果正确。

在例 3.1 中,求$[X+Y]_补$时:$OVR=C_{n-1}\oplus C_n=1\oplus 1=0$,结果正确。

在例 3.2 中,求$[X+Y]_补$时:$OVR=C_{n-1}\oplus C_n=1\oplus 0=1$,结果溢出。

在例 3.3 中,求$[X-Y]_补$时:$OVR=C_{n-1}\oplus C_n=0\oplus 1=1$,结果溢出。

(2) 通常采用双符号位方法来判别加、减法运算是否有溢出,也就是通常所说的模 4 补码运算。在采用双符号位时,正数的双符号位是 00,负数的双符号位是 11。

①两个正数相加时,若不溢出,则数值位不应向符号位产生进位,两个正数的双符号位的运算为 00+00=00,正好是和的正确双符号位。若溢出,则数值位肯定向符号位产生进位输出,此时,两个正数双符号位的运算为 00+00+1=01,因此,和的双符号位是 01,表明结果上溢。

②两个负数相加时,若不溢出,则数值位应向符号位产生进位输出,使两个负数的双符号位运算为(11+11+1) mod 4 =11,正好是负数和的正确双符号位。若溢出,则数值位未向符号位产生进位输出,此时,两个负数的双符号位的运算为(11+11) mod 4=10,因此,和的双符号位为 10,表明结果下溢。

3.1.2 原码定点加、减法

原码是用符号位和绝对值来表示的一种数据编码。在有的机器中,浮点数的阶码用增码表示,而尾数用符号-绝对值码制表示,因此讨论原码定点加法是有意义的。在原码加、减法运算中,符号位和数值位是分开计算的。符号位在运算过程中起判断和控制作用,并且对结果的符号位产生影响。加、减法运算在数值位上进行。

原码加、减法运算规则如下:

(1)比较两操作数的符号,对加法实行“同号求和,异号求差”,对减法实行“异号求和,同号求差”。

(2)求和。

和的数值位:两操作数的数值位相加。如数值最高位产生进位,则结果溢出。

和的符号位:采用被加数(被减数)的符号。

(3)求差。

差的数值位:被加数(被减数)的数值位加上加数(减数)的数值位的补码。下面分两种情况讨论。

① 最高数值位产生进位,表明加法结果为正,所得数值位正确。

② 最高数值位没有产生进位,表明加法结果为负,得到的是数值位的补码形式,因此,对加法结果求补,还原为绝对值形式的数值位。

差的符号位:在上述① 的情况下,符号位采用被加数(被减数)的符号。

在上述② 的情况下,符号位采用被加数(被减数)的符号取反。

【例 3.4】 已知 $[X]_{原}=10011$,$[Y]_{原}=11010$。计算$[X+Y]_{原}$的方法为:

(1)两数同号,所以采用加法求和。

(2)和的数值位:0011+1010=1101。

和的符号位:采用$[X]_{原}$的符号位,为 1。

所以 $[X+Y]_{原}=11101$。

【例 3.5】 已知 $[X]_{原}=10011$, $[Y]_{原}=11010$。计算$[X-Y]_{原}$的方法为:

(1)两数同号,所以采用减法求差。

(2)差的数值位:$0011+(1010)_{补}=0011+0110=1001$,最高数值位没有产生进位,表明加法结果为负,对 1001 求补,还原为绝对值形式的数值位,$(1001)_{补}=0111$。

差的符号位:采用$[X]_{原}$的符号位取反,为0。

所以 $[X-Y]_{原}=00111$。

从上述分析可以看出,原码定点加、减法在计算机中也是容易实现的。

3.1.3 加法器的 Verilog 实现

1.4 位全加器

```
moduleadder4(cout,sum,ina,inb,cin);
output[3:0] sum;
outputcout;
input[3:0] ina,inb;
inputcin;
assign{cout,sum}=ina+inb+cin;
endmodule
```

2.4 位全加器的仿真程序

```
`timescale1ns/1ns
`include"adder4.v"
moduleadder_tp;          //测试模块的名字
reg[3:0] a,b;            //测试输入信号定义为 reg 型
regcin;
wire[3:0] sum;           //测试输出信号定义为 wire 型
wirecout;
integeri,j;
adder4 adder(sum,cout,a,b,cin); //调用测试对象
always#5 cin=~cin;                  //设定 cin 的取值
initial
begin
a=0;b=0;cin=0;
for(i=1;i<16;i=i+1)
#10 a=i;                 //设定 a 的取值
end
initial
begin
for(j=1;j<16;j=j+1)
#10 b=j;                 //设定 b 的取值
end
initial                  //定义结果显示格式
begin
$monitor($time,,,"%d + %d + %b={%b,%d}",a,b,cin,cout,sum);
```

```
#160 $finish;
end
endmodule
```

3.2　定点乘法运算

基本运算器的功能只能完成数据的传送、加法和移位,并不能直接完成两数的乘除法运算,但乘除法却又是计算机的基本运算之一,如何实现乘除法运算？从实现角度来说,一般有3种方式：

(1) 采用软件实现。利用基本运算指令,编写实现乘除法的循环子程序。这种方法所需的硬件最简单,但速度最慢。

(2)在原有的基本运算电路的基础上,通过增加左、右移位和计数器等逻辑电路来实现乘除法运算,同时增加专门的乘除法指令。这种方式的速度比第一种方式快。

(3)大规模集成电路问世以来,高速的单元阵列乘除法器应运而生,出现了各种形式的流水式阵列乘除法器,它们属于并行乘除法器,也有专门的乘除法指令。这种方法依靠硬件资源的重复设置来赢得乘除运算的高速,是3种方式中速度最快的一种。

相对于加减法运算来说,乘法运算复杂得多。从数据的位数来说,两个 n 位的数(不计符号位)相乘,乘积是 $2n$ 位的数。我们先从常规的用笔和纸计算乘法的方法开始,接着讨论原码乘法,带符号位运算的补码乘法,最后讨论用组合逻辑线路构成的阵列乘法器。

3.2.1　原码一位乘法

用原码实现乘法运算时,符号位与数值位是分开计算的,因此原码乘法运算分为两步：

第一步是计算乘积的符号位。乘积的符号为相乘二数符号的异或值。

第二步是计算乘积的数值位。乘积的数值部分为两数的绝对值之积。

例如：已知 $[X]_原=x_0x_1\cdots x_n$,$[Y]_原=y_0y_1\cdots y_n$(其中 x_0,y_0 分别为它们的符号位)。

若　　$[X\times Y]_原=z_0z_1\cdots z_{2n}$(其中 z_0 为结果之符号位)

则

$$z_0=x_0\oplus y_0$$

$$z_1\cdots z_{2n}=(x_1\cdots x_n)\times(y_1\cdots y_n)$$

下面是一个笔-纸乘法的例子,以此我们来推导出两数的绝对值之积的运算过程。

【例3.6】　$X=0.1011$,$Y=0.1101$,则 $X\times Y$ 的笔-纸乘法过程如下：

```
     0.1011     被乘数X=0.x1x2x3x4=0.1011
   × 0.1101     乘数Y=0.y1y2y3y4=0.1101
   ---------
       1011     X×y4×2^-4
      0000      X×y3×2^-3
     1011       X×y2×2^-2
    1011        X×y1×2^-1
   ---------
 0.10001111     因此，X×Y=Σ(i=1..4)(X×yi2^-i)=0.10001111
```

在上述 $X\times Y$ 的笔-纸乘法过程中,计算两个正数的乘法具有如下特点：

①用乘数 Y 的每位依次去乘以被乘数,得 $X\times y_i$,$i=4,3,2,1$。若 $y_i=0$,得0。若 $y_i=1$,得 X。

②把①中求得的各项结果 $X\times y_i$ 在空间上向左错位排列,即逐次左移,可以表示为 $X\times$

$y_i \times 2^{-i}$。

③对②中求得的结果求和，即 $\sum_{i=1}^{4}(X \times y_i \times 2^{-i})$，这也就是两个正数的乘积。

计算机中实现正数的乘法，就是类似笔-纸乘法方法。但为了提高效率等因素而有些改进措施。其表现在：

①每将乘数 Y 的一位乘以被乘数得 $X \times y_i$ 后，就将该结果与前面所得的结果累加，而得到 P_i，称之为部分积。没有等到全部计算后，一次求和，这减少了保存每次相乘结果 $X \times y_i$ 的开销。

②在每次求得 $X \times y_i$ 后，不是将它左移与前次部分积 P_i 相加，而是将部分积 P_i 右移一位与 $X \times y_i$ 相加。这是因为加法运算始终对部分积中的高 n 位进行。因此，只需用 n 位的加法器就可实现两个 n 位数的相乘。

③对乘数中"1"的位执行加法和右移运算，对"0"的位只执行右移运算，而不执行加法运算。这可以节省部分积的生成时间。

上述思想可以推导如下：

已知两正小数 X 和 Y，$Y=0.y_1y_2\cdots y_n$，则

$$X \times Y = X \times (0.y_1y_2\cdots y_n) =$$

$$X \times y_1 \times 2^{-1} + X \times y_2 \times 2^{-2} + X \times y_3 \times 2^{-3} + \cdots + X \times y_n \times 2^{-n} =$$

$$\underbrace{2^{-1}(2^{-1}(2^{-1}\cdots 2^{-1}}_{n个2^{-1}}(2^{-1}(0 + X \times y_n) + X \times y_{n-1}) + \cdots + X \times y_2) + X \times y_1)$$

该式显示出明显的递归性质，上述乘法运算可以归结为循环地计算下列算式：

设 $P_0=0$

$$P_1 = 2^{-1}(P_0 + X \times y_n)$$

$$P_2 = 2^{-1}(P_1 + X \times y_{n-1})$$

$$P_{i+1} = 2^{-1}(P_i + X \times y_{n-i}) \qquad (i=0,1,2,3,\cdots,n-1)$$

$$P_n = 2^{-1}(P_{n-1} + X \times y_1)$$

显然，$X \times Y = P_n$

此处，P_i 称为部分积（Partial Product），每步的迭代过程可以归结为：利用乘数代码，由低位到高位逐位判断。若 Y_{n-i} 的值为"1"，将上一步迭代的部分积 P_i 与 X 相加。若 Y_{n-i} 的值为"0"，则什么也不做。再右移一位，产生本次的迭代部分积 P_{i+1}。整个迭代过程以乘数最低位 y_n 和 $P_0=0$ 开始，经过 n 次"判断→加法→右移"循环直到求出 P_n 为止。P_n 就为乘法结果。

【例 3.7】 已知 $[X]_原=01101$，$[Y]_原=01011$，若 $[X \times Y]_原=z_0z_1\cdots z_8$，则 $z_0=0 \oplus 0=0$。$z_1\cdots z_8=1101 \times 1011$ 的计算采用上述乘法流程，实现的具体过程如下：

C	P	Y	说明
0	0000	1011	开始，设P_0=0
	+1101		y_4=1, +X
0	1101		C,P和Y同时右移一位
0	0110	1101	得P_1
	+1101		y_3=1, +X
1	0011		C,P和Y同时右移一位
0	1001	1110	得P_2
			y_2=0, 不作加法
			C,P和Y同时右移一位
0	0100	1111	得P_3
	+1101		y_1=1, +X
1	0001		C,P和Y同时右移一位
0	1000	1111	得P_4

其中C表示进位位。

所以$z_1 \cdots z_8 = 10001111$，

因此$[X \times Y]_{原} = z_0 z_1 \cdots z_8 = 010001111$。

3.2.2 原码二位乘法

原码一位乘法的实现比较容易理解，两个n位的数相乘，需经过n次“判断—加法—右移”循环，乘法的速度相对较慢。为提高乘法的速度，可以对乘数的每两位取值情况进行判断，一步求出对应于该两位的部分积，这就是原码二位乘法的思想。采用原码二位乘法，只需增加少量的逻辑线路，就可以将乘法的速度提高一倍。

在乘法中，乘数的每两位有4种可能的组合，每种组合对应于以下操作：

00 ——$P_{i+1} = 2^{-2} P_i$

01 ——$P_{i+1} = 2^{-2}(P_i + X)$

10 ——$P_{i+1} = 2^{-2}(P_i + 2X)$

11 ——$P_{i+1} = 2^{-2}(P_i + 3X)$

上面出现了$+X$，$+2X$，$+3X$ 3种情况。$+2X$可以通过X左移1位实现。$+3X$的实现有两种方法：① 分$+X$再$+2X$来进行，二次加法速度较低。② 以$4X-X$来代替$3X$运算，在本次运算中只执行$-X$，而$+4X$则归并到下一拍执行。$P_{i+1} = 2^{-2}(P_i + 3X) = 2^{-2}(P_i - X + 4X) = 2^{-2}(P_i - X) + X$。因为下一拍部分积已右移了两位。上拍欠下的$+4X$已变成$+X$，利用一个触发器$T$来记录是否欠下$+X$，若是，则$1 \to T$。因此，实际操作中用$y_{i-1}$，$y_i$和$T$ 3位来控制乘法操作，运算规则见表3.1。$-X$用$+[-X]_{补}$实现。因为在原码乘法中，是对数据的绝对值执行乘法运算，而正数的补码等于正数本身。因此，采用正数的运算与采用补码数的运算，它们的结果是一致的。又由于在迭代过程中，存在左移送入加数操作，因此，加法的溢出会侵占2位符号位。为保证右移2位的操作正确实现，并且在右移中又能自动纠正这种溢出错误，在原码两位乘法运算中，数据都以模8补码形式(3位符号位，最高符号位才是真正的符号)操作，这时也不需要进位标记。

表 3.1 原码两位乘法运算规则

y_{i-1}	y_i	T	操作		迭代公式
0	0	0	$0\rightarrow T$	$2^{-2}(P_i)$	
0	0	1	$+X$	$0\rightarrow T$	$2^{-2}(P_i+X)$
0	1	0	$+X$	$0\rightarrow T$	$2^{-2}(P_i+X)$
0	1	1	$+2X$	$0\rightarrow T$	$2^{-2}(P_i+2X)$
1	0	0	$+2X$	$0\rightarrow T$	$2^{-2}(P_i+2X)$
1	0	1	$-X\ 1\rightarrow T$	$2^{-2}(P_i-X)$	
1	1	0	$-X\ 1\rightarrow T$	$2^{-2}(P_i-X)$	
1	1	1	$1\rightarrow T$	$2^{-2}(P_i)$	

原码两位乘法运算过程举例如下：

【例 3.8】 已知 $[X]_原=0111001$，$[Y]_原=0100111$，则

$$[|X|]_补=0111001 \quad [-|X|]_补=1000111$$

若

$$[X\times Y]_原=z_0z_1\cdots z_{12}$$

则

$$z_0=0\oplus 0=0$$

$z_1\cdots z_{12}=111001\times100111$ 的计算采用上述原码两位乘法运算规则，具体过程如下：

	P		Y	T	说明
	000	000000	100111	0	开始，$P_0=0$，$T=0$
	111	000111			$y_5y_6T=110$，$-X$，$T=1$
	111	000111			P 和 Y 同时右移 2 位
	111	110001	111001	1	得 P_1
	+001	110010			$y_3y_4T=011$，$+2X$，$T=0$
	001	100011			P 和 Y 同时右移 2 位
	000	011000	111110	0	得 P_2
	+001	110010			$y_1y_2T=011$，$+2X$，$T=0$
→	010	001010			P 和 Y 同时右移 2 位
	000	100010	101111	0	得 P_3

所以 $z_1\cdots z_{12}=100010101111$。

因此 $[X\times Y]_原=0100010101111$。

若采用模 4 补码计算，会发现：在计算 P_3 的过程中，加法溢出侵占了两位符号位，如箭头所指处。那么，在进行 P 和 Y 同时右移 2 位操作时，按照补码右移规则，将得到 P_3 是负数。显然，两个正数相乘，不可能乘积是负数。就像平常的加法运算要用模 4 补码来防止溢出一样，在这里左移加数引起溢出量加大，所以用模 8 补码来防止溢出。

很明显，两位乘法的运算速度相对于一位乘法加快了一倍。

3.2.3 补码一位乘法

前面已经学习过加、减法运算可以在补码数上直接进行，即 $[X+Y]_补=[X]_补+[Y]_补$。此时，符号位与数值位一起参与加、减法运算，且结果的符号位也在运算过程中产生。乘法运算是否也可以不区分符号位、在补码数上直接运算呢？请看下面两个例子。

【例 3.9】　已知 $X=0.1011$，$Y=0.0001$，则 $[X]_补=01011$，$[Y]_补=00001$。

由计算知 $[X\times Y]_补=000001011$，$[X]_补\times[Y]_补=000001011$。

显然，在这个例子中，$[X\times Y]_补=[X]_补\times[Y]_补$。

【例 3.10】　已知 $X=0.1011$，$Y=-0.0001$，则 $[X]_补=01011$，$[Y]_补=11111$。

由计算知 $[X\times Y]_补=111110101$，$[X]_补\times[Y]_补=101010101$。

显然，在这个例子中，$[X\times Y]_补\neq[X]_补\times[Y]_补$。

对两个正数来说，它们补码的乘积等于它们乘积的补码。但若乘数是负数时，这种情况就不成立了。其原因可以从如下推导中看出。

若 $[X]_补=x_0x_1\cdots x_n$，$[Y]_补=y_0y_1\cdots y_n$。根据补码定义，可得出其真值为

$$Y=-y_0+\sum y_i2^{-i}$$

因此

$$[X\times Y]_补=[X\times(-y_0+\sum_{i=1}y_i2^{-i})]_补=$$

$$[\sum_{i=1}^{n}X\times y_i2^{-i}-X\times y_0]_补=$$

$$\sum_{i=1}^{n}[X\times y_i2^{-i}]_补+[-X\times y_0]_补$$

所以，当乘数是正数时，即当 $y_0=0$ 时，两数乘积的补码可以用两补码数的乘积来实现，即 $[X\times Y]_补=[X]_补\times[Y]_补$。当乘数是负数时，即当 $y_0=1$ 时，两数乘积的补码就不可以用两补码数的乘积直接得到，而是须再加上 $[-X]_补$ 来修正。这种方法被称为加终端修正的补码制乘法。在加终端修正的补码制乘法中，被乘数的符号位参与乘法运算，而乘数的符号位不参与乘法运算，根据乘数的符号对所得的乘积进行修正。

A. D. Booth 提出了一种算法：相乘二数用补码表示，它们的符号位与数值位一起参与乘法运算过程，直接得出用补码表示的乘法结果，且正数和负数同等对待。这种算法被称之为 Booth（布斯）乘法。

归纳补码乘法运算规则如下：

① 乘数最低位增加一辅助位 $y_{n+1}=0$。

② 判断 $y_{n-i}\ y_{n-i+1}$ 的值，决定是“$+X$”或“$-X$”，或仅右移一位，得部分积。

③ 重复第②步，直到最高位参加操作 $(y_1-y_0)\times X$，但不做移位，结果得 $[X\times Y]_补$。

图 3.1 是实现布斯乘法的算法流程图。下面的例子给出了布斯乘法的算法过程。

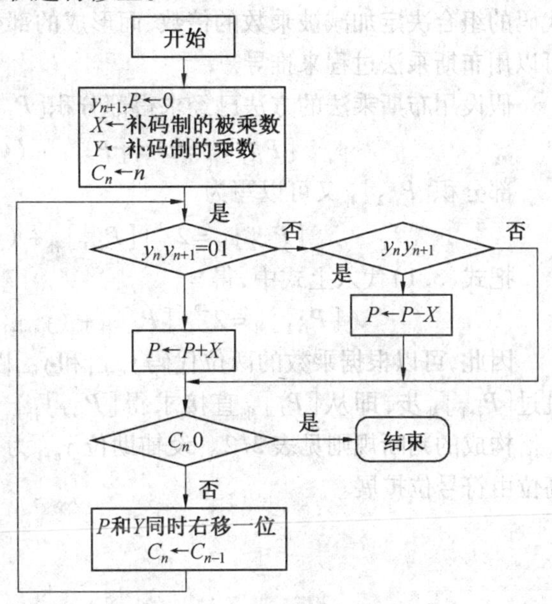

图 3.1　布斯乘法运算流程图

【例 3.11】　已知 $[X]_补=01101$，$[Y]_补=10110$，$[-X]_补=10011$。则用布斯乘法计算

$[X\times Y]_{补}$的过程如下(乘法过程中的加法运算采用模4补码进行)。

P	Y	y_{n+1}	说明
000000	10110	0	开始,$y_5=0$, $[P_0]_{补}=0$
000000	01011	0	$y_4y_5=00$, P、Y同时右移1位 得$[P_1]_{补}$
+110011 110011 111001	 10101	 1	$y_3y_4=10$, $+[-X]_{补}$ P、Y同时右移1位 得$[P_2]_{补}$
111100	11010	1	$y_4y_5=11$, P、Y同时右移1位 得$[P_3]_{补}$
+001101 001001 000100	 11101	 0	$y_1y_2=10$, $+[X]_{补}$ P、Y同时右移1位 得$[P_4]_{补}$
+110011 110111	 11101		$y_0y_1=10$, $+[-X]_{补}$ 最后一次不右移

因此,$[X\times Y]_{补}=101111110$。

所以布斯乘法的算法过程表现为 $n+1$ 次的"判断→加减→右移"的循环,判断的次数为 $n+1$ 次,右移的次数为 n 次。因为最后一次的循环是对乘数的符号位处理,没有 2^{-1} 的关系,因此不需要右移。而加法的次数是乘数中"1"的个数的两倍。从流程图可以看出,在布斯乘法中,遇到连续的"1"或连续的"0"时,是跳过加法运算,直接实现右移操作的,运算效率高。

3.2.4 补码二位乘法

补码数的乘法也可以采用二位一乘的方法,把补码的乘数代码分成二位一组,根据二位代码的组合决定加减被乘数的倍数,而形成的部分积每次右移二位。补码二位一乘的方法可以用布斯乘法过程来推导。

假设用布斯乘法的方法已经求得部分积$[P_i]_{补}$,则下一步的部分积$[P_{i+1}]_{补}$可以写为

$$[P_{i+1}]_{补}=2^{-1}\{[P_i]_{补}+(y_{n-i+1}-y_{n-i})\times[X]_{补}\} \tag{3.1}$$

部分积$[P_{i+2}]_{补}$又可以写为

$$[P_{i+2}]_{补}=2^{-1}\{[P_{i+1}]_{补}+(y_{n-i}-y_{n-i-1})\times[X]_{补}\}$$

把式(3.1)代入上式中,得

$$[P_{i+2}]_{补}=2^{-2}\{[P_i]_{补}+(y_{n-i+1}+y_{n-i}-2y_{n-i-1})\times[X]_{补}\} \tag{3.2}$$

因此,可以根据乘数的两位代码 y_{n-i-1} 和 y_{n-i} 以及右邻位 y_{n-i+1} 的值的组合作为判断依据,跳过$[P_{i+1}]_{补}$步,即从$[P_i]_{补}$直接求得$[P_{i+2}]_{补}$。乘数的二位代码 y_{n-i-1} 和 y_{n-i} 以及右邻位 y_{n-i+1} 构成的判断规则见表3.2。设辅助位 y_{n+1} 为0。最后一次,若乘数代码不足两位,则最高位由符号位扩展。

表 3.2　乘数 3 位代码组合构成的判断规则

乘数代码对	右邻位	加减判断规则	$[P_{i+2}]_补$
y_{n-i-1} y_{n-i}	y_{n-i+1}		
0　0	0	0	$2^{-2}[P_i]_补$
0　0	1	$+[X]_补$	$2^{-2}\{[P_i]_补+[X]_补\}$
0　1	0	$+[X]_补$	$2^{-2}\{[P_i]_补+[X]_补\}$
0　1	1	$+2[X]_补$	$2^{-2}\{[P_i]_补+2[X]_补\}$
1　0	0	$+2[-X]_补$	$2^{-2}\{[P_i]_补+2[-X]_补\}$
1　0	1	$+[-X]_补$	$2^{-2}\{[P_i]_补+[-X]_补\}$
1　1	0	$+[-X]_补$	$2^{-2}\{[P_i]_补+[-X]_补\}$
1　1	1	0	$2^{-2}[P_i]_补$

补码二位乘法的运算过程与布斯乘法是相似的。其区别只是判断按三位一组,加减运算有$+[X]_补$,$+2[X]_补$,$+2[-X]_补$,$+[-X]_补$4 种情况。$+2[X]_补$,$+2[-X]_补$是采用左斜一位加减的方法,为避免左斜一位加减法运算结果的溢出,加减法运算可使用3 位符号位。每次部分积和乘数一般共同右移 2 位。

设乘数$[Y]_补 = y_0y_1\cdots y_n$,可以推导出补码二位乘法中的计算量。

(1)当 n 为偶数时,乘法运算过程中的总循环次数为 $n/2+1$。最后一次不右移,因为最后一次是仅仅对符号位的运算。

(2)当 n 为奇数时,乘法运算过程中的总循环次数为$(n+1)/2$。最后一次右移一位。因为,最后一次是对符号位和最高数值位的运算,符号位的运算不需要右移。

【例 3.12】　已知$[X]_补=00011$,$[Y]_补= 11010$,则$[-X]_补=11101$。用补码二位乘法计算$[X\times Y]_补$的过程如下:

P	Y	y_{n+1}	说明
000 0000	11010	0	开始,$y_5=0$,$[P_0]_补=0$
+111 1010			$y_3y_4y_5=10$, $+2[-X]_补$
111 1010			P、Y同时右移2 位
111 1110	10110	1	得$[P_1]_补$
+111 1101			$y_1y_2y_3=101$, $+[-X]_补$
111 1011			P、Y同时右移2 位
111 1110	11101	1	得$[P_2]_补$
			$y_0y_0y_1=111$, 不做加法 最后一次不右移

因此 $[X\times Y]_补=111101110$。

3.2.5　定点乘法器 Verilog 的实现

```
module mult5(done,p,resetn,start,clock,x,y);
output done;
output [9:0] p;
```

```
input resetn,start,clock;
input [4:0] x,y;
reg done;
parameter s0=2'd0,s1=2'd1,s2=2'd2,
s3=2'd3,s4=2'd4,s5=2'd5;
reg [9:0] p;
reg [4:0] ry;
reg [10:0] pp;
reg [5:0] state;
reg [5:0] temp;
always@(posedge clock or posedge resetn)
begin
if(resetn)
begin
ry<=0;
pp<=0;
state<=0;
done<=0;
end
else
case(state)
s0:
begin
ry<=y;
pp<={5'b00000,x[4:0],1'b0};
if(start==1)
state<=1;
end
s5:
begin
if(pp[1:0]==2'b10)
temp<={pp[10],pp[10:6]}+{ry[4],ry};
else if(pp[1:0]==2'b01)
temp<={pp[10],pp[10:6]}+~{ry[4],ry}+1;
else
begin
temp<={pp[10],pp[10:6]};
end
p<={temp[4:0],pp[5:2]};
```

```
done<=1;
state<=0;
end
default:
begin
if(pp[1:0]==2'b10)
temp<={pp[10],pp[10:6]}+{ry[4],ry};
else if(pp[1:0]==2'b01)
temp<={pp[10],pp[10:6]}+~{ry[4],ry}+1;
else
begin
temp<={pp[10],pp[10:6]};
end
pp<={temp,pp[5:1]};
state<=state+1;
end
endcase
end
endmodule
```

3.3 定点除法运算

除法运算比乘法运算更加复杂。它们很相似,都是一种移位和加减运算的迭代过程。下面以两个正的定点小数为例,说明笔-纸方法的除法步骤。例 3.13 显示了笔-纸方法的除法实例。

(1)被除数与除数比较,决定上商。若被除数小,上商 0;否则,上商 1。得到部分余数。

(2)将除数右移,再与上一步部分余数比较,决定上商,并且求得新的部分余数。

(3)重复执行第(2)步,直到求得的商的位数足够为止。

【例 3.13】 已知两正数 $X=0.10011101$, $Y=0.1011$。

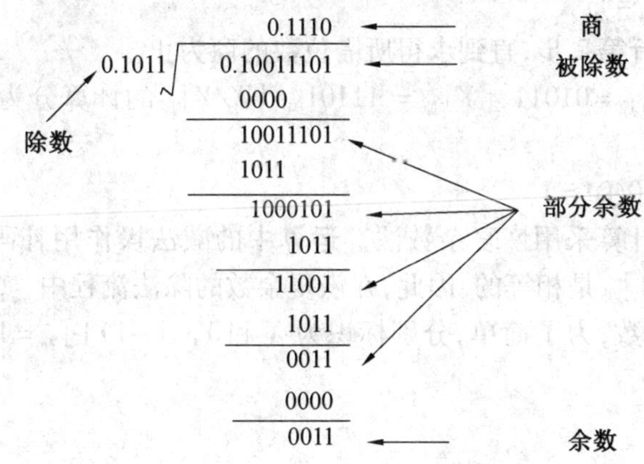

X/Y 的商为0.1110,余数为 0.0011×2^{-4}。

原码一位除法运算与原码一位乘法运算一样,要区分符号位和数值位两部分。商的符号为相除两数符号的"异或"值,商的数值为两数的绝对值之商。

计算机中实现两个正数除法时,参照了笔-纸运算方法。为便于计算机的实现,有几点不同:

①比较运算用减法来实现,根据减法结果的正负来判断两个数的大小。结果为正,上商1;结果为负,上商为0。

②减法运算时,加法器中两数的对齐是用部分余数左移实现的,并与除数比较,以代替除数右移(手算时)与部分余数比较。左移出界的部分余数的高位都是0,对运算不会产生任何影响。

③在计算机中,每次上商过程都是把商写入商值寄存器的最低位,然后部分余数和商一起左移,腾空商寄存器的最低位以备上新的商。

由于采用部分余数减去除数的方法比较两者的大小,但当减法结果为负,即上商为0时,破坏了部分余数。为了正确运算,可采取两种措施:①把减去的除数再加回去,恢复原来的部分余数。基于这一措施的除法称为恢复余数的除法。②在这一步中多减去的除数在下一步运算时弥补回来。这种方法称为不恢复余数的除法,又称加减交替法。

1.恢复余数的除法

若已知两个正的定点小数 X 和 Y,$X=0.x_1x_2\cdots x_n$,$Y=0.y_1y_2\cdots y_n$,求解 X/Y 的商和余数的方法如下:

第1步:$R_1=X-Y$。

若 $R_1<0$,则上商 $q_0=0$,同时恢复余数:$R_1=R_1+Y$。

若 $R_1>=0$,则上商 $q_0=1$。

这里求得的商 q_0 位并不是符号位,而代表两定点小数相除时的整数部分。显然,两定点小数相除的结果也应是定点小数。因此,当被除数大于除数时,也就是 $q_0=1$ 时,将当作溢出处理。但如果是浮点数的尾数相除,则仍然是正确结果,最后可以通过右规(阶码+1)实现规格化。

第2步:若已求得第 i 次的部分余数为 R_i,则第 $i+1$ 次的部分余数为 $R_{i+1}=2R_i-Y$。

若 $R_{i+1}<0$,则上商 $q_i=0$,同时恢复余数:$R_{i+1}=R_{i+1}+Y$。

若 $R_{i+1}>=0$,则上商 $q_i=1$。

第3步:不断循环执行第2步,直到求得所需位数的商为止。

【例3.14】 已知 $[X]_{原}=01011$,$[Y]_{原}=11101$。$[X/Y]_{原}$ 的计算分为符号位和数值位两部分。

$[X/Y]_{原}$ 商的符号位:$0\oplus1=1$。

$[X/Y]_{原}$ 商的数值位计算采用恢复余数法。运算中的减法操作用补码加法实现。$|X|$ 和 $[|X|]_{补}$ 以及 $|Y|$ 和 $[|Y|]_{补}$ 是相等的,因此,在恢复余数的除法流程中,实际参加运算的数据是 $[|X|]_{补}$ 和 $[|Y|]_{补}$ 两数,为了简单,分别标识为 X 和 Y。$[-|Y|]_{补}=10011$。运算过程如下:

部分余数	商	说明
001011	0000	开始，$y_5=0$, $[P_0]_{补}=0$
+110011		$R_1=X-Y$
111110	00000	$R_1<0$,则$q_0=0$,
+001101		恢复余数：$R_1=R_1+Y$
001011		得R_1
010110	0000	$2R_1$（部分余数和商同时左移）
+110011		$-Y$
001001	00001	$R_2>0$,则$q_1=1$,
010010	0001	$2R_2$（左移）
+110011		$-Y$
000101	00011	$R_3>0$,则$q_2=1$
001010	0011	$2R_3$（左移）
+110011		$-Y$
111101	00110	$R_4<0$,则$q_3=0$,
+001101		恢复余数：$R_4=R_4+Y$
001010	00110	得R_4
010100	0110	$2R_4$（左移）
+110011		$-Y$
000111	01101	$R_5>0$,则$q_4=1$

可见,商的数值位为 1101。

所以,$[X/Y]_{原}=11101$（最高位为符号位）,余数为 0.0111×2^{-4}。

2. 不恢复余数的除法（加减交替法）

在恢复余数的除法运算中,当部分余数与除数相比结果为负时,要多做一次 $+Y$ 操作,这既降低了算法执行速度,又使控制线路变得复杂。因此,在计算机中很少采用恢复余数的除法,而普遍采用的是不恢复余数的除法方法。它的实现原理如下。

在恢复余数的除法中,第 i 次余数 $R_i=2R_{i-1}-Y$。

若 $R_i\geqslant0$ 时,上商 1,余数不恢复,左移一位,得 $i+1$ 次部分余数 $R_{i+1}=2R_i-Y$。

但若 $R_i<0$ 时（记 R_i 为 R'_i）,上商 0,且应做恢复余数的操作:$R_i=R'_i+Y$。计算第 $i+1$ 次的部分余数为 R_{i+1}:$R_{i+1}=2R_i-Y=2(R'_i+Y)-Y=2R'_i+Y$。

因此,当第 i 次的部分余数为负时,可以跳过恢复余数的步骤,而直接求第 $i+1$ 次的部分余数。这种消除前一算法中恢复余数步骤的算法称之为不恢复余数除法。

对两个正的定点小数 X 和 Y 采用不恢复余数除法的基本步骤归纳如下：

第 1 步:$R_1=X-Y$。

若 $R_1<0$,则上商 $q_0=0$。

若 $R_1>=0$,则上商 $q_0=1$。

q_0 代表两定点小数相除时的整数部分,当 $q_0=1$ 时,将当作溢出处理。

第 2 步:若已求得部分余数 R_i,则第 $i+1$ 次的部分余数如下。

若 $R_i<0$,则上商 $q_{i-1}=0$,$R_{i+1}=2R_i+Y$,第 1 步中多减去的 Y 在这一步中弥补回来。

若 $R_i\geqslant0$,则上商 $q_{i-1}=1$,$R_{i+1}=2R_i-Y$,保持原有的除法过程。

第 3 步:不断循环执行第 2 步,直到求得所需位数的商为止。

结束时,若余数为负值,要执行恢复余数的操作 $R_n=R_n+Y$。

【例 3.15】 已知 $[X]_{原}=01011$,$[Y]_{原}=11101$。$[X/Y]_{原}$的计算分为符号位和数值位

两部分。

$[X/Y]_原$商的符号位:0⊕1=1。

$[X/Y]_原$商的数值位的计算采用不恢复余数的除法,运算中的减法操作用补码加法实现。$|X|$和$[|X|]_补$以及$|Y|$和$[|Y|]_补$是相等的,因此,在不恢复余数的除法流程中,实际参加运算的数据是$[|X|]_补$和$[|Y|]_补$两数,为了简单,分别标识为 X 和 Y。$[-|Y|]_补=10011$。运算过程如下:

部分余数	商	说明
001011	0000	开始,$R_0=X$
+110011		$R_1=X-Y$
111110	00000	$R_1<0$,则$q_0=0$,
111100	0000	$2R_1$(部分余数和商同时左移)
+001101		$+Y$
001001	00001	$R_2>0$,则$q_1=1$,
010010	0001	$2R_2$(左移)
+110011		$-Y$
000101	00011	$R_3>0$,则$q_2=1$
001010	0011	$2R_3$(左移)
+110011		$-Y$
111101	00110	$R_4<0$,则$q_3=0$
111010	0110	$2R_4$(左移)
+001101		$+Y$
000111	01101	$R_5<0$,则$q_4=1$

商的数值为 1101。

所以,$[X/Y]_原=11101$。因为 $R_5>0$,所以,余数为 0.0111×2^{-4}。

从上面的计算过程可以看出,在不恢复余数除法运算中,每位商的计算或是加法,或是减法,而不是两者都要。因此,n 位数的不恢复余数除法需要 n 次加法运算。考虑 $q_i=0$ 的概率为 1/2,对恢复余数除法来说,平均需要 $3n/2$ 次加法运算。

3.4 浮点运算

本节给出了实现浮点数加法、减法、乘法和除法运算的基本公式以及在计算机中的有关实现技术。乘法和除法运算相对来说较简单。因为,浮点数中的尾数和阶码可以单独处理,但是浮点数的加法和减法运算较复杂,它们在对尾数相加减之前必须使两个浮点数的阶码相等。本节还对浮点运算中的规格化、警戒位、溢出情况和舍入问题进行讨论。

3.4.1 浮点加、减法运算

设两个二进制浮点数 X 和 Y 可以表示为

$$X=M_x\times2^{E_x},\ Y=M_y\times2^{E_y}$$

$X\pm Y$ 的结果表示为 $M_b\times2^{E_b}$。浮点数 X 和 Y 是按规格化数存放的,对它们进行运算后的结果也应该是规格化的。为讨论浮点数的加减法实现方法,下面先介绍十进制数的加法运算:

$$123\times10^2+456\times10^3$$

显然,不可以把尾数 123 和 456 直接相加,必须把 10 的阶码调整为相等的值后才可以实现两数相加。具体如下：

$$123\times10^2+456\times10^3=12.3\times10^3+456\times10^3=(12.3+456)\times10^3=468.3\times10^3$$

从上面的例子不难理解实现浮点数 X 和 Y 加减法运算的规则为：

①$X+Y=(M_x\times2^{E_x-E_y}+M_y)\times2^{E_y}$，不失一般性，设 $E_x\leqslant E_y$；

②$X-Y=(M_x\times2^{E_x-E_y}-M_y)\times2^{E_y}$。

计算机中实现 X 和 Y 加、减法运算的步骤如下。

第 1 步：对阶。

对阶的目的就是使 X 和 Y 的阶码相等，以提供尾数相加减的可能性。阶码的比较是通过两阶码的减法来实现，统一取大的阶码，小阶码的尾数按两阶码的差值决定右移的数量。可以表示为 $\Delta E=E_x-E_y$。

若 $\Delta E\leqslant0$，则 $E_b\leftarrow E_y$，$E_x\leftarrow E_y$，$M_x\leftarrow M_x\times2^{E_x-E_y}$。

若 $\Delta E>0$，则 $E_b\leftarrow E_x$，$E_y\leftarrow E_x$，$M_y\leftarrow M_y\times2^{E_y-E_x}$。

对阶使得原数中较大的阶码成为两数的公共阶码。

小阶码的尾数右移时应注意：

①原码形式的尾数右移时，符号位不参加移位，数值位右移，空出位补 0。补码形式的尾数右移时，符号位与数值位一起右移，空出位填补符号位的值。

②尾数的右移，使得尾数中原来 $|\Delta E|$ 位有效位移出。移出的这些位不要丢掉，应保留，并且参加后续运算。这对运算结果的精确度有一定影响。这些保留的多余位数又称为警戒位。

第 2 步：尾数加减。

完成上一步操作、将两数的阶码调整一致后，就可以实现尾数的加、减运算：

$$M_b\leftarrow M_x\pm M_y$$

至此，已完成浮点数加、减法运算的基本操作。但是，求得的浮点数结果的形式不能保证一定是规格化的，而且对结果的溢出情况也需进行讨论。因此，浮点数的加、减法运算进入结果的后处理阶段。

第三步：尾数规格化。

假设浮点数的尾数用补码表示，且加、减运算时采用双符号位，则规格化形式的尾数应是如下形式：

尾数为正数时，$001xx\cdots x$。其中，高位的 00 为双符号位，其后的 1 为最高数值位的值，再后面的数值位的值可以是任意值，这里用 x 表示。

尾数为负数时，$110xx\cdots x$。其中，高位的 11 为双符号位，其后的 0 为最高数值位的值，再后面的数值位的值可以是任意值，这里用 x 表示。

尾数违反规格化的情况有以下两种可能：

①尾数加、减法运算中产生溢出。表现为尾数中符号位的异常。正溢出时，符号位为 01；负溢出时，符号位为 10。规格化采取的方法是：尾数右移一位，阶码加 1。这种规格化称为右规，可以表示为：$M_b\leftarrow M_b\times2^{-1}$，$E_b\leftarrow E_b+1$。

②尾数的绝对值小于二进制的 0.1。补码形式的尾数表现为最高数值位与符号位同值。

$$\text{尾数为正数时：}\underbrace{00}_{\text{符号位}}\underbrace{\overbrace{00\cdots0}^{K\text{个}0}1x\cdots x}_{\text{数值位}}$$

$$\text{尾数为负数时：}\underbrace{11}_{\text{符号位}}\underbrace{\overbrace{11\cdots1}^{K\text{个}1}0x\cdots x}_{\text{数值位}}$$

此时,规格化采取的方法是:符号位不动,数值位逐次左移,阶码逐次减1,直到满足规格化形式的尾数,即最高数值位与符号位不同值为止。这种规格化称为左规,可以表示为

$$M_b \leftarrow M_b \times 2^k, E_b \leftarrow E_b - k$$

第4步:尾数的舍入处理。

在第2步和第3步的右规中都可能产生警戒位,为提高数据的计算精度,需要对结果尾数进行舍入处理。常用的舍入方法有多种,每种方法都有各自的优点,要根据实际条件进行比较和选择。

① 0舍1入法。这是一种比较简单的舍入方法,相似于十进制中的四舍五入法。警戒位中的最高位为1时,就在尾数末尾加1,警戒位中的最高位为0时,舍去所有的警戒位。这种方法的最大误差为$\pm 2^{-(n+1)}$,n为有效尾数位数。

②恒置1法。这是一种简单易行的舍入方法,又称冯·诺依曼舍入法。舍入规则是:不论警戒位为何值,尾数的有效最低位恒置1。恒置1法产生的最大误差为$\pm 2^{-n}$,n为有效尾数位数。

③恒舍法。恒舍法对尾数的处理是最简单的,无论警戒位的值是多少,都舍去。尾数的结果就取其有效的n位的值。对正数或负数来说,都是一种趋向原点的舍入,所以又称为趋向零舍入(Round Toward Zero)。

采用以上几种简单的舍入方法对原码形式的尾数进行舍入处理,舍入的效果与真值舍入的效果是一致的。但对于补码形式的负的尾数来说,所进行的舍入处理将与真值的舍入效果可能不一致了。

【例3.16】 已知有$X=-0.101010$,$[X]_补=1010110$,若有效小数位数为4位,分别对X和$[X]_补$采用0舍1入法进行舍入处理,可得

$$X=-0.1011\text{(入)}$$
$$[X]_补=10110\quad\text{(入)}$$

此时,对应的$X=-0.1010$。

显然,对同一个值的真值及补码形式分别进行同一方法的舍入处理,两者处理后的值就不一致了。这是因为,负数的补码对原数值进行过取反处理,它对0和1的理解就不同于通常意义下的含义。对负数的补码来说,执行0舍处理使得原值变大,1入处理反而使得原值变小。为了协调两者的差异,保持对舍入处理执行的效果一致,对补码进行舍入处理的规则要做适当的修改。对于0舍1入法,负数补码的舍入规则为:负数补码警戒位中的最高位为1且其余各位不全为0时,在尾数末尾加1,其余情况舍去尾数。对正数补码的舍入处理仍采用前述的舍入规则。采用这种舍入规则对负数补码进行舍入处理后,其值将与真值的处理保持一致。

例如,在例1中重新对$[X]_补$舍入后得$[X]_补=10101$(舍),此时,对应的$X=-0.1011$,等同与对真值X的舍入。

在舍入处理中,遇到入时,引起尾数的末尾加 1,这会带来舍入后的结果溢出现象。因此,舍入处理后需检测溢出情况。若溢出,需再次规格化(右规)。

第 5 步:阶码溢出判断。

在第 3,4 步中,可能对结果的阶码执行过加、减法运算。因此,需要考虑结果阶码溢出情况。若阶码 E_b 正溢出,表示浮点数已超出允许表示数范围的上限,置溢出标志。若阶码 E_b 负溢出,则运算结果趋于零,置结果为机器零。否则,浮点数加、减法运算正常结束,浮点数加、减法运算结果为 $M_b \times 2^{E_b}$。

从浮点数的加、减法运算过程可以看出,浮点数的溢出并不是以尾数的溢出来判断的,尾数的溢出可以通过右规的操作得到纠正。浮点数的溢出是以阶码的正溢出决定的。

【例 3.17】　已知 $X=0.11011011\times 2^{010}$,$Y=-0.10101100\times 2^{100}$,若用补码来表示浮点数的尾数和阶码,则

	数符	阶符	阶码	尾数
$[X]_浮=$	0	0	010	11011011
$[Y]_浮=$	1	0	100	01010100

$[X+Y]_浮 = M_b \times 2^{E_b}$,执行 $[X+Y]_浮$ 的过程如下:

① 对阶。

$$\Delta E = E_x - E_y = 00010+11100=11110$$

即 $\Delta E = -2$,M_x 右移两位,$M_x=0\ 0011011011$

$$E_b = E_y = 0100$$

②尾数加法

$$\begin{array}{r} 000011011011 \\ +1101010100 \\ \hline 111000101011 \end{array}$$

因此 $M_b=111000101011$。

③尾数规格化。

尾数没有溢出,但符号位与最高数值位有 $K=1$ 位相同,须左规:

M_b 左移 $K=1$ 位:$M_b=11000101011$。

E_b 减 1:$E_b=00011$。

④舍入处理。

采用 0 舍 1 入法,根据负数补码舍入规则,这里执行舍操作,得

$$M_b=1100010101$$

⑤阶码溢出判断。

阶码无溢出,$X+Y$ 正常结束,得

$$[X+Y]_浮=1001100010101$$

即

$$X+Y=-0.11101011\times 2^{011}$$

3.4.2　浮点乘、除法运算

浮点数的乘、除法运算步骤相似于浮点数的加、减法运算步骤。两者的主要区别是浮点数加、减法运算需要对阶,而对浮点数的乘、除法运算来说,免去了这一步。两者对结果的后处理是一样的,都包括结果数据规格化、舍入处理和阶码判断。

对两个规格化的浮点数 $X=M_x \times 2^{E_x}$，$Y=M_y \times 2^{E_y}$，实现乘、除法运算的规则如下：

$$X \times Y=(M_x \times 2^{E_x}) \times (M_y \times 2^{E_y})=(M_x \times M_y) \times 2^{E_x+E_y}$$

$$X/Y=(M_x \times 2^{E_x})/(M_y \times 2^{E_y})=(M_x/M_y) \times 2^{E_x-E_y}$$

下面分别给出浮点数的乘法和除法的运算步骤。

1. 浮点数乘法的运算步骤

(1)两浮点数相乘。

两浮点数相乘，乘积的阶码为相乘两数的阶码之和，尾数为相乘两数之积。可以表示为

$$M_b=M_x \times M_y,\quad E_b=E_x+E_y$$

(2)尾数规格化。

M_x和 M_y都是绝对值大于或等于 0.1 的二进制小数，因此，两数乘积 $M_x \times M_y$的绝对值是大于或等于 0.01 的二进制小数。所以不可能溢出，不需要右规。对于左规来说，最多一位，即 M_b最多左移一位，阶码 E_b减 1。

(3)尾数舍入处理。

$M_x \times M_y$产生双字长乘积，如果只要求得到单字长结果，那么低位乘积就当作警戒位进行结果舍入处理。若要求结果保留双字长乘积，就不需要舍入处理了。

(4)阶码溢出判断。

对 E_b的溢出判断完全相同于浮点数加、减法的相应操作。

2. 浮点数除法的运算步骤

(1)除数是否为 0，若 $M_y=0$，出错报告。

(2)两浮点数相除。

两浮点数相除，商的阶码为被除数的阶码减去除数的阶码。商的尾数为相除两数的尾数之商。可以表示为

$$M_b=M_x/M_y,E_b=E_x-E_y$$

(3)尾数规格化。

M_x和 M_y都是绝对值大于或等于 0.1 的二进制小数，因此，两数相除 M_x/M_y的绝对值是大于或等于 0.1 且小于 10 的二进制小数。所以，对 M_b不需要左规操作。若溢出，执行右规：M_b右移一位，阶码 E_b加 1。

(4)尾数舍入处理。

(5)阶码溢出判断。

(4)、(5)两步操作相同于浮点数加、减法的相应操作。

3.4.3 浮点运算器实例

1. CPU 之外的浮点运算器

8087 是美国 Intel 公司为处理浮点数等数据的算术运算和多种函数计算而设计生产的专用算术运算处理器。由于其算术运算是配合 8086 CPU 进行的，所以 8087 又称为协处理器(Co-processor)。下面说明 8087 浮点运算器的特点和内部结构。

(1)以异步方式与 8086 并行工作。8087 相当于 8086 的一个 I/O 部件，本身有它自己的指令，但不能单独使用，只能作为 8086 主 CPU 的协处理器才能运算。如果 8086 从主存

读取的指令是8087的浮点运算指令,则它们以输出的方式把该指令送到8087,8087接收指令后进行译码并执行浮点运算。8087进行运算期间,8086可取下一条其他指令予以执行,因而实现了并行工作。如果在8087执行浮点运算指令过程中,8086又取来了一条8087指令,则8087给出“忙”标志信号加以拒绝,使8086暂停向8087发送命令。只有待8087完成浮点运算而取消“忙”标志信号以后,8086才可以进行下一次发送操作。

(2)可处理包括二进制浮点数、二进制整数和压缩十进制数串3大类7种类型数据,其中浮点数的格式符合IEEE-754标准,有32位、64位、80位(临时实数)3种。

2. CPU之内的浮点运算器

奔腾(Pentium)CPU将浮点运算器包含在芯片内,浮点运算部件采用流水线设计。指令执行过程分为8段流水线。前4段为指令预取(DF)、指令译码(D1)、地址生成(D2)、取操作数(EX),在U,V流水线中完成;后4段为执行1(X1)、执行2(X2)、结果写回寄存器堆(WB)、错误报告(ER),在浮点运算器中完成。奔腾CPU内部的主要流水线是“U-Pipe”,能应付所有的x86指令;另一条流水线称为“V-Pipe”,只能对一些简单的整数指令和一个浮点运算指令“FXCH”解码。一般情况下,由U流水线完成一条浮点数操作指令。

浮点部件内有浮点专用加法器、乘法器和除法器,有8个80位寄存器组成的寄存器堆,内部的数据总线为80位宽,可支持IEEE-754标准的单精度和双精度格式的浮点数,还使用一种称为临时实数的80位浮点数。

3.5 十进制数的加、减法运算

对于像BCD码或余三码组成的十进制数进行加、减法运算,常常是在二进制加、减法运算的基础上通过适当的校正来实现。校正也就是将二进制的“和”改变成所要求的十进制格式。

1. 十进制的加法运算

计算机内实现BCD码加法运算时,正如二进制数一样进行加法运算,对相加的结果有时需要进行修正。因为在BCD码加法运算中,各十进制位之间是遵循十进制运算规则。十进制位与位之间是逢十进1。1个十进制位的4位二进制码向高位进位是逢16进1。当一个十进制位的BCD码加法和大于或等于1010(十进制的10)时,就需要进行+6修正。修正的具体规则是:

(1)两个BCD数码相加之和等于或小于1001,即十进制的9,不需要修正。

(2)两个BCD数码相加之和大于或等于1010且小于或等于1111,即位于十进制的10和15之间,需要在本位加6修正。修正的结果是向高位产生进位。

(3)两个BCD数码相加之和大于1111,即十进制的15,加法的过程已经向高位产生了进位,对本位也要进行加6修正。

从下面3个例子可以理解BCD码的加法运算。

【例3.18】 $(15)_{10}+(21)_{10}=(36)_{10}$。

```
  0001 0101        15
 +0010 0001       +21
 ----------       ---
  0011 0110        36
```

显然上述计算过程是正确的,每个十进制位的BCD码和均小于9,因此,对计算结果无需修正。

【例3.19】 $(15)_{10}+(26)_{10}=(41)_{10}$。

```
    0001 0101        15
+   0010 0110       +26
    0011 1011        41
+        0110
    0100 0001
```

在BCD码的加法运算中,低十进制位的二进制加法和是1011,因此,需要在该位+6修正。修正使得本位结果正确,同时向上一位产生进位。

【例3.20】 $(18)_{10}+(18)_{10}=(36)_{10}$。

```
    0001 1000        18
+   0001 1000       +18        进位
    0011 1000        36
+        1110
    0011 1110
```

在BCD码的加法运算中,低十进制位的二进制加法和大于1111,因此,向高十进制位产生了进位,此时,也需要对该十进制位进行+6修正。处理BCD码的十进制加法器只需要在二进制加法器上添加适当的校正逻辑即可。设两个一位十进制数 X_i 和 Y_i,它们的BCD码分别是 $x_{i8}x_{i4}x_{i2}x_{i1}$ 和 $y_{i8}y_{i4}y_{i2}y_{i1}$。提高速度的 n 位BCD码先行进位加法器也很容易从二进制的先行进位加法器推导得到。

2. 十进制的减法运算

在计算机中,两个BCD码的十进制位的减法运算,通常采用先取减数的模9补码或模10补码,再与被减数相加的方法实现。由于BCD码不是一个自我互补的编码,因此模9补码不可能通过代码中对每位的取补而直接实现。求取一个以BCD编码的十进制数字的模9补码,通常可以采用以下两种方法,模10补码是通过模9补码加1来实现的。

(1)先将4位二进制表示的BCD码按位取反,再加上二进制1010(十进制10),加法的最高进位位丢弃。

例如,BCD码0011(十进制3)的模9补码计算方法为:先对0011按位取反得1100,再将1100加上1010且丢弃最高进位位得0110(十进制6),显然0011的模9补码是为0110。

一个4位二进制数 Y 的按位取反相当于与二进制1111(十进制15)的减法。因此上述的计算可以描述为: $15-Y+10=9-Y+16$,16代表着最高进位位,要被丢弃,因此获得了 $9-Y$ 的结果。

(2)先将4位二进制表示的BCD码加上0110(十进制6),再将每位二进制位按位取反。

例如,BCD码0011(十进制3)的模9补码的计算方法为:先计算 $0011+0110=1001$,再对1001按位取反得0110。

计算结果与(1)的结果一致。这里的计算可以描述为: $15-(Y+6)=9-Y$,获得 Y 的模9补码。

3.6 运算器的基本组成

运算器是数据的加工处理部件,是CPU的重要组成部分。运算器的主要功能是对数据进行加工处理，包括对数值数据的算术运算，如执行加、减、乘、除运算，变更数据的符号等，同时也包括对各种数据的逻辑运算，如进行与、或、非等运算。因此，实现对数据的算术和逻辑运算是运算器最重要的功能，是计算机中的执行部件，也是计算机内部数据信息的重要通路。

不同计算机的运算器的组成结构是不同的，运算器通常由算术逻辑单元（Arithmetic Logic Unit，ALU）、寄存器、数据总线和其他逻辑部件组成。ALU是具体完成算术与逻辑运算的单元，是运算器的核心，由加法器及其他逻辑运算单元组成。寄存器用于存放参与运算的操作数，其中累加器是一个特殊的寄存器，除了可以存放操作数外，还用于存放中间结果和最后结果。数据总线用于完成运算器内部的数据传送。

本节介绍运算器的核心部件——算术逻辑运算单元ALU的组成与工作原理，以及数据在运算器的基本运算方法。

3.6.1　算术逻辑单元ALU

算术逻辑单元ALU，不仅具有多种算术运算和逻辑运算的功能，而且具有先行进位逻辑，从而能实现高速运算。ALU是运算器的核心。计算机中的其他部件，如控制器、存储器、输入/输出设备，它们把数据送入ALU中去加工处理，运算的结果再送回这些部件。

特定ALU所支持的算术运算，可能仅局限于加法和减法，也可能包括乘法、除法，甚至三角函数和平方根。有些ALU只支持整数，而其他ALU则可以使用浮点来表示有限精度的实数。但是，能够执行最简单运算的任何计算机，都可以通过编程，把复杂的运算分解成它可以执行的简单步骤。所以，任何计算机都可以通过编程来执行任何算术运算，如果其ALU不能从硬件上直接支持，则该运算将用软件方式实现，但需要花费较多的时间。

超标量（Superscalar）计算机包含多个ALU，可以同时处理多条指令。图形处理器和具有单指令流多数据流（SIMD）和多指令流多数据流（MIMD）特性的计算机，通常提供可以执行矢量和矩阵算术运算的ALU。

ALU通常表示为两个输入端口，一个输出端口和多个功能控制信号端的这样一个逻辑符号，如图3.2所示。两个输入端口分别接收参加运算的两个操作数，它们一般来源于通用寄存器、主存数据寄存器、指令寄存器的地址码或直接送入的逻辑“0”。ALU的运算结果由输出端口送出，通常可以送到通用寄存器、主存数据寄存器、主存地址寄存器或程序计数器。

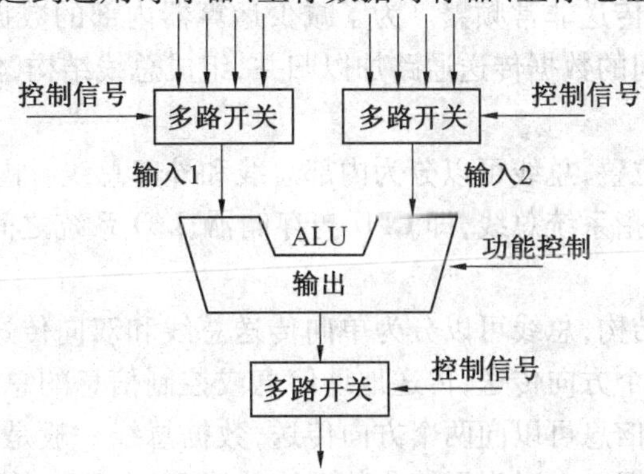

图3.2　ALU的逻辑符号表示与多路开关

ALU 的输入端和输出端通常连有数据多路开关,它们在控制信号的作用下,选择其中某一路数据送到 ALU 去参加运算或将 ALU 的结果送到相应的部件。因此,ALU 除了能进行运算外,还是 CPU 内重要的数据集散枢纽。功能控制信号用来决定 ALU 所执行的处理功能。例如,功能控制端选择“加法”运算,则 ALU 的输出就为两输入数据之和。

3.6.2 通用寄存器组

为避免频繁地访问存储器,运算器中提供了暂时存放参加运算的数据和某些中间结果的功能。为此,运算器内设有若干个通用寄存器,构成通用寄存器组。通用寄存器的数量越多,对提高运算器性能和程序执行速度越有利。通用寄存器组是对用户开放的,用户可以通过指令去使用这些寄存器。

寄存器一般指的是通用寄存器,多通用寄存器是现代计算机系统的结构特点之一。通用寄存器是指这些寄存器的用途广泛,除了用于存放操作数和运算结果外,还可以作为变址寄存器存放变址值,作为堆栈指示器存放堆栈指针等,可以被程序员直接使用。除此之外,累加器是运算器中与 ALU 直接相连、使用频繁的一种寄存器,每次运算的操作数或运算的中间结果大多存放在累加器中。所以,累加器是与很多指令都相关的通用寄存器。

例如:ADD A, R_j

把累加器 A 和通用寄存器 R_j 的内容相加,结果存入累加器 A 中。

3.6.3 专用寄存器

运算器需要记录指令执行过程中的重要状态标记,以及提供运算前、后数据的暂存缓冲等,这通过在运算器中设置若干专用寄存器来实现。有些专用寄存器对程序员是透明的,如循环计数器等。有些专用寄存器对程序员是开放的,如程序状态字 PSW(Program Status Word),它存放着指令执行结果的某些状态,如是否溢出、是否为零、是否有进位/借位、是否为负等。又如,堆栈指针 SP(Stack Pointer),它指示了堆栈的使用情况。硬件系统在完成某项工作时会用到相关的专用寄存器。

3.6.4 数据总线

除了运算器的核心部件 ALU 之外,运算器中还包括各种寄存器、多路选择器、移位器等部件,它们之间的数据传送非常频繁。为了减少运算器内部的数据传送线,同时便于控制,通常将一些寄存器之间的数据传送通路加以归并,组成总线结构,使不同来源的信息在此总线上分时传送。

根据总线所处的位置,总线可以分为内部总线和外部总线。内部总线是指 CPU 内各部件的连线;外部总线是指系统总线,即 CPU 与存储器、I/O 系统之间的连线。运算器内部的总线属于内部总线。

按照总线的逻辑结构,总线可以分为单向传送总线和双向传送总线。所谓单向传送总线,就是信息只能向一个方向传送,传送地址信息或控制信息的总线通常是单向传送总线;而双向传送总线,就是信息可以向两个方向传送,数据总线一般是双向传送总线,既可以发送数据,又可以接收数据。有时为了简化数据线的管理,也可以有只用于发送数据或者只用于接收数据的数据总线。通常还要在运算器中附加一些控制线路。例如,运算器中的乘除运算和某些逻辑运算是通过移位操作来实现的。这通常是在 ALU 的输出端设置移位线路来实现。移位包括左移、右移和直送。移位线路是一个多路选择器。

3.7　算术与逻辑单元的组成

3.7.1　半加器与全加器

运算器的基本功能之一是对数据实现算术运算和逻辑运算，在运算器中各种运算都是分解成加法运算进行的，因此加法器是计算机中最基本的运算单元。

1. 半加器

两个一位二进制数相加（不考虑低位的进位），称为半加。实现半加操作的电路，称为半加器。表 3.3 是两个一位二进制数 X_i，Y_i 相加的真值表，H_i 是半加和，C_i 表示向高位的进位。根据真值表可以写出 H_i 和 C_i 的逻辑表达式如下：

$$H_i = \overline{X_i}Y_i + X_i\overline{Y_i} = X_i \oplus Y_i$$

$$C_i = X_i Y_i$$

半加器的逻辑图和符号如图 3.3 所示。

表 3.3　半加运算的真值表

X_i	Y_i	H_i	C_i
0	0	0	0
0	1	1	0
1	0	1	0
1	1	0	1

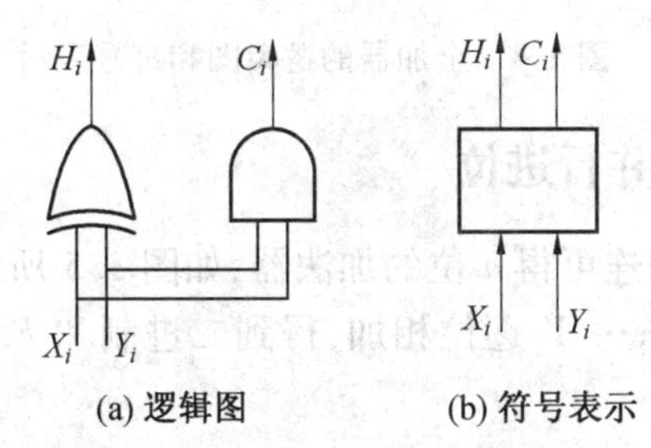

图 3.3　半加器的逻辑图和符号表示

2. 全加器

实际执行二进制数加法运算时，一般为多位数据相加，这时必须考虑位与位之间的进位。例如，两个 4 位二进制数 $X=1011$ 和 $Y=1101$ 相加。第 i 位的加法运算是第 i 位的加数 X_i，Y_i 和低位 $i-1$ 位的进位 C_{i-1} 三者相加。这种考虑低位进位的加法运算就是全加运算，实现全加运算的电路称为全加器，表 3.4 是全加运算的真值表。其中 X_i，Y_i 表示第 i 位的加数，C_{i-1} 表示第 i 位的进位输入，F_i 是第 i 位的全加和，C_i 是第 i 位的进位输出。

根据真值表（表 3.4）可以写出 F_i 和 C_i 的逻辑表达式如下：

$$F_i = X_i Y_i C_{i-1} + X_i Y_i C_{i-1} + X_i Y_i C_{i-1} + X_i Y_i C_{i-1} = X_i \oplus Y_i \oplus C_{i-1}$$

$$C_i = X_i Y_i C_{i-1} + X_i Y_i C_{i-1} + X_i Y_i C_{i-1} + X_i Y_i C_{i-1} = (X_i \oplus Y_i) C_{i-1} + X_i Y_i$$

图 3.14 是实现上述表达式的全加器逻辑图和全加器的符号表示。从图 3.4 中可以看出,全加器的进位及全加和的形成时间分别为 3 级门延迟和 2 级门延迟。

表 3.4 全加运算的真值表

X_i	Y_i	C_{i-1}	F_i	C_i
0	0	0	0	0
0	1	0	1	0
1	0	0	1	0
1	1	0	0	1
0	0	1	1	0
0	1	1	0	1
1	0	1	0	1
1	1	1	1	1

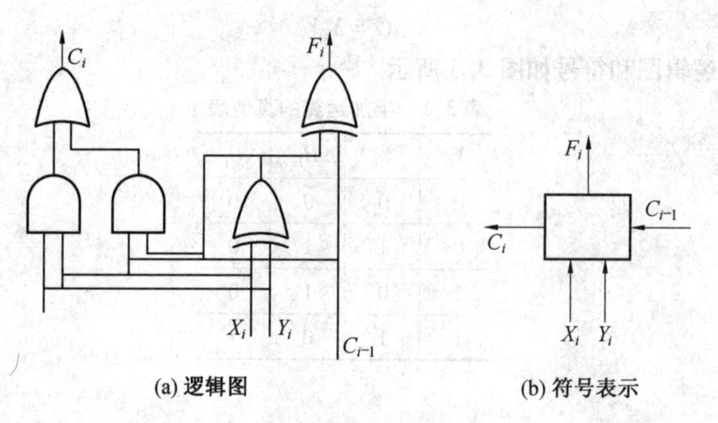

(a) 逻辑图　　(b) 符号表示

图 3.4 全加器的逻辑图和符号表示

3.7.2 串行进位与并行进位

将上述的 n 个全加器相连可得 n 位的加法器,如图 3.5 所示,实现了两个 n 位二进制数 $X=X_n X_{n-1} \cdots X_1$ 和 $Y=Y_n Y_{n-1} \cdots Y_1$ 逐位相加,得到二进制和 $F=F_n F_{n-1} \cdots F_1$ 以及进位输出 C_n。

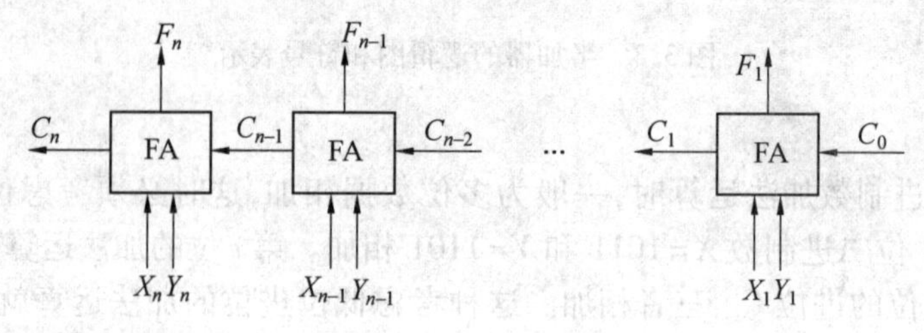

图 3.5 n 位加法器

对于图 3.5 所示的 n 位加法器,例如,当 $X= 1_n 1_{n-1} \cdots 1_2 1_1$ 而 $Y= 0_n 0_{n-1} \cdots 0_2 1_1$ 时,X 与

Y 逐位相加，仅当进位信号顺序地从低位传到高位，方能形成最后的稳定输出，即 $F=0_n0_{n-1}\cdots 0_20_1$ 且 $C_n=1$。由于这种加法器的位间进位是串行传送的，任意一位的加法运算，都必须等到低位加法做完送来进位时才能正确进行。因此这种进位方式称为串行进位或行波进位。这种进位方式的加法运行时间随着两个相加二进制数的位数增加而增加。要提高加法器的运算速度，必须缩短从低位到高位的串行进位传送延迟。为此应设法预先形成各位进位，将进位信号同时送到各位全加器的进位输入端，这种进位方法常常称为先行进位或并行进位。采用并行进位的加法器为先行进位加法器。

对一个 4 位的加法器，我们讨论一下其进位 C_1, C_2, C_3 和 C_4 的产生条件。这也可以从公式(3.1)中直接推导得到。

下述条件中任一条满足就可生成 $C_1=1$：

①X_1, Y_1 均为"1"；②X_1, Y_1 任一个为"1"，且进位 C_0 为"1"。

因此，可得 C_1 的表达式为

$$C_1=X_1Y_1+(X_1+Y_1)C_0 \tag{3.3}$$

下述条件中任一条满足，就可生成 $C_2=1$：

①X_2、Y_2 均为"1"；②X_2, Y_2 任一个为"1"，且进位 C_1 为"1"。

因此，可得 C_2 的表达式为

$$C_2=X_2Y_2+(X_2+Y_2)C_1=X_2Y_2+(X_2+Y_2)X_1Y_1+(X_2+Y_2)(X_1+Y_1)C_0 \tag{3.4}$$

(3) 同理，可得 C_3 的表达式为

$$\begin{aligned}C_3-&X_3Y_3+(X_3+Y_3)C_2=\\&X_3Y_3+(X_3+Y_3)[X_2Y_2+(X_2+Y_2)X_1Y_1+(X_2+Y_2)(X_1+Y_1)C_0]=\\&X_3Y_3+(X_3+Y_3)X_2Y_2+(X_3+Y_3)(X_2+Y_2)X_1Y_1+(X_3+Y_3)(X_2+Y_2)(X_1+Y_1)C_0\end{aligned} \tag{3.5}$$

④同理，可得 C_4 的表达式为

$$\begin{aligned}C_4=&X_4Y_4+(X_4+Y_4)C_3=\\&X_4Y_4+(X_4+Y_4)[X_3Y_3+\\&(X_3+Y_3)X_2Y_2+(X_3+Y_3)(X_2+Y_2)X_1Y_1+(X_3+Y_3)(X_2+Y_2)(X_1+Y_1)C_0]=\\&X_4Y_4+(X_4+Y_4)X_3Y_3+\\&(X_4+Y_4)(X_3+Y_3)X_2Y_2+(X_4+Y_4)(X_3+Y_3)(X_2+Y_2)X_1Y_1+\\&(X_4+Y_4)(X_3+Y_3)(X_2+Y_2)(X_1+Y_1)C_0\end{aligned} \tag{3.6}$$

可以定义两个辅助函数

$$\left.\begin{aligned}P_i&=X_i+Y_i\\G_i&=X_iY_i\end{aligned}\right\} \tag{3.7}$$

P_i 表示进位传递函数，其含义是：当 X_i, Y_i 中有一个为"1"时，若有低位进位输入，则本位向高位传送进位。这个进位可看作是低位进位越过本位直接向高位传递。

G_i 表示进位产生函数，其含义是：当 X_i, Y_i 均为"1"时，不管有无低位进位输入，本位一定向高位产生进位输出。

将 P_i, G_i 代入前面的式(3.3)～(3.6)，便可得

$$\left.\begin{aligned}C_1&=G_1+P_1C_0\\C_2&=G_2+P_2G_1+P_2P_1C_0\\C_3&=G_3+P_3G_2+P_3P_2G_1+P_3P_2P_1C_0\\C_4&=G_4+P_4G_3+P_4P_3G_2+P_4P_3P_2G_1+P_4P_3P_2P_1C_0\end{aligned}\right\} \tag{3.8}$$

从上述表达式可以看出，C_i仅与X_i，Y_i和C_0有关，与相互间的进位无关。

根据上述表达式构成的$C_1 \sim C_4$电路，就称为先行进位产生电路。由此构成的4位先行进位加法器可看成为一个加法单元（或模块），将这种4位先行进位加法器串接起来，构成$4n$位加法器。例如，可将4个4位先行进位加法器串接起来构成16位加法器，如图3.5所示。此时，在各加法单元之间，进位信号是串行传送的，而在加法单元内，进位信号是并行传送的。

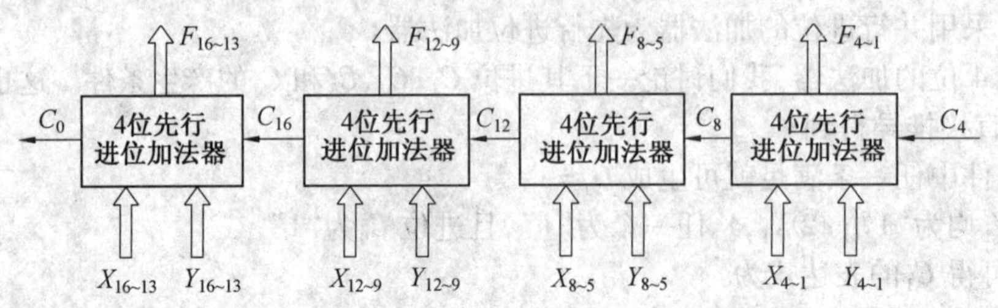

图3.5 组间为串行进位构成的16位加法器

为了更进一步提高16位加法器的运算速度，并行进位的概念可用于16位加法器。将式（3.4）中进位输出C_4的逻辑方程改写为

$$C_m = G_m + P_m C_0$$

式中，C_m表示4位加法器的进位输出，P_m表示4位加法器的进位传递输出，G_m表示4位加法器的进位产生输出，而P_m和G_m分别为

$$P_m = P_4 P_3 P_2 P_1$$

$$G_m = G_4 + P_4 G_3 + P_4 P_3 G_2 + P_4 P_3 P_2 G_1$$

将式（3.4）应用于4个4位先行进位加法器，则有

$$\left.\begin{aligned}
C_{m1} &= G_{m1} + P_{m1} C_0 \\
C_{m2} &= G_{m2} + P_{m2} C_{m1} = G_{m2} + P_{m2} G_{m1} + P_{m2} P_{m1} C_0 \\
C_{m3} &= G_{m3} + P_{m3} C_{m2} = G_{m3} + P_{m3} G_{m2} + P_{m3} P_{m2} G_{m1} + P_{m3} P_{m2} P_{m1} C_0 \\
C_{m4} &= G_{m4} + P_{m4} C_{m3} = G_{m4} + P_{m4} G_{m3} + P_{m4} P_{m3} G_{m2} + P_{m4} P_{m3} P_{m2} G_{m1} + P_{m4} P_{m3} P_{m2} P_{m1} C_0
\end{aligned}\right\} \tag{3.9}$$

比较式（3.4）和式（3.6）可以看出，它们是类似的。因此，可用前述方法由4个4位先行进位加法器构成先行进位16位加法器，如图3.6所示。

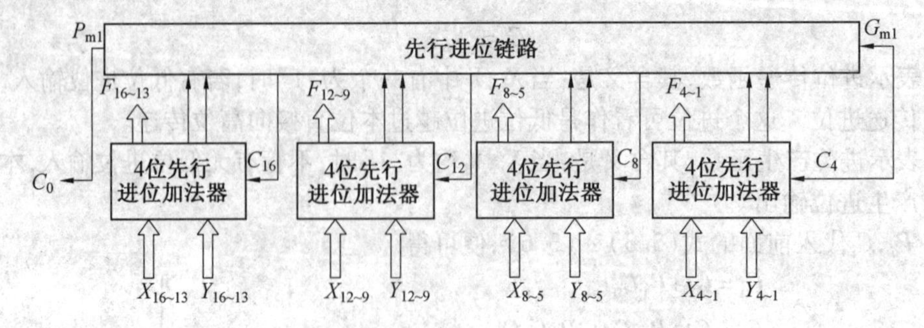

图3.6 组间由先行进位链构成的16位加法器

可将并行进位的概念用于更大位数的加法器上，当然，随着加法器位数的增加，加法电路变得越来越复杂。

3.7.3　ALU 部件

ALU 是一种能进行多种算术运算与逻辑运算的组合逻辑电路，它的基本逻辑结构是先行进位加法器，通过改变加法器的 G_i 和 P_i 来获得多种运算能力。下面给出了用硬件描述语言实现的 ALU。

```
module alu(overflow,result,x,y,f);
input[7:0] x,y;
input[2:0] f;
output[7:0] result;
output overflow;
reg[7:0] result;
reg overflow;
reg[8:0] temp;
parameter s0=3'b000,s1=3'b001,s2=3'b010,s3=3'b011,
s4=3'b100,s5=3'b101,s6=3'b110,s7=3'b111;
always@ ×
begin
case (f)
s0:
begin
result<=8'b0;
overflow<=1'b0;
end
s1:
begin
temp<={x[7],x}+{y[7],y};
result<=temp[7:0];
overflow<=temp[8]^temp[7];
end
s2:
begin
temp<={x[7],x}+~{y[7],y}+1;
result<=temp[7:0];
overflow<=temp[8]^temp[7];
end
s3:
begin
result<=x & y;
overflow<=1'b0;
```

```
end
s4:
begin
result<=x | y;
overflow<=1'b0;
end
s5:
begin
result<= x ^ y;
overflow<=1'b0;
end
s6:
begin
result<={1'b0,x[7:1]};
overflow<=1'b0;
end
s7:
begin
result<={x[6:0],1'b0};
overflow<=1'b0;
end

default:
begin
result<=8'b0;
overflow<=1'b0;
end
endcase
end
endmodule
```

习　题

1. 若给定全加器、半加器和门电路,请设计实现余 3 码的十进制加法器的逻辑线路。

2. 设有寄存器、74181 和 74182 器件,请设计具有并行运算功能的 16 位(含一位符号位)补码二进制加减法运算器。画出运算器的逻辑框图。

3. 已知二进制数 $x=0.1010$,$y=-0.1101$。请按如下要求计算,并把结果还原成真值。

(1)求$[x+y]_{补}$,$[x-y]_{补}$。

(2)用原码一位乘法计算$[x\times y]_{原}$。

(3)用布斯乘法计算$[x×y]_{补}$。

(4)用补码两位乘法计算$[x×y]_{补}$。

(5)用两种方法计算$[x÷y]_{原}$的商和余数。

(6)用补码一位除法计算$[x÷y]_{补}$的商和余数。

4. 若一次加法需要 1 μs,一次移位需要 0.5 μs。请分别计算两个 8 位二进制数据(包括一位符号位)进行原码一位乘法、布斯乘法和补码两位乘法运算所需的时间。

5. 假设阶码取 3 位,尾数取 6 位(均不包含符号位),采用 0 舍 1 入法,用浮点补码运算规则计算:

(1)3.312 5+6.125;(2)3.312 5-6.125;(3)3.312 5×6.125;(4)3.312 5÷6.125。

6. 在浮点补码加减法运算中,当尾数运算结果的符号位为 01 或 10 时,说明浮点运算结果溢出。这种说法是否正确?为什么?如何判断浮点运算的结果溢出?

7. 在浮点二进制数中,若尾数采用原码表示,舍入方法采用 0 舍 1 入法。对任意两个规格化浮点数进行加、减、乘、除运算,请问各在什么情况下需要规格化?如何规格化?

8. 设 A_4~A_1 和 B_4~B_1 分别是 4 位加法器的两组输入,C_0为低位来的进位。当加法器分别采用串行进位和先行进位结构时,写出 4 个进位 C_4~C_1的逻辑表达式。

9. 请用 74181 和 74182 器件设计一个 32 位的 ALU,要求采用二级先行进位结构。

(1)写出需要的集成电路片数。

(2)画出 ALU 的逻辑电路。

10. 设 x_0和 y_0分别表示运算的两个操作数的符号位,f_0为运算结果的符号位,请写出一位符号位的补码加法运算"不溢出"的逻辑表达式。

11. 影响加减法运算速度的关键问题是什么?可采取哪些改进措施?举例说明。

12. 从下列叙述中选取错误的句子,并更正。

(1)定点补码一位乘法中被乘数也要右移。

(2)两个 n 位定点补码数(包括 1 位符号位)参加布斯乘法运算,共需做 $n+1$ 次运算,第 $n+1$ 次运算不右移。

(3)在定点小数补码一位除法中,为了避免溢出,被除数的绝对值一定要小于除数的绝对值。

(4)浮点数的阶码只执行加、减运算。

(5)ALU 是运算器的英文简称。

(6)定点运算器只完成数据的算术运算。

13. 简述运算器在计算机中所承担的作用。

14. 采用十进制 BCD 码加法运算的方法,计算以下各组数据。并讨论在十进制的 BCD 码加法运算中如何判断溢出。

(1)234+567。

(2)548+729。

15. 十进制运算 673-356 可以采用 673 加上 356 的模 10 补码实现。画出实现上述操作的 3 位十进制数的 BCD 码减法运算线路。列出线路中所有的输入变量和输出变量。

第4章 存储器系统

学习目标：了解存储器的分类及各类存储器的特点；理解存储器系统的分层结构及原则；了解半导体存储器芯片的内部结构和实现记忆的原理；掌握主存储器的组成、运行原理和与CPU的连接方法；掌握Cache的功能及工作原理；理解Cache的3种地址映像方式；理解虚拟存储器。

存储器是计算机的记忆部件，它是计算机的重要组成部分，其功能是用来按地址存放程序和数据。有了存储器，计算机才有了"记忆"功能，才能把计算机要执行的程序、要处理的数据以及计算机的运行结果存储在计算机中，使计算机能自动地进行工作。存储器系统由存放程序和数据的各类存储设备及相关软件构成。

4.1 存储器概述

4.1.1 存储器的分类

随着电子器件的不断发展，存储器的功能和结构发生了很大的变化，相继出现了各种类型的存储器，以适应计算机系统发展的需要。按照存储器件的性能和使用方法的不同，存储器有各种不同的分类方法。

1. 按存储介质分类

目前使用的存储元件主要是半导体器件、磁性材料和光介质存储器。光介质存储器一般做成光盘，利用光盘表面对极细的激光束的反射程度来区别存0还是存1，这是20世纪80年代才出现的新型存储器。

(1)半导体存储器。用半导体器件组成的存储器称为半导体存储器。目前半导体存储器分为两大类：

①双极型半导体存储器。采用TTL电路作为存储单元，存取速度快，但功耗大，集成度低，多用作快速小容量的存储器，如高速缓存等。

②MOS型半导体存储器。这种类型的半导体存储器集成度高、功耗小，广泛应用于大容量的主存储器中。

(2)磁表面存储器。根据记录介质的不同形状，磁表面存储器有磁芯、磁盘、磁带、磁鼓、磁卡片等结构形式。这类存储器的特点是存储容量大、每位价格低，但体积大、存取速度慢，主要用作辅助存储器。

2. 按存取方式分类

(1)随机存取存储器(Read Access Memory,RAM)。随机存取存储器又称为读写存储器,它的存储单元的内容按需要既可以读出,也可以写入,主要用来存放运行程序、各种现场的输入输出数据、中间运算结果等。RAM 存储器中存储的信息随着电源的断开而丢失,因此又称为易失性存储器。用 MOS 器件构成的 RAM 又分为静态存存储器 SRAM 和动态存储器 DRAM。

(2)只读存储器(Read Only Memory,ROM)。只读存储器 ROM 中的信息在使用时是不能改变的,即只能读出其中的内容,而不能将信息写入。一般用来存放固定的程序,如计算机的管理、监控程序、BASIC 解释程序及各种数据表格等。ROM 可分为固定掩膜式 ROM、可编程 PROM、可编程可擦除 EPROM 和可编程的电可擦除的 EEPROM 4 种。

3. 按信息的可保存性分类

(1)易失性存储器。断电后存储信息将消失的存储器,称为易失性存储器。RAM 为易失性存储器。

(2)非易失性存储器。断电后存储信息仍保存在存储器中,称为非易失性存储器。磁性材料存储器为非易失性存储器。

4. 按在计算机中的作用分类

按在计算机中的作用可将存储器分为内存储器(主存储器)、外存储器(辅助存储器)和缓冲存储器等。

主存储器是计算机系统中的重要部件,用来存放计算机运行时的大量程序和数据,主存储器目前一般用 MOS 半导体存储器构成。CPU 能够直接访问的存储器称为内存储器,高速缓存和主存都是内存储器。在配置了高速缓存的计算机内,主存储器和高速缓存之间要不断交换数据。

外存储器主要由磁表面存储器组成,近年来,光存储器应用已很广泛,渐渐成为一种重要的辅助存储器。外存储器的内容需要调入主存后才能被 CPU 访问。外存储器的特点是容量大,所以可存放大量的程序和数据。

高速缓冲存储器(Cache)构成计算机系统中的一个高速小容量存储器。其存取速度能接近 CPU 的工作速度,用来临时存放指令和数据。

内存储器速度快,但容量小、价格高,外存储器速度慢,但容量大、价格低。缓冲存储器用于在两个不同工作速度的部件之间交换信息。存储器的分类见表 4.1。

表 4.1　存储器的分类

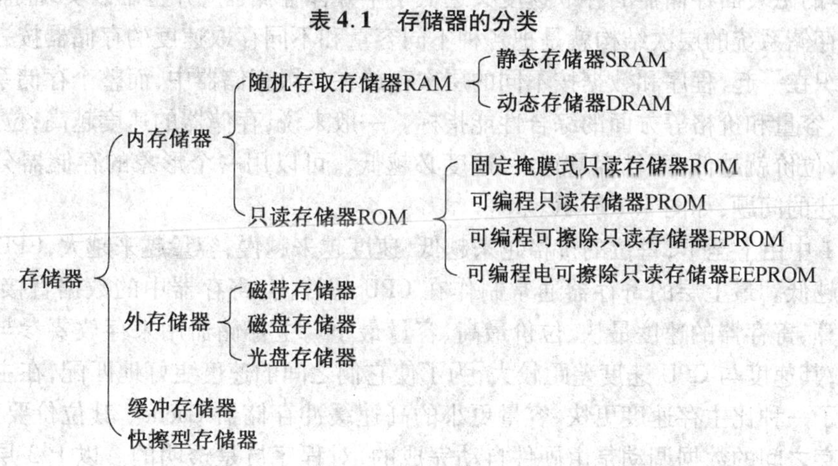

4.1.2 存储器的主要性能指标

在计算机发展过程中，存储器的介质和特性有了很大的变化，但衡量一个存储器性能的主要指标仍然是容量、速度和价格，这 3 个指标被称为存储器的三要素。

存储器的容量是指存储器能存放二进制代码的最大数量。存储器由许多存储单元构成，每个存储单元可以存放一个多位的二进制数，即存储容量=存储单元数×位数。在计算机中，通常以 K 为单位计量存储单元数，1 K 相当于 1 024 个存储单元。因此，如存储容量为 1 K×4 的存储器，其含义是存储器中含有 1 024 个存储单元，每个单元可以存放一个 4 位二进制数；若存储容量为 2 K×8，则表明该存储器中含水量有 2 048 个存储单元，每个单元可以存放一个 8 位二进制数。因为 8 位二进制数构成一个字节，所以此时也称存储容量为 2 K 字节（或者 KB）。存储容量不仅是存储器的一个重要技术指标，而且也是计算机的一个重要技术指标，存储器的容量越大，可以存储的信息就越多。

存储器的速度可用访问时间、存取周期或频宽来描述。访问时间一般用读出时间 T_A 及写入时间 T_W 来描述。T_A 是从存储器接到读命令以后到信息被送到数据总线上所需的时间。T_W 是将一个字写入存储器所需的时间。存取周期是指连续启动两次独立存储器操作（如两次写操作）所需间隔的最短时间，一般用 T_M 表示，它直接关系到计算机的运算速度。存取周期的长短决定于许多因素，主要与制造工艺有关。一般有 $T_M > T_A$，$T_M > T_W$。存储器的频宽表示存储器被连续访问时，可以提供的数据传送速率，通常用每秒传送信息的位数（或字节数）来衡量。

存储器的价格用总价格 C 或每位价格 c 来表示，若存储器按位计算的容量为 S，则有关系 $c = C/S$ 成立。总价格 C 中应包括存储单元本身的价格及完成存储器操作所必需的外围电路的价格。

4.1.3 存储器系统的层次结构

在现代计算机系统中，把几种存储技术结合起来，采用层次结构，解决了存储器高速度、大容量和合理成本三者的矛盾。采用单一工艺制造的存储器很难同时满足大容量、高速度和低成本的要求。比如，半导体存储器的存取速度快，但是难以构成大容量存储器。而大容量、低成本的磁表面存储器的存取速度又远低于半导体存储器 ，并且难以实现随机存取。

所谓存储系统的层次结构就是把各种不同容量和不同存取速度的存储器按一定的结构有机地组织在一起，程序和数据按不同的层次存放在各级存储器中，而整个存储系统具有较好的速度、容量和价格等方面的综合性能指标。一般来说，存储器的速度越高，位价就越高；容量越大，位价就越低；而且容量越大，速度必越低。可以用一个形象的存储器分层结构图来反映上述的问题，如图 4.1 所示。

图 4.1 中由上至下，每位的价格越来越低，速度越来越慢，容量越来越大，CPU 访问的频度也越来越低。最上层的寄存器通常制作在 CPU 芯片内，寄存器中的数据直接在 CPU 内部参与运算，寄存器的速度最快、位价最高、容量最小。主存储器用来存放要参与运行的程序和数据，其速度与 CPU 速度差距较大，为了使它们之间的速度更好地匹配，在主存与 CPU 之间插入了一种比主存速度更快、容量更小的高速缓冲存储器 Cache，其位价要高于主存。主存与缓存之间的数据调动是由硬件自动完成的，对程序员是透明的。以上 3 层存储器都

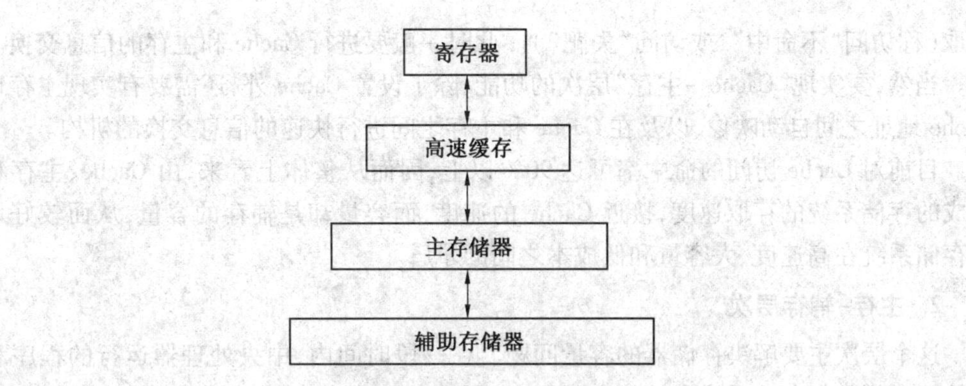

图4.1 存储系统的层次结构

是由速度不同、位价不等的半导体存储材料制成,它们都设在主机内。第四层是辅助存储器,其容量比主存大得多,大多用来存放暂时未用到的程序和数据文件。CPU不能直接访问辅存,辅存只能与主存交换信息,因此,辅存的速度可以比主存慢得多。辅存与主存之间的信息调动均由硬件和操作系统来实现。辅存的位价是最低廉的。

实际上,存储器的层次结构主要体现在缓存-主存、主存-辅存这两个存储层次上,如图4.2所示。

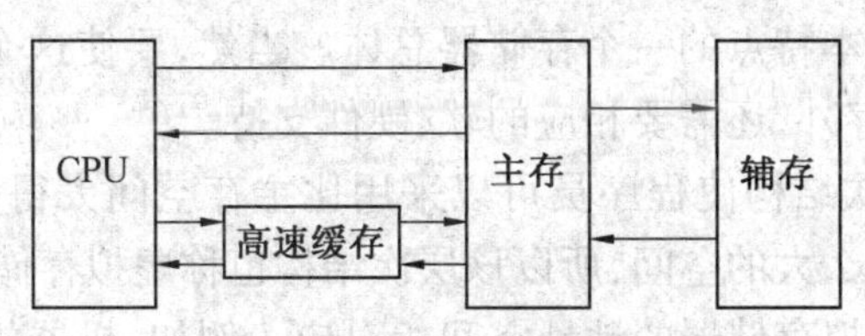

图4.2 存储系统的层次结构

1. 缓存-主存层次

这个层次主要解决存储器的速度问题。在早期的计算机中,CPU与主存在速度上非常接近。随着所采用的器件和工艺的改进,CPU的速度提高很快,而主存的存取周期则相对较长。因而CPU和主存之间在速度上存在一定差距,主存的工作速度限制了整机运行速度的提高。为了减少两者速度差别所造成的影响,首先在CPU内设置通用寄存器组,尽量减少CPU对内存的访问。然而,CPU寄存器数目不可能太多(一般只有几个或几十个),要根本解决存储器的速度问题,需要在CPU与主存之间再增设一级存储器,称为高速缓冲存储器(Cache),从而构成了Cache-主存存储层次,要求Cache在速度上能跟得上运算器和控制器(即CPU)的要求。

Cache是一种采用和CPU工艺相类似的半导体器件构成的存储装置,其速度可与CPU相匹配,但容量较小。由于程序具有局部性,在短时间内程序和数据各自相对集中在一小块存储区内。因此在一段时间内CPU可以不必访问主存,而访问Cache,从而提高了指令的执行速度。这一层次虽然在原理上和"主存-辅存"层次相同,但其控制方式和数据通路并不相同。在"主存-辅存"层次中,只有"CPU-主存"和"主存-辅存"的通路,而CPU不能直接访问辅存。而在"Cache -主存"层次中除了CPU和Cache、Cache和主存的通路外,还有CPU和主存之间的通路。CPU访问内存时,将地址码同时送到Cache和主存,若在Cache中找到相应内容,则称访问"命中",信息就从Cache中读取;否则CPU就从速度较慢的主存中读取(称访问“不命中”,或访问“失靶”)。此时一般要进行 Cache 和主存的信息交换。

当然,要实现“Cache -主存”层次的功能,除了设置 Cache 外,还需要有实现主存地址和 Cache 地址之间自动映像,以及在 Cache 和主存之间进行快速的信息交换的机构。

目前对 Cache 访问的命中率可达 90% 以上,因而从整体上看来,由 Cache、主存和辅存组成的存储系统的存取速度,接近 Cache 的速度,而容量却是辅存的容量,从而较好地解决了存储系统在高速度、大容量和低成本之间的矛盾。

2. 主存-辅存层次

这个层次主要解决存储器的容量问题。在一段时间内,中央处理器运行的程序和使用的数据只是整个存储系统存储信息的一部分,这部分程序和数据处于“活动”的状态,而其他大部分程序和数据则处于暂时不被使用的“静止”状态,因此可以把正在被 CPU 使用的“活动”的程序和数据放在主存中,其余信息则存放在容量大、但速度较慢的辅存中。当某时刻 CPU 需要用到存放在辅存中的某些信息时,可通过有关的 I/O 操作将这部分信息从辅存中调往主存。反之,原存放在主存中而现在暂时不用的部分信息也可以从主存中调往辅存,以备后用。这样,程序仍能得到较快的执行速度,而主存容量不足这一缺陷则由辅存的大容量来弥补。因此,具有“主存-辅存”层次的存储系统是一个既具有主存的存取速度又具有辅存的大容量低成本特点的一个存储器总体。当然,要使这个层次真正成为一个有机的整体,除了主存和辅存外,还需要相应的软、硬件支持。

由于主存-辅存层次结构使程序员可以采用比主存空间大得多的空间来编制程序,但实际上主存并不存在这么大的空间,所以该层次结构也称虚拟存储器。在这个系统中,程序员编程的地址范围与虚拟存储器的地址空间相对应。例如,机器指令地址码为 34 位,则虚拟存储器的存储单元可达 16 GB。可是这个数与主存的实际存储单元个数相比要大得多,称这类指令地址码为虚地址(虚存地址、虚拟地址)或逻辑地址,而把主存的实际地址称为物理地址或实地址。物理地址是程序在执行过程中能够真正访问的地址,也是真实存在于主存的存储地址。对具有虚拟存储器的计算机系统而言,编程时可用的地址空间远远大于主存空间,使程序员以为自已占有一个容量极大的主存,其实这个主存并不存在,这就是我们将其称之为虚拟存储器的原因。对虚拟存储器而言,其逻辑地址变换为物理地址的工作,是由计算机系统的硬设备和操作系统自动完成的,对程序员是透明的。当虚地址的内容在主存时,机器便可立即使用;若虚地址的内容不在主存,则必须先将此虚地址的内容传递到主存的合适单元后再为机器所用。

4.2 主存储器

主存储器(又称内存储器,简称内存)是主机的一部分,是计算机工作过程中主要使用的存储器。内存储器由 ROM 和 RAM 两个部分构成,ROM 存放固定不变的程序和数据,RAM 用来在计算机运行时存放系统程序和应用程序以及数据结果等。

现代计算机的主存都由半导体集成电路构成,半导体 RAM 具有体积小、存取速度快等优点,因而适合作为内存储器使用。按工艺不同可将半导体 RAM 分为双极型 RAM 和 MOS 型 RAM 两大类,这里主要介绍 MOS 型。MOS 型 RAM 又分为静态 RAM 和动态 RAM 两类。

4.2.1 基本存储单元

存储单元是存储器最基本的存储元件,它可用来存储一位二进制信息。半导体存储器的存储体就是由很多这样的基本存储单元组成的。

1. 六管静态存储单元

常见的静态 RAM 采用图4.3 所示的六管电路。其中,T_1和T_2构成触发器;T_5,T_6是触发器的负载管;T_3,T_4为控制管。假定T_1管截止,T_2管导通,即A点高电位,B点为低电位时为"存1"状态,反之为"存0"状态。

(1)信息的保持。字选线W加低电位,T_3与T_4截止,触发器与外界隔离,保持原有信息不变。

(2)读出。字线上加高电位,T_3与T_4开启。若原存"1",则A点为高电平,DS_1线与A点相连,因而也是高电平,而DS_0线与B点相连为低电平,DS_1和DS_0的这种状态,使读出电路产生"读1"信号。

(3)写入。字线上加高电位,T_3与T_4开启。若要写1,则在DS_0线上加低电位,使B点电位下降,T_1管截止,A点电位上升。而T_2管导通而完成写"1"。若要写0,则在DS_1线上加低电位,使A点电位下降,结果使T_2管截止,B点电位上升,T_1管导通,完成写"0"。

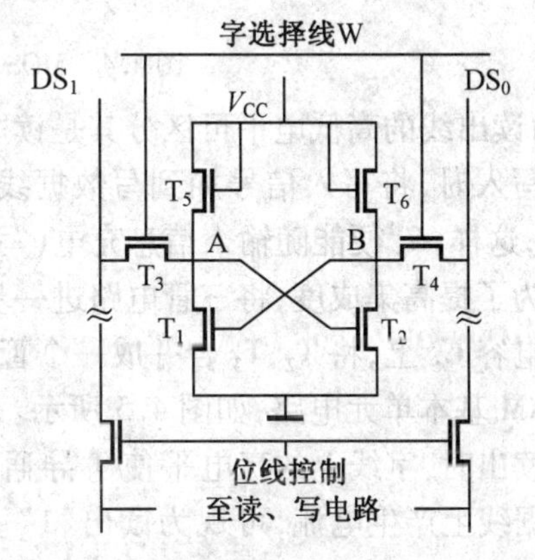

图4.3 六管静态 MOS RAM 单元电路

2. 动态 MOS 存储单元

从六管静态 RAM 单元电路中可以看出,即使在存储单元不工作时,也有电流流过该电路。例如,T_1导通,T_2截止时,有从电源经$T_5 \to T_1 \to$地的电流流动;反之,则有从电源经$T_6 \to T_2 \to$地的电流流动 。

与静态 RAM 不同,动态 RAM 利用 MOS 管的栅极电容来保存信息,在"信息保持"状态下,存储单元中没有电流流动,因而大大降低了功耗。

常见的动态 RAM 基本单元电路有三管式和单管式两种,它们的共同特点都是靠电容存储电荷的原理来寄存信息的。若电容上存有足够多的电荷表示存"1",电容上无电荷表示存"0"。电容上的电荷一般只能维持1~2 ms,因此即使电源不掉电信息也会自动消失。为此,必须在2 ms内对其所有存储单元恢复一次原状态,这个过程称为再生或刷新。

由于它与静态 RAM 相比,具有集成度更高、功耗更低等特点,因此目前被各类计算机广泛应用。图4.4 所示为由T_1,T_2,T_3 三个 MOS 管组成的三管 MOS 动态 RAM 基本单元电路。

读出时,先对预充电管T_4置一预充电信号(在存储矩阵中,每一列共用一个T_4管),使读数据线达高电平V_{DD},然后由读选择线打开T_2,若T_1的极间电容C_S存有足够多的电荷(被认为原存"1"),使T_1导通,则因T_2,T_1导通接地,使读数据线降为零电平,读出"0"信息。若C_S没足够电荷(原存"0"),则T_1截止,读数据线为高电平不变,读出"1"信息。可

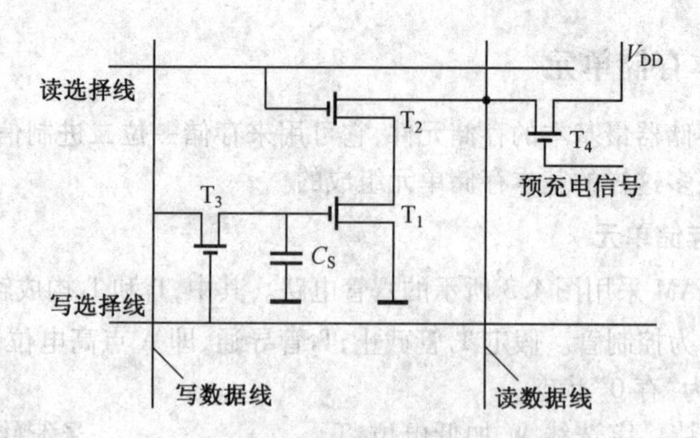

图 4.4 MOS 管栅极电容保存信息的原理

见,由读出线的高低电平可区分其是读“1”还是读“0”,只是它与原存信息反相。

写入时,将写入信号加到写数据线上,然后由写选择线打开 T_3,这样,C_g 便能随输入信息充电(写“1”)或放电(写“0”)。

为了提高集成度,将三管电路进一步简化,去掉 T_1,把信息存在电容 C_S 上,将 T_2,T_3 合并成一个管子 T,得到单管 MOS 动态 RAM 基本单元电路,如图 4.5 所示。

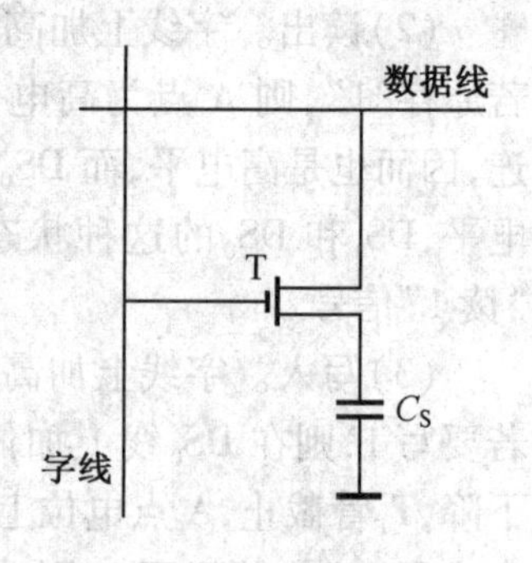

图 4.5 单管 MOS 动态 RAM

读出时,字线上的高电平使 T 导通,若 C_S 有电荷,经 T 管在数据线上产生电流,可视为读出“1”。若 C_S 无电荷,则数据线上无电流,可视为读出“0”。读操作结束时,C_S 的电荷已泄放完毕,故是破坏性读出,必须再生。

写入时,字线为高电平使 T 导通,若数据线上为高电平,经 T 管对 C_S 充电使其存“1”;若数据线为低电平,则 C_S经 T 放电,使其无电荷而存“0”。

4.2.2 半导体 RAM 芯片

1. 静态 MOS 存储器芯片

静态 MOS 存储器芯片由存储体、读写电路、地址译码和控制电路等部分组成,其结构框图如图 4.6 所示。

(1)存储体(存储矩阵)。存储体是存储单元的集合。在容量较大的存储器中往往把各个字的同一位组织在一个集成片中,例如图 4.6 中的芯片是 4 096×1 位,由这样的 8 个芯片可组成 4 096 字节的存储器。4 096 个存储单元排成 64×64 的矩阵。由 X 选择线(行选择线)和 Y 选择线(列选择线)来选择所需用的单元。

(2)地址译码器。地址译码器把用二进制表示的地址转换为译码输入线上的高电位,以便驱动相应的读写电路。地址译码有两种方式:一种是单译码方式,适用于小容量存储器;另一种是双译码方式,适用于容量较大的存储器。

在单译码方式下,地址译码器只有一个,其输出称为字选线,选择某个字的所有位。例如,地址输入线 $n=4$,经地址译码器译码后,产生 16 个字选线,分别对应 16 个地址。

显然,地址位数较多时,单译码结构的输出线数目太多。比如,$n=12$,单译码结构要求

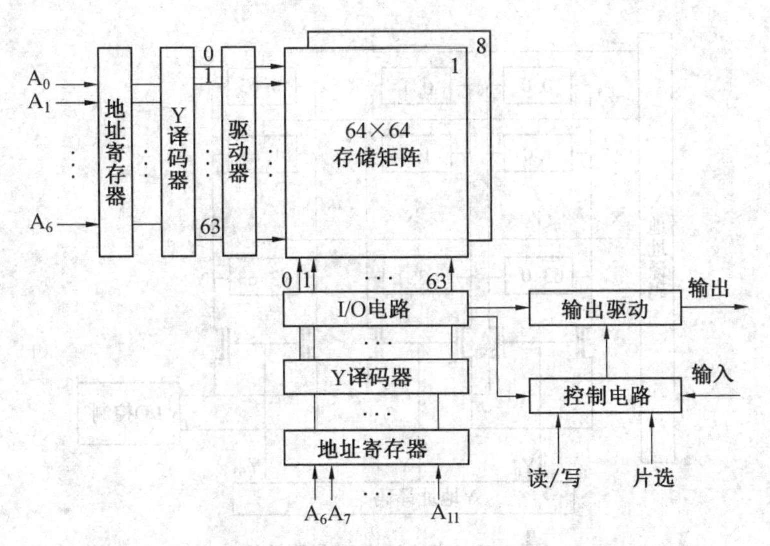

图 4.6　静态 MOS 存储器芯片结构

译码器有 4 096 根输出线(字选线),这在实际制作上是有困难的。

目前存储芯片容量一般都比较大,为了减少所需的译码输出线,采用双译码(或称二级译码)结构。在这种译码方式中,地址译码器分为 X 和 Y 两个译码器。若每个译码器有 $n/2$ 个输入端,它可以译出 $2^{n/2}$ 个状态,两译码器交叉译码的结果,可产生 $2^{n/2}\times 2^{n/2}$ 个输出状态。但译码输出线却只有 $2\times 2^{n/2}$ 根输出线,交叉作用可选择 2^n 个存储单元。如 $n=12$,译码线总数仅为 128 根。要是采用单译码结构,则要 4 096 根译码输出线。

采用双译码结构的 4 096×1 的存储单元矩阵如图 4.7 所示。对 4 096 个单元选址,需要 12 根译码线:$A_0\sim A_{11}$,其中 $A_0\sim A_5$ 送至 X 译码器输入,X 译码器有 64 条译码输出线,各选择一行单元;$A_6\sim A_{11}$ 送至 Y 译码器输入,Y 译码器也有 64 条译码输出线,分别控制一列单元的位线控制门。例如,输入的 12 位地址为 000000000001($A_{11}A_{10}\cdots A_0$),则 X 译码器的第 2 根译码输出线(X_1)为高电平,于是与它相连的 64 个存储单元的字线为高电平。Y 译码器的第一根译码输出线(Y_0)为高电平,打开第一列的位线控制门。在 X,Y 译码的联合作用下,存储矩阵中(1,0)单元被选中。

(3)驱动器。在双译码结构中,一条 X 方向的选择线要控制在其上的各个存储单元的字选线,所以负载较大,需要在译码器输出后加驱动器。

(4)I/O 控制。它处于数据总线和被选用的单元之间,用以控制被选中的单元是读出或是写入,并具有放大信息的作用。

(5)片选控制。一个存储芯片的容量往往满足不了计算机对存储器容量的要求,所以需将一定数量的芯片按一定方式连接成一个完整的存储器。在访问某个字时,必须“选中”该字所在的芯片,而其他芯片不被“选中”。因而每个芯片上除了地址线和数据线外,还有片选控制信号。在地址选择时,由芯片外的地址译码器的输入信号以及它的一些控制信号,如“访存控制”来产生片选控制信号,选中要访问的存储字所在的芯片。

【例 4.1】　设有一个 1 MB 容量的存储器,字长为 32 位,问:

(1)按字节编址,地址寄存器、数据寄存器各几位?编址范围为多大?

(2)按半字编址,地址寄存器、数据寄存器各几位?编址范围为多大?

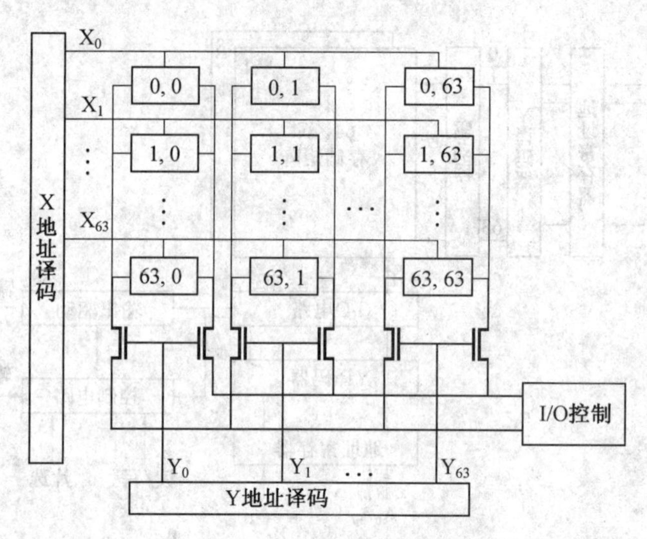

图 4.7 双地址译码存储结构

(3)按字编址,地址寄存器、数据寄存器各几位?编址范围为多大?

解 (1)按字节编址,1 MB = 2^{20}×8 b,地址寄存器为 20 位,数据寄存器为 8 位,编址范围为 00000H ~ FFFFFH。

(2)按半字编址,1 MB = 2^{20}×8 b = 2^{19}×16 b,地址寄存器为 19 位,数据寄存器为 16 位,编址范围为 00000H ~ 7FFFFH。

(3)按字编址,1 MB = 2^{20}×8 b = 2^{18}×32 b,地址寄存器为 18 位,数据存储器为 32 位,编址范围为 00000H ~ 3FFFFH。

2. 动态 MOS 存储器芯片

动态 RAM 芯片容量一般比较大,为了减少芯片上的引脚数,从而减小体积,绝大多数产品都采用一位输入输出,例如:256 K×1,1 M×1,4 M×1 等。而且它的行地址和列地址通过相同的管脚分先后两次输入,这样地址引脚数可减少一半。行、列地址由信号 RAS 和 CAS 控制分时输入,当 RAS 低电平时输入行地址,CAS 低电平时输入列地址。

(1) 刷新过程。

在刷新周期中只给动态芯片送行地址和 RAS 信号,这样芯片中一行的所有元素被选中并进行“读出”操作。根据读出内容对各单元进行“重写”即完成补充充电。由于没有列地址和 CAS 信号,各单元的数据读写彼此隔离,并且不会送到读放电路。

“刷新”操作一次可以刷新一行所有元素。对 128×128 的存储体,128 次刷新操作就可以刷新整个存储体。

在刷新时,通常由存储芯片外部的 DRAM 控制电路发出 RAS 信号,并使 CAS 保持高电平。RAS 信号送到所有芯片,使各芯片同时完成一行元素的刷新。DRAM 控制电路还向所有芯片提供刷新时的行地址。每产生一行,这个地址自动加 1,如此周而复始。

为了使一次刷新操作尽可能多地对一些单元进行操作,具有 N^2 个单元的芯片中并不按 $N×N$ 的方式排列这些元素,而是使行数少一些,而列数多一些。例如,M4164 芯片(64 K×1)。其内部元素不是排成 256×256 的矩阵,而是由 4 个 128×128 的矩阵构成。刷新时 4 个存储矩阵同时对 128 个元素操作,一次刷新就可完成 512 个元素,整个芯片只有 128 次刷新操作就可全部完成。

（2）刷新方式。

从上次对整个存储器刷新结束到下一次对整个存储器全部刷新一遍为止的时间间隔称为刷新周期。常用的刷新方式有4种，即集中式刷新、分散式刷新、异步刷新和透明刷新。

① 集中式刷新。在整个刷新间隔内，前一段时间用于正常的读/写操作。而在后一段时间停止读/写操作，逐行进行刷新。例如，将128×128存储器矩阵刷新一遍需要128个读写周期的时间。设每个读写周期为0.5 μs，刷新间隔为2 ms，那么刷新间隔相当于4 000个读写周期，其中前3 072个读写周期用来进行正常的读/写操作，而后128个读写周期用来进行刷新操作。

集中式刷新在整个刷新间隔内进行的刷新操作的次数，正好是将存储器全部刷新一遍所需要的操作次数，所以用于刷新的时间最短。但是，由于它在一段较长的时间里不能进行正常的读/写操作（这个时间段称为死区），如果某种应用不允许出现这个死区，就不能采用集中式刷新。

② 分散式刷新。在分散式刷新中一个存储周期的时间分为两段，前一段时间用于正常的读/写操作，后一段时间用于刷新操作。这样不存在死区，但是每个存储周期的时间加长。假定读/写操作和刷新操作的时间都为0.5 μs，则一个存储周期为1 μs。因为每个存储周期内都有一次刷新操作，在2 ms内进行了2 000次刷新操作，比所需要的128次刷新操作多得多，当然能满足刷新要求，但是在2 ms时间内只能进行2 000次读/写操作，而集中式刷新在这段时间内能进行3 872次读/写操作。

③ 异步刷新。上述两种方式结合起来构成异步刷新。仍以128行为例，在2 ms时间内必须轮流对每行刷新一次，即每隔15.5 μs刷新一行。这时仍假定读/写与刷新操作时间都为0.5 μs，那么前15 μs可以进行CPU的读/写操作，而最后0.5 μs完成刷新操作。这种刷新方式比前两种效率高，目前使用较多。

④ 透明刷新（或称稳含式刷新）。前3种刷新方式均会延长存储器系统周期，占用CPU的时间。实际上，CPU在取指周期后的译码时间内，存储器为空闲阶段，可利用这段时间插入刷新操作，不占用CPU时间，对CPU而言是透明的。这时设有单独的刷新控制器，刷新由单独的时钟、行计数与译码独立完成，目前高档微机中大部分采用这种方式。

4.2.3　存储器芯片与CPU连接

由于单片存储芯片的容量总是有限的，很难满足实际需要，因此，必须将若干存储芯片连在一起才能组成足够容量的存储器，这就称为存储容量的扩展。通常有位扩展和字扩展。

（1）位扩展。位扩展是指增加存储字长，就是用若干片位数较少的存储器芯片构成具有给定字长的存储器，而存储器的字数与芯片上的字数相同。例如，用2片1 K×4位的芯片，可组成1 K×8位的存储器，如图4.8所示。位扩展时，各存储芯片上的地址线及读/写控制线对应相接，而数据线单独引出。图中两片2114的地址线 $A_9 \sim A_0$，$\overline{CS}$，$\overline{WE}$分别连在一起，其中一片的数据线作为高4位 $D_7 \sim D_4$，另一片的数据线作为低4位 $D_3 \sim D_0$。这样，它便构成了一个1 K×8位的存储器。又如，用8片4 096×1位的芯片构成4 K字节的存储器，也是一种位扩展。

（2）字扩展。字扩展是指增加存储器字的数量，是容量的扩充，位数不变。字扩展时，

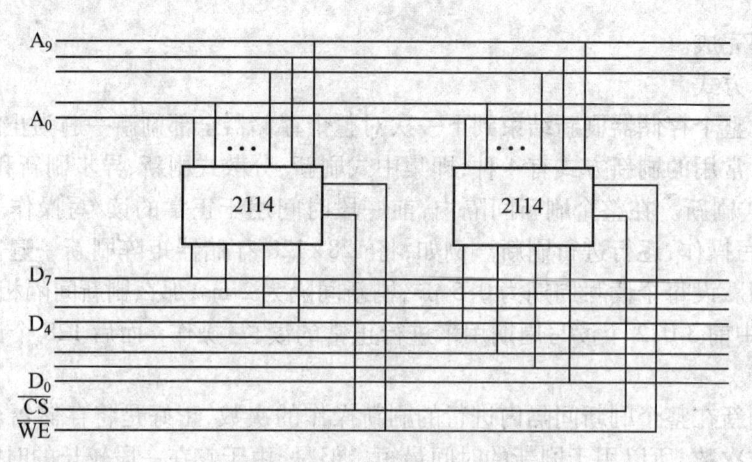

图 4.8 位扩展示意图

芯片的地址线、数据线、读/写控制线等引脚对应相接，片选信号 CE 则分别与外接译码器的各个译码输出端相连，例如，用2 片 1 K×8 位的存储芯片，可组成一个 2 K×8 位的存储器，即存储字增加一倍，如图 4.9 所示。在此，将 A_{10}用作片选信号。由于存储芯片的片选输入端要求低电平有效，故当 A_{10}为低时，$\overline{CS_0}$有效，选中左边的 1 K×8 位芯片；当 A_{10}为高时，反相后$\overline{CS_1}$有效，选中右边的 1 K×8 位芯片。

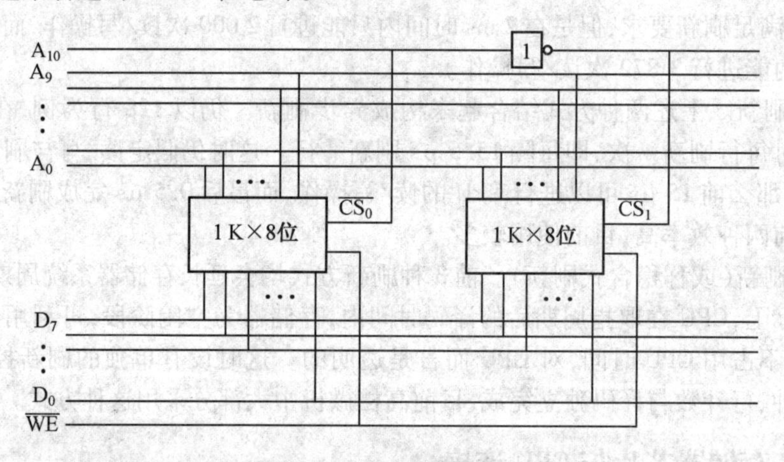

图 4.9 字扩展示意图

(3)字、位扩展。字、位扩展是指既增加存储字的数量，又增加存储字长。图 4.10 所示为用 8 片 1 K×4 位的芯片组成 4 K×8 位的存储器。由图可见，每两片构成 1 K×8 位的存储器，4 组两片便构成 4 K×8 位的存储器。地址线 A_{11}，A_{10}经片选译码获得 4 个片选信号$\overline{CS_0}$，$\overline{CS_1}$，$\overline{CS_2}$，$\overline{CS_3}$分别选择其中 1 K×8 位的存储芯片。$\overline{WE}$为读/写控制信号。

【例 4.2】 已知地址总线为 $A_{15} \sim A_0$（A_0为最低位），数据总线为 $D_7 \sim D_0$。用 1 片 16 K×8的 RAM 芯片（地址从 0000H 开始）、2 片 8 K×8 的 RAM 芯片（地址从 4000H 开始）、4 片 2 K×4 的芯片（地址从 8000H 开始），将上述芯片组成一个存储器，片选信号均为低电平有效，该存储器按字节编址，假设读写信号时 $R/\overline{W}$，不考虑存储器刷新。

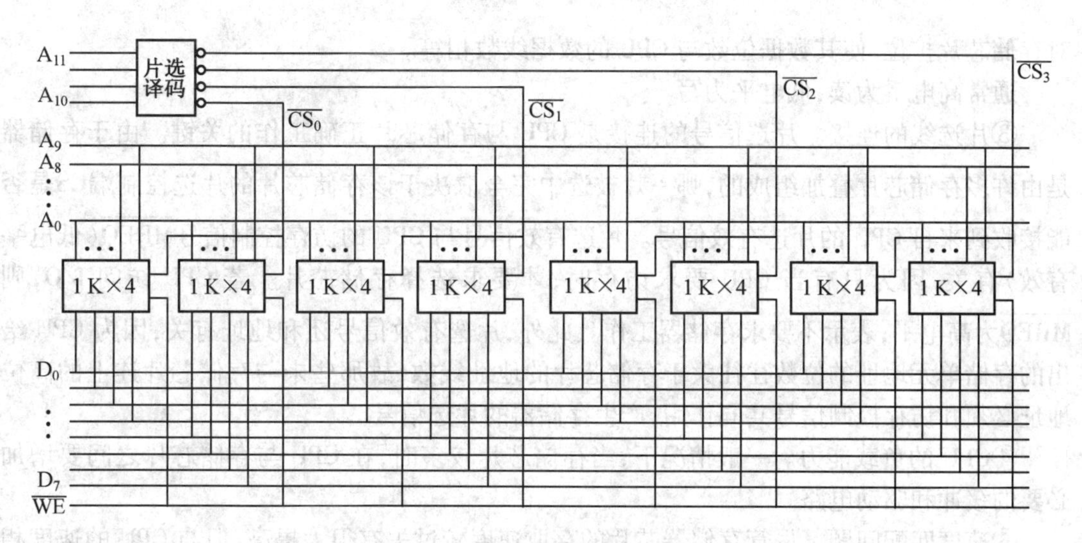

图 4.10　字、位扩展示意图

(1)为各芯片分配地址空间。

(2)说明各芯片需要多少条地址线。

(3)写出各芯片的片选信号逻辑表达式。

解　(1)各芯片的地址范围如下:

① 16 K×8 RAM　0000H ~ 3FFFH

② 8 K×8 RAM　4000H ~ 5FFFH

③ 8 K×8 RAM　6000H ~ 7FFFH

④、⑤ 2 K×4RAM　8000H ~ 87FFH

⑥、⑦ 2 K×4RAM　8800H ~ 8FFFH

(2)16K×8 的 RAM 芯片需要 14 条地址线,8K×8 的 RAM 芯片需要 13 条地址线,2 K×4 的 RAM 芯片需要 11 条地址线。

(3)5 个片选信号的逻辑表达式如下:

$CS_0 = \overline{A}_{15}\overline{A}_{14}$

$CS_1 = \overline{A}_{15}A_{14}\overline{A}_{13}$

$CS_2 = \overline{A}_{15}A_{14}A_{13}$

$CS_3 = A_{15}\overline{A}_{14}\overline{A}_{13}\overline{A}_{12}\overline{A}_{11}$

$CS_4 = A_{15}\overline{A}_{14}\overline{A}_{13}\overline{A}_{12}A_{11}$

(4) 需要注意的问题。

①地址线的连接。存储芯片容量不同,其地址线数也不同,而 CPU 的地址线数往往比存储芯片的地址线数要多。通常总是将 CPU 地址线的低位与存储芯片的地址线相连。CPU 地址线的高位或作存储芯片扩充时用,或作其他用法,如作片选信号等。例如,设 CPU 地址线为 16 位 $A_{15} \sim A_0$,1 K×4 位的存储芯片仅有 10 根地址线 $A_9 \sim A_0$,此时,可将 CPU 的低位地址 $A_9 \sim A_0$与存储芯片地址线 $A_9 \sim A_0$相连。

②数据线的连接。CPU 的数据线数与存储芯片的数据线数也不一定相等。此时,必须

对存储芯片扩位,使其数据位数与 CPU 的数据线数相等。

通常高电平为读,低电平为写。

③片选线的连接。片选信号的连接是 CPU 与存储芯片正确工作的关键。由于存储器是由许多存储芯片叠加组成的,哪一片被选中完全取决于该存储芯片的片选控制端$\overline{CS}$是否能接收到来自 CPU 的片选有效信号。片选有效信号与 CPU 的访存控制信号$\overline{MREQ}$(低电平有效)有关,因为只有当 CPU 要求访存时,才要求选择存储芯片。若 CPU 访问 I/O,则$\overline{MREQ}$为高电平,表示不要求存储器工作。此外,片选有效信号还和地址有关,因为 CPU 给出的存储单元地址的位数往往大于存储芯片的地址线数,故那些未与存储芯片连上的高位地址必须和访存控制信号共同作用,产生存储器的片选信号。

④CPU 的负载能力。一般情况下,当存储芯片较多时,在 CPU 与存储芯片之间要增加必要的缓冲和驱动电路。

⑤速度匹配问题。尽管存储器芯片的存取速度较过去有很大提高,但与 CPU 的速度相比,还是有很大差距,因此在设计 CPU 与存储器芯片的连接线路时,要考虑速度匹配问题。

4.2.4 提高访存速度的措施

随着计算机应用领域的不断扩大,处理的信息量也越来越多,对存储器的工作速度和容量要求越来越高。此外,因为 CPU 的功能不断增强,I/O 设备的数量不断增多,致使主存的存取速度已成为计算机系统的瓶颈。为了解决此问题,除了寻找高速元件和采用层次结构以外,调整主存的结构也可提高访存速度。

1. 单体多字系统

由于程序和数据在存储体内是连续存放的,因此 CPU 访存取出的信息也是连续的,如果可以在一个存取周期内,从同一地址取出 4 条指令,然后再逐条将指令送至 CPU 执行,即每隔 1/4 存取周期,主存向 CPU 送一条指令,这样显然能增大存储器的带宽,提高了单体存储器的工作速度。图 4.12 所示为一个单体四字结构的存储器,每字 W 位。按地址在一个存取周期内可读出 $4\times W$ 位的指令或数据,使主存带宽提高到 4 倍。显然,采用这种方法的前提是:指令和数据在主存内必须是连续存放的,一旦遇到转移指令,或者操作数不能连续存放,这种方法的效果就不明显。

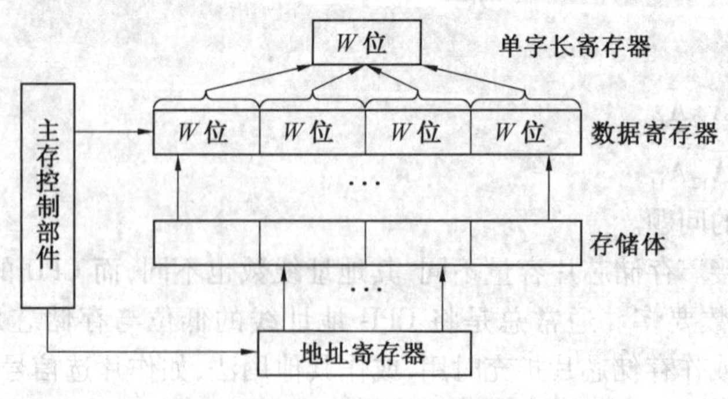

图 4.11 单体多字结构

2. 多体并行系统

多体并行系统就是采用多体模块组成的存储器。每个模块有相同的容量和存取速度，各模块都有独立的地址寄存器、地址译码器、驱动电路和读写电路，它们既能并行工作，又能交叉工作。

并行工作即同时访问 N 个模块，同时启动，同时读出，完全并行地工作，图 4.12 所示是适合于并行工作的高位交叉编址的多体存储器结构示意图。图中程序按体内地址存放，一个体存满后，再存入下一个体。显然，高位地址可表示体号。按这种编址方式，只要合理调动，便可提高存储器的带宽。例如，当第一个体用以执行程序时，另一个体可用来与外部设备进行直接存储器访问，实现两个体并行工作。

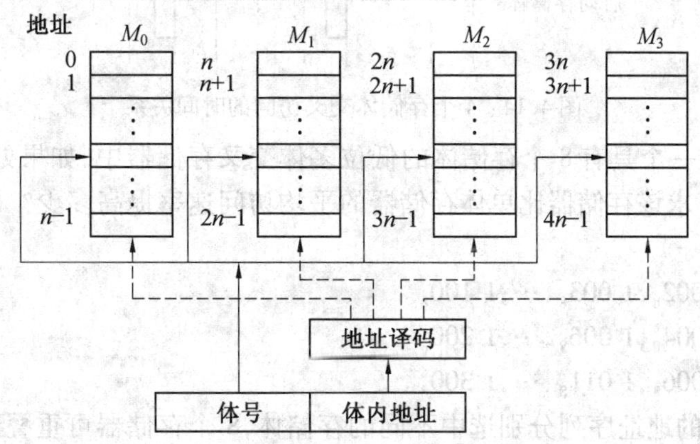

图 4.12　高位交叉编址的多体存储器

图 4.13 是低位交叉编址的多体存储器结构示意图，程序连续存放在相邻体中，显然低位地址用来表示体号，高位地址为体内地址。这种编址方法又称模 M 编址（M 等于模块数），一般模块数 M 取 2 的方幂，使硬件电路比较简单。有的机器为了减少存储器冲突，采用质数个模块，如我国银河机的 M 为 31，其硬件实现比较复杂。

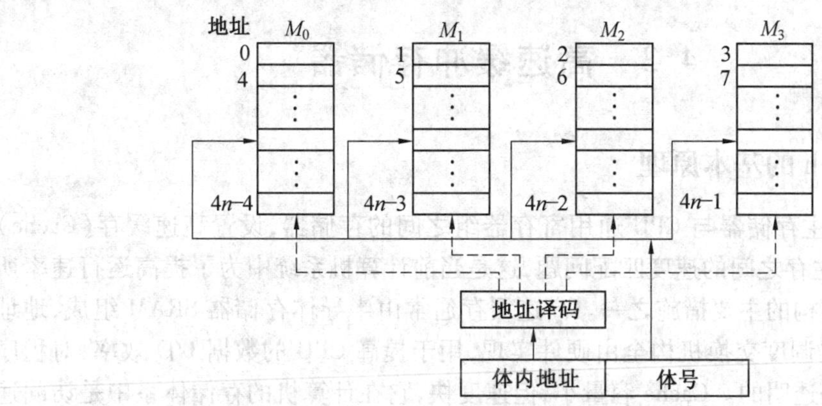

图 4.13　低位交叉编址的多体存储器

多体模块结构的存储器采用交叉编址后，可以在不改变每个模块存取周期的前提下，提高存储器的带宽。图 4.15 所示为 4 个存储体交叉访问的时间关系，负脉冲为启动每个体的工作信号。虽然对每个体而言，存取周期均未缩短，但由于 CPU 交叉访问各体，最终在一个存取周期的时间内,实际上向 CPU 提供了 4 个存储字。如果每个模块存储字长为 32 位,则在一个存取周期内,存储器向 CPU 提供了 32×4=128 位二进制代码,大大加宽了存储器的带宽。

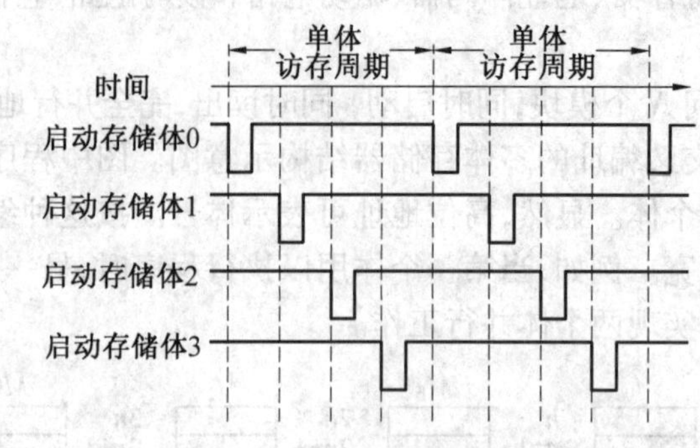

图 4.14　4 个存储体交叉访问的时间关系

【例 4.3】　在一个具有 8 个存储体的低位多体交叉存储器中,如果处理器的访存地址为以下八进制值。求该存储器比单体存储器的平均访问速率提高多少?(忽略初启时的延迟)

(1)$1\ 001_8$,$1\ 002_8$,$1\ 003_8$,…,$1\ 100_8$。

(2)$1\ 002_8$,$1\ 004_8$,$1\ 006_8$,…,$1\ 200_8$。

(3)$1\ 003_8$,$1\ 006_8$,$1\ 011_8$,…,$1\ 300_8$。

解　(1)访问的地址序列分别选中不同的存储体,8 个存储器可重叠工作,平均访问速度最高时为单体存储器的 8 倍。

(2)访问的地址序列分别选中 4 个不同的存储体,4 个存储器可重叠工作,平均访问速度最高时为单体存储器的 4 倍。

(3)根据访问存储器的地址序列,选中的存储体号为 3,6,1,4,7,2,5,0,这样 8 个存储器可重叠工作,平均访问速度最高时为单体存储器的 8 倍。

4.3　高速缓冲存储器

4.3.1　Catch 的基本原理

Cache 是位于主存储器与 CPU 通用寄存器组之间的存储器,设置高速缓存(Cache)是为了解决 CPU 和主存之间的速度匹配问题,这是当前计算机系统中为了提高运行速率所采取的改进计算机结构的主要措施之一。高速缓存通常由半导体存储器 SRAM 组成,地址映像以及和主存数据调度交换机构全由硬件实现,用于提高 CPU 的数据 I/O 效率,对程序员和系统程序员都是透明的。Cache 容量小,但速度快,它在计算机的存储体系中是访问速度最快的层次。在高档微机中为了获得更高的效率,不仅设置了独立的指令 Cache 和数据 Cache,还把 Cache 设置成二级或三级。

使用 Cache 改善系统性能的依据是程序的局部性原理,即程序的地址访问流有很强的时序相关性,未来的访问模式与最近已发生的访问模式相似。

Cache 的地址映射是指把主存地址空间映射到 Cache 地址空间,Cache 和主存都使用同样大小的块为单位。Cache 中常见的映射方法有直接映射、全相联映射和组相联映射 3 种。

图 4.15 为 Cache 的基本结构图，主存和 Cache 均是模块化的(如以页为单位)，并且两者之间交换数据是以页为单位进行，页和块是等价的，大小相等。CPU 访存地址送到 Cache，经相联存储映像表的地址映射变换，如果 CPU 要访问的内容在 Cache 中，称为“命中”，则从 Cache 中读取数据送 CPU；如果 CPU 要访问的内容不在 Cache 中，称“不命中”或“失靶”，则 CPU 送来地址直接到主存中读取数据。这时，访存地址是同时送到 Cache 和主存中的。如果访问“未命中”，除了本次访问对主存进行存取外，主存和 Cache 之间还要通过多字宽通路交换数据。

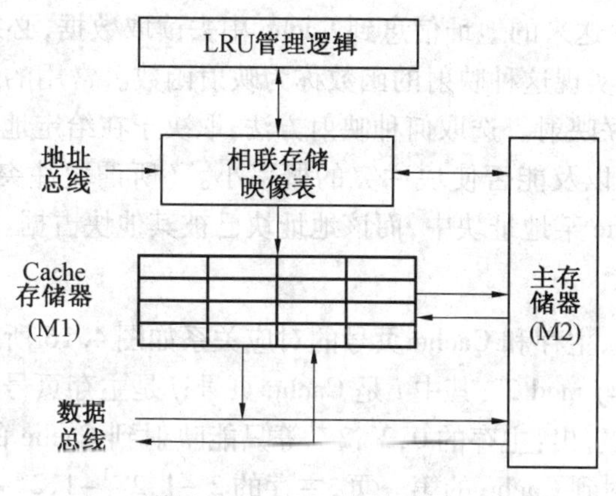

图 4.15　Cache 结构简图

随着程序的执行，主存内容在写入 Cache 过程中，Cache 空间可能被存满，如果这时又有新的块要存入 Cache，就需要把原来在 Cache 中的块放回主存去，以便腾出空间给新的块，此被称为替换。常用的替换算法有先进先出法(FIFO)、近期最少使用法(LRU)等，这由相应的管理逻辑来实现。

另外，为了保证现存在 Cache 中的数据与主存中的内容一致，对写 Cache 操作来说有写直达法和写回法两种方法能保证一致：

系统的平均存储周期 t_3 与命中率 h 有很密切的关系，即

$$t_3=h\times t_1+(1-h)\times t_2$$

式中，t_1 表示 Cache 的周期时间；t_2 表示主存的周期时间。

从送入主存地址到完成对 Cache 的读写，实际包括了进行地址变换和真正访问 Cache 两部分工作。而这些工作又必须在相对于访问主存要短得多的时间内完成，否则设置 Cache 将没有实际意义。所以地址变换、替换等步骤必须全部由硬件来完成。

【例 4.4】　Cache 存取周期为 45 ns，主存存取周期为 200 ns。已知在一段给定的时间内，CPU 共访存 4 500 次，而 Cache 得未命中率为 10%，问：

(1) CPU 访问 Cache 和主存各多少次？

(2) CPU 访存的平均访问时间是多少？

(3) Cache-主存系统的效率是多少？

解　(1) CPU 共访存 4 500 次，Cache 未命中 10%，需要访问主存，访问主存次数 = 4 500×10% = 450(次)，则访问 Cache 次数 = 4 500-450 = 4 050(次)。

(2) $t_A=h\times t_{A1}+(1-h)\times t_{A2}=0.9\times 45+0.1\times 200=60.5$(ns)

(3) $e=\frac{t_{A1}}{t_A}=\frac{45}{60.5}\approx 74.4\%$ 。

4.3.2 地址映射方式

为了便于在 Cache 和主存间交换数据,Cache 和主存空间都划分为大小相同的页,Cache 空间的分配以及数据交换都以页为单位进行。假定主存空间被分为 2^m 个页(页号为 0,1,2,…,2^m-1),每页大小为 2^b 个字节。Cache 存储空间分为 2^c 页(当然 $m>c$),每页也是 2^b 个字。

为了便于根据 CPU 送来的地址信息到 Cache 中去读取数据,必须有某种函数把主存地址映射成 Cache 地址。实现这种映射的函数称为映射函数。常用的地址映射方式有直接映射、全相联映射和组相联映射。选取何种映射方法,取决于在给定地址映射和变换的硬件条件下,能否达到高速度,以及能否使块冲突的概率小。(所谓块冲突就是发生这样的情况:要调一个主存块到 Cache 某地址块中,而该地址块已被其他块占据。)

1. 直接映射

在直接映射方式中,主存和 Cache 页号的对应关系如图 4.16 所示。

直接映射函数为 $i=j \bmod 2^c$,其中 i 是 Cache 页号;j 是主存页号。

根据映射函数不难看出:主存的 0,2^c,2^{c+1} 等只能映射到 Cache 的 0 页,而主存的 1,2^c+1,$2^{c+1}+1$ 等页,只能映射到 Cache 的第一页,主存的 2^c-1,$2^{c+1}-1$,2^m-1 映射到 Cache 的 2^c-1 页。简言之,主存的页以 2^c 为模映射到 Cache 的固定位置上。由映射函数还可以看出,主存页号的低 c 位(即 $j \bmod 2^c$)正好是它要装入的 Cache 的页号。在 Cache 中给每个页面设一个 t 位长的标记($t=m-c$),主存某页调入 Cache 后,就将主存页号的高 t 位放入 Cache 响应页的标记中。

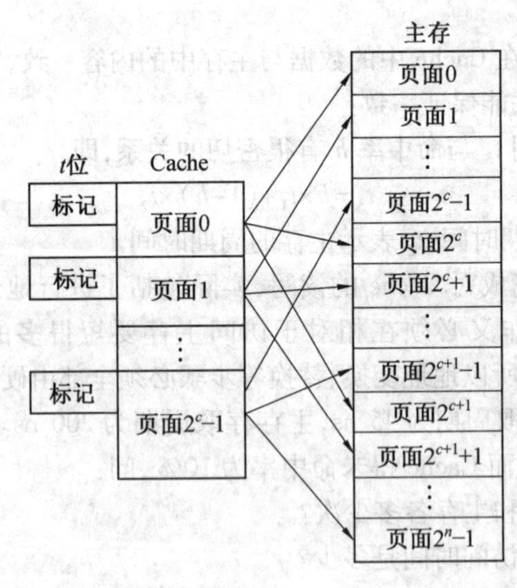

图 4.16 接映射方式主存和 Cache 页号的对应关系

这样,CPU 访问时,首先根据访存地址中的 c 位(页号),直接查出该主存对应的 Cache 页号。找到对应的 Cache 页后,检查它的标记和主存的高 t 位是否一致。若一致,则访问“命中”,再根据页内地址(b 位),从 Cache 中读数据;否则“不命中”(或失靶),CPU 直接从主存读出。主存-Cache 读出映射过程如图 4.17 所示。

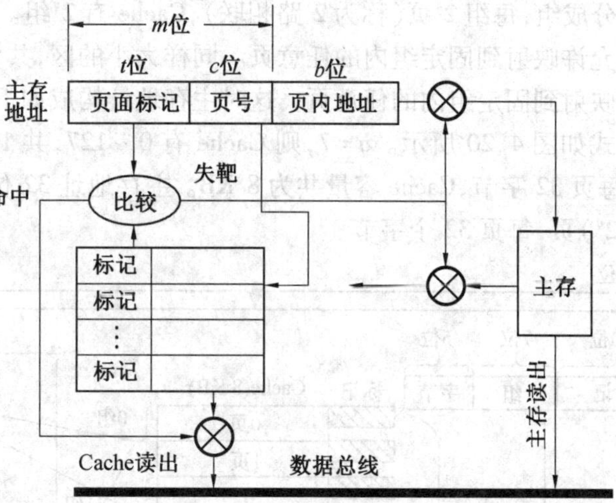

图 4.17 直接映射方式主存-Cache 的读出过程

直接映射的优点是实现简单;缺点是不够灵活。因为主存有 2^t 个页面只能对应唯一的 Cache 页面,如果在这 2^t 个页面中有两个或两个以上页面要调入 Cache,必然会发生块冲突。这时,即使 Cache 中还有很多空页,也必须对指定的 Cache 页进行替换。

2. **全相联映射**

全相联映射方式如图 4.18 所示。在该方式中,主存中任一页可装入 Cache 内任一页的位置。为了加快"主存-Cache"地址变换速度,一般采用存放于相联存储器中的目录表来实现地址映射。主存-Cache 地址变换过程如图 4.19 所示。

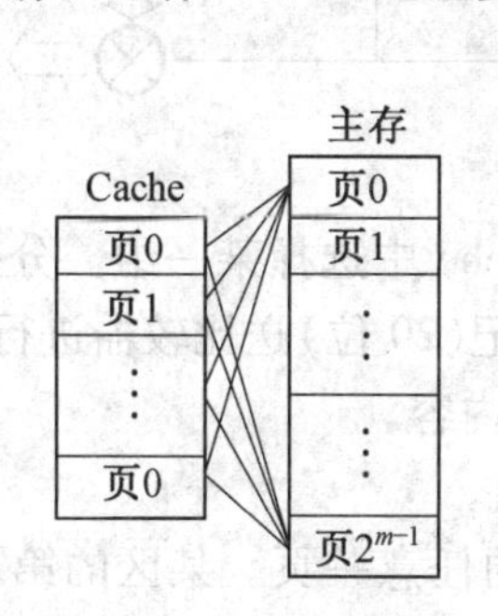

图 4.18 全相联映像法

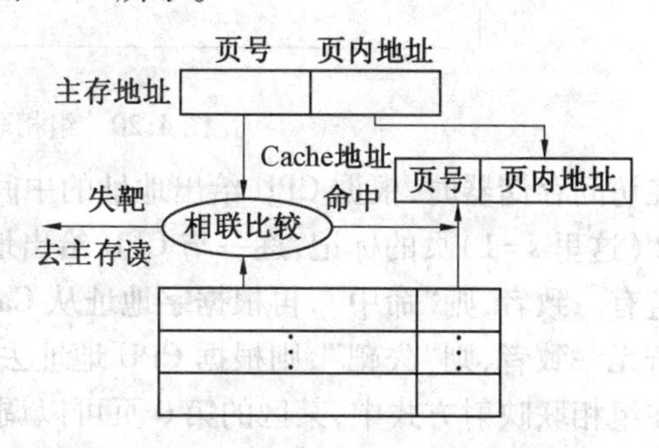

图 4.19 全相联映像法地址变换

在给出主存地址后,让主存页号与目录表中各项的页号做相联比较。如果有相同的,则将对应行的 Cache 页号取出,拼接上页内地址就形成了 Cache 地址。如相联表中无相同的页号,表示主存页未装入 Cache,失靶,则去主存读。全相联映射方式的优点是块冲突概率最低,只有当 Cache 全部装满后,才有可能出现块冲突。但由于在目前的计算机系统中,Cache 容量一般都较大,而要构成大容量的相联目录表很困难,查表速度也难以提高。因此目前的计算机系统中几乎没有单纯采用全相联映像法的。

3. **组相联映射**

将块划分成组,主存中的一组与 Cache 相对应,根据高位地址标志符来访问数据。全相联映射方式和直接映射方式的优缺点正好相反，将二者结合起来，就产生了组相联映射方式。将 Cache 空间分成组，每组 2^s 页（称为 2^s 路相联），Cache 有 2^q 组。主存分成每区共有 2^q 页。主存某区的页允许映射到固定组内的任意页。同样大小的区，共 2^m 个，每区共有 2^q 页。主存某区的页允许映射到固定组内的任意页。这时主存地址构成如下：

组相联映射方式如图 4.20 所示。$q=7$，则 Cache 有 0 ~ 127，共 128 组；$s=1$，每组 2 页（称为 2 路相联），每页 32 字节，Cache 容量共为 8 KB。主存地址 32 位，$m=20$，最大可分成 2^{20} 个区；每区 128（2^q）页，每页 32 个字节。

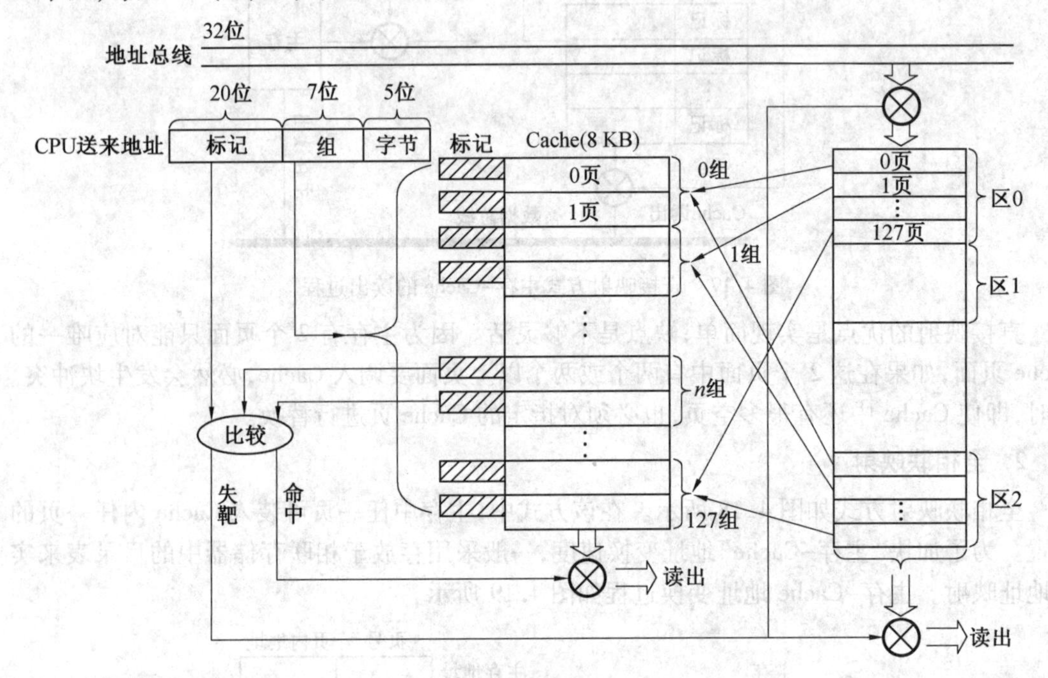

图 4.20 组相联映射方式

在访问存储器时，根据 CPU 给出地址的中间 7 位去 Cache 中选择某一组。分别读出该组中 2^s（这里 $s=1$）页的标记，逐一与 CPU 给出地址中的标记（20 位）送比较器进行比较：

若有一致者，则"命中"，再根据字地址从 Cache 中读出内容。

若无一致者，则"失靶"，则根据 CPU 地址去主存中读出。

在组相联映射方式中，某区的第 0 页可以调入 0 组中的任意一页。某区的第 1 页可以调入 1 组中的任意一页，比直接映射方式灵活。

组相联映射方式在各组间用直接映射方式，组内各页则是全相联映射方式。这样，它的 Cache 页冲突概率比直接映射方式低得多，由于只有组内各页采用全相联映射方式，地址相联表较小，易于实现，而且查找速度也快得多。

s 的选取决定了页冲突的概率和地址映射的复杂性。s 字段越大，则 Cache 页冲突越低，而相联映像表也越大。当 2^s = Cache 页数时，组相联映射方式就成为全相联映射方式，而当 $s=0$（即 $2^s=1$）时，组相联映射方式就变成直接映射方式。选取适当的 s 值，可使组相联映射方式的成本比全相联映射方式低得多，而性能上仍可接近于全相联映射方式。因此组相联映射方式获得了广泛的应用。

【例 4.5】 设计算机的存储器为 64 KB×16 位，直接地址映射的 Cache 容量为 1 千字，每块4字。

(1)主存地址的标志字段、块号和块内地址分别有多少位?

(2)Cache中可装入多少块数据?

解 (1)因为主存容量为64千字,Cache容量为1千字,所以主存地址为16位,Cache地址为10位。主存地址中块内地址2位($4=2^2$),块号有$10-2=8$位,标志字段为$16-10=6$位。

(2)$2^8=256$,故Cache中可装入256块数据。

4.3.3 Catch 替换算法

如果访存时出现Cache页失效(即失靶),需要将主存页按所采用的映射规则装入Cache。如果此时出现页冲突,就必须按某种策略将Cache页替换出来。

替换策略的选取要根据实现的难易程度以及是否能获得高的命中率两方面因素来决定。

常用的方法有FIFO及LRU法,且常用命中率(Hit Ratio)来衡量Cache存储器的效果指标。

1. 先进先出法(FIFO)

选择最早装入的Cache页为被替换的页,这种算法实现起来较方便,但不能正确反映程序的局部性,因为最先进入的页也可能是目前经常要用的页,因此采用这种算法,有可能产生较大的页失效率。

2."最近最少使用"算法(LRU)

选择最近最少使用访问的Cache页为调出页,这种算法能比较正确地反映程序的局部性,因为当前最少使用的页一般来说也是未来最少被访问的页。但是它的具体实现比FIFO算法要复杂一些。由于Cache的调页时间很短,一般是微秒级,替换算法只能全部用硬件方法实现。

4.3.4 Cache-主存内容的一致性问题

由于Cache存储器的地址变换和页替换算法全由硬件实现,因此"Cache-主存"层次对程序员来讲是透明的,这种透明性也会带来一些问题。例如,"Cache-主存"内容不一致的问题。假定CPU在某时刻执行了写操作,要写的内容恰在Cache中,则Cache内容被更改,但该单元对应的主存内容尚没有改变,这就产生了Cache和主存内容不一致的情况。

解决这个问题的关键是选择更新主存内容的算法。为了保证Cache中的内容是主存活跃部分的副本,即Cache和主存的一致性,当CPU执行写操作且Cache命中时,有"写直达法"(Write Through)和"写回法"(Write Back)两种Cache写策略。

写直达法是指在每次处理机进行写操作时,利用"Cache-主存"层次中存在于处理机和主存之间的通路将信息也写回主存,即必须把被写数据同时写入Cache和主存。这样,在页替换时,就不必将被替换的Cache页的内容写回,而可以直接调入新页。这种方法实现简单,而且能随时保持主存数据的正确性,但可能增加多次不必要的主存写入,会降低存取速度。

写回法是指被写数据只写入 Cache,不写入主存,当 Cache 页被替换时,把已经修改过的 Cache 块写回主存后,再调入新页。这种方法操作速度快,但因主存中的字块未及时修改而有可能出错。

写回法的开销是在页替换时的回写时间,而写直达则在每次写入时,都要附加一个比写 Cache 长得多的写主存时间。一般来说,写直达法的开销大一些,但其一致性保持要好一些。

4.4 虚拟存储器

目前,计算机主存主要由半导体存储器构成,由于成本等原因,主存的存储容量受到限制。另一方面,系统程序和应用程序要求主存容量越来越大,这就产生了矛盾。近年来,计算机字长也从 8 位增加到 16 位、32 位甚至 64 位,机器指令中的地址字越来较长,地址字能直接访问的存储空间,比主存的实际存储空间大得多。例如,地址字为 43 位,则机器能直接访问 8TB 存储空间,而主存的实际存储空间一般只有几百兆或几个吉字节,程序员用这种较长的地址字编程序,会感到主存容量不够用。

为了解决这个矛盾,在计算机中采用了所谓虚拟存储技术:将一部分(或全部)辅存和主存结合,把两者的地址空间统一编址,形成比实际主存空间大得多的逻辑地址空间。在这个大空间里,用户可以自由编程,用户编程的地址称为虚地址或逻辑地址,实际的主存单元地址称为实地址或物理地址。访存时,用软、硬件结合的方法,将逻辑地址(虚地址)转化为物理地址(实地址)。

程序运行时,CPU 以虚地址来访问主存,如果这个虚地址指示的存储单元已在主存中,则通过地址变换,CPU 可直接访问主存的实际单元;如果不在主存中,则把包含这个字的一页或一个程序调入主存后再由 CPU 访问。如果主存已满,则由替换算法从主存中将暂不运行的一页或一段调回辅存,再从辅存调入新的一页或一段到主存。

虚拟存储器不仅是一种解决存储容量和存取速度矛盾的一种有效措施,而且是管理存储设备的有效方法。采用虚拟存储器,用户编制程序时就无须考虑所编程序在主存中是否放得下以及放在什么位置等问题。因此,虚拟存储器给软件编程提供了极大的方便。

4.4.1 虚拟存储器的基本原理

虚拟存储器使计算机具有接近于主存的速度和辅存的容量和位成本。当然,主存实际容量的大小会影响系统的工作效率。

"主存-辅存"层次和"Cache-主存"层次有很多相似之处。它们采用的地址变换、映射方法和替换策略,从原理上看是类似的。但是 Cache 的替换算法和地址映射方式完全由硬件实现,而在虚拟存储系统中,一般用软、硬件结合的方法来实现。

虚拟存储器有页式、段式和段页式 3 种。

1. 页式虚拟存储器

在页式虚拟存储器系统中,把虚拟空间分成页,称为逻辑页;主存空间也分成同样大小的页,称为物理页。假设逻辑页号为 $0,1,2,\cdots,m$,物理页号为 $0,1,\cdots,n$,显然有 $m>n$。由于页的大小都取 2 的整数幂个字,所以,页的起点都落在低位字段为零的地址上。因此,虚存地址分为两个字段:高位字段为逻辑页号;低位字段为页内地址。实存地址也分为两个字段:高位字段为物理页号;低位字段为页内地址。由于两者的页面大小相等,所以页内地址相等。

虚存地址到主存实地址的变换是由放在主存中的页表来实现。在页表中,对应每个虚存逻辑页号有一个表项,表项内容包含该逻辑页所在的主存页面地址(物理页号)、装入位、替换控制位及其他保护位等。用主存页面地址作为实(主)存地址的高字段,与虚存地址的页内地址字段相拼接,就产生了完整的实存地址,用来访问主存。页式管理的地址变换如图4.21所示。

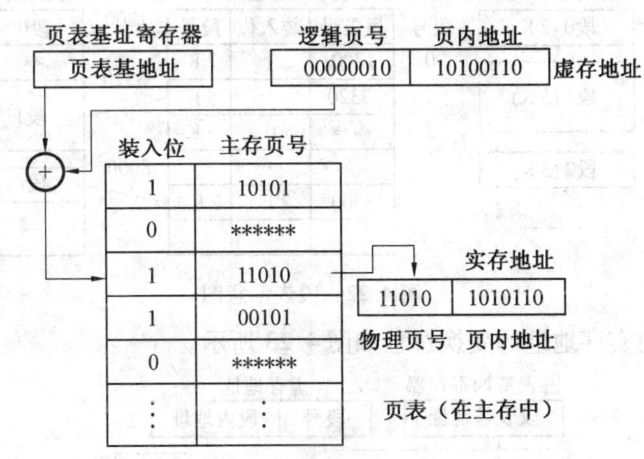

图4.21 页式虚拟存储器地址变换

如装入位为“1”,表示该逻辑页已从外存调入内存;反之,则表示对应的逻辑页未调入内存。此时,访问该页就产生“页面失效”中断,启动输入输出子系统,根据页表项目中查得的辅存地址,从辅存中读出新的页到主存中来。

假设页表已保存或已调入主存储器中,那么,在访问存储器时,首先要查页表,即使页面命中,也得先访问一次主存去查页表,再访问主存才能取得数据,这就相当于主存速度降低了一倍。如果是页面失效,要进行页面替换、页面修改,访问主存的次数就更多了。因此,把页表的最活跃部分放在高速存储器中组成快表,是减少时间开销的有效方法。此外,在一些影响工作速度的关键部分引入硬件支持。例如,用相联存储器来进行查找,也是常用的方法。

2. 段式虚拟存储器

段是利用系统的模块化性质,按照程序的逻辑结构划分成多个相对独立部分,如过程、子程序、数据表、阵列等。段作为独立的逻辑单位可以被其他程序段所调用,这样就形成了段间连接,从而产生了规模较大的程序。因此,可以把段作为基本信息单位在主存与辅存之间传送和定位。一般用段表来指明各段在主存中的位置。每段都有它的名称(用户名或数据结构名或段号)、段起点、段长等。段表本身也是主存储器中的一个可再定位段。

把主存按段分配的存储管理方式称为段式管理。段式管理系统的优点是段的分界与程序的自然分界相对应;段的逻辑独立性使它易于编译、管理、修改和保护,也便于多道程序共享;某些类型的段(堆栈、队列)具有动态可变长度,允许自由调度以便有效利用主存空间。但是,由于段的长度各不相同,段的起点和终点不定,给主存空间分配带来麻烦,而且容易在内存中留下许多空白的零碎存储空间而不易利用,造成浪费。

在段式虚拟存储系统中,段是按照程序的逻辑结构划分的,各个段的长度因程序而异。虚拟地址由段号和段内地址组成。

段式虚拟存储系统通过段表把虚拟地址变换成实存地址,段表格式如图 4.22 所示。装入位为“1”表示该段已调入主存,为“0”则表示该段不在主存中。段的长度可大可小,所以,段表中需要有长度指示。在访问某段时,如果段内地址值超过段的长度,则发生地址越界中断。段表也是一个段,可以存在外存中,需要时再调入主存。但一般驻留在主存中。

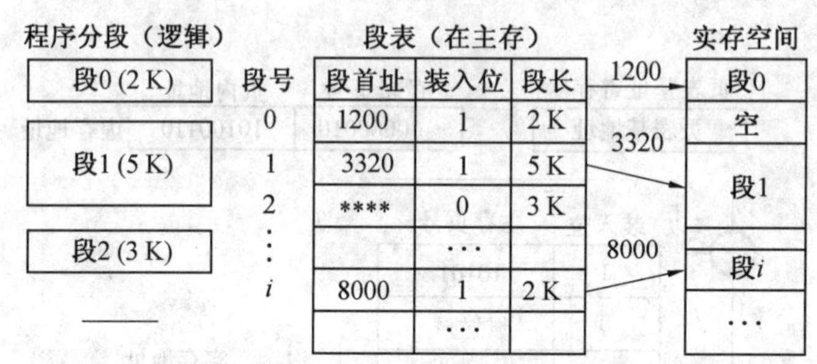

图 4.22 段表示意图

由虚拟地址向实存地址的变换过程如图 4.23 所示。

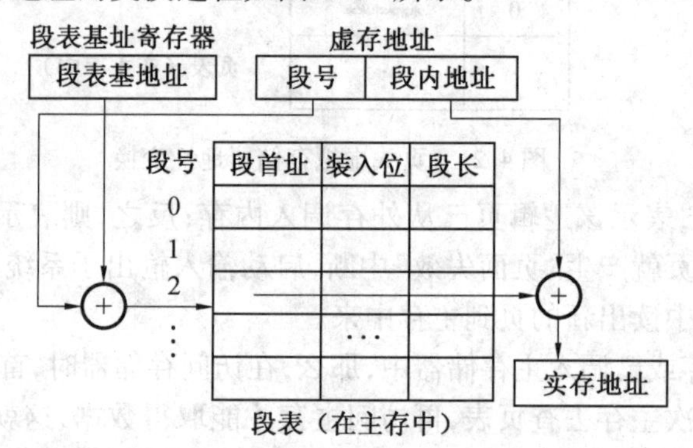

图 4.23 段式虚拟存储器地址变换

3. 段页式虚拟存储器

段页式虚拟存储器是段式虚拟存储器和页式虚拟存储器的结合。在这种方式中,把程序按逻辑单位分段以后,再把每段分成固定大小的页。程序对主存的调入调出是按页面进行的,但它又可以按段实现共享和保护。因此,它兼有页式和段式的优点。它的缺点是在地址映像过程中需要多次查表。每道程序是通过一个段表和一组页表来进行定位的。段表中的每个表项对应一个段,每个表项有一个指向该段的页表起始地址的指针和该段的控制保护信息。由页表指明该段各页在主存中的位置以及是否已装入、修改等状态信息。目前,大、中型机一般都采用这种段页式存储管理方式。

如果有多个用户在机器上运行(称为多道程序),多道程序的每一道(每个用户)需要一个基号(用户标志号),可由它指明该道程序的段表起始地址(存放在基址寄存器中)。这样,虚拟地址应包括基号、段号、页号及页内地址。其格式如图 4.24 所示。

基号	段号	页号	页内地址

图 4.24　段页式虚拟存储器虚拟地址格式

每道程序可由若干段组成,而每段又由若干页组成。由段表指明该段页表的起始地址,由页表指明该段各页在主存中的位置以及是否已装入等控制信息。

例如,有 3 道程序(用户标志号为 P1,P2,P3),其基址寄存器内容分别为 B1,B2,B3,逻辑地址到物理地址的变换如图 4.25 所示。

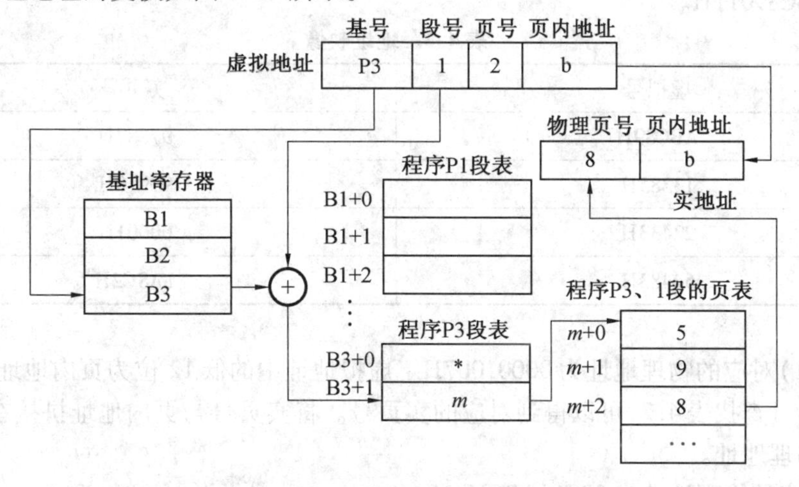

图 4.25　段页式虚拟存储器地址变换

在主存中,每道程序都有一张段表。例如,P1 程序有 3 段,P3 程序有 2 段,每段都有一张页表,段表的每行为相应页表的起始地址,而页表每行为相应的物理页号。

地址转换过程如下:

(1)根据基号(P3),将基址寄存器内容(B3)加 1(段号),得到程序 P3 之段表相应行的地址,其内容为页表的起始地址 m。

(2)计算 $m+2$(页号),得到页表行的地址,其内容即为物理页号(即为 8)。

(3)物理页号与页内地址拼接即得物理地址。

假如该计算机只有一个基址寄存器,那么基号可以不要,在多道程序切换时,由操作系统修改基址寄存器的内容来实现。

另外,上述每张表的每行都要设置一个有效位。若有效位均为“0”,表示对应的表还未建立,访问失败,则发中断请求操作系统建表。

4.4.2　虚拟存储器的替换算法

在页式管理中,当 CPU 要用到的数据或指令不在主存时,产生页面失效,此时要求从外存调进包含有这条指令或数据的页面。假如主存页面已全部被占满,要用某种规则来替换掉主存的一页以便调进新的页面。通常采用 LRU 算法,把“近期最少使用的页”替换出去,从而比较正确地反应程序的局部性特点。

由于在主存中的每页在外存中留有副本,假如该页调入主存后没有被修改过,那么就不必进行处理,否则就应该把该页重新写入外存,以保存外存中数据的正确性。为此在页表的每行可设置一修改位,当该页刚调入主存时,此位为“0”,当对该页内任一地址进行写入时,就把该位修改为“1”。在该页被替换时,检查其修改位,如为“1”,则先将该页内容从主存写入外存,然后再从外存接收新的一页。

【例4.6】 在虚拟地址和物理地址均为32位、页大小为4 KB的某种体系结构中,假定存在如表4.2所示的地址映像关系,问:对应于下列虚拟地址的物理地址分别是什么?

(1)22433007H。

(2)13385ABCH。

(3)ABC89011H。

表4.2 地址映像

虚拟号	实页号
ABC89H	97887H
13385H	99910H
22433H	00001H
54483H	1A8C2H

解 (1)对应的物理地址为00001007H。虚拟地址中的低12位为页内地址,高20位为虚页号。通过查找表4.2,可以得到对应的实页号。将实页号与页内地址拼接在一起,就得到对应的物理地址。

(2)对应的物理地址为99910ABCH。

(3)对应的物理地址为97887011H。

4.5 辅助存储器

由于受地址位数、成本、速度等因素制约,主存容量有限。在大多数计算机系统中设置一级大容量存储器作为对主存的补充与后援。它们位于主机的逻辑范畴之外,常称为外存储器,简称外存。外存的最大特点是容量大、可靠性高、价格低,主要有磁表面存储器和光存储器两大类。

4.5.1 磁表面存储器

磁表面存储器包括磁鼓、磁带、磁盘和磁卡片等。目前,在计算机系统中以磁盘和磁带为主。磁表面存储器主要用作计算机存储器系统中的辅存,它可以存储大量的程序和数据,一旦需要时,调入主存供CPU访问。按它与主机连接以及信息交换的方式,可将其划归为I/O设备。这里主要介绍磁表面存储器的存储原理、数据的记录方式以及磁盘和磁带的结构及寻址方式。

1. 磁表面存储原理

磁表面存储器中信息的存取主要由磁层和磁头来完成。磁层是存放信息的介质,它由非矩形剩磁特性的导磁材料构成。将用这种材料制成的磁胶涂敷或镀在载磁体上,其厚度通常为0.1~5 μm,以记录信息。载磁体可以是金属合金(硬质载磁体)或者是塑料(软质载磁体)。磁头是实现“磁-电”和“电-磁”转换的元件。它是由高磁导率的软磁性材料做成铁芯,在铁芯上开有缝隙并绕有线圈。当载磁体与磁头做相对运动时,若写磁头线圈通以磁化电流,则可将信息写到磁层上。当读磁头通过磁层上某一磁化单位而形成磁通回路时,磁通的变化使线圈两端产生感应电势,形成读出信号。

磁表面存储器有如下性能指标:

(1) 记录密度。

记录密度可用道密度和位密度来表示。磁道是在磁层运动方向上被磁头扫过的轨迹。一个磁表面会有许多磁道。在沿磁道分布方向上,单位长度内的磁道数目称为道密度。常用的道密度单位为TPI(每英寸磁道数)。在磁道中,单位长度内存放的二进制信息的数目称为位密度。常用的位密度的单位为bPI(每英寸二进制位数)。

(2) 存储容量。

存储容量是指整个存储器所能存放的二进制字数或字节数。它与磁表面大小和记录密度密切相关。磁鼓容量最小,为几兆字节。磁带容量最大,理论上讲可以无限大;磁盘介于两者之间,大容量硬盘的容量目前已达几太(T)字节。

(3)平均存取时间。

磁表面存储器的读写是在磁层相对磁头做匀速运动的过程中完成的。由于主机对存储器读写的随机性,很难保证磁层上所需要读写的数据块位置正好处于磁头下方。因此,存取时间应包括定位和等待这两部分时间。以磁盘存取为例,定位时间是指磁头从读写前原有的位置移到指定读/写的磁道上所花费的时间,又称寻道时间。等待时间是指磁头进入指定磁道(定位)后,该磁道上被存取的信息段正好旋转到磁头下方所需的时间。

(4)数据传送速率。

数据传送速率是指磁表面存储器完成定位和等待操作以后,单位时间内它与主机交换数据的二进制信息量,以位/秒或字节/秒为单位。由于磁表面存储器和主存之间的数据交换常以批量方式进行,故传送速率较大。

2. **磁盘存储器**

磁盘存储器是一种以磁盘或磁盘组作为存储介质的记录装置,又称磁盘机,是目前应用最广泛的外存储器。它具有记录密度高、容量大、速度快等优点,是目前计算机存储系统中使用最普遍的一种辅助存储器。

(1) 硬磁盘存储器。

硬磁盘存储器主要由磁记录介质、磁盘驱动器和磁盘控制器3大部分组成。磁盘控制器包括控制逻辑、时序电路、“并→串”转换和“串→并”转换电路。磁盘驱动器包括读写电路、读\写转换开关、读写磁头与磁头定位伺服系统。

硬盘驱动器是精密的机电装置,各部件的加工和安装有严格的技术要求,一般在超净环境下组装。它主要由定位驱动系统、主轴系统和数据转换系统组成。磁盘驱动器的逻辑操作可归纳为寻址、读盘和写盘3大类。

① 寻址操作。根据主机访问控制字中的盘地址(柱面号、磁头号、扇区号)找出目标磁道和记录块位置。磁盘控制器把盘地址送到盘驱动器的磁盘地址寄存器后,便产生寻道命令,启动磁头定位伺服系统进行磁头定位操作。此操作完成后,发出寻道结束信号给磁盘控制器,并转入等待操作。

② 读写操作。下面先介绍如何判断所找扇区已转到磁头下方。盘转动时,索引标志产

生的脉冲将扇区计数器清零,以后每来一个扇区标志,扇区计数加1,把计数内容与磁盘地址寄存器中的扇区地址进行比较,如果一致,则输出扇区符合信号。扇区符合信号送给控制器后,控制器的读写控制电路动作。

磁盘控制器是主机与磁盘驱动器之间的接口。磁盘存储器是高速外设,所以磁盘控制器和主机之间采用成批数据交换方式。磁盘上的数据由读磁头读出后送到读出放大器,然后进行数据与时钟的分离,再进行串/并数据转换和格式变换送到数据缓冲器,经DMA控制将数据传送到主存储器。

通常把磁盘表面称为记录面,记录面上一系列同心圆称为磁道(Track)。磁盘组上每个记录面上都有一个磁头,这些磁头在寻道时同步运动。磁盘组上直径相同的磁道构成一个柱面(Cylinder),在读写磁盘时,总是写完一个柱面上所有的磁道后,再移到下一个柱面。柱面从外向里编址,最外面的为柱面0,最里面的为柱面 n。格式化后的磁盘,每个磁道又分为若干扇区(Sector),如图4.26所示。

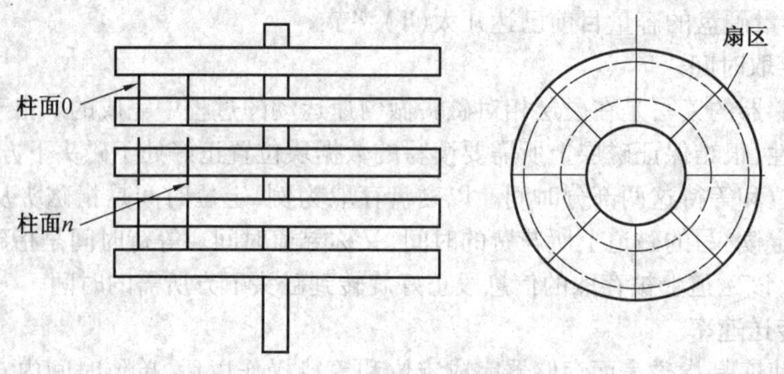

图4.26　硬盘的柱面和扇区示意图

(2)软磁盘存储器。

软磁盘存储器与硬磁盘存储器在存储原理和数据格式等方面基本相同,它们之间的差别在于:

①硬盘转速高,磁头与磁层不接触;而软盘转速低,磁头与磁层接触。

②大多数硬盘采用固定盘组,软盘单片使用。

③硬盘系统价格高,存储量大,存取速度快;软盘价廉,存储量小,存取速度较慢。

④硬盘盘片不可拆卸,一般不能互换,软盘是可拆卸的且可互换。

⑤软盘盘片由聚酯塑料制成。

3. 磁带存储器

磁带存储器是一种顺序存取设备,存取时间较长,但存储容量大。磁带上的信息以文件块的形式存放,而且便于携带,价格便宜。按它的读写方式可分为启停式和数据流两种。

(1)开盘式启停磁带机。开盘式磁带缠绕在圆形带盘上,磁带首端可以取出,磁带上的信息以数据块为单位,在数据块之间,磁带机需要启动和停止。开盘式启停磁带机主要由走带机构、磁带缓冲机构、带盘驱动机构和磁头等部分组成。走带机构的作用是带动磁带运动;磁带缓冲机构的作用是减小磁带运动中的惯性,以便快速启停;带盘驱动机构的作用是控制带盘电机的方向和速度,使放带盘和收带盘都能正转和反转,并且调节放带盘和收带盘的转速;磁头和磁盘机的磁头原理相同,但是磁带机将多个磁头组装在一起,构成组合磁头,以便同时对各道进行读写。

(2)数据流磁带机。数据流磁带机将数据连续地写在磁带上,在数据块之间插入记录间隙,这样磁带机在数据块之间不用启停。此外,它采用电子控制代替机械控制,简化了磁带机的机械结构,降低了成本,提高了可靠性。数据流磁带机不是多位并行读写,而是和磁盘一样采用串行读写方式,因而它的记录格式与启停式磁带机不同。

4.5.2　光盘存储器

光盘存储器是一种采用聚焦激光束在盘形介质上高密度地记录信息的存储装置,根据激光束的反射光来读出信息,具有记录密度高、存储容量大、信息保存寿命长、工作稳定可靠、环境要求低等特点。

1. 光盘存储器的分类

按读写类型来分,目前光盘一般可分为只读型、一次写入型和可重写型3种。

只读型光盘由生产厂家预先用激光在盘片上蚀刻而成,信息不能改写。例如,激光视盘(LV)、数码唱盘(CD)、计算机用的CD-ROM均属于此类,目前这类光盘的应用已相当普遍。

一次写入型光盘是指由用户一次写入、可多次读出但不能擦除的光盘。要修改的数据只能追记在盘片上的空白处,故又称为追记型光盘,它用于不需要修改的应用场合。

可重写型光盘是读/写型光盘,第一代是改写型,第二代是重写型。按记录介质不同可分为磁光型、相变型两大类。其中磁光型记录技术既有光记录信息的高密度,又有磁记录介质的可擦除重写特点,故在可重写型光盘中占据重要地位。

2. 光盘存储器的工作原理

(1)只读型光盘的信息存储机理。所有只读型光盘上的信息都以坑点形式分布,一系列的坑点(信息元)形成信息记录道。对LV盘和CD盘来讲,这种坑点分布包含着编码的视频和音频信息。对数据存储用的CD-ROM盘来讲,这种坑点分布除了包含数据的编码信息外,还有用于读出或写入光点的引导信息。由于只读型光盘是生产厂家制造,为了大量复制,所以需要制作母盘。为此将存储信息以表面坑点形式转录在母盘上。母盘是一块平整的圆形玻璃衬底,厚约为0.5 cm,涂有约0.12 μm厚的光敏材料膜层。用一束待录信息调制并聚焦的激光束照射光敏膜层时,暴光的地方被吸收,局部地改变了光敏薄膜的性能。然后用化学溶液处理光敏膜,暴过光的光敏膜被溶解,从而显示出凹凸结构。要产生宽度大约0.6 μm的坑点所需的光点不仅尺寸要小,而且强度要高,为此必须采用激光作为光源,并采用良好的光学系统才能实现。

(2)一次写入型光盘的信息存储机理。在一次写入型光盘中,记录数据以直接可读的方式录刻在光盘上。显然这种在线数据存储,正是光学录刻在计算机存储装置中应用的出发点。在这些应用中存储的数据往往是专用的,所以一般根据用户的要求进行。一旦录制完毕,存储数据就不能再行改写,这种性质相当于PROM半导体存储器。

从本质上讲,一次写入型光盘的信息存储机理与只读型光盘是一样的。其不同之处在于其调制激光束输出强度要高得多,即用增加激光光点功率,在光盘的光敏层上直接写入可读的结果,实现数据存储。为了得到机械强度,需要用一块衬底(如塑料、玻璃等)来支承非常薄的光敏膜。光敏膜可以是低熔点的薄金属或半金属,也可以是有机物质敏感膜。当用强激光束照射薄膜时,一个入射功率为 5 mW,100 ns 的聚焦光脉冲可使薄膜温度上升到 1 000 K。在此温度下,可以在膜层上烧蚀或蒸发出凹坑点(信息元)。由于膜层上几何形状的变化引起较大的光学反差,从而可用光学方法检测这种效益,读出所录制的信息。

4.6 用 Verilog 描述的存储器

1. D 触发器

```
module d_ff(reset,d,clk,q,qb);
input reset,d,clk;
output q,qb;
reg q,qb;
always@ (posedge clk or negedge reset)
begin
if (reset==1'b0)
begin
q<=1'b0;
qb<=1'b1;
end
else
begin
q<=d;
qb<= ~d;
end
end
endmodule
```

2. 4 位寄存器

```
module register(reset,d,clk,q,qb);
input reset,clk;
input[3:0] d;
output[3:0] q,qb;
reg[3:0] q,qb;
always@ (posedge clk or negedge reset)
begin
if (reset==1'b0)
begin
q<=4'b0;
qb<=4'b1;
```

```
end
else
begin
q<=d;
qb<= ~d;
end
end
endmodule
```

3. 字长 4 位,容量 32 B 的 RAM

```
module ram(clk,data,addr,wren,q);
input clk,wren;
input[3:0] data;
input[5:0] addr;
output[3:0] q;
//reg q;
reg[3:0] rem_block[63:0];
reg[3:0] r;
always@(posedge clk )
begin
if(wren==1'b1)
rem_block[addr] <= data;
else
r<=rem_block[addr];
end
assign q=r;
endmodule
```

习 题

1. 某机主存储器有 16 位地址,字长为 8 位,问:

(1)如果用 1 K×4 位的 RAM 芯片构成该存储器,需要多少片芯片?

(2)该存储器能存放多少字节的信息?

(3)片选逻辑需要多少位地址?

2. 用 8 K×8 位的静态 RAM 芯片构成 64 K 字节的存储器,要求:

(1)计算所需芯片数。

(2)画出该存储器组成逻辑框图。

3. 用 64 K×1 位的 DRAM 芯片构成 256 K×8 位的存储器,要求:

(1)画出该存储器的逻辑框图。

(2)计算所需的芯片数。

(3)采用分散刷新方式,如每单元刷新间隔不超过 2 ms,则刷新信号周期是多少?

(4)如采用集中刷新方式,存储器刷新一遍最少用多少读/写周期?

4. 用 8 K×8 位的 EPROM 芯片组成 32 K×16 位的只读存储器,试问:

(1)数据寄存器多少位?

(2)地址寄存器多少位?

(3)共需多少个 EPROM 芯片?

(4)画出该只读存储器的逻辑框图。

5. 某机器中,已经配有 0000H ~ 3FFFH 的 ROM 区域,现在再用 8 K×8 位的 RAM 芯片形成 32 K×8 位的存储区域,CPU 地址总线为 A0 ~ A15,数据总线为 D0 ~ D7,控制信号为 R/W(读/写)、MREQ(访存),要求:

(1)画出地址译码方案。

(2)将 ROM 与 RAM 同 CPU 连接。

6. 某计算机主存 8 M 字节,分成 4 096 页,Cache 64 K 字节,和主存分成同样大小的页,采用直接地址映射方式。

(1)Cache 有多少页?

(2)Cache 的页内地址为多少位?

(3)Cache 的页面地址为多少位?

(4)设 Cache 中的主存标记如图 4.27 所示,当 CPU 送出的地址为 6807FFH 时,能否在 Cache 中访问到该单元?

若送出的地址为 2D07FFH 时,能否在 Cache 中访问到该单元?

若送出的地址为 7F1057H 时,能否在 Cache 中访问到该单元?

若送出的地址为 000000H 时,能否在 Cache 中访问到该单元?

Cache存储器

标记	页面
1101000	页面0
0101101	页面1
1111111	页面2
0000000	页面3
…	…
…	…
1111001	页面n-2
1000110	页面n-1

图 4.27 6 题图

7. 一个组相联高速缓存由 64 页(每页 256 字)组成,分为 8 组,主存有 4 096 页:

(1)主存地址有多少位?

(2)主存地址的标志段、组字段和字字段各有多少位?

8. 某计算机有 64 K 字节的主存和 4 K 字节的 Cache,Cache 分组如下:每组 4 页,每页 64 字。存储系统按组相联方式工作。

(1)主存地址的标志段、组字段和字字段各有多少位?

(2)若 Cache 原来是空的,CPU 依次从 0 号地址单元顺序访问到 4344 号单元,然后重复按此序列访问存储器 15 次,页替换采用 LRU 算法。若访问 Cache 的时间为 20 ns,访问主存的时间为 200 ns,试估计 CPU 访存的平均时间。

9. 虚拟存储系统的地址映像机构和主存与 Cache 的地址映像机构有哪些相同的地方?又有哪些不同的地方?

第5章 指令系统

学习目标：理解指令的功能、构成格式、操作码和操作数地址两个字段的内容及组织方式；理解常用寻址方式的用法及其编码表示；了解指令分类的方案和分类结果；理解并记忆指令中形式地址和物理地址的概念；了解指令周期对计算机性能和硬件结构的影响；了解常用指令系统的组成。

计算机通过执行程序来完成各种工作任务，而程序是由一系列有序的指令构成的。指令系统是程序员编制程序的基础，也反映了一台计算机所具有的数据处理能力。

存储程序是计算机最基本的结构特征之一，程序员用各种语言编写的程序最后要翻译（解释或编译）成以指令形式表示的机器语言以后，才能在计算机上运行。计算机的指令有微指令、机器指令和宏指令之分。微指令是微程序级的命令，属于硬件；宏指令是由若干机器指令组成，属于软件；机器指令介于二者之间，因而是硬件和软件的界面。

指令系统是软件编程的出发点和硬件设计的依据，它衡量机器硬件的功能，反映硬件对软件支持的程度。

5.1 指令概述

5.1.1 指令和指令系统

1. 指令

指令是计算机能够识别和执行的操作命令。每条指令都明确规定了计算机必须完成的一套操作。将各种指令排成一个序列，由计算机顺序地执行，就可以完成一个处理任务。

每条指令都要求计算机的各部件共同完成一组基本操作。在指令执行过程中，要求每个部件所完成的基本操作，称为微操作，因此，指令就是计算机微操作的组合。这种能够完成一定处理任务的指令序列就是计算机程序。

2. 指令系统

一台计算机（或一个计算机系统）能够执行的全部指令的集合，称为该计算机的指令系统。指令系统是表征计算机性能的重要因素，其格式与功能不仅直接影响到机器的硬件结构，也直接影响到系统软件，影响到机器的适用范围。因此，设计一个合理有效、功能齐全、通用性强、丰富的指令系统是至关重要的。如果一台计算机的指令系统越丰富，这台机器的处理功能越强。一个完善的指令系统应满足以下几方面的要求：

(1)完备性。指令系统的完备性是指用汇编语言编制各种程序时指令系统提供的指令足够用。这就需要指令系统丰富,功能齐全,使用方便。

(2)有效性。指令系统的有效性是指利用该指令系统编制的程序能产生高效率。高效率主要表现在程序所占存储空间小,执行速度快两个方面。

(3)规整性。指令系统的规整性包括指令系统的对称性和匀齐性,指令格式与数据格式的一致致性。对称性是指在指令系统中所有寄存器和存储单元都可以同等对待,所有指令都可使用各种寻址方式。匀齐性是指一种操作性质的指令可以支持各种数据结构,在编制程序时无须考虑数据类型。指令格式与数据格式的一致性是指指令长度与数据长度有一定的关系,以方便存取和处理。

(4)兼容性。兼容性是指一台机器上运行的软件可以不经修改地运行于另一台机器。对于一般系统,同一厂家生产的系列机各机种之间具有相同的基本结构和共同的基本指令集,因而指令系统是兼容的,即各机种上的基本软件可以相互通用,但一般只能做到低档机或旧机器上的软件可不加修改即可在新机器上运行,以节省软件的开发费用。

5.1.2 指令的格式

在计算机中,不仅数值数据、非数值数据要用0,1码表示,指令也要用0,1码表示,也就是说,指令是控制信息的一组二进制代码。一条完整的指令称为一个指令字,机器指令必须规定硬件要完成的操作,并指出操作数或操作数地址,还应包括与自动进行某个基本信息处理操作有关的内容,这就是指令的格式问题。

指令格式可由以下两部分信息组成:

操作码 OP	地址码 D

1. 操作码

操作码表示操作的操作性质及功能。每条指令都必须有操作码,计算机通过识别操作码来完成相应操作。操作码所占的位数取决于指令系统中的指令条数。操作码的位数决定了操作类型的多少,位数越多,所能表示的操作种类也越多。当指令字长确定后,如果地址码部分所占位数较多,则操作码所占位数就会减少。为了解决这个矛盾,可以采取操作码位数可变的方法。常见的操作码方法有以下两种:

(1) 定长操作码。这是一种比较规整的操作码编码方式,即让操作码的长度固定且集中放在指令字的一个字段中。在多数的计算机中,一般都在指令字的最高位部分分配固定的若干位(定长)用于表示操作码,例如8位,它有256个编码状态,故最多可以表示256条指令。这种格式对简化硬件设计、减少译码时间非常有利。

(2) 扩展操作码。当计算机的字长与指令长度为定值时,单独为操作码划分出固定的多位后,留给表示操作数地址的位数就会严重不足。为此不得不对一个指令字的每个二进制位的使用精打细算,使一些位在不同的指令中有不同的作用。

这是一种不规整的操作码编码方式,即操作码的长度可变且分散地放在不同的字段中。这种编码方式能有效地压缩指令操作码平均长度。它在字长较短的微机中使用比较广泛,但操作码长度的不固定将增加译码和分析的难度,进而使控制线路变得复杂。一种折中的方法是使用操作码的扩展技术。

在具有扩展操作码的指令系统中，扩展技术中关键是要约定一些扩展标志，才能判定一条指令的哪些位是操作码。操作码扩展技术是一种优化技术。由于扩展方法多样，究竟选用哪种方法则有一重要的原则：使用频度高的指令分配短的操作码，使用频度低的指令应分配较长的操作码。

2. 地址码

地址码用来指出该指令的操作对象，它可用来指出操作数的地址，CPU 通过该地址取得操作数；也可以用来指出操作结果的存储地址，操作数的结果保存在该地址中；还可指出下一条指令的地址，如转移、调用子程序、返回等，下一条指令的地址由指令给出。操作数的来源、去向及其指令字中的地址安排如下：

（1）操作数的第 1 个来源、去向，可以是 CPU 内部的通用寄存器。

（2）操作数的第 2 个来源、去向，可以是外围设备（接口）中的一个寄存器。

（3）操作数的第 3 个来源、去向，可以是内存储器中的一个存储单元。

在指令字中直接给出一个操作数，被称为立即数。

每个操作数地址所占的二进制位数，决定了该操作数地址所能直接访问的最大存储空间。例如，一个操作数地址为 4 位，则最大寻址空间为 0000 ~ 1111，共 16 个。

5.1.3　指令长度

指令长度=操作码长度+操作数地址的长度（操作码地址个数）。由于操作码的长度、操作数地址的长度以及所需地址的个数不同，各指令的长度也可能不同。

设计指令长度的原则如下：

1. 指令长度应为存储器基本字长的整数倍

如果指令长度任意，就会产生指令跨存储字边界存放的情况，即有时一条指令存放在几个存储字中，而有的一个存储字中又存放若干指令。这将给取指令带来很大不便，影响指令的执行速度。因此，指令长度应为存储器基本字长的整数倍。例如，在 PC 机的指令系统中，指令长度有单字节、双字节、三字节、四字节、五字节和六字节，共 6 种。这样可以充分利用存储空间，并加访问内存的有效性，这是指令格式设计中规整性的体现。另外，指令长度有固定长指令和可变长指令两类。由于可变长指令比较灵活，所以采用较多。

2. 指令字长应尽量短

指令短，有利于提高程序的效率，即减少所需存储量和加快运行速度。指令短有利于减少所需存储量是显而易见的，指令短为什么能加快指令执行速度呢？因为指令短，从存储器中取出指令的时间一般就会少一些，分析指令的时间一般也会短一些。目前，为了使指令长度缩短，采取了一系列措施。例如，用指令指针 PC（IP）指出下一条指令的地址，用累加器 A 隐含一个操作数，地址隐含在某个寄存器中，以及采用 RISC 技术等。近年来，精简指令系统计算机 RISC 技术在微型机应用领域得到了广泛应用，并逐步向小型机、中型机领域发展。

当然，不能为了使指令短而影响指令系统的完备性和规整性。指令系统的完备性差，机器的功能受影响；规整性差，分析指令的时间必然加长。

5.1.4 指令格式的分类

指令中包括的地址码字段包括:①操作数的地址,用以指明操作数的存放处,不同的指令其所需的操作数可能不同,最多可有两个操作数地址;②操作结果的地址,用以存放运算的结果。

根据指令地址码所包含的地址个数,一般有以下几种指令格式:①零地址指令格式,即指令中只有操作码,没有地址码;②一地址指令格式;③二地址指令格式;④三地址指令格式。

1. 零地址指令

这类指令无操作数,所以无地址码。例如,空操作、停机等不需要地址的指令,或者操作数隐含在堆栈中,其地址由栈指针给出。

2. 一地址指令

如果用 CPU 中一个专用寄存器 A(称为累加器)作为目标操作数,又可以省去一个地址,这样就产生单地址指令。其格式如下:

执行(D)OP (A)→ A

OP	D

单地址指令短,由于一个操作数已经在 CPU 内,所以执行速度也快。

3. 二地址指令

操作结果可放回某一个操作数单元,这个操作数称为目标操作数,另一个操作数称为源操作数,这样就产生二地址指令。其格式如下:

执行(D1)OP(D2)→ D2

OP	D1	D2

4. 三地址指令

最初的机器指令包含 3 个地址,存放第一个操作数的单元地址、存放第二个操作数的单元地址和存放操作结果的单元地址。其格式如下:

执行(D1)OP(D2)→ D3

OP	D1	D2	D3

表示地址为 D1 的单元内容和地址为 D2 的单元内容执行 OP 操作,结果存入地址为 D3 所指出的单元。

三地址指令中的地址太多,使指令字长长,占存储器空间多,运行效率低,现在不常使用。

5.2 寻址方式

指令不仅要规定所执行的操作,还要给出操作数或操作数的地址。指令的寻址方式指的是确定本条指令的操作数地址及下一条要执行的指令地址的方法。在指令执行的过程中,操作数可能在指令中,也可能在CPU的某个通用寄存器中,还可能在某个存储单元中。如何正确获得指令所需的操作数就是寻址机制所要完成的工作。

寻址方式属于指令系统的一部分,一个指令系统具有哪几种寻址方式,地址以什么方式给出,如何为编程提供方便与灵活性,不仅是指令系统的关键,也是初学者理解一个指令系统的难点所在。确定一台计算机指令系统的寻址方式时,必须考虑以下几点:

(1)希望指令内所含地址尽可能短。

(2)希望能访问尽可能大的存储空间。

(3)寻址方法尽可能简单。

(4)在不改变指令的情况下,仅改变地址的实际值,从而能方便地访问数组、串、表格等较复杂的数据。

5.2.1　立即寻址

立即寻址方式是指操作数直接在指令中给出的寻址方式,在指令中的操作数称为立即数,即指令字中直接给出的不再是操作数地址,而是操作数本身。

由于在取指令的同时,将操作数与操作码同时取出,不需再访问存储器,因此立即寻址方式的执行速度较快,但由于立即数作为指令的一部分不能修改,所以只适合于操作数固定不变的场合,如向某个存储单元或某一寄存器设置初值或提供一个常数。立即寻址方式便于程序员使用,但它是所有寻址方式中灵活性最差的一种。

格式如下:

OP	操作数

在按字节编址的机器中,8位和16位立即数指令的格式如图5.1所示。

存储器地址	存储器内容
n	操作码
n+1	8位立即数
n+2	下一条指令

(a) 8位立即数

存储器地址	存储器内容
n	操作码
n+1	立即数低8位
n+2	立即数高8位
n+3	下一条指令

(b) 16位立即数

图5.1　按字节编址机器中的立即寻址指令

5.2.2　直接寻址

直接寻址是把操作数的地址直接作为指令中的地址码。根据指令的地址码部分给出的地址就可以直接在存储器中找到所需的操作数。

这种寻址方式简单、直观,硬件实现起来比较容易。但它只能用来访问固定的存储单元。

格式如下:

OP	操作数地址

在按字节编址并采用16位地址的机器中,直接寻址指令的格式如图5.2所示

存储器地址	存储器内容
n	操作码
n+1	操作数地址低8位
n+2	操作数地址高8位
n+3	下一条指令

图 5.2 按字节编址机器中的直接寻址指令

5.2.3 寄存器寻址

指令的地址码部分给出某一通用寄存器的地址,而且所需的操作数就在这一寄存器中,则称为寄存器寻址方式。

寄存器寻址指令简单,CPU 寄存器数量远小于内存单元,所以寄存器地址比内存地址短,因而寄存器寻址方式指令短;所以寄存器寻址方式可以缩短指令的长度,节省存储空间。而且,操作数已在 CPU 中,不用访存,从寄存器中存取数据比从存储器中存取数据快得多,提高指令的执行速度。因此,巧妙地使用寄存器是提高汇编语言程序设计的一个关键。

格式如下:

OP	寄存器号

或

OP	寄存器号 1	寄存器号 2

上面给出的两种格式中,前一种是单操作数指令,或者两个操作数中有一个是隐含给出(如累加器);后一种为两个操作数均在寄存器中。

5.2.4 间接寻址

当地址码不是操作数的地址而是另一地址时,所使用的寻址称为间接寻址方式。根据地址是寄存器还是存储单元地址,间接寻址方式又可分为存储器间址方式和寄存器间址方式。指令在存储器中的存放形式与直接寻址类似。

格式如下:

OP	@间接地址

其中,@是间接寻址标志。单级间接寻址过程如图 5.3 所示。计算机中还可以有多重间址。

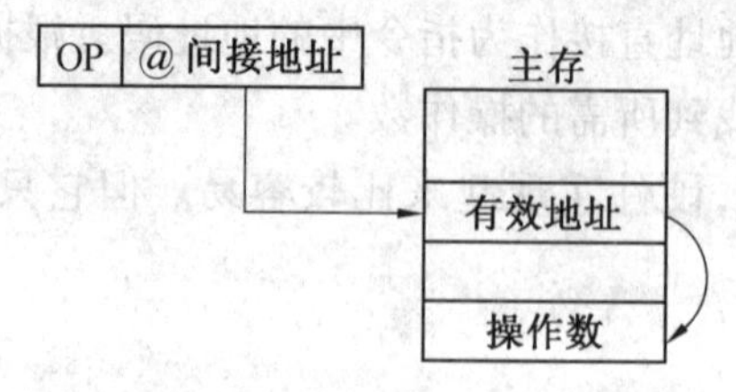

图 5.3 单级间接寻址

5.2.5 相对寻址

把程序计数器PC的当前内容与指令的地址码部分给出的地址(偏移量)之和作为操作数的地址或程序转移地址方式称为相对寻址。相对寻址实际上是规定了操作数和指令的相对位置,因而得名。采用相对寻址便于编制可浮动程序,这种程序随便放在内存什么位置,都能正常运行。和变址寻址计算地址的方法相比较,可以看出:相对寻址是以程序计数器PC作为变址寄存器的特殊变址寻址的情况。

这种寻址方式的特点是操作数的地址不是固定的,而是随着PC值的变化而变化,且总是相差一个固定的值,这个值就是偏移量。显然,这种寻址方式是以PC内容(当前程序执行位置)为基准的,相对于现行指令地址移动若干个单元,可以向前移动(偏移量为正),也可以向后移动(偏移量为负),即

$$程序转移地址=PC_{当前值}+偏移量$$

相对寻址方式实现程序控制转移特别有利。例如,在编制循环程序段时,让程序控制返回前面若干个单元以循环执行,就以现行指令位置作为基准,让偏移量为负数。当需要分支转移时,也可采用相对寻址,让程序往前越过若干条,以先行指令位置作为基准,让位移量为正数。

5.2.6 寄存器间接寻址

操作数地址在指令指定的CPU某个寄存器中。例如,8086指令MOV AX,[BX],将以寄存器BX内容为地址,读出该内存单元内容送入AX寄存器。寄存器间接寻址指令也短,因为只要给出一个寄存器号而不必给出操作数地址。指令长度和寄存器寻址指令差不多,但由于要访问内存,寄存器间接寻址指令执行的时间比寄存器寻址指令指令执行的时间长。

5.2.7 寄存器变址寻址

指令指定一个CPU寄存器(称为变址寄存器)和一个形式地址,操作数地址是二者之和。

一般格式如下:

OP	寄存器号	形式地址

例如,8086指令MOV AL,[SI+1000H]。其中,SI为变址器;1000为形式地址(或称位移量)。变址寄存器的内容可以自动"+1"或"-1",以适合于选取数组数据,如图5.4所示。形式地址指向数组的起始地址,变址器SI自动"+1",可以选取数组中所有元素。另外,某些计算机中还允许变址与间址同时使用。如果先变址、后间址,称为前变址;而先执行间址,后再变址,则称为后变址。

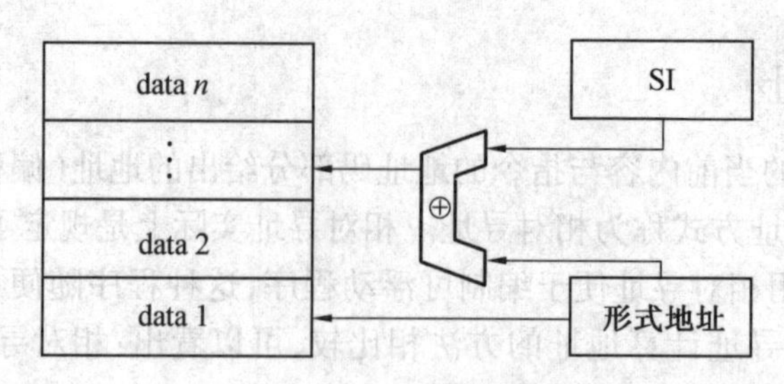

图 5.4 变址寻址选择数组数据

5.2.8 基址寻址

基址寻址是把由指令中给出的地址(或称位移量)与 CPU 中的某个基址寄存器相加而得到实际的操作数地址。

这种寻址方式看起来与变址寻址相同,两者都是把某个寄存器内容和指令给出的地址之和,但实际用法却不同。

变址寻址主要解决程序内部的循环问题,如"循环取数组中一个元素"等问题。而基址寻址则要求基址寄存器的内容能提供整个主存范围的寻址能力,指令给出的位移地址实际上指出了相对于基址的位移量。基址寻址为逻辑空间到物理空间的地址变换提供了支持,以便实现程序的动态再定位。例如,在多道程序运行环境下,每个用户程序给定一个基地址,只要改变基址内容,就可以方便地实现程序的再定位。

5.2.9 隐含寻址

指令没有明显地给出操作数地址,而在操作码中隐含着操作数地址。例如,单地址指令中只给出一个操作数地址,另一个操作数规定为累加器,它的地址就是隐含的。另外,如堆栈指令,其操作数在堆栈内,指令中无需指出具体地址。

5.2.10 其他寻址方式

有的计算机指令系统中还有更复杂的寻址方式,如基址变址寻址、位寻址、块寻址、串寻址等,这里不再赘述。

从以上介绍可以看出,往往一台计算机中指令系统的寻址方式多种多样,这给程序员编程带来方便,但是也给计算机控制器的实现带来了一定的复杂性。在具体实现时,有些机器的指令中,专门有寻址方式字节,这样,寻址方式一般不受操作码的限制。而有的机器或同一机器的其他指令将寻址方式隐含在操作码中,这样就不是每条指令都能采用该机指令系统中提供的所有寻址方式。例如,在 Pentium 机的指令系统中传数指令(MOV)的寻址方式比较多,有立即寻址、直接寻址、寄存器间接寻址等,具体寻址方式由寻址方式字节指定;而有的指令(如输入、输出指令)所能用的寻址方式只有直接端口寻址和寄存器间接寻址两种,寻址方式隐含在操作码中。因此,在使用这类机器时,不仅要了解该机总体上有哪些寻址方式,还应了解各指令具体有哪些寻址方式。当然,这对编程来讲是不方便的,但由于机器指令字长和硬件成本的限制,这类不足是难免的。

5.3　指令的功能和类型

指令按功能可以分为 4 大类,即数据传送类指令、数据处理类指令、程序控制类指令及处理器控制类指令。

5.3.1　数据传送类指令

数据传送指令用于寄存器、存储单元或输入输出端口之间的数据或地址传送。数据传送时,把源地址的数据传送到目的地址,而源地址中的数据保持不变。数据的传送指令包括读操作(取数)和写操作(存数)。

1. 传送类指令

传送类指令包括传送指令(MOV)、交换指令(XCHG)、入栈指令(PUSH)、出栈指令(POP)等。

(1) 传送指令。传送指令用来实现数据传送,需要指出的是,数据从源地址传送到目的地址时,源地址中的数据保持不变。也就是说,传送指令并非 MOVE,而是 COPY 。传送指令也需要有两个操作数地址,即源地址和目的地址。

(2) 数据交换指令。数据交换指令可以看成是双向数据传送。与传送指令相同,交换指令也需要有两个操作数地址。

(3) 入栈指令/出栈指令。入栈指令/出栈指令是专门用于堆栈操作的指令。这两个指令只需要指明一个操作数地址,另一个隐含的是堆栈的栈顶数据。

2. 输入/输出(I/O)类指令

这类指令完成主机与外围设备之间的信息传送,包括输入/输出数据,主机向外设发控制命令或了解外设的工作状态等。因此,从功能上讲 I/O 指令应当属于传送类指令。实际上有的机器的 I/O 操作就是由传送类指令实现的。

5.3.2　数据处理类指令

1. 算术运算指令

几乎所有的计算机指令系统都设置有加(如 ADD)、减(如 SUB)、求补(如 NEG)、加 1(如 INC)、减 1(如 DEC)、比较(如 CMP)等最基本的定点运算指令。为了方便多字长数据的运算,大多数机器还设置了带进位的加(ADC)和带借位的减(SBB)。对于性能较强的机器,除这些基本的运算指令外,通常还设置了定点乘(如 MUL)、除(如 DIV)运算指令,有的机器还设有浮点运算指令和十进制数运算指令,以满足科学计算和商业数据处理的需要。在大型、巨型机中,还设有向量运算指令,可以同时对组成向量或矩阵的若干个标量进行求和、求积等运算。

对于未设置某种运算指令的机器,如果要实现这种运算,必须通过程序来实现。例如,在没有乘、除指令的简单计算机中,可用乘法程序、除法程序实现乘除功能。在无浮点运算指令的计算机中,可以用浮点运算子程序来实现浮点运算。

2. **逻辑运算指令**

逻辑运算指令包括逻辑乘(与)、逻辑加、(或)、逻辑非(求反)、异或(按位加)等操作。这些指令都是按位进行逻辑运算,故在有的机器中将它们称为位操作指令类型。这几种逻辑运算指令常常用来对操作数的某些位进行测试、分离、清除、设置、修改等。

3. **移位指令**

移位指令分为算术移位、逻辑移位和循环移位 3 类,每类移位都有左移、右移之分。算术移位和逻辑移位很相似,只是右移时填入的符号位不同。循环移位又分为小循环与大循环,小循环是自身循环,而大循环是与进位标志位 C 一起参与循环。

移位操作还有一个重要的用途,它可代替乘以 2 的幂次方或除以 2 的幂次方运算。某操作数左移一位,相当于该操作数乘以 2;某操作数右移一位,相当于该操作数除以 2。另外还应注意,有的机器只有一次移动一位的指令,有的机器却有一次移动多位的指令。

(1) 算术移位。算术左移:操作数的各位依次向左移一位,最低位补零。大多数机器的算术左移操作还将原操作数的最高位移入 C 标志位(进位标志),如图 5.5(a)所示。算术右移:操作数的各位依次向右移一位,最高位(符号位)不变。原操作数的最低位移入 C 标志位,如图 5.5(b)所示。

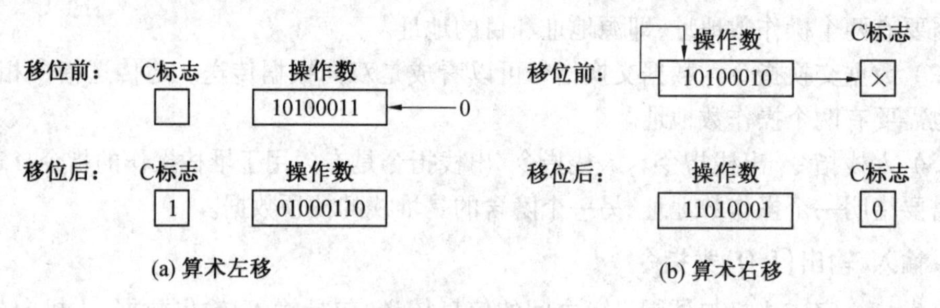

图 5.5 算术移位

(2) 逻辑移位。逻辑左移:操作同算术左移,大多数机器一般不再专门设置此指令。逻辑右移:操作数的各位依次向右移一位,最高位补零。原操作数的最低位移入 C 标志位,如图 5.6 所示。

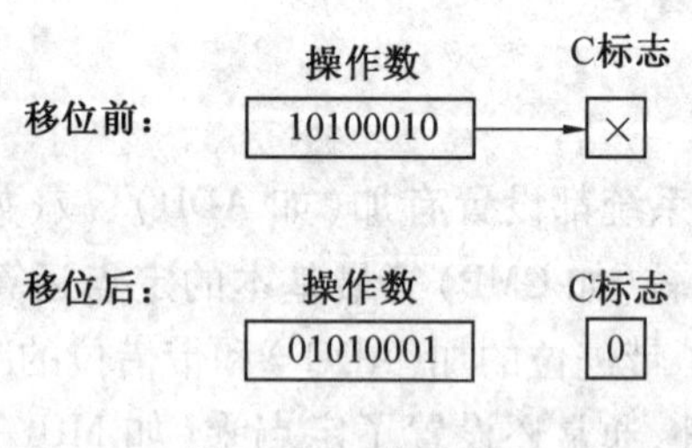

图 5.6 逻辑右移

(3)环移。

①小环移。

小循环左移,操作如图 5.7(a)所示。最高位移入 C 标志,同时移入最低位。

小循环右移,操作如图 5.7(b)所示。最低位移入 C 标志,同时移入最高位。

②大环移。

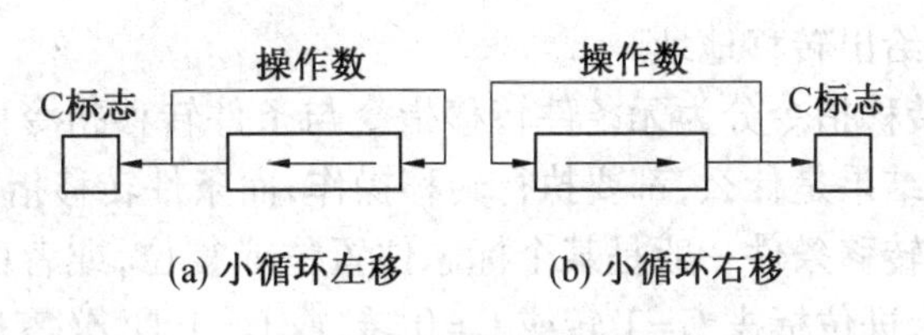

图5.7 小环移

大循环左移,操作如图5.8(a)所示。最高位移入C标志,而C标志移入最低位。

大循环右移,操作如图5.8(b)所示。最低位移入C标志,而C标志移入最高位。

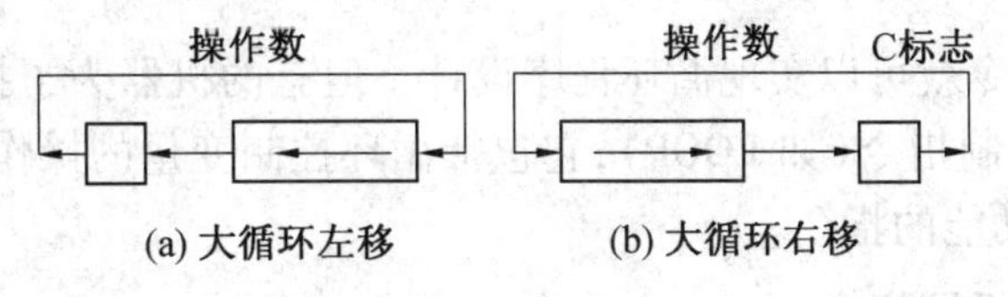

图5.8 大环移

(4)半字交换。其操作如图5.9所示。

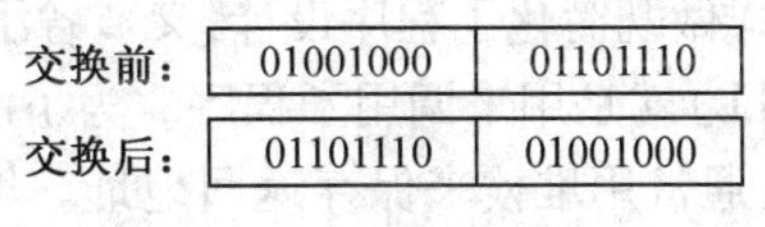

图5.9 半字交换

4. **串操作指令**

由于现代计算机广泛应用于信息管理、办公室自动化等领域,这就需要有较强的字符处理能力。因此,目前的大多数机器的指令系统都设有串操作指令。

串是指主存中连续存放的一序列字或字节。串可以由非数值数据构成(如字符串),也可以由数值数据构成。串操作指令一般包括串传送指令、串比较指令、串查找指令等。这类指令的功能较强,属于复合指令。

5.3.3 程序控制类指令

这类指令用以控制程序执行的顺序和方向。主要包括转移指令、循环控制指令、子程序调用指令、返回指令、程序自中断指令等。

1. **转移指令**

转移指令包括无条件转移和条件转移。

(1)无条件转移。无条件转移指令带有强迫性质,程序执行到这条指令时无条件地转移到指令所指明的地址,并从该地址开始执行。

(2)条件转移。条件转移指令主要用于程序的分支。当程序执行到某处时,要先测试条件,若条件满足则转移;若条件不满足,则顺序执行程序。

在多数情况下,程序中的指令是按顺序执行的。但在某些情况下,需要根据某种条件或状态决定程序如何执行。转移指令就是用来实现程序分支的。转移指令中必须包括转向地址。转移指令的操作是将转移地址送到PC中去,转移地址可用直接寻址方式给出(又称绝对转移),或由相对寻址方式给出(又称相对转移)。有的机器还可以用寄存器寻址方式或寄存器间接寻址方式给出转移地址。

按转移的性质,转移指令分为无条件转移指令与条件转移指令两种。无条件转移指令无论上条指令执行的结果是什么,都要执行转移操作,而条件转移指令仅仅在特定条件满足时才执行转移操作。转移条件一般是某个标志位置位或复位,或者由两个或两个以上的标志位组合而成。例如,进位标志 C=1 转或 C=0 转,或 C=1 且 Z(零标志位)=1 转等。跳步是转移的一种特例,它使 PC 再增加一个定值,这个定值一般是指令字所占用的存储字个数。应该注意的是,取指令时 PC 已增量过了,因此跳步指令实际上就是跳过下条指令。

2. 循环控制指令

有了条件转移指令就可以实现循环程序设计。但有的机器为了提高指令系统的效率,还专门设置了循环控制指令(如 LOOP),它包括循环控制变量的操作和脱离循环条件的控制,是一种具有复合功能的指令。

3. 子程序调用和返回指令

编写程序时,通常将一些需要重复使用并能独立完成某种特定功能的程序段编成子程序,需要时由主程序调用,这样做既简化了程序设计,又节省了存储空间。

子程序调用指令(如 CALL)就是用来调用子程序。为了能够从子程序准确返回到调用指令的下一条指令继续执行,通常用堆栈来保存返回地址。堆栈的后进先出顺序正好支持实现多重转子、递归调用和多重中断处理。

子程序调用指令中带有子程序入口地址。执行子程序调用指令时,首先将下一条指令地址(PC 中的值)压入堆栈保存,然后将子程序入口地址装入 PC,即转入所调用的子程序执行。子程序执行完毕,由返回指令(如 RET)把调用子程序时压入的返回地址从堆栈中弹出装入 PC,返回到调用程序,执行调用指令的下一条指令。返回指令不需要操作数地址。

转子指令和转移指令的根本区别在于执行转子指令时必须记住下条指令的地址(称为断点或返回地址)。这类指令用于子程序的调用,当子程序执行完毕时,仍返回到主程序的断点继续执行,而转移指令则不保存断点。返主指令(又称返回指令)的操作是在子程序执行完毕时,将事先保存的主程序的断点(由转子指令保存)送到 PC,这样程序将回到转子指令的下条指令继续执行。

为了便于实现保存断点和返回操作,特别是当子程序又调用子程序即所谓子程序嵌套时,能保证顺利返回,需要一种按后进先出方式存取的数据结构。

4. 程序自中断指令

有的机器为了在程序调试中设置断点或实现系统调用等功能,设置了自中断指令。PC 机中的中断指令 INT n,其中 n 表示中断类型,执行该指令时,按中断方式将处理机断点与现场保存在堆栈中,然后根据中断类型转向对应的系统功能程序入口开始执行,执行完毕后,通过中断返回指令返回到原程序断点继续执行。由于自中断指令是程序中安排的,所以又称为软中断。其实质应属于子程序调用。

5.3.4 处理器控制类指令

这类指令用以直接控制 CPU 实现特定的功能。例如,对程序状态字 PSW 中标志位、溢出位、为零位、符号位等的置位或清零的指令,以及开中断指令、关中断指令、空操作指令及等待指令、改变执行特权、进入特殊处理程序(将这类指令划为“特权”指令,只能用于操作系统等系统软件,用户程序一般不能使用。这样,才能防止因用户使用不当而对系统的运行造成危害)等指令。这类指令一般没有操作数地址字段,属于无操作数指令。例如:

(1)停机(HALT)指令。

HALT指令用来让机器处于动态停机的状态,执行等待指令或执行一小段循环程序。

(2)空操作(NOP)指令。

NOP指令是不进行操作的指令,只使程序计数器的值还在增加,它对程序的调试和修改很有用。

(3)开中断(EI)指令和关中断(DI)指令。

EI指令和DI指令是在中断处理的过程中很有用的一对指令,它使中断允许触发器的值分别置1和置0。

指令的类型还可以按操作数个数和操作数寻址方式划分。

如按操作数个数分为:

(1) 双操作数指令:如ADD,SUB,AND等。

(2) 单操作数指令:如NEG,NOT,INC,DEC等。

(3) 无操作数指令:如空操作(NOP)、停机、开中断、关中断等。

按操作数寻址方式分为:

(1) R-R型:两个操作数都在CPU的寄存器中。

(2) R-S型:两个操作数中一个在CPU寄存器中,另一个在内存中。

(3) S-S型:两个操作数都在内存中。

5.3.5 汇编语言

1. 汇编语言

汇编语言是一种面向机器的程序设计语言,用助记符形式表示,属于低级程序设计语言。汇编语言的指令结构简单、功能单一,可以直接对计算机内部的工作寄存器、存储器、端口、中断系统等进行操作,能把数据处理的过程表述得非常具体。采用汇编语言编写的程序称为汇编语言源程序,源程序只能用于人机对话,并不能被机器直接执行,必须由“汇编程序”翻译成机器语言的目标程序。“汇编程序”是一种系统程序,由计算机公司提供,实现源程序翻译成目标程序的服务。

2. 机器语言

机器语言是一种能被机器识别和执行的语言,用二进制数“0”和“1”的形式表示。它存放在计算机存储器内,直接指挥机器的运行。为了方便阅读和书写,机器语言常写成十六进制形式,指令的十六进制代码形式与它的二进制代码形式是对应关系,常在某些场合(实验室)被用来作为输入程序的一种辅助手段。

5.4 堆栈和堆栈存取方式

堆栈是一种特定的数据结构,其特点是后进先出(LIFO)或先进后出(FILO)。

堆栈存取方式决定它一端存取的特点,往堆栈里存数称为入(进)栈或压栈,从堆栈里取数称为出栈或弹出。

1. 用移位寄存器实现堆栈

这是一种硬件实现的方法,用若干移位寄存器构成,又称栈顶固定方式堆栈,如图 5.10 所示。

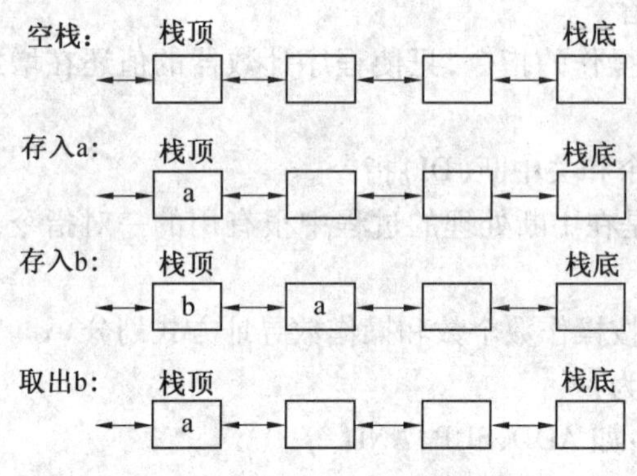

图 5.10 栈顶固定方式堆栈及其存取

2. 内存中开辟堆栈区

这种堆栈,存储器单元固定,而栈顶位置动态变化。在 CPU 中专门设置堆栈指针 SP,指示栈顶位置,存取只能在栈顶进行。

(1) 自底向上生成堆栈。

这种堆栈建栈时堆栈指针 SP 指向栈底下面一个单元(栈底是堆栈中地址最大的单元),每次入栈时,SP 先减 1,再把入栈数据存入 SP 指向的单元。出栈时先读出 SP 所指单元的地址,然后 SP 加 1。

入栈操作(PUSH)步骤:①SP-1→SP;②存入数据→(SP)。

出栈操作(POP)步骤: ①(SP)内容读出;②SP+1→SP。

因为这种堆栈在存入数据后,指针向减小的方向变化,所以称自底向上生成堆栈,它的建栈、入栈和出栈操作如图 5.11 所示。注意存取数据操作和堆栈指针改变操作的次序。

(2) 自顶向下生成堆栈。

这种堆栈建栈时堆栈指针 SP 指向栈底上面一个单元(栈底是堆栈中地址最小的单元),每次入栈时,SP 先加 1,再把入栈数据存入 SP 指向的单元。出栈时先读出 SP 所指单元的内容,然后 SP 减 1。

入栈操作(PUSH)步骤:①SP+1→SP;②存入数据→(SP)。

出栈操作(POP)步骤:①(SP)内容读出;②SP-1→SP。

这种堆栈在存入数据后,指针向增大的方向变化,所以称为自顶向下生成堆栈。它的建栈、入栈和出栈操作与自底向上生成堆栈类似,仅指针变化方向不同。

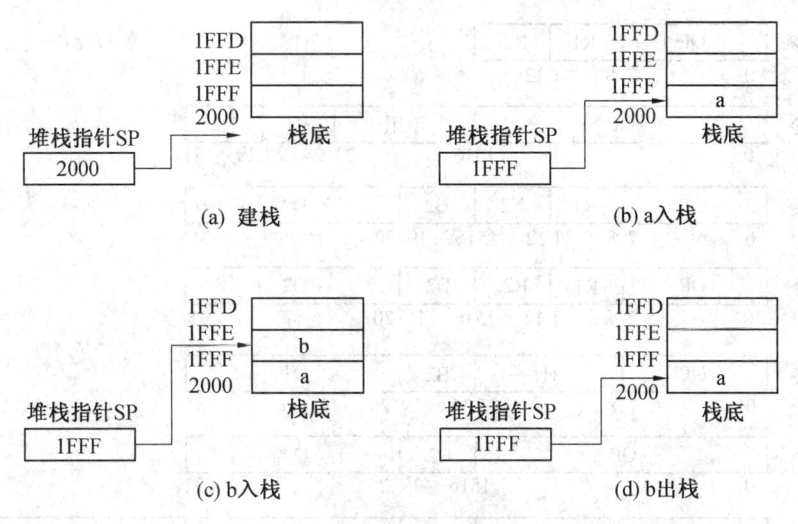

图 5.11 自底向上生成堆栈

5.5 指令系统举例

5.5.1 IBM 370 系列机指令格式

IBM 370 系列机指令格式如图 5.12 所示，它分为 RR 型(RRE 型)、RX 型、RS 型、SI 型、S 型、SS 型及 SSE 型指令等。其中，RR 型指令为半个字长(16 位)；SS 型(及 SSE 型)指令为一个半字长(48 位)，其余指令为单字长指令(32 位)。

RRE 型、S 型、SSE 型指令的操作码为 16 位，其余指令的操作码均为 8 位。操作码的第 0 位和第 1 位组成 4 种不同的编码，代表 4 种不同的指令。

00 表示 RR 型指令，01 表示 RX 型指令，10 表示 RRE 型、RS 型、S 型及 SI 型指令，11 表示 SS 型和 SSE 型指令，RR 型指令和 RRE 型指令都是寄存器-寄存器型指令，即两个操作数都是寄存器操作数，其区别是 RRE 指令的操作码扩充为 16 位。

RX 型和 RS 型指令都是寄存器-存储器型指令，其中 RX 型是二地址指令：第一个操作数和结果放在 R1 中，另一个操作数在主存中，采用变址寻址方式，有效地址 = (X2) + (B2) + D2，B2 为基址寄存器，D2 为位移量，X 为变址寄存器号。

RS 型是三地址指令：R1 存放结果，R2 放一个源操作数，另一个源操作数在主存中，其有效地址 = (B2) + D2。

SI 型是立即数指令；S 型是单操作数指令。

SS 和 SSE 型指令是可变字长指令，用于字符串的运算和处理，L 为串的长度(或由 L1 与 L2 各 3 位组成)。SSE 指令与 SS 指令的差别是 SS 指令中的 L 字段(8 ~ 15 位)扩展成操作码。

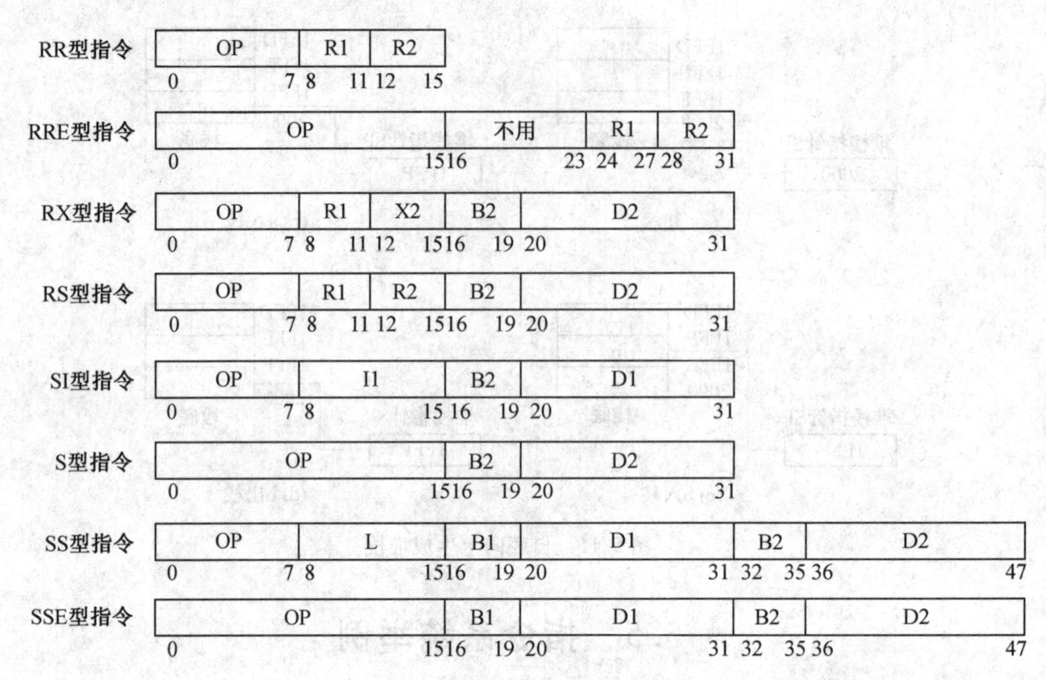

图 5.12 IBM 370 系列机指令系统

5.5.2 PDP-11 指令格式

PDP-11 是一个具有 8 个寄存器(R0 ~ R7)、16 位字长的小型计算机。其中,R0 ~ R5 为通用寄存器,R7 是程序计数器 PC,R6 是栈指针 SP。为了便于 8 位运算,PDP-11 的存储器按字节编址。这样,每个字的地址都是偶数。

基本指令字长为 16 位,操作码字段长度不定。

双操作数指令:操作码 4 位,每个地址码 6 位,地址码由 3 位寄存器号和 3 位寻址方式字段构成,如图 5.13(a) 所示。

单操作数指令:操作码 10 位,地址码 6 位,如图 5.13(b) 所示。

转移指令:转移地址(相对转移)由 8 位位移量指出,如图 5.13(c) 所示。

条件码操作指令:低 5 位为条件标志,如图 5.13(d) 所示。

由于寻址方式的规定,如果指令下一字单元或下两个字单元也算指令的一部分,那么 PDP-11 指令格式中会出现 32 位和 48 位的指令。

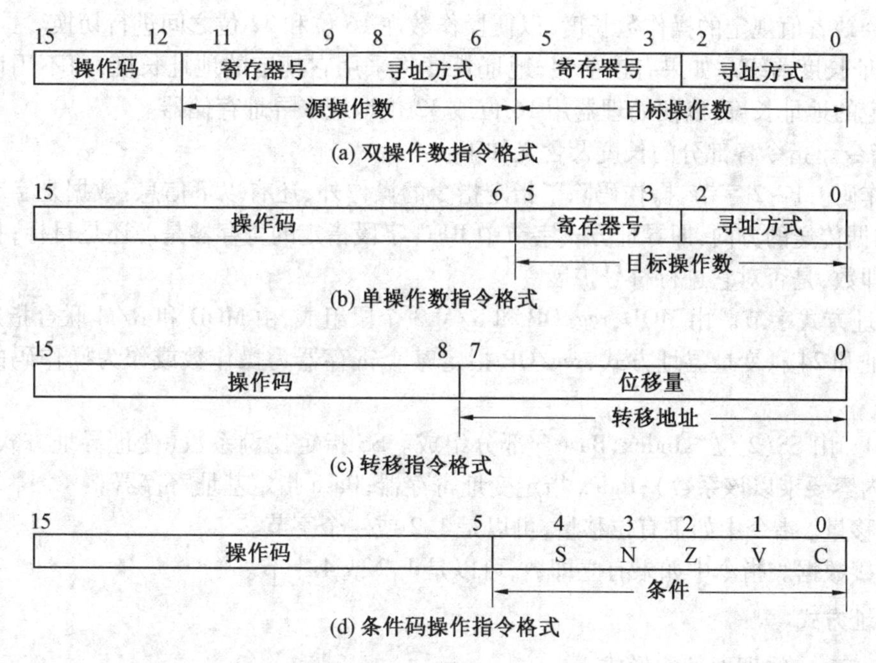

图 5.13　PDP-11 指令格式

5.5.3 Pentium 指令系统

1. 指令格式

Pentium 采用可变长指令格式，最短的指令只有一个字节，最长的指令可有十几个字节。其指令由前缀和指令两部分组成，如图 5.14 所示。

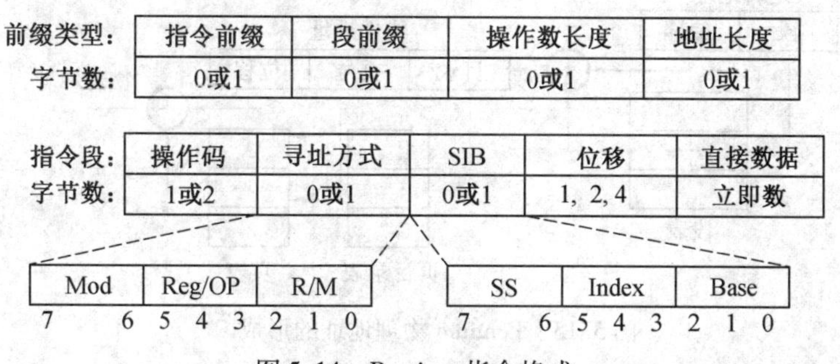

图 5.14　Pentium 指令格式

(1)前缀。前缀位于指令操作码前，不是每条指令必须有的。如果有，则各种前缀也都是可选的。各类前缀的字节数如下：

① 指令前缀。指令前缀由 LOCK 前缀和重复操作前缀组成。LOCK 前缀在多机环境下规定是否对共享的存储器以独占方式使用；重复操作前缀表示重复操作的类型，包括 REP, REPZ, REPE, REPNZ, REPNE 等。

② 段前缀。如果有段前缀，则指令采用段前缀指定的段寄存器，而不用该指令缺省值规定的段寄存器。

③ 操作数长度前缀。如果有该前缀，操作数长度将采用它规定的操作数长度处理，而

不用该指令缺省值规定的操作数长度,以便操作数在16位和32位之间进行切换。

④ 地址长度前缀。如果有该前缀,地址长度将采用它规定的地址长度,而不用该指令缺省值规定的地址长度,以便处理器用16位或32位地址来寻址存储器。

(2)指令。指令各部分的长度及含义如下:

①操作码。1~2字节,操作码除了指定指令的操作外,还有以下信息:数据是字节还是全字长;数据传送的方向,即寻址方式字节中REG字段指定的寄存器是源还是目标;指令中如果有立即数,是否对它进行符号扩展。

② 寻址方式字节。由MOD,reg/OP和R/M 3个段组成,由MOD和R/M联合指定8种寄存器寻址和24种变址寻址方式,reg/OP指定某个寄存器为操作数或作为操作码的扩展用。

③ SIB。由SS(2位),Index,Base 3部分组成。SS指定比例系数(变址寻址方式时,变址寄存器内容要乘以该系数);Index指定变址寄存器;Base指定基址寄存器。

④ 位移量。指令中如果有位移量,可以是1,2或4个字节。

⑤ 直接数据。指令中如果有立即数,可以是1,2或4字节。

2. 寻址方式

(1) Pentium物理地址的形成。

Pentium物理地址按图5.15所示方法形成。Pentium的逻辑地址包括段和偏移量,段号经过段表直接得到该段的首地址,和有效地址(即段内偏移)相加形成一维的线性地址。如果采用页式存储管理,线性地址再转化为实际的物理地址。后一个步骤与指令系统无关,由存储管理程序实现,对程序员来讲是透明的,因此下面讨论的寻址方式仅涉及线性地址的产生。

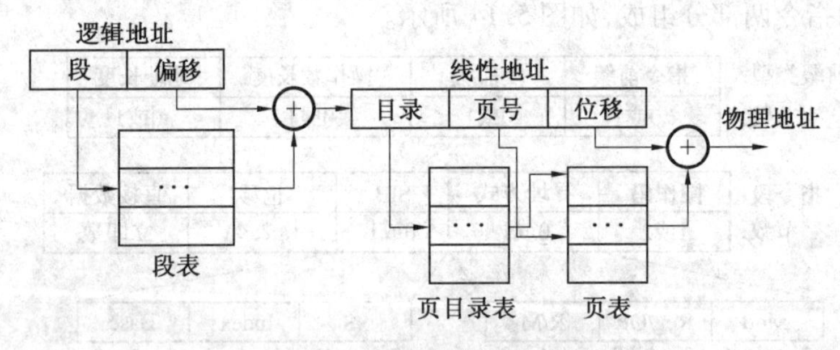

图5.15 Pentium物理地址的形成

(2) Pentium的寻址方式。

表5.1列出了Pentium的主要寻址方式。

表5.1 Pentium 的寻址方式

寻址方式	说明
立即寻址	指令直接给出操作数
寄存器寻址	指定的寄存器R的内容为操作数
位移	LA=(SR)+A
基址寻址	LA=(SR)+(B)
基址加位移	LA=(SR)+(B)+A
比例变址加位移	LA=(SR)+(I)×S+A
基址加比例变址加位移	LA=(SR)+(B)+(I)×S+A
相对寻址	LA=(PC)+A

注:LA为线性地址;(X)为X的内容;SR为段寄存器;PC为程序计数器;R为寄存器;A为指令中给定地址段的位移量;B为基址寄存器;I为变址寄存器;S为比例系数

5.5.4 Power PC 指令系统

Power PC为RISC计算机,而不像Pentium为CISC计算机,因此,其指令格式和寻址方式要比一般的CISC机简单、规整。

1. 指令格式

Power PC采用单一的32位指令长度,格式规整,主要指令列于表5.2中,采用这种规整的指令格式,有利于简化指令执行部件的设计。

所有指令的最高6位都是操作码,有的指令将其他一些位作为操作码扩展。取数/存数指令在操作码后为2~3个5位的寄存器字段,各自选取32个寄存器之一。

转移指令中有一位为链接指示(L),表示是否将紧接着该指令的指令地址送入链接寄存器(返回地址)。

大多数运算类指令(定点算术、浮点算术和逻辑运算)都有一个R标志位,用来表示是否将运算结果的有关标志写入到条件寄存器中去,这在条件转移预测时很有用。

浮点运算指令有3个源寄存器字段,大多数情况下只用到两个寄存器,少数指令将两个数相乘然后加上或减去第三个数,这类指令在一些常见的运算(如矩阵内积计算)中很有用。

表 5.2 Power PC 指令简表

6位	5位	5位	16位		
条件转移	选项	CR位	转移位移量	A	L
条件转移	选项	CR位	通过计数器或链接寄存器间接		L
无条件转移	选项	CR位	通过计数器或链接寄存器间接		L

(a) 转移指令

6位	5位	5位	5位		
CR	目标位	源位	源位	与、或、异或等	/

(b) 条件寄存器逻辑指令

6位	5位	5位	11位		
取数/存数间接	目标寄存器	基址寄存器	位移		
取数/存数间接	目标寄存器	基址寄存器	变址寄存器	大小、符号、更新	/
取数/存数间接	目标寄存器	基址寄存器	位移		X0

(c) 取数/存数指令

6位	5位	5位	16位				
算术运算	目标寄存器	源寄存器	源寄存器	0	ADD, SUB等		R
ADD SUB等	目标寄存器	源寄存器	有符号立即数				
逻辑运算	目标寄存器	源寄存器	源寄存器	ADD, SUB等			R
AND OR等	目标寄存器	源寄存器	有符号立即数				
环移	目标寄存器	源寄存器	移位量	屏蔽起点	屏蔽终点		R
环移 平移	目标寄存器	源寄存器	源寄存器	移位类型或屏蔽			R
环移	目标寄存器	源寄存器	移位量	屏蔽字	X0	S	
环移	目标寄存器	源寄存器	移位量	屏蔽字	X0		
平移	目标寄存器	源寄存器	源寄存器	类型或屏蔽		S	R

(d) 整数算术 / 逻辑运算及环移 / 平移指令

浮点运算	目标寄存器	源寄存器	源寄存器	源寄存器	浮点加等	R

(e) 取数/存数指令

注：A为绝对或PC相对；L为链接至子程序；O为将溢出标志记录到XER中；R为将状态标志记录到CR1中；XO为操作码扩展；S为移位量字段的一部分

2. 寻址方式

Power PC 是 RISC 机,它采用较简单的寻址方式。

(1) 取数/存数指令的寻址方式。

这类指令主要有间接寻址和间接变址寻址两种寻址方式,如图 5.17 所示。间接寻址其有效地址 EA=(BR)+D,其中 BR 为基址寄存器,任何一个通用寄存器均可为基址寄存器;D

为 16 位(有正负)的位移量。间接变址寻址其有效地址 EA =(BR)+(IR),其中 IR 为变址寄存器,任一通用寄存器也均可作为变址寄存器。

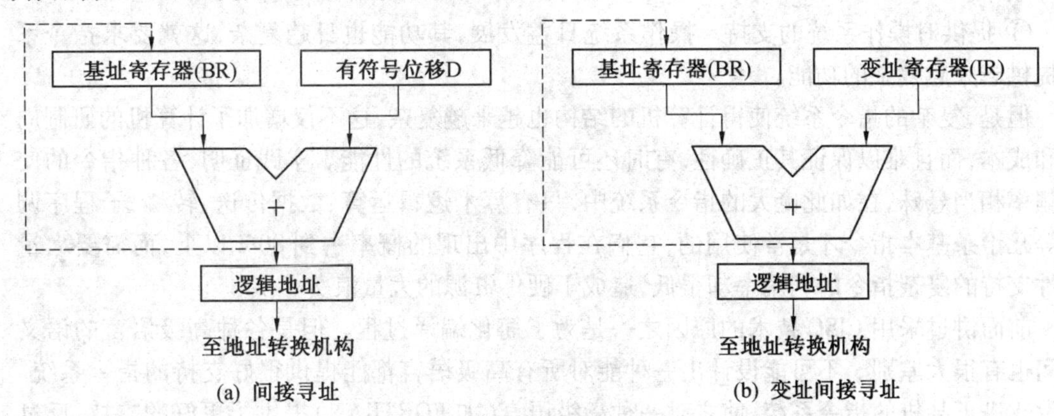

图 5.17　Power PC 访存指令寻址方式

(2) 转移指令的寻址方式。

转移指令有以下几种寻址方式:

① 绝对地址。无条件转移和条件转移:指令分别给出 24 位和 16 位地址,均扩展为 32 位后形成转移地址。扩展的方法是:最低端补两个零,高端进行符号扩展。

② 相对寻址。如果是无条件转移,指令给出 24 位地址,将它按上述方法扩展后和 PC 相加即为下一条指令地址;如果是条件转移,指令给出 14 位地址,按前述方法扩展后和 PC 相加作为下一条指令地址。

③ 间接寻址。下条指令的有效地址存放于链接寄存器或计数寄存器中。注意,若采用计数寄存器,此时计数寄存器不能再作计数器用。

3. 算术指令的寻址方式

整数算术指令可采用寄存器寻址或立即寻址,立即数是 16 位有符号数。浮点算术指令只可采用寄存器寻址。

5.6　CISC 与 RISC 指令

1. 背景

随着 VLSI 技术的迅速发展,计算机的硬件成本不断下降,软件成本不断上升。为此,人们在设计指令系统时增加了越来越多功能强大的复杂命令,以便使机器指令的功能接近高级语言语句的功能,给软件提供较好的支持。目前,许多计算机的指令系统可包含几百条指令,十多种寻址方式,这对简化汇编语言设计,提高高级语言的执行效率是有利的。我们称这些计算机为“复杂指令集计算机”,简称 CISC(Complex Instruction Set Computer)。

使指令系统越来越复杂的出发点有以下几点:

①使目标程序得到优化。例如,设置数组运算命令,把原来要用一段程序才能完成的功能只用一条指令来实现。

②给高级语言提供更好的支持。高级语言和一般的机器语言之间有明显的语义差别。

改进指令系统,设置一些在语义上接近高级语言语句的指令,就可以减轻编译的负担,提高编译效率。

③ 提供对操作系统的支持。操作系统日益发展,其功能也日趋复杂,这就要求指令系统提供越来越复杂的功能。

但是,复杂的指令系统使得计算机的结构也越来越复杂,这不仅增加了计算机的研制周期和成本,而且难以保证其正确性,有时还可能降低系统的性能。实践证明,各种指令的使用频率相当悬殊,在如此庞大的指令系统中,只有算术逻辑运算、数据传送、转移、子程序调用等几十条基本指令才是常使用的,它们在程序中出现的概率占到80%以上,而需要大量硬件支持的复杂指令的利用率却很低,造成了硬件资源的大量浪费。

前面讲过采用 CISC 技术的原因之一是为了简化编译过程。但是各种高级语言的语义之间也有很大差别。不可能设计出一种能对所有高级语言都能提供很好支持的指令系统。假设改进了某机的指令系统,使之对一种高级语言(如 FORTRAN)提供了更好的支持,反过来,该机对另一种高级语言(如 COBOL)的支持程度就会降低。如果在新机器上采用 COBOL,其性能反而不如以前。另外,指令系统越复杂,包含的指令越多,编译时生成目标程序的方法也越多,这往往对最终优化编译造成困难。为解决这个问题,20 世纪 70 年代末人们提出了便于 VLSI 实现的精简指令集计算机 RISC(Reduced Instruction Set Computer)。

2. 特点

精简指令系统计算机的着眼点不是简单地放在简化指令系统上,而是通过简化指令使计算机的结构更加简单合理,从而提高机器的性能。RISC 与 CISC 比较,其指令系统的主要特点为:

①指令数目较少,一般都选用使用频度最高的一些简单指令。

②指令长度固定,指令格式种类少,寻址方式种类少。

③大多数指令可在一个机器周期内完成。

④通用寄存器数量多,只有存数/取数指令访问存储器,而其余指令均在寄存器之间进行操作。

例如,加州大学伯克利分校研制的 RISC Ⅱ 机只有 39 条指令,两种指令格式,寻址方式也只有两种。前面介绍的 Power PC 为典型的 RISC 机,上述特点也是非常明显的。

采用 RISC 技术后,由于指令系统简单,CPU 的控制逻辑大大简化,芯片上可设置更多的通用寄存器,指令系统也可以采用速度较快的硬连线逻辑来实现,且更适合于采用指令流水技术,这些都可以使指令的执行速度进一步提高。指令数量少,固然使编译工作量加大,但由于指令系统中的指令都是精选的,编译时间少,反过来对编译程序的优化又是有利的。CISC 和 RISC 技术都在发展,两者都各有自己的优缺点。但是 RISC 技术作为一种新的设计思想,无疑对计算机的发展产生重大影响。

3. CISC 与 RISC 之争论

20 世纪 70 年代中期,IBM 公司、斯坦福大学、加州大学伯克利分校等机构分别先后开始对 CISC 技术进行研究,其成果分别用于 IBM,SUN,MIPS 等公司的产品中,成为第一代 RISC 计算机。到了 80 年代中期,RISC 技术蓬勃发展,广泛使用,并以每年翻番的速度发展,且先后出现了 Power PC,MIPSR 4400,MC 88000,Super Spare,Intel 0860 等高性能 RISC 芯片以及相应的计算机,同时也出现了不少赞美 RISC 优点的文章,甚至认为非 RISC 莫属。当然,这也遭遇到计算机结构主流派的反对。这种争论延续了数年,目前早已平息。这是因为 RISC 也随着速度、芯片密度的不断提高,使 RISC 系统日趋复杂,而 CISC 机也由于采用了部分 RISC 先进技术(如强调指令流水线、分级 Cache 和多设通用寄存器),其性能更加提高。

习　题

1. 某机指令系统采用定字长指令格式,指令字长 16 位,每个操作数的地址编码长 6 位。指令分为二地址、单地址和无地址 3 类。若二地址指令有 k_2 条,无地址指令有 k_0 条,则单地址指令最多有多少条?

2. 对立即寻址、直接寻址、寄存器间接和变址指令在指令长度、执行速度等方面做一比较,并举出应用实例。

3. 试对 CISC 机和 RISC 机各自的优、缺点做简单比较。

4. 设计 RISC 机的一般原则和可以采用的基本技术有哪些?

5. 变址寻址和基址寻址计算指令地址的方法很相似,但它们使用的场合是不同的,试对这一点做简要说明。

6. 举出一种你熟悉的并且具有直接寻址、寄存器间接和变址寻址指令的机器,用上述 3 种寻址方式的指令分别编制解决下列问题的程序,并就程序所占用的存储空间和程序执行的时间做一比较。

(1) W=X+Y+Z,其中 W,X,Y,Z 是在整个寻址空间中任意分布的变量。

(2) C=A+B,其中 A,B,C 是 3 个有 N 个元素的数组。

7. 堆栈存储结构的存取特点是什么?它适合哪些操作的需要?举例说明。

8. 举出两种构成堆栈存取的方法,并做简要说明。

9. 指出下列说法哪些不正确?

(1)指令系统是计算机硬件设计的依据。

(2)指令系统是表征一台计算机功能的重要因素。

(3)指令系统是计算机软、硬件的界面。

(4)指令系统和计算机的字长无关。

10. 根据操作数所在位置,指出其寻址方式。

(1)操作数在指令指定的 CPU 寄存器中。

(2)操作数地址在指令指定的 CPU 寄存器中。

(3)操作数由指令直接给出。

(4)操作数地址由指令直接给出。

(5)操作数地址为某一寄存器内容与位移量之和。

11. MMX 技术指什么?它有哪些特点?试举出适合用 MMX 扩展指令进行处理的应用事例。

12. 某机字长 24 位,CPU 中有 16 个 32 位通用寄存器,试设计一种至少能容纳 200 种操作,并至少有 10 种寻指方式的指令系统。如果用寄存器间接寻指方式,能访问的最大主存空间是多少?(假定存储器按字节编址)

第6章 中央处理器

学习目标：理解 CPU 的功能；了解 CPU 寄存器的设置和主要技术参数；了解控制器的基本组成；理解时序系统中指令周期、机器周期的概念；掌握组合逻辑控制器和微程序控制器的区别；了解组合逻辑控制单元的设计；理解一条指令执行的基本过程；了解微程序设计技术。

计算机必须有一个控制并执行指令的部件，该部件不仅要与计算机的其他功能部件进行信息交换，还要控制它们的操作，所以被称为中央处理部件或 CPU。CPU 的硬件组织所能完成的基本功能是读取并执行指令，它通常包括控制器与运算器两大部分。本章主要介绍控制器的组成和工作原理。

6.1 CPU 的组成与功能

计算机所执行的程序由若干指令构成。这些指令存放在连续的主存单元中。CPU 每次读取一条指令，并完成该指令所规定的功能。当未遇到转移或跳步指令时，CPU 将按照指令在主存中的存放顺序逐条将其读出并执行。CPU 利用一个专门的寄存器，即程序计数器(PC)，以存放下一条指令所在主存单元的地址。每读取一条指令之后，就要更新 PC 的内容以指向下一条指令。在对上述操作进行仔细研究之前，先了解 CPU 内部的组成及将这些部件组织并相互连接起来的方法是非常必要的。

6.1.1 CPU 的组成与操作

传统上，CPU 由控制器和运算器这两个主要部件组成。随着集成电路技术的不断发展和进步，新型 CPU 纷纷集成了一些原先置于 CPU 之外的分立功能部件，如浮点处理器、高速缓存(Cache)等，在大大提高 CPU 性能指标的同时，也使得 CPU 的内部组成日益复杂化。

1. 控制器

控制器是整个计算机系统的指挥中心。在控制器的指挥控制下，运算器、存储器和输入/输出设备等部件协同工作，构成一台完整的通用计算机。控制器根据程序预定的指令执行顺序，从主存取出一条指令，按照该指令的功能，用硬件产生带有时序标志的一系列微操作控制信号，控制计算机内各功能部件的操作，协调和指挥整个计算机实现指令的功能。

控制器通常由程序计数器(PC)、指令寄存器(IR)、指令译码器(ID)、时序发生器和操作控制器组成。其主要功能包括：

(1)从主存中取出一条指令，并指出下一条指令在主存中的位置。

(2)对指令进行译码,并产生相应的操作控制信号,以便启动规定的动作。

(3)指挥并控制 CPU、主存和输入/输出设备之间数据流动的方向。

2. 运算器

运算器是计算机中用于实现数据加工处理功能的部件,它接收控制器的命令,负责完成对操作数据的加工处理任务,其核心部件是算术逻辑单元 ALU。相对控制器而言,运算器接收控制器的命令而进行动作,即运算器所进行的全部操作都是由控制器发出的控制信号来指挥的,所以它是执行部件。

运算器由算术逻辑单元(ALU)、累加寄存器(AC)、数据寄存器(DR)和程序状态字寄存器(PSW)组成。它有两个主要功能:

(1)执行所有的算术运算。

(2)执行所有的逻辑运算,并进行逻辑测试。

图 6.1 给出了一个可能的 CPU 内部组成方式,图中将 ALU 及所有的 CPU 寄存器通过一条公共总线连接起来,因为此总线是在 CPU 内部,所以又称内部总线,不应该把它与连接 CPU、存储器和 I/O 设备的外部总线相混淆。

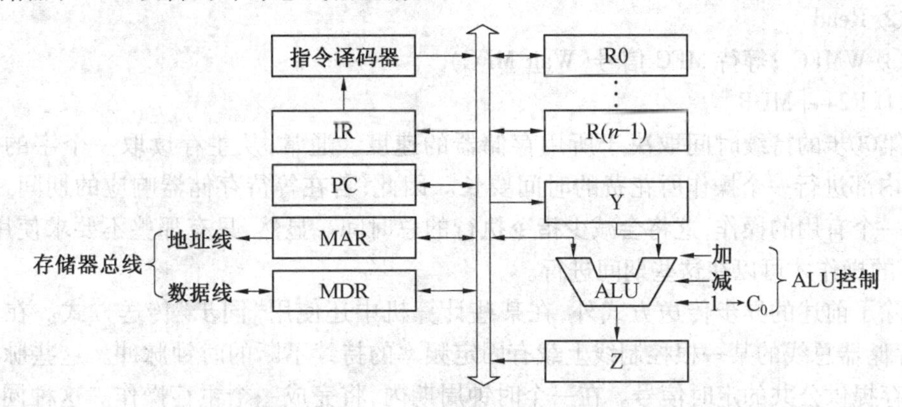

图 6.1　CPU 内部单总线组织的数据通路

图 6.1 中存储器总线经由存储器数据寄存器 MDR 和存储器地址寄存器 MAR 连到 CPU。寄存器 R0 到 R(n-1)是供程序员使用的通用寄存器,它的功能及数量都因机器而异,其中一部分可用作专用寄存器,如变址寄存器或堆栈指针等。寄存器 Y 和 Z 对程序员而言是透明的,它们仅被 CPU 用作某些指令执行期间的临时存储。指令寄存器 IR 和指令译码器是 CPU 内部控制电路的主要部件。

根据指令的执行过程,CPU 至少应有以下 4 种基本功能:

① 读取某一主存单元的内容,并将其装入某个 CPU 寄存器。

② 把一个数据字从某个 CPU 寄存器存入某个给定的主存单元中。

③ 把一个数据字从某个 CPU 寄存器送到另一个寄存器或者 ALU。

④ 进行一个算术运算或逻辑运算,将结果送入某个 CPU 寄存器。

为了尽可能地说清其基本概念,下面就以图 6.1 所示的 CPU 结构来说明以上 4 种基本功能是如何实现的,这对了解当今高性能处理器的复杂硬件结构有很大的帮助。

(1)从内存读取一个字。

主存单元的位置由它的地址来标识。若要从主存读取一个字,则 CPU 必须给出该字所在主存单元的地址,并向存储器请求一次读操作。所要读取的信息可能是一条指令,也可能是某条指令的操作数。

通常,在 CPU 发出地址信息和读信号之后必须等待,直到主存完成读操作时为止。所谓读操作完成,是指数据已从主存中读出并放在存储器总线的数据线上。CPU 如何知道主存是否完成所请求的读操作呢?这就要了解 CPU 和主存之间是如何通信的。一般而言,通信的方式有“同步”和“异步”两种。

“异步”方式即指一个设备(如 CPU)启动一个传送操作(如送出一个读信号),然后等待另一个设备(如存储器)回答“操作完成”,此次传送操作即可完成。具体地说,存储器一旦完成读操作,即向 CPU 发回一个存储器操作完成信号 MFC(Memory Function Completed)。假定一旦 MFC 信号被置为 1,则表明存储器已将数据送上数据线并已装入 MDR,这样就可供 CPU 内部使用了。

作为一个例子,现假定要访问的主存单元地址放在寄存器 R1 中,并且要求把读出的内容装入寄存器 R2。此基本功能可借助下述操作序列来获得:

① MAR←[R1]

② Read

③ WMFC ;等待 MFC 信号(Wait MFC)

④ R2←[MDR]

第③步的持续时间取决于所用存储器的速度。通常,从主存读取一个字的时间比在 CPU 内部进行一个操作所花费的时间要长。因此,若在等待存储器响应的期间,CPU 内部完成一个有用的操作,这将会减少指令执行的总时间。显然,只有那些不要求使用 MDR 或 MAR 的操作才可以在这些期间进行。

除了前述的异步传送方式外,在某些计算机中还使用“同步”传送方式。在这种情况下,存储器总线的某一根控制线上载有固定频率的持续不断的时钟脉冲。这些脉冲向 CPU 和主存提供公共的定时信号。在一个时钟周期内,将完成一个主存操作。这种同步总线的方案实现起来较为简单,然而,当两个设备的工作速度相差很大时,同步方式将是不合适的。

本章假定采用异步的存储器总线。

(2)把一个字写入主存。

把一个字写入主存单元的过程如下:在地址装入 MAR、要写入的数据字装入 MDR 之后,发出“写”信号。假设要写入的数据字放在 R2 中,存储单元的地址放在 R1 中,则写操作序列如下:

① MAR←[R1]

② MDR←[R2]

③ Write

④ WMFC

如果两个传送不使用相同的物理通道,则第①步和第②步可同时执行。当然,在图 6.1 所示的单总线组织中,这是不允许的。在第④步的等待期间,可重叠进行其他不需要使用寄存器 MAR 和 MDR 的操作。

(3)通用寄存器之间传送数据。

要使连到公共总线上的各个部件之间能传送数据,必须提供输入门和输出门,如图 6.2

所示。寄存器 Ri 的输入门和输出门分别由信号 Riin 和 Riout 来控制。这样,当 Riin 被置为 1 时,公共总线上的数据便装入 Ri。同样,当 Riout 被置为 1 时,Ri 的内容便被送上总线。实现输入门和输出门的方法很多,如用三态门或其他逻辑电路,在此不做详细讨论。

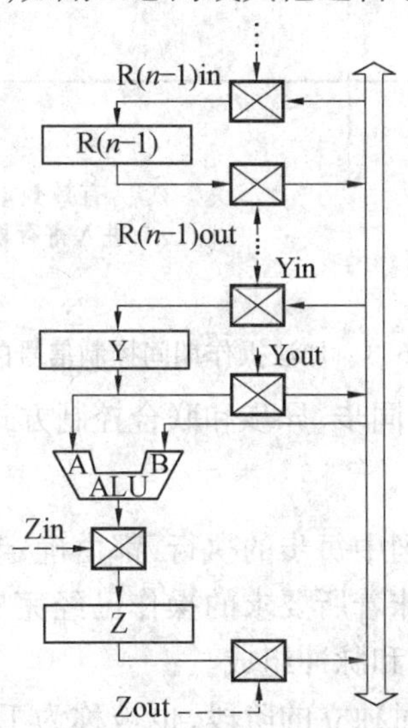

图 6.2　寄存器的输入门和输出门

这里还必须说明一下,在很多计算机的 CPU 内部结构中,寄存器堆之间没有直接的通路,因此寄存器之间数据的传送必须通过 ALU 来实现,它的控制操作也要相应复杂一些。

(4)完成算术及逻辑运算。

完成算术和逻辑运算的 ALU 本身是一个没有内部记忆功能的组合逻辑电路。如要进行加法运算,必须将两个操作数同时置于 ALU 的两个输入端。图 6.1 和图 6.2 中的 Y 寄存器放其中的一个数,另一个数被置于总线上。结果被临时存放在寄存器 Z 中。因此,完成寄存器 R1 的内容与寄存器 R2 的内容相加,并将结果送入寄存器 R3 的操作序列如下:

① R1out,Yin

② R2out,Add,Zin

③ Zout,R3in

注意,第③步不能和第②步同时执行,这是因为在单总线结构下,任何给定时刻只能有一个寄存器的输出送到总线上。

图 6.3 给出了在 CPU 内部数据传送时序的一些概念。在上述第②步加法操作中,信号 R2out 被置 1 后,为了将输出门接通以及让数据沿总线传输到 ALU 的输入端,将会产生一定的延时。ALU 中加法器电路又会带来进一步的延时。为了将数据正确地存入寄存器 Z 中,必须让数据在总线上保持一段时间,这段时间等于该寄存器的建立时间和保持时间。这 5 段时间之和就是 R2out 信号保持有效的最短时间。

6.1.2　CPU 时序控制方式

为了使计算机能够正确执行指令,CPU 必须能够按正确的时序产生操作控制信号,这是控制器的主要任务。由于不同机器指令所对应的操作控制序列的长短不一,序列中各操作的执行时间也不相同,这就必须要考虑用怎样的时序方式来控制。

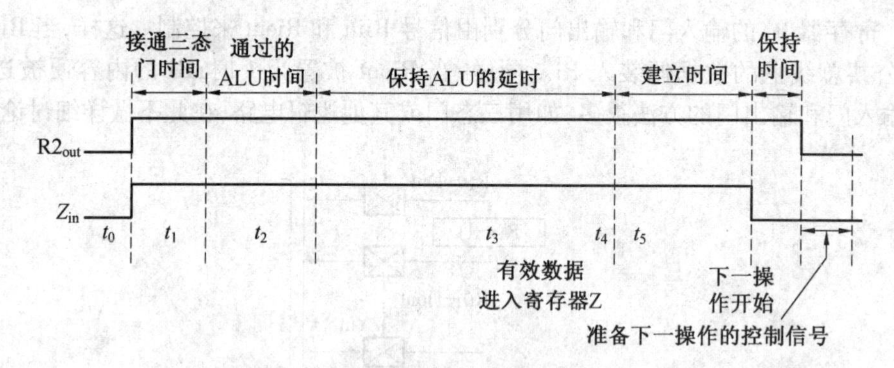

图 6.3 加法操作期间控制信号的时序

一般而言，时序控制方式有同步、异步和联合控制方式 3 种。

1. 同步控制方式

同步控制方式是指控制序列中每步的执行，都由确定的具有基准时标的时序信号来控制。每个时序信号的结束就意味着所要求的操作已经完成，随即开始执行下一步。同步方式的时序信号通常由周期、节拍和脉冲组成。

周期是指令运行过程中相对独立的阶段，也被称为工作状态。一般把指令的运行过程分为取指令、读取操作数及执行（包括写结果）3 个基本工作周期。当然，不是所有指令都必须包含有 3 个基本周期。根据指令功能的需要可以只包含其中的一个或两个周期。不过，取指令周期总是需要的。

如何确定周期的长短呢？因为在指令运行过程中，CPU 访问主存很频繁。而主存的工作周期（读周期或写周期）又比 CPU 中各种组件的操作时间长得多，所以如要使主存的工作周期与 CPU 的工作周期同步，就必然以主存的工作周期为基础来确定 CPU 周期。

在控制器中，通常对应每个周期都有一个标志触发器，在它们的控制下进行该周期所规定的各项操作。显然，在任何时刻只能建立一个周期状态。在运行一条指令时需要经历哪些周期，则因指令而异。根据指令的需要依次建立各 CPU 周期的硬件设备称为“时序信号的产生及控制部件”。

在一个 CPU 周期内，要进行若干操作。这些操作有的可以同时进行，有的则须串行执行，即划分为不同的操作控制步。例如，在上述加法和转移指令的操作控制序列中，取指周期就分为 3 个控制步。因此，有必要将一个周期划分成若干节拍，以控制不同操作控制步的顺序执行。

由于不同机器指令的功能不同，它们所对应操作序列的长短也就不同；各操作的难易程度不同，因而每个控制步所需要的时间也不一样。因此，在周期选定的情况下，节拍的个数和长短是相互影响的，必须综合起来考虑。

为了产生操作控制信号并使某些操作能在一拍的时间内配合工作，常在一拍之内再设置一个或多个工作脉冲。例如，要在一拍之内使某个寄存器的内容送到另一个寄存器中，就需要设置先后两个工作脉冲，以产生打开数据通路脉冲和接收脉冲。在某些低档的机器里为简化时序线路，不设置工作脉冲，而利用节拍电位本身及其前后沿直接控制有关操作。

周期、节拍和脉冲的相互关系如图 6.4 所示。图中假定每个周期有 4 个节拍，每个节拍有 4 个脉冲。

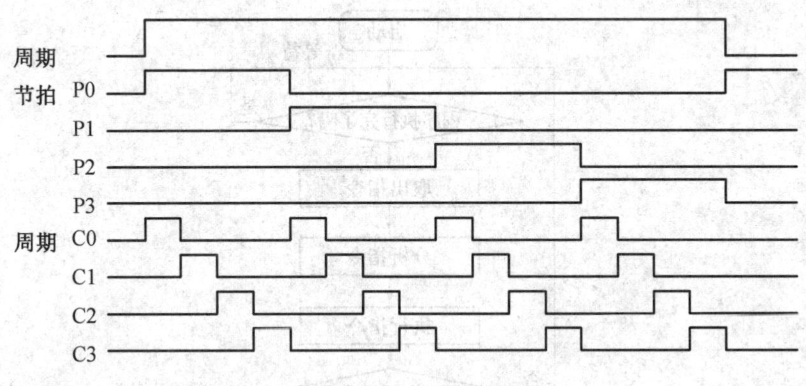

图6.4 周期、节拍和脉冲的关系图

2. **异步控制方式**

所谓异步控制方式,不仅要区分不同指令所对应的操作序列的长短,而且要区分其中每个操作的繁简,按每条指令、每个操作的需要而占用时间的一种控制方式。通常由前一操作执行完毕时产生的"结束"信号,或由下一操作的执行部件发出"就绪"信号来作为下一操作的"起始"信号。各操作之间是用"结束"或"就绪"-"起始"的方式衔接起来的。用这种时序方式所形成的操作序列没有固定的周期节拍和严格的时钟同步,不同指令所占用的时间完全由需要来决定。因此,异步控制时没有集中的时序信号产生及控制部件,而"结束""就绪""起始"信号的形成电路是分散在各功能部件中的。和同步控制方式相比,异步控制方式效率更高,但硬件实现起来十分复杂。

3. **联合控制方式**

所谓联合控制方式是同步和异步控制方式的结合。对于不同的操作序列以及其中的每个操作,实行部分统一、部分区别对待的方式。即把各操作序列中那些可以统一的部分,安排在一个具有固定周期、节拍和严格时钟同步的时序信号控制下执行,而把那些难于统一起来,甚至执行时间都难于确定的操作另行处理,不用时钟信号同步,按照实际需要占用操作时间,通过"结束"-"起始"方式和公共的同步控制部分衔接起来。

现代计算机大多采用同步控制方式或联合控制方式。

6.1.3 CPU 控制流程

计算机对信息进行处理是通过不断执行程序来实现的。程序是能完成某个确定算法的指令序列,所以计算机进行信息处理的过程就是不断地取指令、分析指令和执行指令这样一个周而复始的过程。CPU 控制流程如图6.5所示,由以下几步完成:

(1) 取指令。由程序计数器(PC)指出当前指令地址,通过执行"MAR←(PC)"和"Read"命令,从主存中取出指令。

(2)分析指令。分析指令或称解释指令、指令译码等。对取出的指令进行分析,指出它执行什么操作,产生相应的操作控制信号。如果参与操作的数据在主存中,则还需要形成操作数地址。

(3)执行指令。根据指令分析得到的"操作命令"和"操作数地址",按一定的算法形成相应的操作控制命令序列,通过运算器、存储器及外部设备等的具体执行,实现每条指令的

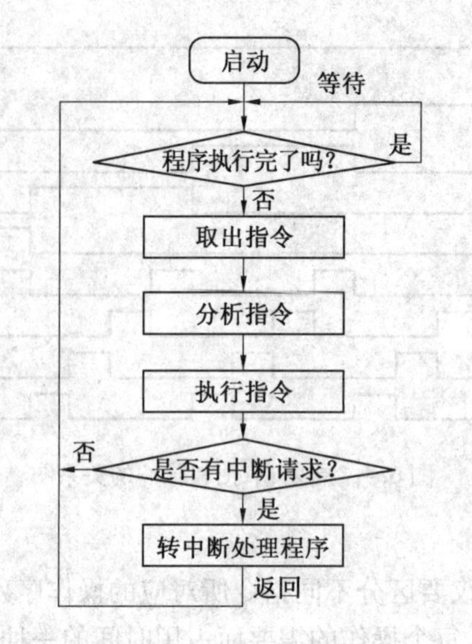

图 6.5　CPU 控制流程

功能。

(4)对异常情况和某些请求的处理。当机器出现某些异常情况,如算术运算溢出、数据传送奇偶错等;或者某些外来请求,如磁盘成批数据送存储器结束或程序员从键盘送入命令等,此时由这些部件或设备发出"中断请求"信号,待执行完当前指令后,CPU 响应该请求,中止当前执行的程序,转去执行中断服务程序。当处理完毕后,再返回原程序继续运行。

6.1.4　控制器的功能和组成

计算机控制器的基本功能,是依据当前正在执行的指令和它所处的执行步骤,形成并提供在这一时刻整机各部件要用到的控制信号。尽管不同计算机的控制器在结构上有很大的区别,但当就其基本功能而言,具有如下功能:

(1)取指令。从内存中取出当前指令,并生成下一条指令在内存中的地址。

(2)分析指令。指令取出后,控制器还必须具有两种分析功能:一是对指令进行译码或测试,并产生相应的操作控制信号,以便启动规定的动作。比如一次内存读/写操作,一个算术逻辑运算操作,或一个输入/输出操作。二是分析参与这次操作的各操作数所在的地址,即操作数的有效地址。

(3)执行指令。控制器还必须具备执行指令的功能,指挥并控制 CPU、内存和输入/输出设备之间数据流动的方向,完成指令的各种功能。

(4)发出各种微操作命令。在指令执行过程中,要求控制器按照操作性质要求,发出各种相应的微操作命令,使相应的部件完成各种功能。

(5)改变指令的执行顺序。在编程过程中,分支结构、循环结构等非顺序结构的引用可以大大提供编程的工作效率。控制器的这种功能可以根据指令执行后的结果,确定下一步是继续按原程序的顺序执行,还是改变原来的执行顺序,而转去执行其他指令。

(6)控制程序和数据的输入与结果输出。这实际上也是一个人机对话的设计,通过编写程序,在适当的时候输入数据和输出程序的结果。

(7)对异常情况和某些请求的处理。当计算机正在执行程序的过程中,发生了一些异常的情况，如除法出错、溢出中断、键盘中断等。

控制器部件由以下4种控制器组成：

1. 指令控制器

指令控制器是控制器中相当重要的部分，它要完成取指令、分析指令等操作，然后交给执行单元(ALU或FPU)来执行，同时还要形成下一条指令的地址。

2. 时序控制器

时序控制器的作用是为每条指令按时间顺序提供控制信号。时序控制器包括时钟发生器和倍频定义单元，其中时钟发生器由石英晶体振荡器发出非常稳定的脉冲信号，就是CPU的主频；而倍频定义单元则定义了CPU主频是存储器频率(总线频率)的几倍。

3. 总线控制器

总线控制器主要用于控制CPU的内外部总线，包括地址总线、数据总线、控制总线等。

4. 中断控制器

中断控制器用于控制各种各样的中断请求，并根据优先级的高低对中断请求进行排队，逐个交给CPU处理。

执行一条指令，要经过读取指令、分析指令及执行指令所规定的处理功能3个阶段完成，控制器还要保证能按程序中设定的指令运行次序，自动地连续执行指令序列。为此，在控制器的组成中，必须有一个能提供指令在内存中的地址的部件，通常称为程序计数器(PC)，服务于读取指令，并接收下一条要执行的指令的地址。

还要有一个能保存读来的指令内容的部件，通称指令寄存器(IR)，以提供本指令执行的整个过程中要用到的指令本身的主要信息。

控制器的第三个组成成分，是脉冲源及启停控制逻辑，指令执行的步骤标记线路，它标记出每条指令的各执行步骤的相对次序关系。

控制器的第四个、也是控制器设计中最费力的一个组成成分，是全部时序控制信号的产生部件，它依据指令内容、指令的执行步骤(时刻)，也许还有些别的什么条件信号，来形成并提供出当前各部件时刻要用到的控制信号。计算机整机各硬件系统，正是在这些信号控制下协同运行，产生预期的执行结果，也就是执行一条又一条的指令。

通过对控制器功能的分析，可得出如图6.6所示的控制器组成框图。

(1)程序计数器(PC)。程序计数器又称指令计数器或指令指针(IP)，在某些机器中用来存放正在执行的指令地址；在大多数机器中则存放要执行的下一条指令的地址。指令地址的形成有两种可能：一是顺序执行的情况，每执行一条指令，程序计数器加“1”以形成下条指令的地址。该加“1”计数的功能，有的机器是PC本身就具有的，也有的机器是借用运算器完成的。二是在某些条件下，需要改变程序执行的顺序，这常由转移类指令形成转移地址送到PC中，作为下条指令的地址。

(2)指令寄存器(IR)。用以存放现行指令，以便在整个指令执行过程中，实现一条指令的全部功能控制。

(3)指令译码器。指令译码器又称操作码译码器，它对指令寄存器中的操作码部分进行分析解释，产生相应的控制信号提供给操作控制信号形成部件。

(4)脉冲源及启停控制线路。脉冲源产生一定频率的脉冲信号作为整个机器的时钟脉

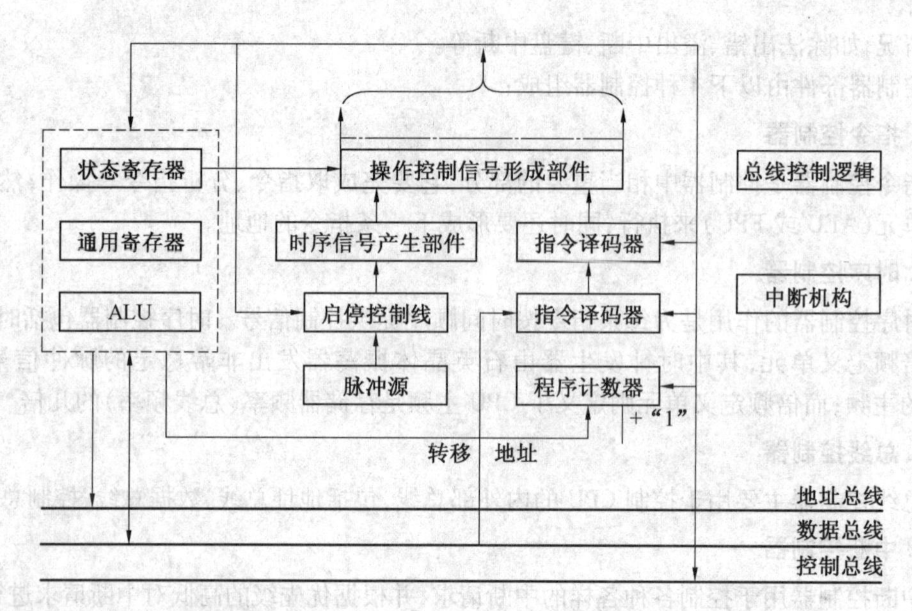

图 6.6 控制器组成框图

冲，是周期、节拍和工作脉冲的基准信号。启停线路则是在需要的时候保证可靠地开放或封锁时钟脉冲，控制时序信号的发生与停止，实现对机器的启动与停机。

(5) 时序信号产生部件。以时钟脉冲为基础，具体产生不同指令相对应的周期、节拍、工作脉冲等时序信号，以实现机器指令执行过程的时序控制。

(6) 操作控制信号形成部件。综合时序信号、指令译码信息、被控功能部件反馈的状态条件信号等，形成不同指令所需要的操作控制信号序列。

(7) 中断机构。实现对异常情况和某些外来请求的处理。

(8) 总线控制逻辑。实现对总线信息传输的控制。

【例 6.1】 一条完整指令的执行。我们首先考虑一条比较简单的指令：

Add (R3), R1

该指令的功能是将某存储单元的内容与寄存器 R1 的内容相加，结果存入 R1 中。存储单元的地址放在寄存器 R3 中(寄存器间接寻址)。执行这条指令需要下列动作：

(1) 取指令。

(2) 取第一个操作数(由 R3 所指出的存储单元的内容)。

(3) 完成加法运算。

(4) 结果存入 R1 中。

图 6.7 给出了完成这些操作的控制序列(或称微操作序列)，这里假定 CPU 内部的数据通路为图 6.1 所示的单总线结构。指令执行过程如下：第 1 步，将 PC 的内容送入 MAR，并向存储器发出一个读请求来完成取指操作。同时，使 PC 加 1。实现的方法是将 ALU 的一个输入端(寄存器 Y)置 0，另一个输入端(CPU 总线)为 PC 当前值，并将 ALU 的末端进位置 1，然后执行加法操作。更新后的 PC 值先存入寄存器 Z 中，在第 2 步送回 PC 中。当然，使用 ALU 中的加法器来实现 PC 加 1 并不是最快的方法，更好的方法是用可并行置数的计数器来实现 PC 自增。注意，第 2 步在第 1 步结束后立即开始，不需要等待存储器操作完成。第 3 步却必须等待 MFC 信号到达以后才能开始，这是因为第 2 步包含 WMFC 信号。在第 3

步里,从存储器取来的字(指令)被装入 IR 中。在第 4 步开始前,指令译码器立即对 IR 的内容进行译码,并为译码产生的微操作序列产生正确的控制信号。第 4 步到第 7 步构成了指令的执行周期。而第 1 步到第 3 步就构成了取指周期。当然,对所有指令来说,取指周期都是一样的。

第 4 步,寄存器 R3 的内容送到 MAR 中,同时发出一个存储器读信号。第 5 步,将 R1 的内容送寄存器 Y。当读操作完成以后,MDR 中就存有来自存储器的操作数。第 6 步完成加法运算,第 7 步将结果送入 R1。第 7 步里的 End 信号表明当前指令的结束,它将控制返回到第 1 步,进入一个新的取指周期。

步	动作
1	PCout, MARin, Read; Clear Y, 1 C0, Add, Zin　; **取指**, (PC)+1
2	Zout, PCin, WMFC　; (PC)+1　PC
3	MDRout, IRin　; **指令**　IR
4	R3out, MARin, Read　; **取数据**
5	R1out, Yin, WMFC　; (R1)　Y
6	MDRout, Add, Zin　; **相加**
7	Zout, R1in, End　; **结果**　R1

图 6.7　指令 Add(R3),R1 的执行控制序列

图 6.8 给出了一个无条件转移(相对转移)指令(BR)的控制序列。前 3 步仍然是取指周期,第 4 步开始是执行周期,PC 的内容被送到 Y 寄存器。然后,偏移量(随指令一起读出)被送上总线,执行加法操作,形成最终转移地址。第 6 步,将结果即转移地址送入 PC。

步	动作
1	PCout, MARin, Read, Clear Y, 1 C0, Add, Zin
2	Zout, PCin, WMFC
3	MDRout, IRin
4	PCout, Yin
5	(**IR的偏移字段**)out, Add, Zin
6	Zout, PCin, End

图 6.8　无条件转移指令的控制序列

最后考虑一下条件转移的情况。条件转移和无条件转移的控制序列的差别,仅仅是在将转移地址送入 PC 前需要检查条件码的状态。例如,指令译码器译出 IR 的内容为负转移指令,则图 6.8 中第 4 步应改为

If　N=0　then　End

If　N=1　then　PCout, Yin

如果 N 标志等于 0(结果为正),则发出 End 信号,结束指令的执行。如果 N 标志等于 1(结果为负),则第 5 步和第 6 步完成转移地址的计算。

6.1.5　多总线组织

计算机的性能决定于许多因素,其中有很多因素与 CPU 的设计有关。最重要的 3 个因素是指令的功能强弱、时钟周期的长短、执行每条指令所需时钟周期数。一条功能强大的指令能够完成一个复杂的任务,执行这样的指令需要多个时钟周期。问题是采用复杂指令能否对执行程序设计任务带来性能的全面提高?回答是不肯定的,RISC 处理机的发展已经证实了在指令流水执行过程中采用相对简单的指令可能更合适。

时钟速度对性能有着重要的影响。时钟速度取决于所采用的电子电路的速度和功能部件(如ALU)的实现技术。在一片VLSI芯片上实现整个CPU要比在几片上实现有着更高的时钟速度。为了缩短完成算术运算(如加法或乘法)所需要的时间,就要求尽可能快的时钟速率及相应算法。

处理机的速度在过去的几十年间有着惊人的提高。微处理器芯片的时钟频率从几兆已经发展到几百兆、几千兆。

前面,我们仅仅讨论了CPU最基本的控制结构,即图6.1所示的CPU内部单总线结构。为了达到更高的性能,就要使用一些复杂的结构。通常使每条指令的执行时钟周期尽量少,最理想的是一个时钟周期。这在单总线结构下是达不到的,因为单总线只允许在一个时钟周期内传输一个数据。因此,有必要考虑在CPU内部采用多总线结构。如Pentium处理器就采用了分层次多总线结构。

图6.9描绘了连接CPU的寄存器和ALU的三总线结构的数据通路。所有通用寄存器都被放入一个被称为寄存器堆(Register File)的单独模块中。现代处理器大多具有大量的通用寄存器。在VLSI技术中,实现这些寄存器最有效的方法是采用存储元件阵列,这类似于实现RAM的技术。图6.9中寄存器堆有两个输出,允许两个寄存器的内容同时输出到A总线和B总线。

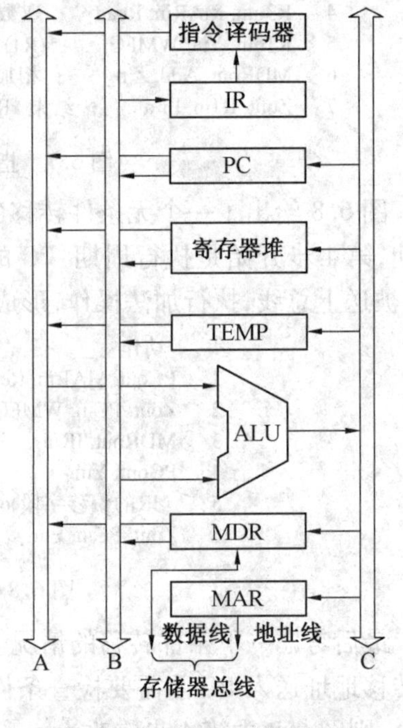

图6.9 CPU的三总线组织

和图6.1的单总线结构相比,图6.9的多总线结构在执行指令时所需要的控制步大为减少。考虑以下3个操作数指令的例子:

OP Rsrc1,Rsrc2,Rdst

在该条指令中,两个源寄存器的内容进行操作,结果存放在目的寄存器中。总线A和B传送源操作数,总线C传送目的操作数。源总线和目的总线之间的连接是通过ALU实现的。假定所需操作在一次通过ALU就可以完成,那么图6.9的结构就允许指令在一个时钟周期内执行完。注意,如果仅仅将一个寄存器的内容复制到另一个寄存器中,仍然需要通过ALU来完成数据传送,只不过不进行任何算术或逻辑运算。

图6.1中的临时存储寄存器Y和Z在图6.9中都不需要了,这是因为ALU的输入由总线A,B完成,而ALU的输出由总线C完成。

6.1.6 流水线技术

为了充分发挥计算机的效能,满足人们不断增长的应用需求,近几十年来,CPU的新技术层出不穷。其中,基于时间并行原理的流水线技术,使计算机系统结构产生了重大的变革。

早期的计算机采用的是串行处理,计算机的各个操作只能串行地完成,即任一时刻只能进行一个操作。并行处理使得多个操作能同时进行,从而大大提高了计算机的速度。

在任一条指令的执行过程中,各个功能部件都会随着指令执行的进程而呈现出时忙时闲的现象。要加快计算机的工作速度,就应使各个功能部件并行工作,即以各自可能的高速度的同时,不停地工作,使得各部件的操作在时间上重叠进行,实现流水式作业。

从原理上说,计算机的流水线(Pipeline)工作方式就是将一个计算任务细分成若干个子任务,每个子任务都由专门的功能部件进行处理,一个计算任务的各个子任务由流水线上各个功能部件轮流进行处理(即各子任务在流水线的各个功能阶段并发执行),最终完成工作。这样,不必等到上一个计算任务完成,就可以开始下一个计算任务的执行。

流水线技术本质上是将一个重复的时序过程分解成若干个子过程,而每个子过程都可有效地在其专用功能段上与其他子过程同时执行。采用流水线技术通过硬件实现并行操作后,就某一条指令而言,其执行速度并没有加快,但就程序执行过程的整体而言,程序执行速度大大加快了。

1. 流水线的分类

(1)算术流水线。

算术流水线指运算操作步骤的并行,它是部件级流水线。我们可以把处理器的算术逻辑部件分段,使各种数据类型均能进行流水操作,如流水加法器、流水乘法器、流水除法器等。也可以将具体的算术逻辑运算分成多个阶段,分别由不同的部件实现,例如,可将浮点加法操作分成求阶差、对阶、尾数相加以及结果规格化4个子过程来进行流水处理。现代计算机中已广泛采用了流水的算术运算器。

(2)指令流水线。

指令流水线表示指令步骤的并行,它是处理器级流水线。通常可以将指令的执行过程划分为取指令、译码、执行、取数及写回5个并行处理的过程段,并按流水方式组织起来,形成指令流水线。目前,几乎所有的高性能计算机都采用了指令流水线。

(3)处理机流水线。

处理机流水线指程序步骤的并行,又称为宏流水线。处理机流水线由一串级联的处理机构成流水线的各个过程段,每台处理机负责某一特定的任务。数据流从第一台处理机输入,经处理后被送入与第二台处理机相连的缓冲存储器中,第二台处理机从该存储器中取出数据进行处理,然后传送给第三台处理机……如此一直串联下去。处理机流水线大多应用在多机系统中,但随着高档微处理器芯片的出现,构造处理机流水线现在变得更为容易了。

2. 存储器体系

为了解决存储器的速度匹配问题,使存储器的存取时间与流水线其他各过程段的速度相匹配,一般都采用多模块交叉存储器。在现有的流水线计算机中,存储器几乎都是采用交叉存取的方式工作的。另一方面,高速缓存 Cache 的普遍采用,也大大提高了 CPU 对存储器的访问速度。

3. 流水 CPU

CPU 内部通常按流水线方式进行组织,由指令部件、指令队列及执行部件3部分组成,这3个功能部件可以组成一个三级流水线。

(1)指令部件。

指令部件本身又构成一个流水线,即指令流水线,由取指令、指令译码、执行指令、访存取数、结果写回等过程段组成。

(2)指令队列。

指令队列是一个先进先出(FIFO)的寄存器栈,用于存放经过译码的指令和取来的操作数,同时也是由若干个过程段组成的流水线。

(3)执行部件。

执行部件可以具有多个算术逻辑运算部件,这些部件本身又用流水线方式构成。

4. 指令的相关性

如果 CPU 能够将指令的取指周期和执行周期重叠起来,将会极大地改善 CPU 的性能。这种技术被称为指令流水(Instruction Pipelining)。指令流水线的一个特点是流水线中的各条指令之间存在一些相关性,使得指令的执行受到影响。要使流水线发挥高效率,就要使流水线连续不断地流动,尽量不出现断流情况。然而,由于流水过程中存在相关性冲突,因此断流现象是不可避免的。

(1)数据相关。

在流水计算机中,指令的处理是重叠进行的,前一条指令还没有结束,第二、三条指令就陆续开始工作。由于多条指令的重叠处理,当后继指令所需的操作数刚好是前一指令的运算结果时,便发生数据相关冲突。由于这两条指令的执行顺序直接影响到操作数读取的内容,必须等前一条指令执行完毕后才能执行后一条指令。在这种情况下,这两条指令就是数据相关的。因此,数据相关是由于指令之间存在数据依赖性而引起的。

(2)资源相关。

所谓资源相关,是指多条指令进入流水线后在同一机器周期内争用同一个功能部件所发生的冲突。

因为每条指令都可能需要访问两次存储器(读指令和读写数据),在指令流水过程中,可能会有两条指令同时需要访问存储器,导致资源相关冲突。解决资源相关冲突的一般方法是增加资源,例如,增设一个存储器,将指令和数据分别放在两个存储器中。

(3)控制相关。

控制相关冲突是由转移指令引起的。当执行转移指令时,依据转移条件的产生结果,可能顺序取下一条指令,也可能转移到新的目标地址取指令。若转移到新的目标地址取指令,则指令流水线将被排空,并等待转移指令形成下一条指令的地址,以便读取新的指令,这就使得流水线发生断流。

对于一条具体的指令执行过程,通常可以分为 5 个部分,即取指令、指令译码、取操作数、算术逻辑运算(ALU)及写结果。其中前 3 步一般由指令控制器完成,后两步则由运算器完成。按照传统的方式,所有指令顺序执行,那么先是指令控制器工作,完成第一条指令的前 3 步,然后运算器工作完成后两步,在指令控制器工作,完成第二条指令的前 3 步,在是运算器,完成第二条指令的后两部……很明显,当指令控制器工作是运算器基本上在休息,而当运算器在工作时指令控制器却在休息,造成了相当大的资源浪费。解决方法很容易想到,当指令控制器完成了第一条指令的前 3 步后,直接开始第二条指令的操作,运算单元也是。这样就形成了流水线系统,这是一条二级流水线。

如果是一个超标量系统,假设有 3 个指令控制单元和两个运算单元,那么就可以在完成第一条指令的取址工作后直接开始第二条指令的取址,这时第一条指令在进行译码,然后第三条指令取址,第二条指令译码,第一条指令取操作数……这样就是一个五级流水线。很显然,五级流水线的平均理论速度是不用流水线的 4 倍。

流水线系统最大限度地利用了 CPU 资源,使每个部件在每个时钟周期都工作,大大提高了效率。流水线并不是越长越好,超标量也不是越多越好,找到一个速度与效率的平衡点才是最重要的。

进入流水线的指令流,由于后一指令的第 i 功能步与前一指令的第 $i+1$ 功能步同时进行,从而一串指令总的完成时间大为缩短。如图 6.10 所示,完成 4 条指令的执行只用了 8 个时钟周期。若是非流水线的顺序处理则需要 20 个时钟周期。

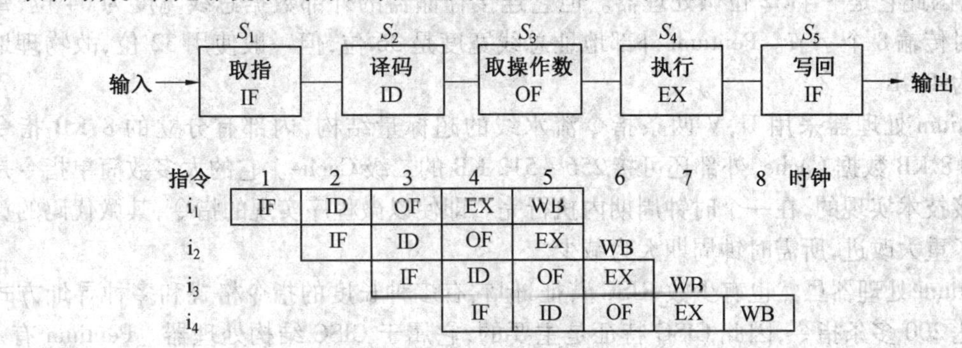

图 6.10　一个 5 段的指令流水线

上述流水线是指没有停顿的理想情况。由资源相关、数据相关性等问题会使流水线出现停顿现象。另外,转移指令(控制相关)对流水线性能的影响也是非常大的。

6.1.7　一个完整的 CPU

图 6.11 是一个现代 CPU 的典型结构框图。在此结构中,指令部件从指令 Cache 中取指令,如果要取的指令不在指令 Cache 中,则从主存中去取。将整数部件和浮点部件分开以利于提高运算性能。数据 Cache 用以加速读取操作数的速度。当然,在早期的处理器中将指令 Cache 和数据 Cache 合二为一。CPU 通过总线接口连接到系统总线上。

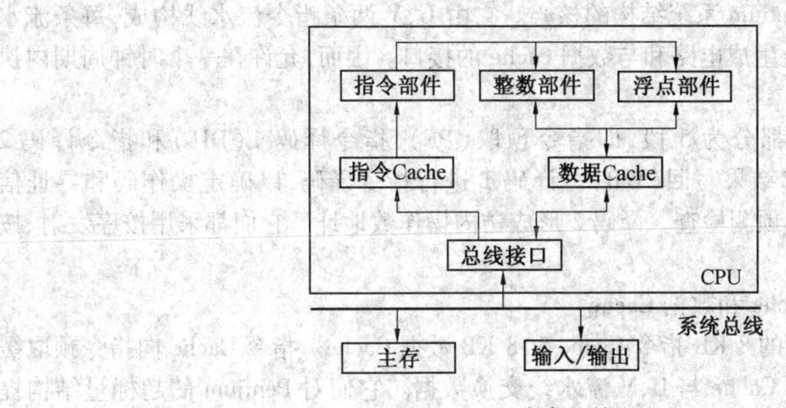

图 6.11　一个完整的 CPU

尽管图 6.11 中只有一个整数部件和一个浮点部件,但是现在很多 CPU 中为了增加潜在的并行性,在 CPU 中设置了多个同类型的部件。另外,由于 CPU 特别是微处理器,其工作主要还是进行标量处理,因此,采用多功能部件和流水线技术,可以在一个时钟周期内完成多条指令的取指和执行。这种处理器被称为超标量流水线处理器(Superscalar Pipelining Processor)。

6.1.8 典型 CPU 举例

下面分别以 CISC 机 Petium 微处理器和 RISC 机 Power PC 微处理器为例分别介绍。

1. Pentium **处理器**

Pentium 是 Intel 公司 X86 系列的第五代微处理器。由于 Pentium 内部的主要寄存器为 32 位宽,因此它是一个 32 位微处理器。但它连接存储器的外部数据总线宽度为 64 位,每次可同时传输 8 个字节。Pentium 外部地址总线宽度是 36 位,但一般使用 32 位,故物理地址空间为 4 GB。

Pentium 处理器采用 U,V 两条指令流水线的超标量结构,内部有分立的 8 KB 指令 Cache 和 8 KB 数据 Cache,外部还可接 256 ~ 512 KB 的二级 Cache。它的大多数简单指令是用硬连接技术实现的,在一个时钟周期内执行完。即使以微程序实现的指令,其微代码的算法也做了重大改进,所需时钟周期大为减少。

Pentium 处理器虽然也有少数 RISC 特征,但它有多种长度的指令格式和多种寻址方式以及多达 200 多条指令,因此 CISC 特征是主要的,它属于 CISC 结构处理器。Pentium 有 4 类寄存器组:

(1) 基本结构寄存器组。包括通用寄存器、段寄存器、指令指针及标志寄存器。

(2) 系统级寄存器组。包括系统地址寄存器和控制寄存器。

(3) 浮点部件寄存器组。包括数据寄存器堆、控制寄存器、状态寄存器、标记字及事故寄存器。

(4) 调试和测试寄存器组。

图 6.12 为 Pentium CPU 结构框图。从图中可以看出,Pentium 系统结构有如下 4 个方面的新型体系结构特点:

(1) 超标量流水线。

超标量流水线是 Pentium 系统结构的核心。它由 U,V 两条指令流水线构成,每条流水线都有自己的 ALU、地址生成电路和与数据 cache 的接口。因而,允许在一个时钟周期内执行两条整数指令。

U,V 流水线中每条都分为 5 段,即指令预取(PF)、指令译码 1(DI1)和指令译码 2(DI2)、指令执行(EX)和结果写回(WB)。译码 1 进行指令译码,以确定操作码和寻址信息,并进行配对性和转移预测检查。译码 2 形成访内操作数地址。它们都采用按序发射、按序完成的调度策略。

(2) 分设的指令 Cache 和数据 Cache。

Pentium 片内有分立的 8 KB 指令 Cache 和 8 KB 数据 Cache。指令 Cache 向指令预取缓冲器提供指令代码;数据 Cache 与 U,V 流水线交换数据。它们对 Pentium 的超标量结构提供了强有力的支持。

(3) 先进的浮点运算部件。

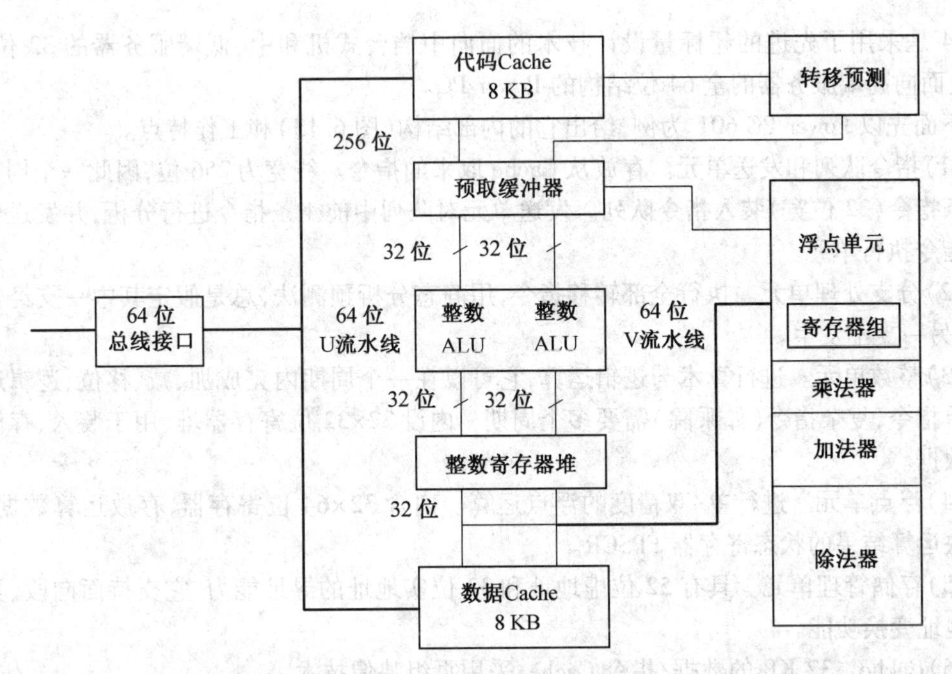

图 6.12　Pentium CPU 结构框图

Pentium 的浮点运算采用 8 段流水线，前 4 段在 U，V 流水线中完成，后 4 段在浮点运算部件中完成。浮点部件内有专用的加法器、乘法器和除法器，有 8 个 80 位寄存器组成的寄存器堆，内部的数据总线为 80 位宽。对于常用的浮点运算指令如 LOAD，ADD，MUL 等采用了新的算法，并用硬件实现。

(4) 以 BTB（Branch Target Buffer）实现的动态转移预测。

Pentium 采用动态转移预测技术，以减少由于过程相关性引起的流水线性能损失。

Pentium 的后续产品 Pentium MMX，Pentium Pro，Pentium Ⅱ、Pentium Ⅲ 更是集成了 MMX 技术，增强了音频、视频和图形等多媒体应用的处理能力，加速了数据加密和数据压缩与解压的过程；具有包括数据流分析、转移预测和推测执行在内的动态执行技术能力；采用双重独立的总线结构和 SEC（Single Edge Contact）单边接触封装技术。Pentium Ⅲ 首次采用了 Intel 公司自行开发的流式单指令多数据扩展 SSE（Streaming SIMD Extensicm），这包括 70 条 SSE 指令集和新增加的 8 个 128 位（4×32）单精度浮点数寄存器。SSE 技术使得 Pentium Ⅲ 处理器在三维图像处理、语言识别、视频实时压缩等方面都有很大进步，而在互联网应用中最能体现这些进步。Pentium Ⅱ/Ⅲ 处理器采用了层次化的两级（L1 和 L2）Cache 技术。L1 Cache 是指令与数据分立的哈佛结构，采用写无效式的 MESI 监听协议。Pentium Ⅱ/Ⅲ 已将 CISC 的指令在处理器内部翻译成一组 RISC 的微操作来执行，并实现了超标量、超级流水（14 段）的指令流水线。多处理器技术、虚拟分页扩展技术、单指令多数据流（SIMD）技术等融入处理器芯片，使得 PC 的系统结构朝着更便于处理多媒体和互联网络的信息方向发展。

2．Power PC **处理器**

Power PC 是 IBM 联合 Motorola 和 Apple 共同推出的典型 RISC 风格的超标量结构的系列微机。其中，601 是最早推出的 32 位机；603 是面向低端的台式机和便携机，也是 32 位机;604 是采用了先进的超标量设计技术的面向中档台式机和中、低端服务器的 32 位机;620 是面向高端服务器的全 64 位结构的 Power PC。

下面先以 Power PC 601 为例,给出它的内部结构(图 6.13)和工作特点。

(1)指令队列和发送单元。存放从 Cache 取来的指令。线宽为 256 位,因此一个周期可将 8 条指令(32 位宽)装入指令队列。发送单元对队列中前 4 条指令进行分析,并发送到不同的指令执行单元。

(2)分支处理单元。执行全部转移指令,用静态分析预测法,总是假定其中一支经常发生,而另一支不发生。

(3)整数单元。进行算术与逻辑运算,它可以在一个周期内完成加、减、移位、逻辑运算等简单指令,复杂指令(如乘除)需要多个周期。内设 32×32 位寄存器堆,用于装入、存储和操纵数据。

(4)浮点单元。进行单/双精度的浮点运算。内含 32×64 位寄存器,存放运算数据,并有反映运算结果的状态寄存器 FPSCR。

(5)存储管理单元。具有 52 位虚地址和 32 位实地址的寻址能力,它支持面向段、页及块的地址变换功能。

(6)Cache。32 KB 的数据/指令 Cache,采用页组映像技术。

(7)总线接口单元。定义了 32 位地址和 32 位数据的模式。总线协议支持流水、非流水和单独数据传送。

604 为 Power PC 第二代主流芯片,它内设 3 个整数单元、1 个浮点单元以及单独的装入/存储单元,Cache 分成指令 Cache(16 KB)和数据 Cache(16 KB),分支处理单元采用更先进的动态分支预测法。

620 是 Power PC 第一个 64 位机。它包括 6 个独立执行单元,允许处理器同时执行 3 条整数指令和 1 条浮点指令。620 采用了高性能的转移预测策略,能推测执行多达 4 个未解决的转移指令(601 只 1 个)。620 有分开的指令 Cache 和数据 Cache,各为 32 KB,且可采用二级 Cache。

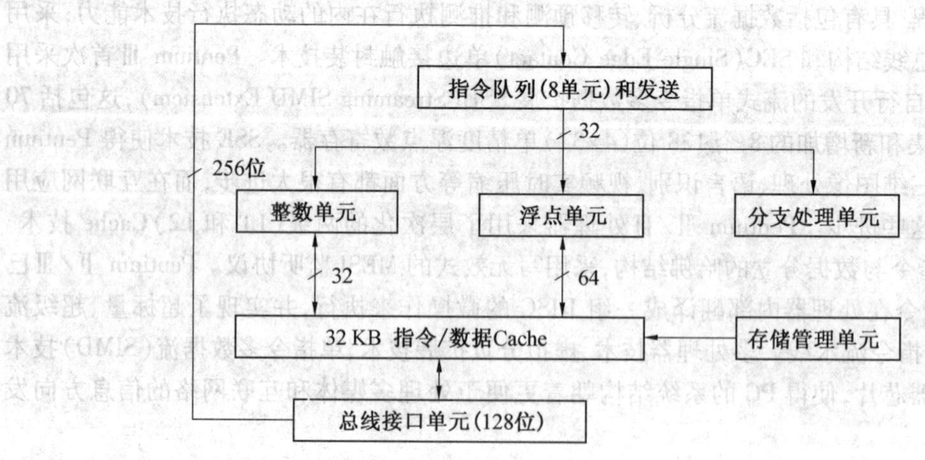

图 6.13 Power PC 601 的结构图

6.1.9　CPU 的 Verilog 硬件描述语言实现

这是一个经过简化的用于教学目的的 RISC_CPU 的设计，只是从原理上说明了一个简单的 RISC _CPU 构成。

1. RISC_CPU 结构

RISC_CPU 是一个复杂的数字逻辑电路，但是它的基本部件的逻辑并不复杂。RISC_CPU 分成 8 个基本部件，即时钟发生器、指令寄存器、累加器、RISC CPU 算术逻辑运算单元、数据控制器、状态控制器、程序计数器及地址多路器。

下面分部件实现它们：

(1)时钟发生器。

```
module clk_gen (clk,reset,clk1,clk2,clk4,fetch,alu_clk);
input clk,reset;
output clk1,clk2,clk4,fetch,alu_clk;
wire clk,reset;
reg clk2,clk4,fetch,alu_clk;
reg[7:0] state;
parameter S1 = 8'b00000001,
S2 = 8'b00000010,
S3 = 8'b00000100,
S4 = 8'b00001000,
S5 = 8'b00010000,
S6 = 8'b00100000,
S7 = 8'b01000000,
S8 = 8'b10000000,
idle = 8'b00000000;
assign clk1 = ~clk;
always @(negedge clk)
if(reset)
begin
clk2 <= 0;
clk4 <= 1;
fetch <= 0;
alu_clk <= 0;
state <= idle;
end
else
begin
case(state)
S1:
```

```
begin
clk2 <=  ~clk2;
alu_clk <=  ~alu_clk;
state <= S2;
end
S2:
begin
clk2 <=  ~clk2;
clk4 <=  ~clk4;
alu_clk <=  ~alu_clk;
state <= S3;
end
S3:
begin
clk2 <=  ~clk2;
state <= S4;
end
S4:
begin
clk2 <=  ~clk2;
clk4 <=  ~clk4;
fetch <=  ~fetch;
state <= S5;
end
S5:
begin
clk2 <=  ~clk2;
state <= S6;
end
S6:
begin
clk2 <=  ~clk2;
clk4 <=  ~clk4;
state <= S7;
end
S7:
begin
clk2 <=  ~clk2;
state <= S8;
```

```
end
S8:
begin
clk2 <=  ~clk2;
clk4 <=  ~clk4;
fetch <=  ~fetch;
state <= S1;
end
idle: state <= S1;
default: state <= idle;
endcase
end
endmodule
```

(2)指令寄存器。

```
module register(opc_iraddr,data,ena,clk1,rst);
output [15:0] opc_iraddr;
input [7:0] data;
input ena, clk1, rst;
reg [15:0] opc_iraddr;
reg state;
always @ (posedge clk1)
begin
if(rst)
begin
opc_iraddr<=16'b0000_0000_0000_0000;
state<=1'b0;
end
else
begin
if(ena)                  //如果加载指令寄存器信号 load_ir 到来
begin                    //分两个时钟每次 8 位加载指令寄存器
casex(state)             //先高字节,后低字节
1'b0: begin
opc_iraddr[15:8]<=data;
state<=1;
end
1'b1: begin
opc_iraddr[7:0]<=data;
state<=0;
```

```
end
default: begin
opc_iraddr[15:0]<=16'bxxxxxxxxxxxxxxxx;
state<=1'bx;
end
endcase
end
else
state<=1'b0;
end
end
endmodule
```

(3)累加器。

```
module accum( accum, data, ena, clk1, rst);
output[7:0]accum;
input[7:0]data;
input ena,clk1,rst;
reg[7:0]accum;
always@(posedge clk1)
begin
if(rst)
accum<=8'b0000_0000; //Reset
else
if(ena)                    //当 CPU 状态控制器发出 load_acc 信号
accum<=data;               //Accumulate
end
endmodule
```

(4)RISC_CPU 算术逻辑运算单元。

```
module alu (alu_out, zero, data, accum, alu_clk, opcode);
output [7:0]alu_out;
output zero;
input [7:0] data, accum;
input [2:0] opcode;
input alu_clk;
reg [7:0] alu_out;
parameter HLT =3'b000,
SKZ =3'b001,
ADD =3'b010,
ANDD =3'b011,
```

```
XORR =3'b100,
LDA =3'b101,
STO =3'b110,
JMP =3'b111;
assign zero = ! accum;
always @ (posedgealu_clk)
begin                    //操作码来自指令寄存器的输出 opc_iaddr<15..0>的低 3 位
casex (opcode)
HLT: alu_out<=accum;
SKZ: alu_out<=accum;
ADD: alu_out<=data+accum;
ANDD: alu_out<=data&accum;
XORR: alu_out<=data^accum;
LDA: alu_out<=data;
STO: alu_out<=accum;
JMP: alu_out<=accum;
default: alu_out<=8'bxxxx_xxxx;
endcase
end
endmodule
```

(5)数据控制器。

```
module datactl (data,in,data_ena);
output [7:0]data;
input [7:0]in;
input data_ena;
assign data = (data_ena)? In : 8'bzzzz_zzzz;
endmodule
```

(6)状态控制器。

```
module machinectl( ena, fetch, rst);
output ena;
input fetch, rst;
reg ena;
always @ (posedge fetch or posedge rst)
begin
if(rst)
ena<=0;
else
ena<=1;
end
```

```
endmodule
```

(7)程序计数器。

```
module counter ( pc_addr, ir_addr, load, clock, rst);
output [12:0] pc_addr;
input [12:0] ir_addr;
input load, clock, rst;
reg [12:0] pc_addr;
always @( posedge clock or posedge rst )
begin
if(rst)
pc_addr<=13'b0_0000_0000_0000;
else
if(load)
pc_addr<=ir_addr;
else
pc_addr <= pc_addr + 1;
end
endmodule
```

(8)地址多路器。

```
module adr(addr,fetch,ir_addr,pc_addr);
output [12:0] addr;
input [12:0] ir_addr, pc_addr;
input fetch;
assign addr = fetch? pc_addr : ir_addr;
endmodule
```

6.2 组合逻辑控制

操作控制信号形成部件产生指令所需要的操作控制信号序列,用以控制计算机各部分的操作,它是整个控制器的核心,也是最复杂的部件。该部件的组成可用微程序方式,也可用组合逻辑方式,即通过逻辑电路直接产生控制信号(又称硬布线方式)。

图6.14给出了控制信号序列,通过该序列可完成各类指令需要的控制步。每个控制步的长度必须足以完成所对应控制步的功能。假定所有控制步都是等长的,因而需要如图6.14所示的控制部件,它是基于时钟信号CLK驱动的计数器来控制每个控制步的。这个计数器的每个状态和每个计数值,对应着图6.7和图6.8的每一步。因此,产生所需要的操作控制信号需由下列因素确定:

(1)控制步计数器的内容(时序信号)。

(2)指令寄存器的内容。

(3)条件码和其他状态标志的内容。

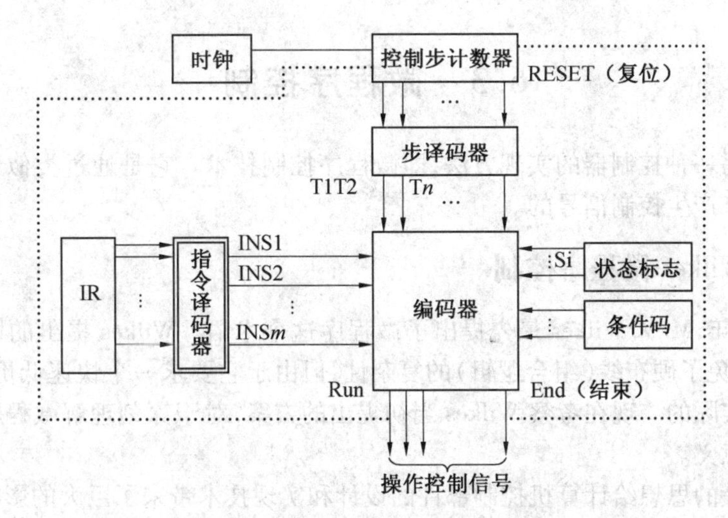

图 6.14 简化的组合逻辑控制器

所谓状态标志是指 CPU 中各部分状态以及连到各控制部件的信号，如 MFC 信号等。

图 6.14 是一个简化的组合逻辑控制器。步译码器为控制序列的每步提供一个单独的时序信号。指令译码器的输出为每条机器指令提供了一个单独的信号。也就是说，对于装入 IR 中的任何指令，输出线 INS1 到 INS*m* 中只有一条被置为 1，其余都被置为 0。图 6.14 中所有输出到编码器的信号共同产生各种控制信号 Yin，Zin，PCout，Add，End 等。

CPU 内部信号与外部总线的交互需引起特别的关注。在前面的讨论中，假定 CPU 内部的 Read 信号或 Write 信号会引起一次主存和寄存器 MDR 之间的数据传送。当存储器操作完成后，将通过控制总线向 CPU 送出一个 MFC 信号。CPU 能够与不同速度的存储器模块通信。快速存储器能够在一个时钟周期内被访问一次，而较慢的存储器可能需要几个时钟周期。为了实现这一目标，需要由相应的控制电路来支持，这里不再详述。

以上简单的例子说明了产生操作控制信号序列的方法。这些控制信号序列用来实现各类指令的功能。

综上所述，组合逻辑控制器的设计是用大量逻辑门电路、按一定规则组合成一个逻辑网络，从而产生各机器指令的控制信号序列。其设计过程一般经历下列步骤：

①根据给定的 CPU 数据通路和指令功能，排列出每条指令的操作控制步序列（微操作序列）。

②确定机器的状态周期、节拍与工作脉冲。根据指令的功能和器件的速度，确定指令执行过程中的周期及节拍的基本时间。

③列出每个操作控制信号的逻辑表达式。确定了每条指令在每一状态周期中各个节拍内所完成的操作时，也就得出了相应的操作控制信号的表达式。该表达式由指令操作码、时序状态（周期、节拍和工作脉冲）以及状态条件信息（允许有空缺）等因子组成。

只须节拍电位控制的信号不用考虑脉冲；需要用脉冲选通的操作信号才要考虑脉冲条件。在 Zin，End 等信号的逻辑表达式中，为了简便，时序信号只用了节拍。

所有操作控制信号的逻辑表达式组成了一个异常复杂的逻辑网络，即图 6.14 的编码器。

6.3 微程序控制

本节讨论另一种控制器的实现方法,即微程序控制技术。它是通过类似于机器语言程序的一种方法来产生控制信号的。

6.3.1 Wilkes 微程序控制

早在 1951 年,M. V. Wilkes 最先提出了微程序这个术语。Wilkes 提出的微程序控制器的设计方法,避免了硬布线(组合逻辑)的复杂性,但由于它要求一个快速低价的存储器,而在当时是不切实际的。现在考察 Wilkes 当初提出的方案,对于深刻理解微程序设计思想仍有重要的指导意义。

微程序设计的思想给计算机控制部件的设计和实现技术带来了巨大的影响。它与组合逻辑的控制方法相比,大大减少了控制器的复杂性和非标准化程度,从而把硬件的用量限制在狭小范围内。由于全部机器指令的执行过程都用微程序控制,便提供了很大的灵活性,使得设计的变更、修改以及指令系统的扩充都成为不太困难的事情。它与传统的软件有许多类似之处,但是,由于微程序相对固定,且通常不放在主存内,故有可能利用工作速度较高的 ROM 存放微程序,从而缩短微程序的运行时间。这是一种固化了的微程序,称为固件(Firmware)。

微程序控制器的主要缺点是:它要比相同或相近半导体技术的硬布线式控制器慢一些。因此,当代大部分计算机采用硬布线式控制器。当然,也有不少计算机采用微程序控制器。

6.3.2 相关的基本概念

1. 基本术语

在计算机中,一条指令的功能是通过执行一系列操作控制步完成的。这些控制步中的基本操作被称为微操作,例如,前面提到的 PCin, PCout, MARin, Read 等。以下介绍几个基本术语:

(1)微命令。微命令是微操作的控制信号,而微操作是微命令的操作内容。

(2)微指令。可以同时执行的一组微命令组成一条微指令,它完成一个基本运算或传送功能,如图 6.7 中每一操作控制步就对应一条微指令。有时也将微指令称作控制字(CW),其中每一位代表一个微命令。

(3)微程序。完成指定任务的微指令序列称为微程序。一条机器指令,其功能可由一段微程序解释完成。

(4)微程序存储器(控制存储器)。存放计算机指令系统所对应的所有微程序的一个专门存储器。

微程序控制的基本思想是把机器指令的每一操作控制步编成一条微指令。每条机器指令对应一段微程序。当执行机器指令时,只要从控制存储器中顺序取出这些微指令,即可按所要求的次序产生相应的操作控制信号。

图 6.7 所表示的一个加法指令操作控制步序列,可用如图 6.18 所示的一个微指令序列(微程序)来实现。

微指令	PCin	PCout	MARin	Read	MDRout	IRin	Yin	Clear Y	1? C_0	Add	Zin	Zout	R1out	R1in	R3out	WMFC	End	…
1	0	1	1	1	0	0	0	1	1	1	1	0	0	0	0	0	0	
2	1	0	0	0	0	0	0	0	0	0	0	1	0	0	0	1	0	
3	0	0	0	0	1	1	0	0	0	0	0	0	0	0	0	0	0	
4	0	0	1	1	0	0	0	0	0	0	0	0	0	0	1	0	0	
5	0	0	0	0	0	0	1	0	0	0	0	0	1	0	0	1	0	
6	0	0	0	0	1	0	0	0	0	0	0	0	0	0	0	0	0	
7	0	0	0	0	0	0	0	0	0	0	0	1	0	1	0	0	1	

图 6.18　对应于图 6.7 的微程序的例子

2. 微程序控制器

图 6.19 为微程序控制器的基本结构。为了顺序地从控制存储器中读出微指令，要使用一个微程序计数器 μPC(Microprogram Counter)。在每次把新指令装入 IR 时，“起始和转移地址发生器”将根据指令的内容，生成微程序的入口地址放入 μPC 中，而后时钟使 μPC 自动增值，依次从微程序存储器中读出一条条微指令。μIR 为微指令寄存器，存放从控制存储器中的微指令，以译码后产生一系列微命令。机器指令的执行过程常常与条件码或状态标志有关，因此在微程序中也要引入条件转移的概念。这时，微指令中会出现“转移控制”部分，送地址发生器。所以“起始和转移地址产生器”还能根据条件码、状态标志及相应的微命令产生新的转移地址放入 μPC。

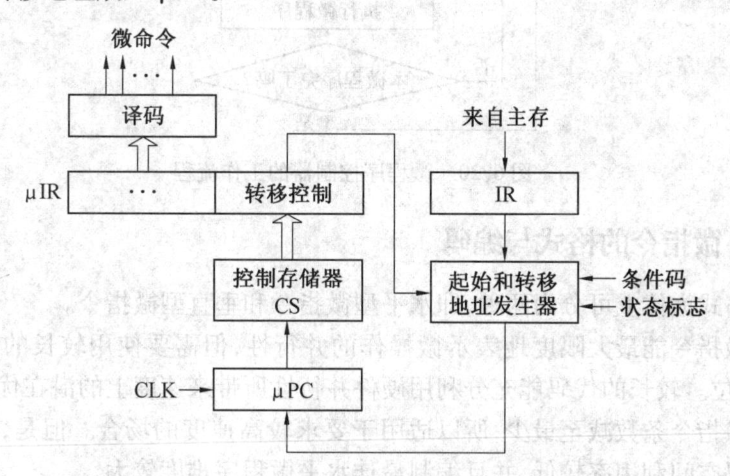

图 6.19　微程序控制器的基本结构

综上所述，可以得出：

(1)微程序定义了计算机的指令系统。因此可以借助改变微程序存储器的内容来改变指令系统。这为计算机设计者及用户提供了相当大的灵活性。

(2)一般而言，并不经常改变微程序存储器的内容，所以通常用只读存储器 ROM 充当微程序存储器。

(3)任何机器指令的执行都将多次访问控制存储器,因此,此控制存储器的速度在决定计算机总的速度时起着主要作用。

3. 微程序控制器的工作流程

CPU 的工作就是不断地取出指令和执行指令的过程。而在取指过程中,不管你是什么指令,其微操作命令序列均是相同的,因此,微程序控制器的工作流程就是不断地执行取指令的微程序和执行相应功能指令的微程序,其工作流程如图 6.20 所示。

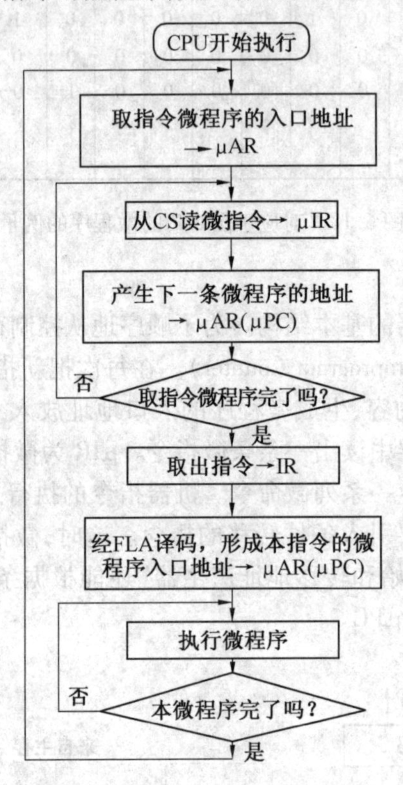

图 6.20 微程序控制器的工作流程

6.3.3 微指令的格式与编码

微指令格式大体上可分为两种,即水平型微指令和垂直型微指令。

水平型微指令能最大限度地表示微操作的并行性,但需要使用较长的代码,少则几十位,多则上百位。较长的代码能充分利用硬件并行性所带来速度上的潜在优势,也使微程序中所包含的微指令条数减至最少,所以适用于要求较高速度的场合。但是,一般来说,水平型微指令的码空间利用率较低,并且编制最佳水平微程序难度较大。

垂直型微指令采用短格式,一条微指令只能控制一两个微操作,其格式与普通机器指令相仿,设有微操作码字段,由微操作码确定微指令的功能。它所包含的地址码用来指定微操作数所在的寄存器地址或微指令转移地址,也可以表示立即数或标志码等。采用垂直型微指令编写的微程序称为垂直微程序。垂直微程序不着重于微操作的并行性,并以此换取较短的微指令长度和较高的码空间利用率,编写垂直微程序的方法和传统的程序设计方法更为接近。因此可以说,垂直型微指令面向算法描述,而水平型微指令则面向处理机内部控制逻辑的描述。

6.3.4　微指令地址的生成

微指令地址生成的任务是如何得到下一条微指令的地址。

执行微程序时,获得将要执行的微指令地址有如下 3 种情况:由指令寄存器 IR 确定、下一顺序地址及转移。

必须根据当前微指令、条件标志和指令寄存器内容,产生下一微指令的控制存储器地址。常见的微指令地址生成技术有计数器法和下地址字段法两种。

(1)计数器法。

如果微程序只要求按顺序执行微指令,利用图 6.21 所给出的微程序控制器的结构,则由 μPC 负责生成下一微指令的地址(μPC+1→μPC)。而微程序的转移可由专门的转移微指令来实现,通过微地址发生器以及相应的条件码和标志,生成转移地址送 μPC。

当转移分支很多时,相应的逻辑电路也更复杂。此时通常采用 PLA 可编程逻辑阵列来实现。例如,将每条机器指令的操作码通过 PLA 翻译成对应的微程序入口地址,这时微指令可写为:μPC←(PLA)。

(2)下地址字段法。

以 μPC 为基础所建立的地址生成技术最大的缺点在于当存在着较大量的转移微指令时,这将严重影响计算机的工作速度。作为一种替代的方法,是在微指令中设置一个专门的地址字段用以指出下一条微指令的地址。事实上,这就意味着每条微指令都变成转移微指令,并且,它还具有其他控制操作或传送的功能。

该方法的主要缺点是增加了微指令的长度,有时还会对控制存储器的设计带来影响。在一个典型的计算机中,其控制存储器的容量可少于 4 K。每条微指令长度在 50~80 位,这就意味着下地址字段要求有 12 位。因此,大约 1/6 的控制存储器空间用于寻址。

此方法最明显的优点是消除了专门的转移微指令,而且在给微指令分配地址时几乎没有限制。它不再需要可增值的 μPC,而用一个简单的微指令地址寄存器(μAR)存放将要读取的微地址。采用下地址字段法的微程序控制器组织结构如图 6.23 所示。

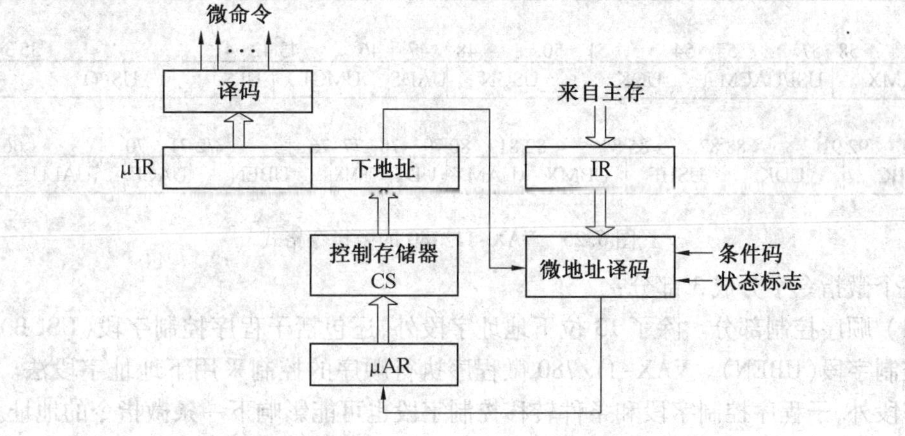

图 6.23　采用下地址字段法的微程序控制器组织

6.3.5 微程序设计举例

1. VAX-11/780 微程序设计

VAX-11/780 是美国 DEC 公司 1978 年推出的超级小型计算机,它采用典型的水平型微指令格式。

控制存储器组织如图 6.24 所示。它包括 3 部分,即只读 PCS、可写 WDCS 和 WCS。PCS 是 CPU 的主要控存,其中存放 VAX-11/780 指令系统的基本微程序,容量为 4 K×99 位。每个单元 99 位微指令字由 96 位微命令信息位和 3 位奇偶校验位组成,每 32 位对应一位奇偶校验位。

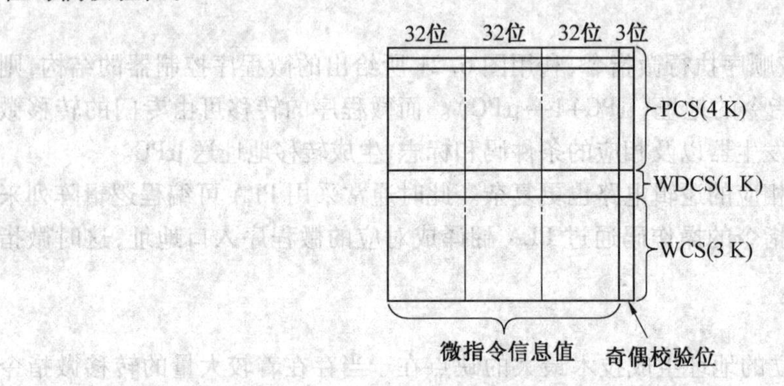

图 6.24 控制存储器组织

WCS 的容量也为 4 K×99 位,其中靠近 PCS 的 1 K×99 位用于诊断,以称可写诊断控制存储器 WDCS。它主要存放诊断逻辑微程序。在控制台子系统的控制下,可对 VAX-11/780 的基本微程序进行某些修改,经修改后的微程序存入 WDCS,WCS 余下部分备用。

微指令格式如图 6.25 所示,采用水平型微指令格式。

微指令的编码主要采用字段直接编译法,少量采用简接编译法。整个控制字除下地址字段(UJMP)和校验位外,余下 83 位分成 32 个字段,表示 300 多个微命令。

31 30	29 26	25	24	23	22 20	19 18	17 16	15 13	12 0
UIEK	UMSC	UVAK	UFEK	USCK	UCCK	UEEMX	USMX	UEALU	UJMP

63 58	57 55	54 51	50 48	47	46 43	42 41	35	34 32
UKMX	USI/UACM	UQK	USGN	UADS	UMCT	UFS	USPO	UPCK

95 92	91 88	87 85	84 82	81 80	79 78	77	76 72	71 70	66	UPCK 65 64
UIBC	UDK	USHF	UBMX	UAMX	UDT	URMX	UBEN	UACF	UALU	USUB

图 6.25 VAX-11/780 的微指令格式

整个微指令字分成 3 部分:

(1) 顺序控制部分。除了 13 位下地址字段外,还包括子程序控制字段(USUB)和条件转移控制字段(UBEN)。VAX-11/780 微程序执行顺序的控制采用下地址字段法。除了下地址字段外,子程序控制字段和条件转移控制字段也可能影响下一条微指令的地址。

(2) PU 数据通路控制部分。它占据了微指令字的大部分字段。它又可以分为:

① 指数控制部分。

UEALU：指数加法器控制字段。

USMX：位计数器输入选择字段。

UEBMX：指数加法器 B 输入端选择字段。

USCK：移位计数器控制字段。

UFEK：浮点指数寄存器控制字段。

② 地址控制部分。

UPCK:程序计数器输入选择与操作控制字段。

UIBC：指令地址缓冲器控制字段。

UVAK：虚拟地址寄存器存取控制字段。

③ 运算控制部分。

UALU：加法器运算操作控制字段。

UKMX：常数输入选择字段。

UAMX：加法器 A 输入端选择字段。

UBMX：加法器 B 输入端选择字段。

USHF：移位器操作控制字段。

USPO：通用寄存器组存取控制字段。

④ 数据控制部分。

URMX:D,Q 寄存器输入选择字段。

UQK:Q 寄存器操作和输入选择字段。

USI:移位器输入控制字段。

UDK:D 寄存器操作和输入选择、数据排列及移位矩阵控制字段。

⑤ 混杂控制。

UMSC：混杂字段,其中部分码点用于指数加法器 A 输入端选择及指数部分状态寄存器控制;部分码点用于通用寄存器修改记录的存取控制。

UCID:CPU 内部总线控制字段。

(3)其他控制部分。

UADS：指令地址选择控制字段。

UACM：浮点加速器等杂项控制字段。

UDT：数据类型选择字段。

USGN:操作数符号选择字段。

UCCK:条件码字段。

UMCT:存储器控制字段。

UACF:浮点加速器控制字段。

UIEK:INTER AND EXCED ACK。

RFS:功能选择字段。

VAX-11/780 微指令控制字并行操作能力强,效率高,灵活性强,执行速度快。

2. LSI-11 **微程序设计**

PDP-11 是 DEC 公司生产的小型机系列,除了 PDP-11/20 外,其控制器均采用水平型微指令方式。而 LSI-11 是 PDP-11 系列单板处理器,采用典型的垂直型微指令格式。

图 6.26 所示为其简化的结构图。LSI-11 的 CPU 由数据片、控制片和微程序存储器 3 组芯片组成,微指令总线 MIB(22 位数据线和 11 位微地址线)把三者联系在一起。

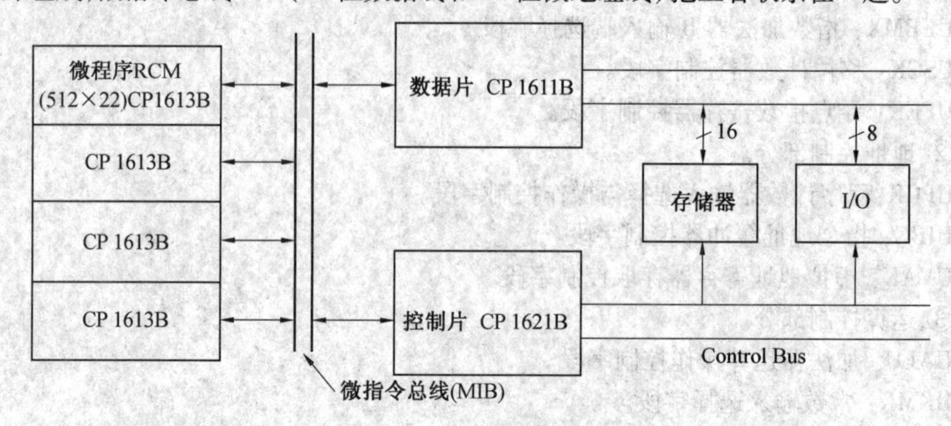

图 6.26 LSI-11 的简化结构图

(1) 数据片。包括运算部件 ALU(8 位)和寄存器堆(26 个 8 位寄存器)。寄存器堆中有 10 个寄存器可由微指令“A”和“B”字段直接寻址,作为源或目标寄存器;也可以作为 IR、程序状态字 PSW 和主存地址寄存器 MAR 等。另外,16 个寄存器可以作为 8 个 16 位寄存器用。

(2) 控制片。提供微地址序列,产生控制信号。11 位微地址计数器能自动增量,微程序一般情况下顺序执行。在遇到新指令→IR、子程序调用、中断测试或转移微指令等情况下,新的转移地址送微地址计数器。

(3) 微程序只读存储器。由 4 片 CP1613B(每片 512×22 位)ROM 组成,容量共 2 K×22 位。其中两片存放仿真 PDP-11/40 的微程序,一片为乘/除、浮点扩展等算术指令,另一片为用户可改写的仿真微程序。

微指令格式如图 6.27 所示,共 22 位,其中高 4 位控制 CPU 板上的特殊功能。转换位允许转换阵列检查挂起的中断。装入返回寄存器(Load Return Register)位用于将微程序结束时返回寄存器的内容装入下一微指令地址。

其余 16 位用于微操作的编码,格式非常像机器指令,只是操作数在寄存器中。指令中有变长的操作码及一个或多个操作数。

微指令按其功能分为以下 4 类:

① 算术操作指令:ADD,TEST,INC,COND(条件)INC/DEC,SUB,Compare 等。

② 逻辑操作指令:AND,TEST,OR,XOR,BIT Clear,Not 等。

③ 一般操作指令:MOV,COND MOV,JUMB, RETURN,COND JUMP 等。

④ I/O 操作指令:INPUT,OUTPUT,Read,Write 等。

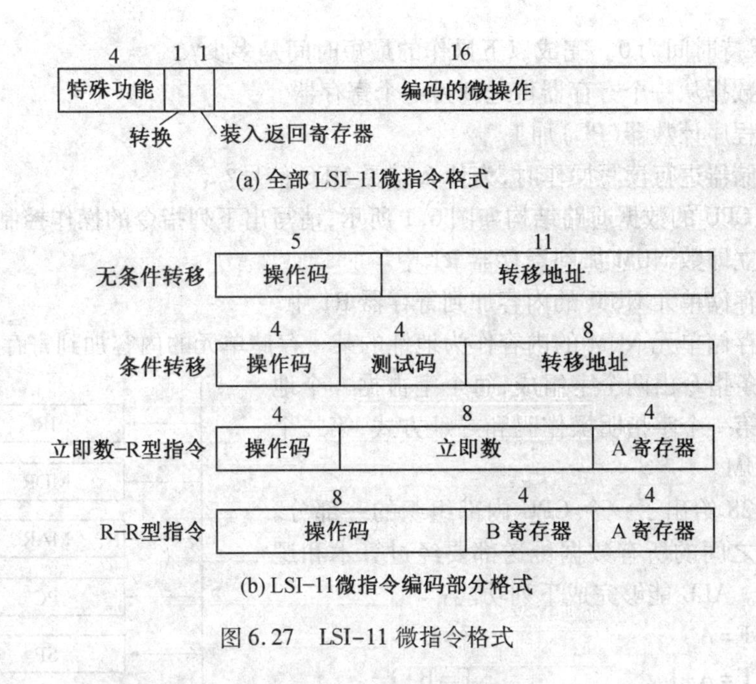

(a) 全部LSI-11微指令格式

(b) LSI-11微指令编码部分格式

图6.27 LSI-11微指令格式

6.3.6 组合逻辑控制方法与微程序控制的比较

1. 实现方式

从实现方式上说,组合逻辑控制方法由逻辑门电路组合实现,而微程序控制器的控制功能则是在存放微程序的控制存储器和存放当前微指令的微指令寄存器的直接控制之下实现的。

组合逻辑控制器的控制信号首先用逻辑表达式列出,经过简化后用门电路或门阵列器件实现,因而显得较为复杂,当修改指令或增加指令时非常麻烦,有时甚至没有可能。

微程序控制器的结构比较规整,大大减少了控制器的复杂性和非标准化程度,可以把硬件的用量限制在很小范围内。由于各条指令控制信号的差别都反映在微程序上,因此,增加或修改指令只要增加或修改控制存储器中的内容即可,从而提供了很大的灵活性,使得控制器设计的变更、修改以及指令系统的扩充都不再成为难事。

因此,微程序控制得到了广泛的应用,尤其是指令系统复杂的计算机,一般都采用微程序控制方式来实现控制功能。

2. 性能

从性能上来比较,在同样的半导体工艺条件下,组合逻辑控制方式比微程序控制的速度快。这是因为执行每条微指令都要从控制存储器中读取一次微指令,从而影响了速度,而组合逻辑控制方式的速度则仅取决于电路的延迟。

因此,在超高速计算机的设计中,往往采用组合逻辑控制方法。

习 题

1. 假定在图6.1中总线传输延迟和ALU运算时间分别是2 ns和20 ns。寄存器建立时间为 1 ns,保持时间为 0。完成以下操作的最短时间是多少?

(1) 将数据从一个寄存器传送到另一个寄存器。

(2) 将程序计数器(PC)加 1。

2. 对存储器进行读写操作时,为什么需要 MFC 信号?

3. 假定 CPU 的数据通路结构如图 6.1 所示,请写出下列指令的操作控制步序列:

(1) 将立即数 NUM 加到寄存器 R1 中。

(2) 将存储单元 NUM 的内容加到寄存器 R1 中。

(3) 将存储单元 NUM 的内容作为地址的某一存储单元的内容加到寄存器 R1 中。

假定每条指令由两个字组成,每个字占据一个地址。指令的第一个字指明操作码和寻址方式,第二个字包含数 NUM。

4. 图 6.28 给出了一个 CPU 内部组织的一部分。在两个总线之间的所有数据传送都要经过算术和逻辑部件 ALU。ALU 能够完成下列功能:

F=A　　　　F=B

F=A+1　　　　F=B+1

F=A-1　　　　F=B-1

其中 A 和 B 是 ALU 的输入而 F 是 ALU 的输出。请写出一个读取并执行指令 JSR(转子)所要求的操作控制序列。在此机器中,JSR 指令占据两个字。第一个字是操作码,第二个字装入子程序的起始地址。返回地址保存在一个主存栈中,用 SP(栈指示器)指向该栈顶。

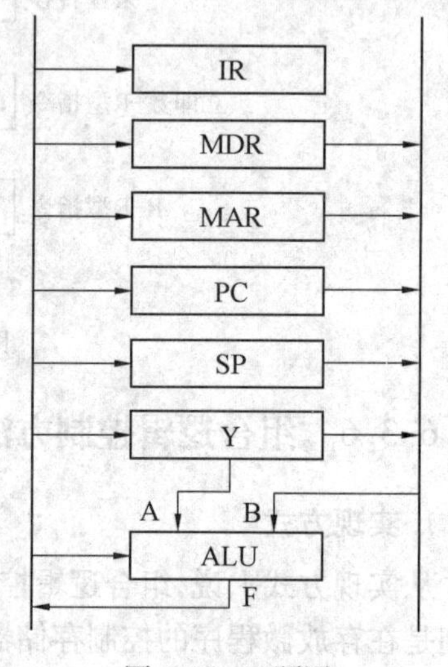

图 6.28　4 题图

5. 如果 CPU 的结构如图 6.9 所示,请写出指令 Add(R3),R1 的控制步序列。

6. 条件转移指令 BGT(大于零转移)以表达式 $Z+(N\oplus V)=0$ 作为转移条件,其中 Z,N 和 V 分别是零、负和溢出标志。写出一个微程序实现该条指令。

7. 写出一个能够实现 BGT(大于零转移),BPL(正转移)和 BR(无条件转移)指令的微程序。BGT 和 BPL 指令的转移条件分别是 $Z+(N\oplus V)=0$ 和 $N=0$。这样的微程序需要多少条微指令?如果给每条指令分别写一段微程序,共需要多少条微指令?

8. 如果 CPU 的结构如图 6.9 所示,请给出类似于图 6.24 所示的微指令编码的格式。

9. 请说明组合逻辑控制和微程序控制的优点和缺点。

10. CPU 有 16 个寄存器。一个 ALU 有 16 种逻辑功能和 16 种算术功能,一个移位寄存器有 8 种操作,所有这些组件都与一个 CPU 内部总线相连。设计一种微指令格式能指定此 CPU 的各种微操作。

11. 请说明水平型微指令和垂直型微指令的基本概念和优缺点。

12. 微程序控制器容量为 1 024×48,微程序可以实现整个空间的转移,控制微程序转移的条件共有 6 个,微指令采用水平格式,微地址采用下地址字段法确定。请设计微指令的格式。各字段应为多少位?为什么?

第7章 总线系统

学习目标：理解与总线相关的一些重要的基本概念；掌握总线仲裁和数据传送控制的工作原理；了解几种常用的总线标准和计算机的系统总线；理解计算机总线结构的种类和特点。

总线技术是计算机系统的一个重要技术。计算机由CPU、主存储器及外围设备组成，各功能部件之间需要互连，才能组成一个完整的计算机系统。其连接方式有两种：一种是各部件之间通过单独的连线互连，这种方式称为分散连接；另一种是将各个部件连接到一组公共信息传输线上，这种方式称为总线连接。总线是一组能为多个部件共享信息的传输线路，地址、数据和各种控制信息都通过它在各部件间进行传送。总线结构的两个主要优点是：灵活和成本低。它的灵活性体现在新部件可以很容易地加到总线上，并且部件可以在使用相同总线的计算机系统之间互换。因为一组单独的连线可被多个部件共享，所以总线的性价比高。总线的主要缺点是它可能产生通信瓶颈。总线是构成计算机系统的骨架，它不但影响系统的结构与连接方式，而且影响系统的性能和效率。现代计算机普遍使用的是总线互连结构。

7.1 总线概述

计算机的所有功能都是通过CPU周而复始地执行指令实现的。在指令执行过程中，CPU、主存和I/O模块之间要不断地交换数据，计算机功能实现的过程，就是各种信息在计算机各部件之间进行交换的过程。要进行信息交换，必须在部件之间构筑通信线路，通常把连接各部件的通路的集合称为互连结构。互连结构有分散结构和总线结构两种。

早期的计算机大多采用分散连接方式，相互通信的部件之间都有单独的连线，如果某个部件与其他所有部件都有信息交换，它的内部连线就非常复杂，而且成本高。此外，某一时刻它只能和其他部件中的一个交换信息，在交换信息过程中也必须停止本身的工作。这将大大影响系统的工作效率。特别是随着计算机应用领域的不断扩大，I/O设备的种类和数量越来越多，用分散方式无法满足人们随时增减设备的需要，因此出现了总线连接方式。

7.1.1 总线的概念及特性

1. 总线的概念

总线是在两个或多个功能部件之间传送信息的一组公共传输线，能被各个模块分时共享。所谓分时是指在某一时刻只允许有一个模块将信息送上总线。共享是指总线所连接的各模块都能通过总线传递信息。分时共享是总线的主要特征。一个部件发出的信号可以被连接到总线上的其他所有部件所接收。总线通常由许多传输线或通路构成,每条线可传输一位二进制信息,若干条线可同时传输多位二进制信息。采用总线可减少计算机系统中传输线的数量,提高系统的可靠性,便于扩充系统。

2. 总线的特性

(1)物理特性。总线的物理特性是指总线在机械物理连接上的特性。包括连线类型、数量、接插件的几何尺寸和形状以及引脚线的排列等。

从连线的类型来看,总线可分为电缆式、主板式和底板式。电缆式总线通常采用扁平电缆连接电路板;主板式总线通常在印刷电路板或卡上蚀刻出平行的金属线,这些金属线按照某种排列以一组连接点的方式提供插槽,系统的一些主要部件从这些槽中插入到系统总线;底板式总线则通常在机箱中设置插槽板,其他功能模块一般都做成一块卡,通过将卡插到槽内连接到系统中。

从连线的数量来看,总线一般分为串行总线和并行总线。在并行传输总线中,按数据线的宽度分 8 位、16 位、32 位、64 位总线等。总线的宽度对实现的成本、可靠性和数据传输率的影响很大。一般串行总线用于长距离的数据传送,并行总线用于短距离的高速数据传送。

(2) 电气特性。总线电气特性是指总线的每条信号线的信号传递方向及信号的有效电平范围。

通常规定由 CPU 发出的信号为输出信号,送入 CPU 的信号为输入信号。地址线一般为输出信号,数据线为双向信号,每根控制线都是单向的,有的为输出信号,有的为输入信号。总线的电平表示方式有两种,即单端方式和差分方式。在单端电平方式中,用一条信号线和一条公共接地线来传递信号。信号线中一般用高电平表示逻辑“1”,低电平表示逻辑“0”。差分电平方式采用一条信号线和一个参考电压比较来互补传输信号,因此一般采用负逻辑,即用高电平表示逻辑“0”,低电平表示逻辑“1”。例如,串行总线接口标准 RS-232C,其电气特性规定低电平要低于-3 V,表示逻辑“1”;高电平要高于+3 V,表示逻辑“0”。

(3)功能特性。总线功能特性是指总线中每根传输线的功能。如地址线用来传输地址信息,数据线用来传输数据信息,控制线用来发出控制信息,不同控制线的功能不同。

(4)时间特性。总线时间特性是指总线中任意一根传输线在什么时间内有效,以及每根线产生的信号之间的时序关系。时间特性一般可用信号时序图来说明。

7.1.2 总线的分类

计算机系统中含有多种总线,它们在各个层次上提供部件之间的连接和信息交换通路。

1. 按连接部件分类

(1)内部总线。内部总线用于同一部件内各器件之间的连接。如 CPU 芯片内运算器与寄存器之间的连线。它具有结构简单、传输距离短及传输速率高的特点。

(2)系统总线。系统总线是指计算机中用于 CPU、主存储器、I/O 接口等部件的连线。其连接距离较短,传输速率较高。由于这些部件通常都制作在插件板卡上,所以连接这些部件的总线一般是主板式或底板式总线,主板式总线是一种板级总线,主要连接主机系统印刷电路板中的 CPU 和主存等部件,因此也被称为处理器-主存总线,有的系统把它称为局部总线或处理器总线。底板式总线通常用于连接系统中的各个功能模块,实现系统中的各个电路板的连接。

(3)外部总线。外部总线又称通信总线,是系统之间或计算机系统与其他系统(如仪器、仪表、控制装置等)之间的连接线。由于这类连接涉及许多方面,如距离远近、速度快慢、工作方式等,差异很大,所以通信总线的种类很多。外部总线具有传输距离远、但传输速率较低的特点。

2. 按信息传送格式分类

(1)并行总线。并行总线能同时传输多个二进制位的信息。当然,并行总线由多根传输线构成。并行总线的速度快,但成本高,如内部总线。

(2)串行总线。串行总线只能逐位传输信息,只有一根传输线。串行总线的成本低,但速度较慢,如外部总线。

由于计算机内部采用并行总线工作,因此当计算机与外部通信要进行并-串(拆卸)、串-并(装配)转换。

3. 按信息传送方向分类

(1)单向总线。单向总线上的信息传输方向具有单一性,即只能沿一个方向传输信息。

(2)双向总线。双向总线上的信息传输方向具有双向性,即在不同时刻能沿不同的方向传输信息。

4. 按时序控制方式分类

(1)同步总线。同步总线设置有统一的时钟信号,进行数据传送时,收发双方严格遵循这个时钟信号。同步总线应用于总线上各部件间工作速度差异较小的场合,其控制较简单,但时间利用率可能不高。

(2)异步总线。异步总线在数据传送时,没有统一的时序信号,采用应答方式工作。当各部件工作速度差异较大时,多采用异步总线,传输时间可以根据需要能短则短,能长则长,因而时间利用率很高,但相应的控制较复杂。

(3)准同步总线。这种总线实际上采用同步异步相结合的方法,在计算机系统中,总线周期包含若干个时钟周期,但时钟周期数可根据需要变化。基本总线周期含有的时钟周期数最少(通常根据 CPU 访问内存的需要而定)。当外部电路能在基本周期内完成总线传送时,它实际上是按标准的同步方式工作。当某个部件因速度较低而不能在基本周期内完成数据传送时,就发出一个“等待”信号,总线周期则按时钟周期为单位地延长,直至“等待”信号撤销,总线周期才告结束。这样,总线传送仍以时钟周期为同步定时信号,但每次包含的时钟周期数可以不同,它既有同步总线控制简单的优点,又有异步总线时间利用率高的优点。

7.1.3 系统总线的组成

一个系统总线通常由一组控制线、一组数据线和一组地址线构成。也有些总线没有单独的地址线,地址信息通过数据线来传送,这种情况称为数据线和地址线复用。

1. **数据总线**(Data Bus,DB)

数据总线用来承载在源部件和目的部件之间传输的信息,这个信息可能是数据、命令、或地址(如果数据线和地址线复用)。数据总线具有双向、并行的特点,通常采用同步方式工作。例如,如果一个磁盘要写一些数据到存储器,则数据总线被用来传输主存的地址和实际从磁盘来的数据。数据线的条数被称为数据总线的宽度,它决定了每次能同时传输的信息的位数。数据总线的位数一般与计算机的字长有关。因此,数据总线的宽度是决定系统总体性能的关键因素。例如,如果数据总线的宽度为 16 位,而指令的操作数位数为 32 位,那么,在取这个操作数时,必须访存两次。

2. **地址总线**(Address Bus,AB)

地址总线用来给出源数据或目的数据所在的主存单元或 I/O 端口的地址,用于在指令操作的不同时期,选择要使用的器件和系统,既用于存储器操作,又用于 I/O 操作。地址总线具有单向、并行的特点。例如,若要从主存单元读一个数据,那么 CPU 必须将该主存单元的地址送到地址线上。若要输出一个数据到外设,那么,CPU 也必须把该外设的地址(实际上是 I/O 端口的地址)送到地址线上。地址总线的位数决定了可寻址的地址空间的大小,影响着可直接寻址的内存储器容量。如某计算机有 16 条地址总线,则其可直接寻址的内存容量为 $2^{16}=64$ KB。

3. **控制总线**(Control Bus,CB)

控制总线用来控制对数据线和地址线的访问和使用,用于传送各类控制/状态信号,协调计算机各部件的工作。不同型号的微处理器有不同数目的控制总线,且其方向和用途也不同。因为数据线和地址线是被连接在其上的所有设备共享的,如何使各个部件在需要时使用总线,需靠控制线来协调。控制线用来传输定时信号和命令信息。

典型的控制信号包括:

(1)时钟(Clock):用于总线同步。

(2)复位(Reset):初始化所有设备。

(3)总线请求(Bus Request):表明发出该请求信号的设备要使用总线。

(4)总线允许(Bus Grant):表明接收到该允许信号的设备可以使用总线。

(5)中断请求(Interrupt Request):表明某个中断正在请求。

(6)中断回答(Interrupt ACK):表明某个中断请求已被接收。

(7)存储器读(Memory Read):从指定的主存单元中读数据到数据总线上。

(8)存储器写(Memory Write):将数据总线上的数据写到指定的主存单元中。

(9)I/O 读(I/O Read):从指定的 I/O 端口中读数据到数据总线上。

(10)I/O 写(I/O Write):将数据总线上的数据写到指定的 I/O 端口中。

(11)传输相应(Transfer ACK):表示数据已被接收或已被送到总线上。

7.1.4 总线的数据传输方式

在计算机总线中,数据传输有两种基本方式,即串行传输和并行传输。

1. **串行传输**

串行总线的数据在数据线上按位进行传输,因此只需要一根数据线,线路的成本低,适合于远距离的数据传输。在计算机中普遍使用串行通信总线连接慢速设备,如键盘、鼠标和终端设备等。近年来也出现了一些中高速的串行总线,它可连接各种类型的外设,也可传送多媒体信息。

在进行串行传输时,按顺序传送一个数据的所有二进位的脉冲信号,每次一位,被传送的数据在发送部件中必须进行并行数据到串行数据的转换,这个过程称为拆卸;而在接收部件中则需要将串行数据转换成并行数据,这个过程称为装配。

串行总线是一种信息传输信道。在信息传输通道中,携带数据信息的信号单元称为码元,每秒钟通过信道传输的码元数称为码元传输速率,简称波特率。波特率是衡量数据传送速度快慢的重要指标。它反映了每秒钟传输的数据的位数。每秒钟通过信道传输的信息量称为位传输速率,简称比特率。它反映了在传输介质上每秒钟传输的所有信息位数。它们的单位都是位/秒(bit/s)。比特率可以大于或等于波特率。例如,一个串行总线每秒传送1 200个数据位,即它的波特率是1 200 bit/s,如果数据发送到传输介质时是一个脉冲发送一位数据,则它的比特率也是1 200 bit/s;如果发送时是用 n 个脉冲调制一个数据位,那么比特率就是1 200n,比波特率大。

串行传输方式可分为同步传输方式和异步传输方式两种。在异步传输方式中,每个字符要用一位起始位和若干停止位作为字符传输的开始和结束标志,需占用一定的时间。所以在进行数据块传送时,为了提高速度,一般把每个字符前后的附加位去掉,而将若干个字符作为一个数据块一起传送,在数据块的开始和结尾处用一个或若干个同步字符作标志。这种方式称为同步串行传输方式。虽然同步传输方式比异步传输方式速度快,但它要求有时钟来实现发送端和接收端的同步,并且接口的硬件更复杂。

2. 并行传输

并行总线的数据在数据线上同时有多位一起传送,每一位要有一根数据线,因此有多根数据线。并行传输比串行传输的速度要快得多,但需要更多的传输线。

衡量并行总线速度的指标是最大数据传输率,即单位时间内在总线上传输的最大信息量。一般用每秒多少兆字节(MB/s)来表示。例如,若总线的工作频率为33 MHz,总线宽度为32位,则它的最大数据传输率为:$33\times32/8 = 132$(MB/s)。(数据传输率由总线工作频率而得,在频率中的1 M为10^6,所以这里1 M=10^6。一般在通信传输中出现的M和K等单位是以10为基来衡量的。)

为了减少线路的数量,可以将并行方式和串行方式结合起来。当数据线不是很宽时,采用分多次传输的方法来实现。例如,在主存和Cache之间传输数据块时常采用连续串行传输多个字的方法进行,这种总线传输方式称为突发式数据传送模式。

7.2 总线设计要素

尽管有许多不同的总线实现方式,但总线设计的基本要素和考察其性能的指标都是相同的。总线设计时要考虑的基本要素包括:

①信号线类型:专用信号线 / 复用信号线。

②仲裁方法:集中式裁决 / 分布式裁决。

③定时方式:同步通信 / 异步通信。

④事务类型:总线所支持的各种数据传输类型和其他总线操作类型。

⑤总线带宽:单位时间内在总线上传输的有效数据。

7.2.1 信号线的类型

总线的信号线类型有专用和复用两种。专用信号线指这种信号线专门用来传送某一种信息。例如,使用分立的数据线和地址线。复用信号线指一种信号线在不同的时间传输不同的信息。例如,采用数据/地址线分时复用的方式,用一组数据线在总线事务的地址阶段传送地址信息,在数据阶段传送数据信息。这样就使得地址和数据通过同一组数据线进行传输。

信号线的分时复用,可以使用较少的线传输更多的信息,从而节省了空间和成本。但挂接的每个部件的电路变得更复杂了。而且,因为共享同一线路的事件不能同时发生,所以它还潜在地降低了性能。

7.2.2 总线裁决

总线设计中的一个重要问题是:一个希望进行通信的设备是如何获取总线使用权的?

为什么总线设计方案中要给出如何控制总线使用权的问题呢?因为总线是被连接在其上的所有设备共享的,所以需要一个协议来表明哪个设备可以使用总线。如果没有任何控制,那么当多个设备需要进行通信时,每个设备都试图为各自的传输而将信号送到总线上,这样就会产生混乱。

这种混乱可以通过引入一个或多个总线主控设备到系统中而加以避免。总线上连接的各个部件,根据其对总线有无控制能力被分为主控设备和从设备两种。一个总线主控设备控制对总线的访问,它能够发起并控制所有总线请求。从设备只能响应从主控设备发来的总线命令。例如,处理器一定能发起一个对存储器的总线请求,所以它总是一个总线主控设备,存储器总是一个从设备,因为它将响应读或写请求,但它不会产生请求。

最简单的系统可以只有一个总线主控设备——处理器。在一个单主控设备系统中,所有总线操作都必须由处理器控制,所以无需总线裁决。这种方式的主要缺点是处理器必须介入到每个总线事务中。例如,从磁盘读一个扇区的工作可能会要求处理器介入成千上万次,根据每次传送的数据块的大小不同,介入次数也有所不同,因为设备已经变得很快,并且能够以更高带宽进行传送,所以处理器的负担越来越重。因此,将处理器介入到每个总线事务中的做法已越来越没有吸引力了。

另一种选择是采用多个总线主控设备,每个主控设备都能启动数据传送。对于多总线主控设备总线,必须提供一种机制用来决定在某个时刻哪个设备具有总线使用权。

决定哪个总线主控设备将在下次得到总线使用权的过程被称为总线裁决。进行总线裁决有多种方案。从大的方面来讲,有集中式和分布式两类总线裁决方式。前者将控制逻辑做在一个专门的总线控制器或总线裁决器中,通过将所有的总线请求集中起来利用一个特定的裁决算法进行裁决。而在分布式的裁决方式中,没有专门的总线控制器,其控制逻辑分散在各个部件或设备中。

在一个总线裁决方案中,主控设备使用总线请求信号进行总线请求,获得总线控制权后,设备就可以使用总线。根据不同的总线释放机制,在一种特定的事件发生后,就向裁决器发出信号表示不再需要总线,此时裁决器就能保证让总线分配给另一个设备。大多数具有多个主控设备的总线都由一组连线来传送总线请求和接收许可信号。

在选择哪个设备获得总线使用权时,一般的裁决方案通常试图平衡两个因素:一是“等级性”,即每个主控设备有一个总线优先级,具有最高优先级的设备应该先被服务;二是“公平性”,即任何设备,即使是具有最低优先权的设备也不能永远得不到总线使用权。这种“公平性”保证了想使用总线的每个设备最终总能得到总线。除了上述因素外,更复杂的方案考虑怎样缩短总线裁决时间。

1. 集中裁决方式

常用的集中裁决方式有以下 3 种:

(1)菊花链查询方式。

在这种方案中,优先级由主控设备在总线上的位置来决定,要求拥有总线使用权的高优先级设备简单地拦截总线允许信号,不让其更低级的设备收到该信号。菊花链查询方式如图 7.1 所示。图中控制线中有 3 根线用于总线控制(即 BS-总线忙、BR-总线请求及 BG-总线允许),总线允许线从最高优先权的设备依次向最低优先权的设备串行相连。如果 BG 到达的设备有总线请求,BG 信号就不再往下传,该设备建立总线忙 BS 信号,表示它已获得了总线使用权,占用了总线。菊花链总线的优点是简单,只需很少几根线就能按一定优先次序实现总线裁决,而且易扩充设备;缺点是不能保证公正性,即一个低优先级请求可能永远得不到允许,而且对电路故障较敏感,一个设备的故障会影响到后面设备的操作。另外,菊花链的使用也限制了总线速度。

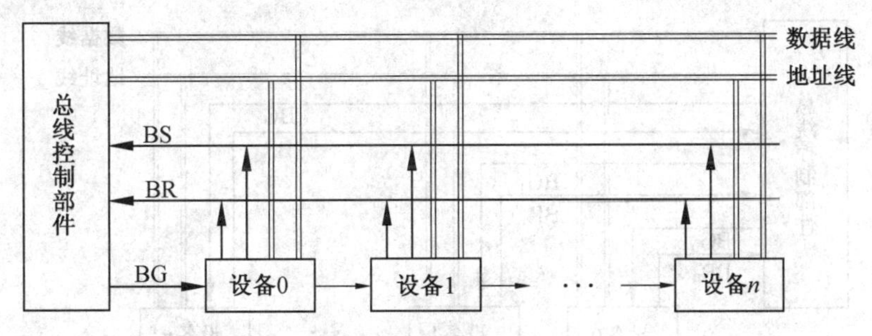

图 7.1　菊花链查询方式

(2)计数器定时查询方式。

这种方案比菊花链查询方式多了一组设备线,少了一根总线允许线 BG,如图 7.2 所示。总线控制器接收到 BR 送来的总线请求信号后,在总线未被使用(BS=0)的情况下,由计数器开始计数,并将计数值通过设备线向各设备发出。当某个有总线请求的设备号与计数值一致时,该设备便获得总线使用权,此时终止计数查询,同时该设备建立总线忙 BS 信号。计数器的初始值可由程序来设置,因而设备的优先级可以通过设置不同的计数初始值来改变。若每次计数总是从 0 开始,则设备的优先次序是固定的;若每次计数的初始值总是上次得到控制权的设备的设备号,那么所有设备的优先级就是相等的,是一种循环优先级方式。计数器定时查询方式除了具有灵活的优先级这个优点外,它对电路故障也不如菊花链查询那样敏感。但这种方式增加了一组设备线,并且每个设备要对设备线的信号进行译码处理,因而控制也变复杂了。

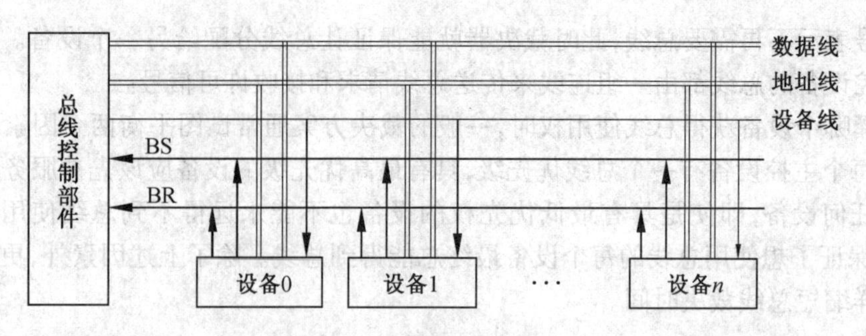

图 7.2 计数器定时查询方式

(3)独立请求方式。

这种方案使用一个中心裁决器从请求总线的一组设备中选择一个,其结构如图 7.3 所示。从图中可见,每个设备都有一对总线请求线(BR_i)和总线允许线(BG_i)。各个设备独立地请求总线,当某个设备要求使用总线时,就通过其对应的总线请求线将请求信号送到总线控制器。总线控制器中有一个判优电路,可根据各个设备的优先级确定选择哪个设备使用总线。控制器可以给各个请求线以固定的优先级,也可以设置可编程的优先级。这种方法的优点是:响应速度快,如果是可编程的总线控制器,那么优先级还可以灵活设置。但它的控制逻辑很复杂,控制线数量多。若 n 表示允许挂接的最大设备数,则菊花链方式只需两根裁决线,计数查询方式大致需用 $\log_2 n$ 根裁决线,而独立请求方式则需用 $2n$ 根裁决线。

独立请求方式中的裁决算法在总线控制器中由硬件来实现,可以采用固定的并行判优算法、平等的循环菊花链算法、动态优先级算法(如最近最少用算法、先来先服务算法)等。

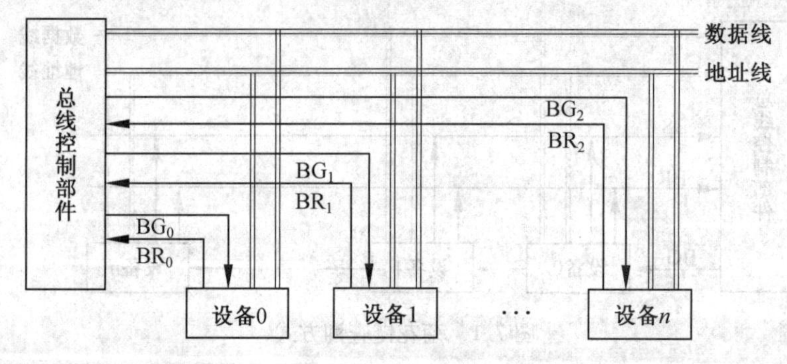

图 7.3 独立请求方式

2. 分布式裁决方式

常用的分布式裁决方式有以下 3 种:

(1)自举分布式裁决。

这种方案使用多个请求线,不需要中心裁决器,每个设备独立地决定自己是否是最高优先级请求者。一般优先级是固定的,每个需要请求总线控制权的设备在各自对应的总线请求线上送出请求信号,在总线裁决期间每个设备将有关请求线上的信号合成后取回分析,根据这些请求信号确定自己能否拥有总线控制权。每个设备通过取回的合成信息能够检测出其他设备是否发出了总线请求。如果没有,则可以立即使用总线,并通过总线忙信号阻止其他设备使用总线。如果一个设备在发出总线请求的同时,检测到其他优先级更高的设备也请求使用总线,则本设备不能立即使用总线;否则,本设备就可立即使用总线。图 7.4 是自举分布式裁决示意图，假定总线上有 4 个设备，每个设备有一个唯一的标识号 i（从 0 到 3），其中设备 0 的优先级最低，设备 3 的优先级最高。BR_0为总线忙信号线，BR_i（i 从 1 到 3）为设备 i 的总线请求线。这样，设备 0 在确认 BR_0上无有效信号（即总线空闲），同时 BR_1，BR_2和 BR_3上没有其他设备发出的请求信号，这时就可使用总线，它将 BR_0信号线置为有效，表示总线处于忙状态。设备 1 在确认总线空闲，并且 BR_2和 BR_3上没有请求信号时能使用总线。设备 2 在确认总线空闲且 BR_3上没有请求信号时就能使用总线。而设备 3 则在总线空闲时可直接使用总线。由上述过程来看，最低优先级的设备 0 可以不需要总线请求线。因为没有其他设备需要它的请求信号。这种方案需要较多的连线用于请求信号，所以，许多总线用数据线 DB 作为总线请求线。SCSI 总线采用该方案。

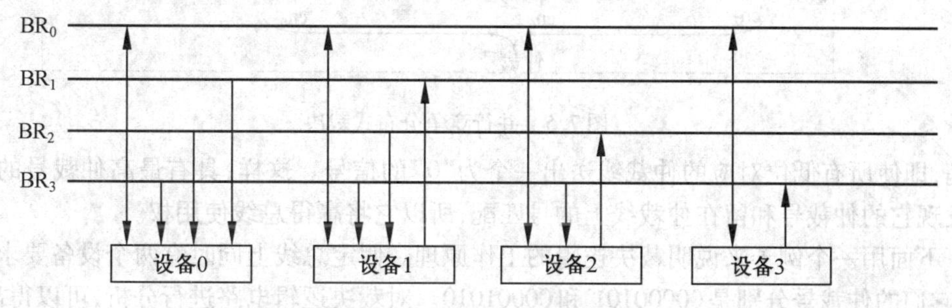

图 7.4　自举分布式裁决

（2）冲突检测分布式裁决。

在这种方案中，每个设备独立地请求总线，多个同时使用总线的设备会产生冲突，这时冲突被检测到，按照某种策略在冲突的各方选择一个设备。例如，Ethernet 使用以下方案进行总线裁决：当某个设备要使用总线时，它首先检查是否有其他设备正在使用总线，如果没有，那么它就置总线忙，然后使用总线；若两个设备同时检测到总线空闲，那么它们可能会立即使用总线，此时便发生了冲突。一个设备在传输过程中，它会侦听总线以检测是否发生了冲突，当冲突发生时，两个设备都会停止传输，延迟一个随机时间后再重新使用总线。就像两个有礼貌的人发现自己和对方同时走上一个独木桥后，两人又都同时退回一样，过一个随机时间段后，就可能有一人先走，这样冲突就解决了。这种方案一般用在网络通信总线上。

（3）并行竞争分布式裁决。

这是一种较复杂但有效的裁决方案。其基本思想是：总线上的每个设备都有一个唯一的仲裁号，需要使用总线的主控设备把自己的仲裁号发送到仲裁线上，这个仲裁号将用在并行竞争算法中。每个设备根据算法决定在一定时间以后占用总线还是撤销仲裁号。

并行竞争机制是这样的。假定总线中有 8 根仲裁线 $AB_0 \sim AB_7$，需要使用总线的主控设备把自己的仲裁号发送到这 8 根仲裁线上，发送最大仲裁号的设备将获得总线使用权。

每个设备中的裁决逻辑如图 7.5 所示，设备和总线采用相反的逻辑，设备中的电路采用正逻辑，而总线则采用负逻辑。

每个设备把它的仲裁号 $cn_0 \sim cn_7$ 放到仲裁线 $AB_0 \sim AB_7$ 上，任何一根特定仲裁线的信号都是所有送到那条线的信号的"或"，所以只要有一个设备把逻辑"1"送到这个特定的仲裁线上，那么这根线的信号就是"1"，即信号线为低电平。每个设备中的裁决逻辑将检测裁决线上的结果值，并根据下列规则修改它放到总线上的仲裁号：如果该设备的仲裁号中有某一位为 0，而这一位对应的仲裁线信号为"1"，则修改这个仲裁号，使其所有低位都从总线上

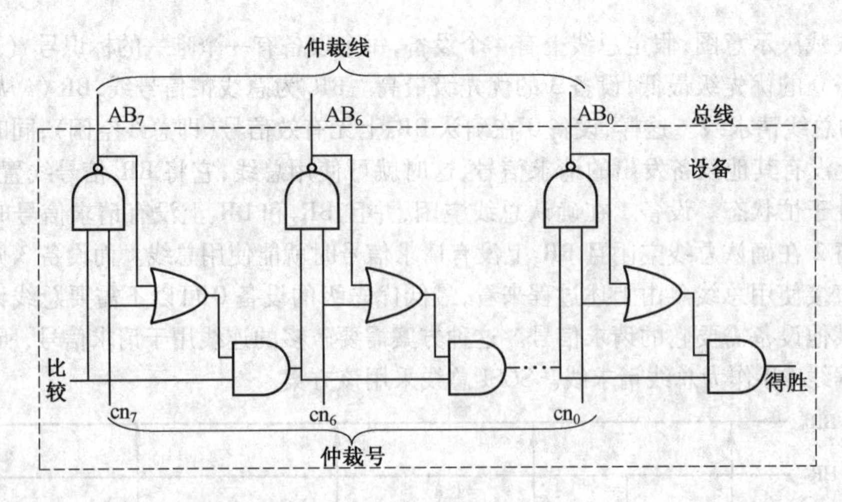

图 7.5　并行竞争分布式裁决

撤销，即使所有低位对应的仲裁线送出一个为"0"的信号。这样，具有最高仲裁号的设备将会发现它的仲裁号和留在仲裁线上的号匹配，所以它将赢得总线使用权。

下面用一个例子来说明裁决逻辑的工作原理。假定总线上同时有两个设备要求使用总线，它们的仲裁号分别是 00000101 和 00001010。对裁决逻辑电路进行分析，可以得出表 7.1 所示的结果。由此可见，最终留在仲裁线上的号为 00001010，即仲裁号大的那个设备将赢得总线使用权。

表 7.1　并行竞争裁决逻辑举例分析结果

裁决号 1		裁决号 2		裁决线电平	裁决线逻辑
cn	AB	cn	AB		
0	高	0	高	高	0
0	高	0	高	高	0
0	高	0	高	高	0
0	高	0	高	高	0
0	高	1	低	低	1
1	高	0	高	高	0
0	高	1	低	低	1
1	高	0	高	高	0

这种方式与自举分布式裁决算法相比，它可以用很少的裁决线挂接大量的设备。例如，假定是 8 位仲裁号，自举分布式裁决只能表示 8 个优先级，而这种方式可以表示 256 个优先级，仲裁号为 255 的设备优先级最高，而仲裁号为 0 的设备最低。

7.2.3　通信协议

通过总线裁决确定了哪个设备可以使用总线，那么一个取得了总线控制权的设备如何控制总线进行总线操作呢？即如何来定义总线事务中的每一步何时开始、何时结束呢？这就是总线通信的定时问题。总线通信的定时方式有4种,即同步协议、异步协议、半同步协议和分离事务协议。

1. **同步协议方式**

如果一个总线是同步的,那么它的控制线中就有一个时钟信号线,挂接在总线上的所有设备都从这个公共的时钟线上获得定时信号。一定频率的时钟信号线定义了等间隔的时间段,这个固定的时间段为一个时钟周期,也称一个总线周期。该时钟信号有一个固定的通信协议。例如,对于一个处理器-主存总线,如果执行从存储器读的操作,那么就会有以下协议:在第一个时钟周期发送地址和存储器读命令,利用控制线表明请求的类型,然后存储器被要求在第5个时钟将数据放到总线上作为响应。这个读操作的同步通信协议如图7.6所示。

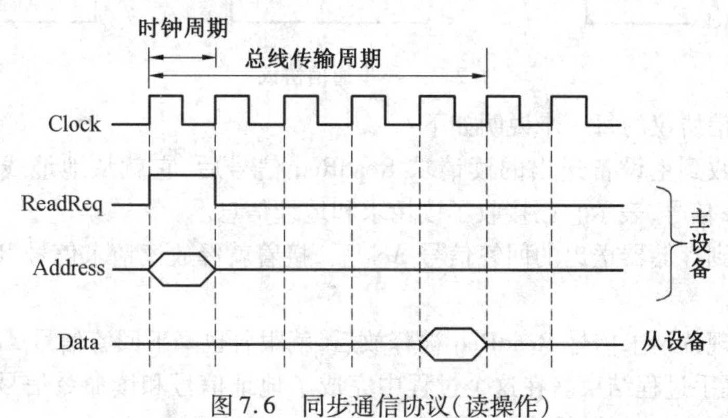

图7.6 同步通信协议(读操作)

这种类型的协议能够很容易地用一个有限状态机实现,因为这种协议是预先确定的,只涉及非常少的逻辑,所以这种总线非常快,并且接口逻辑很少。但同步总线有两个缺点:第一,在总线上的每个设备必须以同样的时钟速率进行工作;第二,由于时钟偏移问题,同步总线如果要快,就不能很长。处理器-主存总线一般都是同步的,因为通信的设备靠得很近,而且数量又少。

2. **异步协议方式**

一个异步总线是非时钟定时的。因此,一个异步总线能够连接带宽范围很大的各种设备。总线能够加长而不用担心时钟偏移或同步问题。为了协调在发送和接收者之间的数据传送,一个异步总线必须使用一种握手协议。握手协议由一系列步骤组成,在每一步中,只有当双方都同意时,发送者或接收者才会进入到下一步,协议是通过一组附加的控制线来实现的。

下面一个简单的例子说明异步总线是如何工作的。考虑一个设备请求从存储器中读一个字。假定存在以下3个控制线。

(1)ReadReq(读请求):用于指示一个读请求,假定在送出该信号时,地址同时被放到地址线上。

(2)Ready(数据就绪):用于指示数据字已在数据线上准备好。在一个存储器读事务中,该信号将由存储器驱动有效,因为是存储器提供数据;在一个I/O读事务中,该信号将由I/O设备驱动有效,因为是I/O设备提供数据。

(3)Ack(回答):用于回答另一方送过来的ReadReq或Ready信号。

图 7.7 给出异步通信协议示意图。一次总线操作从主设备送出一个读请求信号 ReadReq 和地址信息开始。

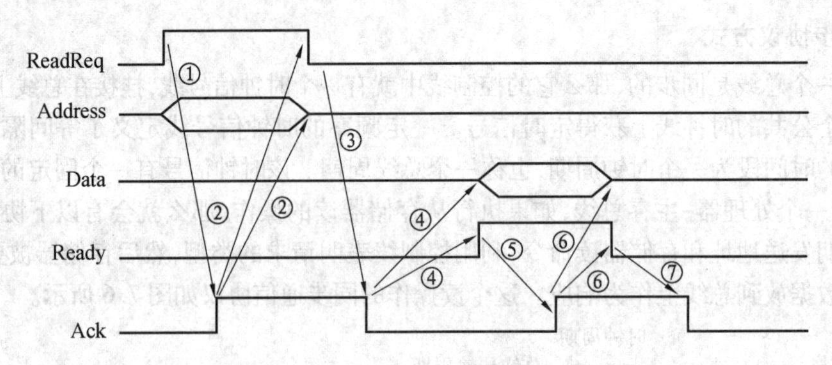

图 7.7 异步通信协议

图中异步通信协议的每一步说明如下：

①存储器接收到主设备送出的读请求 ReadReq 信号后，它就从地址线上读取地址信息，然后送出 Ack 信号，表示它已接收了读请求和地址信息。

②主设备收到存储器送出的回答信号 Ack 后，接着就释放读请求信号 ReadReq 和地址线。

③存储器发现读请求信号 ReadReq 被释放后，就跟着也降下回答信号 Ack。

至此，一次握手过程结束。在这个过程中完成了地址信号和读命令信号的通信。但一次总线操作还未完成，还要继续进行交换数据信息。

④当存储器完成数据的读出后，就将数据放到数据线上，并送出数据就绪信号 Ready 。

⑤主设备接收到存储器送出的数据就绪信号 Ready 后，就从数据线上开始读，并送出回答信号 Ack，告诉存储器数据已经被读。

⑥存储器接收到 Ack 信号后，就得知数据已被成功读取。此时它就降下数据就绪信号 Ready，并释放数据线。

⑦主设备发现 Ready 线降下后，也就跟着降下回答信号 Ack。

至此，又一次握手过程完成。在这个过程中完成了一次数据信息的交换。

经历了两次握手过程，一个存储器读事务完成了。异步总线协议工作起来像一对有限状态机。它们以这样一种方式进行通信：一台机器直到它知道另一台机器已经到达一个特定的状态时才进入到下一状态。所以两台机器能协调的工作。

根据握手信号的相互作用方式，异步通信分为非互锁、半互锁和全互锁 3 种互锁方式，如图 7.8 所示。

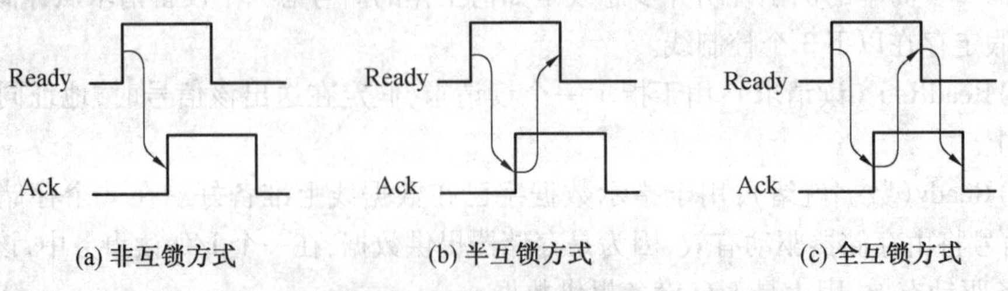

图 7.8 异步通信的 3 种互锁方式

在一个非互锁方式中,发送部件将数据放在总线上,延迟一定时间后就发出数据就绪信号 Ready,通知对方数据已在总线上,接收部件根据这个就绪信号接收数据,并发出应答信号 Ack 作为回答,表示数据已接收到,发送部件收到 Ack 信号后就可以撤销数据,以便进行下一次传输。在这种方式下,每次握手信号发出后,总是在经过固定的时间后就自动撤销。如果总线上各设备的速度差异很大,那么就不能保证握手信号在规定的时间内到达对方。因此这种非互锁方式在某些情况下不可靠。在半互锁方式下,其握手过程类似于非互锁方式,只是让就绪信号 Ready 一直有效,直到接收到另一方送来的应答信号 Ack 为止。这解决了就绪信号的宽度问题,但回答信号的宽度并没有解决。

在一个全互锁方式中,发送部件将数据放在总线上后就发出数据就绪信号 Ready,接收部件在接收到这个就绪信号后接收数据,并发出应答信号 Ack,发送部件收到 Ack 信号后才复位就绪信号,而接收部件在检测到就绪信号复位后,才复位应答信号。在这种方式下,就绪信号和应答信号的宽度是依据传输情况变化的。传输时间的长短决定了握手信号的宽度,因而可以挂接各种具有不同工作速度的设备。这种互锁式异步总线被广泛应用。

3. **半同步协议方式**

异步通信方式的缺点是对噪声较敏感。为解决这个问题,一般在异步总线中引入时钟信号,就绪和应答等信号都在时钟的上升沿有效,这样信号的有效时间仅限制在时钟到达的时刻,而不受其他时间的信号干扰。这种所有事件都由时钟定时,但信息的交换由就绪和应答等信号控制的通信方式称为半同步通信方式。例如,许多总线在同步时钟定时的基础上,引入一个“WAIT#”信号,在特定的时间主设备采样“WAIT#”信号,以查看从设备是否已完成相应的任务。如果“WAIT#”信号为低电平,则说明没有就绪,继续等待一个时钟,直到“WAIT#”信号为高电平为止。也有的总线对主设备和从设备各引入一个就绪信号线,如 PCI 总线中的“TRDY#”和“IRDY#”信号。图 7.9 给出了半同步通信协议示意图。

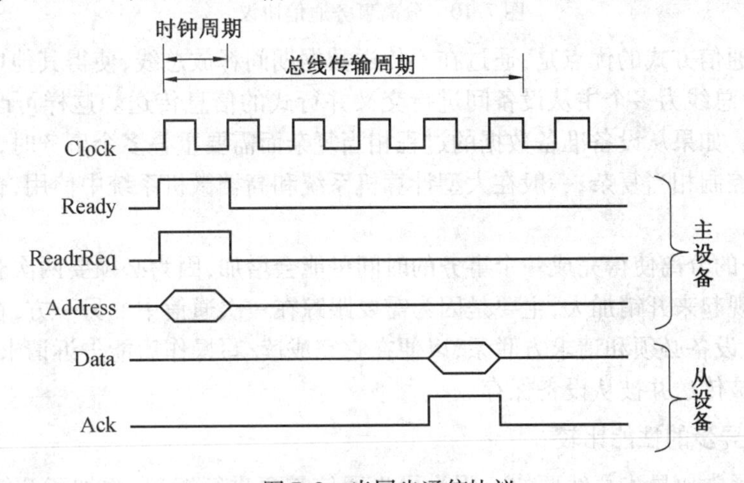

图 7.9　半同步通信协议

半同步通信同时具有同步和异步通信的优点,既保持了“所有信号都由时钟定时”的同步总线的特点,又有“不同速度的设备共存”的异步总线的特点。

4. **分离事务协议方式**

当有多个总线主控设备在总线上存在时,增加有效总线带宽的另一个方法就是在总线事务执行过程中,如果不需要使用总线时立即释放总线,在其他设备获得总线进行数据传输的同时,原来释放总线的事务在做数据准备等非总线数据传输的操作。

这种类型的协议被称为分离事务协议(Split Transaction Protocol)。其基本思想是将一个传输操作事务过程分成两个子过程。在第一个子过程中,主控设备A在获得总线使用权后,将请求的事务类型(即总线命令)、地址以及其他有关信息(如标识主控设备身份的编号等)发送到总线上,从设备B记录下这些信息。主控设备发送这些信息只需很短的时间,发完这些信息后便立即释放总线,这样其他设备便可使用总线。在第二个子过程中,从设备B收到主控设备A发来的信息后,就按照其请求的命令进行相应的操作,当准备好主控设备所需的数据后,从设备B便请求使用总线,一旦获得使用权,则从设备B将主控设备A的编号及所需的数据等送到总线上,这样主控设备A便可接收数据。图7.10给出了分离事务通信协议示意图。

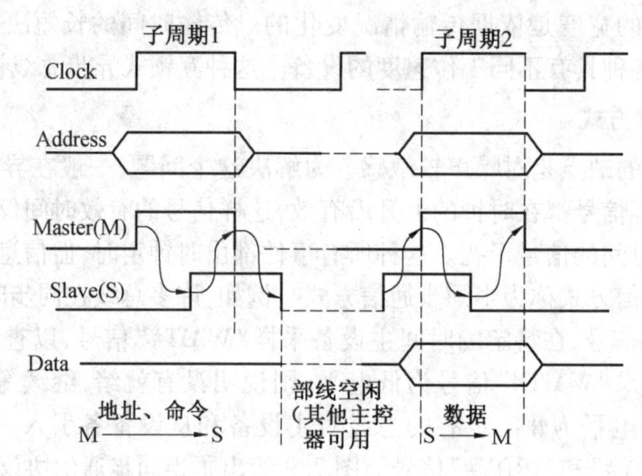

图7.10 分离事务通信协议

这种分离通信方式的优点是:通过在不传送数据期间释放总线,使得其他申请者能使用总线,实现一个总线为多个主从设备间进行交叉并行式的信息传送。这样可改进整个系统的总有效带宽。如果从设备准备数据的过程相当复杂而需要重叠多个事务时,效果更明显。当然这种方式控制相当复杂,一般在大型计算机系统和高档微机系统中使用,普通微机系统中很少使用。

当然,事务的分离使得完成一个事务的时间可能会增加,因为必须要两次获得总线。分离事务协议实现起来开销加大,主要是因为需要跟踪在一次通信中的另一方,在一个分离的事务协议中,从设备必须和请求方联系,以便在它完成读/写操作后能告诉请求方,所以请求者的身份必须被传送并被从设备保存。

5. 同步和异步的性能比较

同步总线通常比异步总线要快。因为异步通信需要进行握手,增加了开销。下面的例子对同步和异步总线的性能进行分析、比较。

举例:比较同步和异步总线的最大带宽。假定同步总线的时钟周期为50 ns,每次总线传输花1个时钟周期,异步总线每次握手需要40 ns,两种总线的数据都是32位宽,存储器的存储周期为200 ns。要求求出从该存储器中读出一个字时两种总线的带宽。

分析如下:同步总线具有50 ns的总线周期,其所需的步骤和时间为:

(1)发送地址和读命令到存储器,需要 50 ns。

(2)存储器读数据,需要 200 ns。

(3)传送数据到设备,需要 50 ns。

所以总时间为 300 ns。因而最大总线带宽为 4 B/300 ns,即 13.3 MB/s。

开始会觉得异步总线将慢得多,因为它将用 7 步,每一步至少需 40 ns,而且有关存储器访问那一步将用 200 ns。但是,如果仔细看图 7.7,将会发现:其中有好几步是和主存访问时间重叠的,特别存储器在第①步结束收到地址后,直到第⑤步的开始,才需要将数据放到数据总线上,因而,第②、③、④步都和存储器访问时间重叠,所以第①步为 40 ns;第②、③、④步为 Max(3×40,200)=200(ns);第⑤、⑥、⑦步为 3×40=120(ns)。因此,总时间为 360 ns。故产生的最大带宽为 4/360=11.1(MB/s)。

由此可知,同步总线仅比异步快大约 20%。当然要获得这样的速度,异步总线上的设备和存储器系统必须足够快,以使每次在 40 ns 内能完成握手过程。

尽管同步总线可能更快一点,但是在同步和异步之间进行选择时,要考虑的不仅是数据带宽,而且要考虑 I/O 系统的能力,包括可以连到总线上的设备的个数与总线的物理距离。异步总线能更好地适应技术的改变,并能支持更大范围内的响应速度,这是因为尽管异步总线增加了开销,但 I/O 总线大多采用异步通信的原因。

7.2.4 总线带宽

尽管一个总线的带宽主要由总线定时方式所用的协议决定的,但以下几个因素也影响带宽。

(1)数据总线宽度。

增加数据总线的宽度可使总线一次传输更多数据位。

(2)信号线是专用还是分时复用。

将地址线和数据线单独设置可使提高写操作的性能,因为地址和数据可在同一个总线周期内传送出去。

(3)是否允许大数据块传送。

如果允许总线以背靠背总线周期连续传送多个字而不发送地址信息或释放总线,那么可以减少传送一个大数据块所需的时间,提高总线带宽。这就是前面讲的串并结合的方式,也称突发数据传送方式。

对于单总线传输来说,以上几个方面都能提高总线性能。实现上述这些增强功能中的任一项的代价是以下的一种或多种:更多的总线条数、增加复杂性或当一个长数据块传送发生时会因为等待而增加响应时间。

总线设计困难的一个原因是总线速度受到总线的长度和部件的个数这两个物理因素的限制。这些物理因素阻止进行快速的总线裁决。在这些限制中,有许多技术可以用来提高总线的性能。但是,这些技术又可能反过来影响其他性能。例如,为了得到 I/O 操作的快速响应时间,必须通过简化通信路径来使一次总线访问的时间降到最少。但另一方面,为了获得高 I/O 数据速率,又必须使总线带宽最大化,总线带宽可以通过使用更多的缓冲和通过传送较大的数据块两种方式来提高。但这两种方式都会增加完成总线操作的时延。快速总线访问和高带宽这两个目标是相互矛盾的两种设计要求。此外,要求支持大范围内具有不同等待时间和数据传输率的设备的需求也使总线设计面临挑战。

7.3 总线接口单元

总线上的信号必须与连到总线上的各个部件所产生的信号协调,起协调作用的控制逻辑就是总线接口,它是挂接在总线上的部件与总线之间的连接界面。总线接口单元是处在总线部件中的实现总线接口功能的那部分逻辑,它用于将总线信号接到某个总线部件中。所以挂接在总线上的所有部件内部都有一部分逻辑是用于和总线进行连接的接口单元。CPU、存储器、I/O 模块中都有与系统总线或其他 I/O 总线的接口。

每个总线部件中的总线接口单元的功能是不完全相同的,这与部件本身的功能和结构、所连接的总线的特性等有关。但从大的方面来说,有一些基本的问题是具有共性的。

7.3.1 接口的基本概念

接口又称为 I/O 设备适配器。广义地讲,接口是指 CPU 和主存、外围设备之间通过总线进行连接的逻辑部件。接口部件在它动态连接的两个部件之间起着"转换器"作用,以便实现彼此之间的信息传送。

一个典型的计算机系统具有各种类型的外围设备,因而有各种类型的接口。外围设备本身带有自己的设备控制器,它是控制外围设备进行操作的控制部件。它通过接口接收来自 CPU 传送的各种信息,并根据设备的不同要求把这些信息传送到设备,或者从设备中读出信息传送到接口,然后送给 CPU。由于外围设备种类繁多且速度不同,因而每种设备都有适应它自己工作特点的设备控制器。

为了使所有的外围设备能够兼容,并能在一起正确地工作,CPU 规定了不同的信息传送控制方法。不论哪种外围设备,只要选用某种数据传送控制方法,并按它的规定通过总线和主机连接,就可进行信息交换,通常在总线和每个外围设备的设备控制器之间使用一个适配器(接口)电路来解决这个问题,以保证外围设备用计算机系统特性所要求的形式发送和接收信息。接口逻辑通常做成标准化。

一个标准接口可能连接一个设备,也可能连接多个设备。典型的接口通常具有如下功能:

(1)控制。接口靠程序的指令信息来控制外围设备的动作,如启动、关闭设备等。

(2)缓冲。接口在外围设备和计算机系统其他部件之间用一个缓冲器,以补偿各种设备在速度上的差异。

(3)状态。接口监视外围设备的工作状态并保存状态信息。状态信息包括数据"准备就绪""忙""错误"等,供 CPU 询问外围设备时进行分析之用。

(4)转换。接口可以完成任何要求的数据转换,例如,并-串转换或串-并转换,因此数据能在外围设备和 CPU 之间进行的正确传送。

(5)整理。接口可以完成一些特别的功能,如在需要时可以修改字计数器或当前内存地址寄存器。

(6)程序中断。每当外围设备向 CPU 请求某种动作时,接口即发生一个中断请求信号到 CPU。例如,如果设备完成一个操作或设备中存在着一个错误状态,接口即发出中断。

事实上,一个适配器必有两个接口:一是系统总线的接口,CPU 和适配器的数据交换一定是并行方式;二是与外设的接口,适配器和外设的方式不同,适配器分为串行数据接口和并行数据接口两大类。

7.3.2 标准接口类型

在微机系统中采用标准接口技术,其目的是为了便于模块结构设计,得到更多厂商的广泛支持,便于"生产"与之兼容的外部设备和软件。不同类型的外设需要不同的接口,而不同的接口是不通用的。目前在微机中使用最广泛的接口是 IDE, EIDE, SCSI, USB 和 IEEE1394 等5种。

1. IDE/EIDE 接口

IDE 即集成设备电子部件。它是磁盘控制器接口。IDE 采用了40线的单组电缆连接。由于已把磁盘控制器集成到驱动器之中,因此磁盘接口卡就变得十分简单。现在的计算机系统中已不再使用磁盘接口卡,而把磁盘接口电路集成到系统主板上,并留有专门的 IDE 连接器插口。IDE 由于具有多种优点,且成本低廉,在个人计算机系统中得到了广泛的应用。

增强型 IDE(即 EIDE)是为取代 IDE 而开发的磁盘机接口标准。在采用 EIDE 接口的计算机系统中,EIDE 接口已直接集成在主板上,因此,不必再购买单独的接口卡。与 IDE 相比,EIDE 具有支持大容量硬盘,可连接4台 EIDE 设备、有更高数据传输率等特点。为了支持大容量硬盘,EIDE 支持3种硬盘工作模式,即 NORMAL 模式、LBA 模式及 LARGE 模式。

2. IEEE1394 接口

IEEE1394 是一种串行接口标准,这种接口标准允许把计算机、计算机外部设备、各种家电非常简单地连接在一起。从 IEEE1394 可以连接多种不同外设的功能特点来看,也可以称为总线,即一种连接外部设备的微机外部总线。

3. SCSI 接口

SCSI 接口即小型计算机系统接口。SCSI 也是系统级接口,可与各种采用 SCSI 接口标准的外部设备相连,如硬盘驱动器、扫描仪、光驱、打印机和磁带驱动器等。采用 SCSI 标准的这些外设本身必须配有相应的外设控制器。

SCSI 对微机来说是一种很好的配置,它不仅是接口,更是一条总线。为使 SCSI 设备稳定工作,SCSI 总线的两端通常配有终端匹配器。

4. USB 接口

USB 即通用串行总线接口,是基于通用的连接技术,可实现外设的简单快速连接,以达到方便用户、降低成本、扩展微机连接外设的范围的目的。目前计算机中几乎每个设备都有它自己的一套连接设备,但外设接口的规格不一,接口数量有限,已无法满足众多外设连接的迫切需要。解决这一问题的关键是,提供设备的共享接口来解决微机与周边设备的通用连接。

USB 技术的应用是计算机外设连接技术的重大变革。现在 USB 接口标准属于中低速的界面传输,面向家庭与小型办公领域的中低速设备,如键盘、鼠标、游戏杆、显示器、数字音箱、数码相机以及调制解调器(Modem)等,目的是在统一的 USB 接口上实现中低速外设的通用连接。计算机主机上只需要一个 USB 端口,其他的连接可以通过 USB 接口和 USB 集线器来完成。USB 系统由 USB 主机(HOST)、集线器(HUB)、连接电缆及 USB 外设组成。正在研制的新一代 USB 接口,其数据传输率将提高到 120 ~ 240 MB/s,并支持宽带数字摄像设备及新型扫描仪、打印机及存储设备。

USB 提供机箱外的即插即用连接,连接外设时不必再打开机箱,也不必关闭主机电源。USB 采用“级联”方式,即每个 USB 设备用一个 USB 插头连接到一个外设的 USB 插座上,而其本身又提供一个 USB 插座供下一个 USB 外设连接用。使用 USB 时,新增加的外设可以直接与系统单元上的端口相连,或者与集线器相连。每个集线器提供 7 个 USB 设备的插口,可以将其他的集线器插入与系统相连的集线器中,这样计算机就有 13 个插口,它允许最多插入 21 个集线器,系统就有可以连接 127 个不同设备的插口。通过这种类似菊花链式的连接,一个 USB 控制器可连接多达 127 台外设,而每个外设间的距离可达 5 m。USB 统一的 4 针圆形插头将取代机箱后的众多的串/并口(鼠标、调制解调器、键盘)等插头。USB 能智能识别 USB 链上外围设备的插入或拆卸。除了能够连接键盘、鼠标等外,USB 还可以连接 ISDN、电话系统、数字音响、打印机以及扫描仪等低速外设。

(1)USB 的特性。

① 即插即用和热插拔功能。USB 设备不仅具有即插即用的功能,并且可以在不重新启动计算机的情况下安装或卸载,系统可以自动检测外设的变化和外部设备对系统资源的需求,并自动为设备分配这些资源。对于用户而言免去了设置跳线、DMA、IRQ 以及 I/O 等繁琐手续。

② 多用途。在 USB 规范中,外设通过集线器呈树状接至一个端口上,一台计算机可连接 127 台不同种类的设备,对目前微机的需求来讲,如此多的外设已绰绰有余。由于它制定了统一的接口,提高了设备之间的兼容性,从而大大提高了计算机的灵活性。

③ 降低设备成本。USB 总线作为一种开放式标准,使厂商可以大规模生产,便于降低成本。设备接口的统一性,也使得计算机外部设备制造和生产厂商不需要再设计额外的安装界面,从而降低了设备成本,使用户从总体上降低了拥有和使用计算机的成本。

(2)USB 的传输方式。

针对设备对系统资源需求的不同,在 USB 标准中规定了 4 种不同的数据传输方式。

①等时传输方式。该方式用来连接需要连续传输数据,且对数据的正确性要求不高而对时间极为敏感的外部设备,如话筒、喇叭及电话等。等时传输方式以固定的传输速率、连续不断地在主机与 USB 设备之间传输数据,在传送数据发生错误时,USB 并不处理这些错误,而是继续传送新的数据。

②中断传输方式。该方式传送的数据量很小,但这些数据需要及时处理,以达到实时效果,此方式主要用在键盘、鼠标以及操纵杆等设备上。

③控制传输方式。该方式用来处理主机到 USB 设备的数据传输,包括设备控制指令、设备状态查询及确认命令。当 USB 设备收到这些数据和命令后,将依据先进先出的原则处理到达的数据。

④批传输方式。该方式用来传输要求正确无误的数据。通常打印机、扫描仪和数码相机以这种方式与主机连接。

在这 4 种数据传输方式中,除等时传输方式外,其他 3 种方式在数据发生错误时,都会试图重新发送数据以保证其正确性。

(3)USB设备的使用。

使用USB时,新增加的外设可以直接与系统单元上的端口相连,或者与集线器相连。每个集线器提供7个USB设备的插口,可以将其他的集线器插入与微机系统相连的集线器中,这样微机上就有了13个插口,由于最多允许插入21个集线器,因此系统就有了可连接127个不同设备的插口。

7.4 总线标准

主板上的"处理器-主存"总线经常是特定的专用总线,而用于连接各种I/O模块的I/O总线和底板式总线则通常可在不同的计算机中互用。实际上,底板式总线和I/O总线通常是标准总线,可被由不同公司制造的不同的计算机系统所使用。

大多数计算机允许用户很方便地插入设备,有的甚至是新开发的外围设备。I/O总线是扩充机器和连接新外设的一种常用手段。为了使机器的扩充和新设备的连接更加方便,计算机工业界已经开发出了各种总线标准,这些标准为计算机制造商和外围设备制造商提供了一种规范,它将向计算机设计者保证,只要新机器按照规范去设计外设就能用在其上,同时也向外设制造商保证,只要新外设按照规范去实现,用户的计算机就能挂接其新设备。有了总线标准,不同厂商可以按照同样的标准和规范生产各种不同功能的芯片、模块和整机,用户可以根据功能需求去选择不同厂家生产的、基于同种总线标准的模块和设备,甚至可以按照标准自行设计功能特殊的专用模块和设备,以组成自己所需的应用系统。这样可使芯片级、模块级、设备级等各级别的产品都具有兼容性和互换性,以使整个计算机系统的可维护性和可扩充性得到充分保证。

总线标准的形成有多种途径。第一种途径是由流行而自然形成的标准,如IBM PC-AT总线。一旦一个总线标准被外设设计者大量使用,其他计算机制造商就会引入这种总线并提供大量支持这种总线的外设。第二个途径是为了解决共性问题而提出一种标准,在这种情况下,标准往往会由一个小组来制定。SCSI总线和Ethernet就是由多个制造商合作提出的标准总线的例子。第三种途径是通过标准化组织制定的。如ANSI或IEEE等组织会提出一些总线标准。PCI总线标准就是由Intel发起、后来由一个工业委员会发展起来的。

各种标准总线之间尽管在设计细节上有很多不同,并且各有特点,但从总体上看,无论哪种总线,在其规范中都包含了信号系统、电气特性和机械物理特性等。而信号系统的规定中通常又包含信号分类、数据宽度、地址空间、传输速率、总线仲裁、握手协议、总线定时、事务类型等内容。

7.4.1 ISA总线

ISA(Industrial Standard Architecture)总线是IBM公司在1984年为推出PC/AT机而建立的系统总线标准,所以也称AT总线。它是在原先的PC/XT总线的基础上扩充而来的。它在推出后得到广大计算机同行的承认,兼容该标准的微型机大量出现。并且随后出现的286,386和486计算机尽管工作频率各异,但大多采用了ISA总线。

ISA总线的主要特点:①它能支持64 K I/O地址空间、16 M主存地址空间的寻址,可进行8位或16位数据访问,支持15级硬中断、7级DMA通道。②它是一种简单的多主控总线。除了CPU外,DMA控制器、DRAM刷新控制器和带处理器的智能接口控制卡都可成为总线主控设备。③它支持8种总线事务类型,即存储器读、存储器写、I/O读、I/O写、中断响应、DMA响应、存储器刷新及总线仲裁。

它使用独立于CPU的总线时钟,因此CPU可以采用比总线频率更高的时钟。它的时钟频率为8 MHz。ISA总线共有98根信号线,在原PC/XT总线的62根线的基础上扩充了36根线,与原PC/XT总线完全兼容。它具有分立的数据线和地址线。数据线宽度为16位,可以进行8位或16位数据的传送,所以最大数据传输率为16 MB/s。ISA总线提供了两组地址信号线,即$SA_{19} \sim SA_0$和$LA_{23} \sim LA_{17}$,使用这两组地址信号线可以对16 M的主存地址空间和64 K的I/O地址空间进行访问。

7.4.2 EISA总线

EISA(Extended Industrial Standerd Architecture)总线是一种在ISA总线基础上扩充的开放总线标准。它从CPU中分离出了总线控制权,是一种具有智能化的总线,支持多总线主控和突发传输方式。它的时钟频率为8.33 MHz。EISA总线共有198根信号线,在原ISA总线的98根线的基础上扩充了100根线,与原ISA总线完全兼容。具有分立的数据线和地址线。数据线宽度为32位,具有8位、16位、32位数据传输能力,所以最大数据传输率为33 MB/s。地址线的宽度为32位,所以寻址能力达2^{32}。即CPU或DMA控制器等这些主控设备能够对4 G范围的主存地址空间进行访问。

7.4.3 VESA总线

VL(VESA Local Bus)总线是VESA(Video Electronic Standard Association,视频电子标准协会)与60余家公司联合推出的一种通用的全开放局部总线标准,也称VESA总线。它的推出为计算机系统总线结构的革新奠定了基础。在此之前,PC系列机一直采用单一慢速的系统总线体系结构。尽管系统总线从PC(XT)总线、ISA(AT)总线发展到EISA总线和MCA总线,在总线性能上有所改善,但仍然远远跟不上CPU和软件的发展速度。在系统运行的大部分时间里,由于I/O总线上的数据传输速度低而使CPU处于等待状态,从而影响了整个系统的效率和性能。事实表明,I/O数据传输速度低的因素不是外设,而是I/O总线,因为随着微电子技术的发展,厂家早已能生产出与CPU性能相适应的I/O芯片和I/O适配卡。因此为了增强系统整体性能,必须解决总线传输速率这一瓶颈问题。解决这个问题的一个有效方法是将外设直接挂接到CPU局部总线上并以CPU速度运行。这样做可极大地提高I/O的传输速度,增强系统整体性能,而成本只略有增加。这个优越的性能/价格比为局部总线产品创造了巨大的潜在市场。正是在这种市场需求的牵引下,VL总线应运而生。VL总线作为一种局部总线,它不是一个单独使用的总线体系结构,而是对ISA,EISA等系统I/O总线的补充,它需要和其他总线共存于一个系统中,形成ISA/VL或EISA/VL等总线体系结构。

VL总线的主要设计目标是支持CPU直接与高速视频控制器挂接,其他外设如硬盘控制器、LAN控制卡以及其他高速接口所连的外设,也可使用VL总线。它直接采用CPU的时钟,最高主频可达66 MHz(实际上受制于VL总线扩充槽的性能不能超过40 MHz),一般为 33 MHz。数据总线的宽度为 32 位,可扩展到 64 位。当使用双倍时钟的 CPU(如 386 类 CPU)时,必须将 CPU 时钟分频才能驱动 VL 总线时钟。因此最大数据传输率为 132 MB/s。

VL 总线扩充槽是一种标准的 16 位微通道型扩充槽。它在主板上应位于与系统 I/O 总线扩充槽中心线对齐的位置上,如图 7.11 所示。

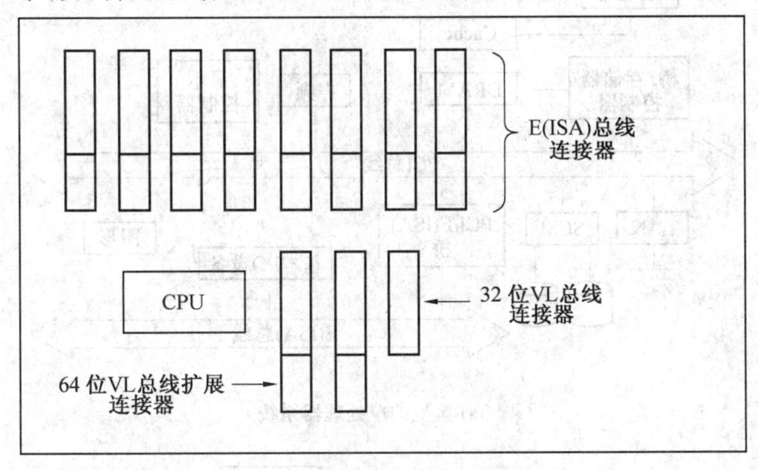

图 7.11　VL 总线物理布局

7.4.4　PCI 总线

PCI(Peripheral Component Interconnect)总线是继 VL 总线之后推出的又一种高性能的 32 位局部总线。它是 Intel 公司于 1991 年底提出的,后来 Intel 公司又联合 IBM,DEC,Apple,Compaq,Motorola 等 100 多家 PC 工业界的主要厂家,于 1992 年成立了 PCI 集团,称为 PCI SIG,组成了专门小组,统筹、强化和推广 PCI 标准。由于 PCI 规范是公开的,而且它受到许多微处理器和外围设备生产商的支持,因此不同厂家生产的 PCI 产品是相互兼容的。

PCI 是一种高带宽、独立于处理器的总线。它主要用于高速外设的 I/O 接口和主机相连,如图形显示适配器、网络接口控制卡、磁盘控制器等。它与 CPU 的时钟频率无关,采用自身 33 MHz 的总线频率,数据线宽度为 32 位,可扩充到 64 位,所以数据传输率可达 132 ~ 264 MB/s。它比 VL 总线的速度更快。其原因是:第一,它支持无限突发传输方式。而 VL 总线实际上是 CPU 总线,而 CPU 仅支持有限的突发数据传送,如 486 微处理器仅支持 16 字节的突发传输方式,所以 VL 总线速度不如 PCI 总线。第二,PCI 总线支持并发工作,即挂接在 PCI 总线上的外设能与 CPU 并发工作。PCI 总线作为 CPU 和外设之间的一个中间层,一个或多个 PCI 总线通过 PCI 桥(PCI 控制器)和处理器总线相连,而处理器总线只连接处理器/Cache、主存储器和 PCI 桥。所以 PCI 桥的使用使 PCI 总线独立于处理器,并且 PCI 桥提供了数据缓冲功能。例如,当处理器要访问 PCI 总线上的外设时,它可以把一批数据快速写到 PCI 桥的数据缓冲器中,在这些数据通过 PCI 总线写入设备的过程中,处理器又可以去执行其他操作。这种并发工作方式提高了系统的整体性能。

PCI 总线可以在主板上和其他系统总线(如 ISA,EISA 或 MCA)相连接,这样使得系统中的高速设备挂接在 PCI 总线上,而低速设备仍然通过 ISA,EISA 等这些低速 I/O 总线支持。在高速的 PCI 总线和低速的 E(ISA)总线之间也是通过 PCI 桥相连接的。一个系统中甚至可以有多个 PCI 总线,PCI 总线之间也是用相应的 PCI 桥连接。此外,PCI 总线支持广泛的基于微处理器的配置,可以用于单处理器系统中,也可用于多处理器系统中。图 7.12 给出了在一个单处理器系统和多处理器系统中使用 PCI 总线的典型例子。

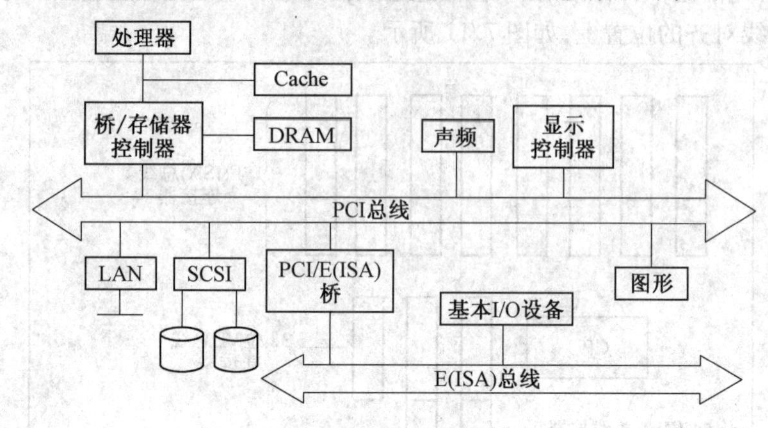

(a) 典型的单处理器系统

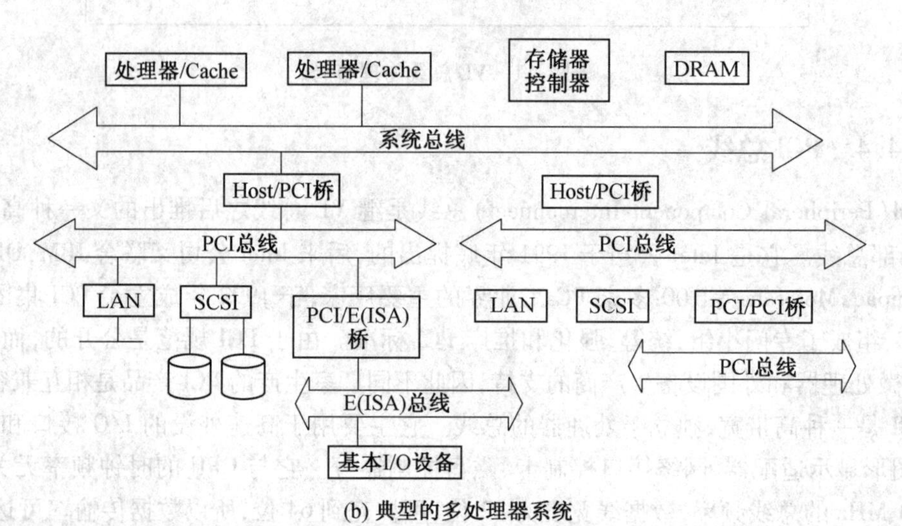

(b) 典型的多处理器系统

图 7.12　PCI 总线的典型配置

下面对 PCI 总线的信号线、PCI 命令、数据传送过程和总线裁决等内容做简要介绍。

(1)信号线。

PCI 可以配置为 32 位或 64 位总线。表 7.2 给出了 PCI 所必需的 50 根信号线的含义。按照功能,它们可以分为以下几组:

① 系统信号。系统信号包括时钟和复位线。

② 地址和数据信号。地址和数据信号包括 32 根分时复用的地址/数据线、4 根分时复用的总线命令/字节允许线以及对这 36 根信号线进行奇偶校验的一根校验信号线。

③ 接口控制信号。对总线事务进行定时控制,用于在事务的发起者和响应者之间进行协调。

④ 裁决信号。它不同于其他信号,不是所有设备共享同一根信号线,而是每个总线主

控设备都有一对仲裁线,即总线请求和总线允许。PCI采用集中式裁决,所有设备的仲裁线都连接到一个总线裁决器中。

⑤ 错误报告信号。错误报告信号用于报告奇偶校验错以及其他错误。

PCI规范还定义了另外50根可选的信号线。它们分为以下几个功能组:

① 中断信号。同裁决信号一样也是非共享的信号。每个PCI设备有自己的中断请求线,一起连到中断控制器中。

② 高速缓存支持信号。这些信号用来对PCI总线上的存储器提供高速缓存支持。如果系统允许PCI总线上的存储器支持高速缓存,那么,当访问PCI总线上的某个存储单元时,必须提供相应的高速缓存支持信号,用于传递Cache侦听的结果。

③ 64位总线扩展信号。包括32根分时复用的地址/数据线、4根分时复用的总线命令/字节允许线以及对这36根信号线进行奇偶校验的一根校验信号线。它们与基本的32位地址和数据信号组合形成64位地址和数据信号。另外,还有一对要求进行64位传输的请求和回答信号线。

④ JTAG/边界扫描信号:用于支持IEEE标准194.1中定义的测试程序。

表7.2 PCI所必需的50根信号线

名称	类型(条数)	说明描述
		系统信号
CLK	in (1)	定时用的时钟信号,在时钟信号的上升沿每个设备对相应的输入信号进行采样。其最大时钟频率为33 MHz
RST#	in (1)	复位信号。使总线上的所有PCI专用的寄存器、定序器和信号转为初始化状态
		地址和数据信号
A/D[31::0]	t/s (32)	复用的地址和数据线
C/BE[3::0]#	t/s (4)	复用的总线命令线和字节允许线。地址阶段表示总线命令;数据阶段表示数据线上4个字节中对应的那个字节是否有效
PAR	t/s (1)	32根A/D线和4根C/BE线的偶校验信号线。地址阶段和写数据阶段由主设备驱动PAR信号线;在读数据阶段则由目标设备驱动PAR信号线
		接口控制信号
FRAME#	s/t/s (1)	由主设备驱动,表示一次总线传输已开始并在持续进行中。在总线传输的开始(即地址阶段之初)使该信号有效,而在进行总线传输的最后一个数据交换之前撤销该信号
IRDY#	s/t/s (1)	发送端就绪信号,由主设备驱动。读操作中表示主设备准备好接收数据;写操作中表示主设备已把有效数据放到A/D线上
TRDY#	s/t/s (1)	接收端就绪信号,由从设备驱动。写操作中表示从设备准备好接收数据;读操作中表示从设备已把有效数据放到A/D线上
STOP#	s/t/s (1)	由从设备驱动。表示希望主设备停止当前的总线传输操作
LOCK#	s/t/s(1)	表示正在进行的总线操作不可被打断,即锁定总线

续表 7.2

名称	类型(条数)	说 明 描 述
IDSEL	in(1)	设备选择初始化信号。在配置读和配置写事务中用作片选信号
DELSEL#	in(1)	设备选择信号。如果某个目标识别出地址线上给定的是自己的地址,那么该设备就使这根线有效。主控设备接收到该信号后就知道已由设备被选中
		仲裁线
REQ#	t/s (1)	总线请求线。由需要申请总线使用权的主控设备发出。这是一根与设备有关的点对点信号线
GNT#	t/s (1)	总线允许线。接收到该信号的设备将获得总线使用权。这也是一根与设备有关的点对点信号线
		错误报告信号
PERR#	s/t/s (1)	奇偶校验错。表示一个目标在写数据阶段或一个主控设备在读数据阶段检测到一个奇偶校验错
SERR#	0/d (1)	系统错误。可由任何一个设备发出。用以报告地址校验错或除校验错以外的其他严重错误

(2)PCI 命令。

总线活动以发生在总线主控设备和从设备之间的总线事务形式进行。总线主控设备就是事务的发起者,从设备是事务的响应者,即目标。当总线主控设备获得总线使用权后,在事务的地址周期,通过分时复用的总线命令/字节允许信号线 C/BE 发出总线命令,即给出事务类型。

PCI 支持的总线命令(事务类型)如下:

① 中断响应。它是一条读取中断向量的命令,用于对 PCI 总线上的中断控制器提出的中断请求进行响应。在该事务的地址周期的地址线不起作用。而在数据周期,则从中断控制器读取一个中断向量,此时 C/BE 信号线用于表示读取的中断向量的长度。

② 特殊周期。特殊周期用于一个总线主控设备向一个或多个目标广播一条消息。

③ I/O 读和 I/O 写。I/O 读写命令用于在事务发起者和一个 I/O 控制器之间进行数据传送。

④ 存储器读、存储器行读及存储器多行读。各种存储器读命令,用于总线主控设备从存储器中读取数据。PCI 支持突发传送,所以它将占用一个或多个数据周期。这些命令的解释依赖于总线上的存储控制器是否支持 PCI 的高速缓存协议。如果支持,那么与存储器之间的数据传送以 Cache 行的方式进行。3 条 PCI 总线上存储器读命令的含义见表 7.3。

表7.3　PCI总线上存储器读命令的含义

读命令类型	支持Cache的内存	不支持Cache的内存
存储器读	突发传送半个或不到一个Cache行	突发传送两个数据周期或更少
存储器行读	突发传送半个以上到3个Cache行	突发传送3~12个数据周期
存储器多行读	突发传送3个以上Cache行	突发传送12个以上数据周期

⑤ 存储器写、存储器写并无效。这两种存储器写命令用于总线主控设备向存储器写数据,它们将占用一个或多个数据周期。其中存储器写并无效命令用于回写一个Cache行到存储器,所以它必须保证至少有一个Cache行被写回。

⑥ 配置读、配置写。配置读、配置写用于一个总线主控设备对连接到PCI总线上的设备中的配置参数进行读或更新。每个PCI设备都有一个寄存器组(最多可有256个寄存器),这个寄存器用于系统初始化时对本设备进行配置。

⑦ 双地址周期。由一个事务发起者用来表明它将使用64位地址来寻址。

(3)数据传送过程。

PCI总线上的数据传送由一个地址周期和一个或多个数据周期组成。图7.13显示了一个读操作的时序。写操作的过程与读操作类似。

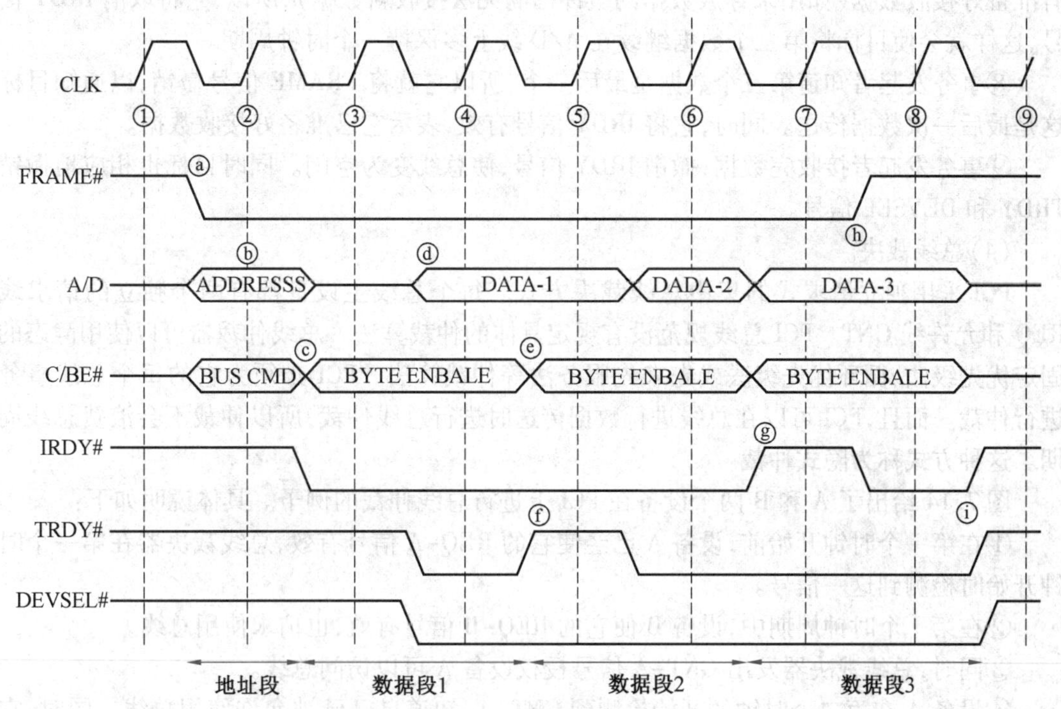

图7.13　PCI读操作过程

所有事件在时钟下降沿同步,即在时钟周期的中间。总线设备在一个时钟周期开始的上升沿采样总线信号。下面是对图7.13中标出的一些重要事件的说明。

①总线主设备一旦获取了总线的使用权,就通过使FRAME信号有效地开始一个事务。FRAME信号线一直有效,直到它准备传送最后一个数据。同时,事务发起者还将起始地址

送到 A/D 线上,读命令送到 C/BE 线上。

②在第二个时钟的开始处,目标设备识别出 A/D 线上的地址。

③事务发起者停止驱动 A/D 线上的信号。所有可能由多个设备驱动的信号线都要求有一个换向周期(用两个环形箭头表示)。这样,地址信号的撤销将使 A/D 信号线下次为目标设备所用。同时,事务发起者将改变 C/BE 线上的信号,以指示 A/D 线上传送的有效数据是哪些字节。此外事务发起者还使 IRDY 信号有效,表明它已准备接收第一个数据。

④被选中的目标使 DEVSEL 信号有效,以表明它已经识别出地址,并即将响应事务。

它将请求的数据放到 A/D 线上,然后使 TRDY 信号有效,表明 A/D 上的数据已经有效,可以读取。

⑤在第四个时钟的开始处,事务发起者读取数据,并改变 C/BE 线上的字节允许信号,为下一次读做准备。

⑥在图示例子中,假定目标需要一些时间来准备第二个数据,所以它将 TRDY 信号撤销,以通知事务发起者下一周期没有新数据。这样,事务发起者在第五个周期开始时就不会读数据,并且在这个周期中不改变 C/BE 线上的字节允许信号。第二个数据在第六时钟开始时被读取。

⑦在第六周期中间,目标将第三个数据放到总线上。在这个例子中,假定事务发起者没有准备好接收数据(如用来存放数据的缓冲已满无法接收新数据),所以,它将取消 IRDY 信号,这样就会使目标将第三个数据继续在 A/D 线上多保持一个时钟周期。

⑧事务发起者知道第三个数据是最后一个,所以它就将 FRAME 信号撤销,以通知目标这是最后一次数据传送。同时,它将 IRDY 信号有效,表示它已准备好接收数据。

⑨事务发起者接收完数据,撤销 IRDY 信号,使总线变为空闲。同时目标也相应地撤销 TRDY 和 DEVSEL 信号。

(4)总线裁决。

PCI 采用独立请求式的集中总线裁决方式。每个总线主设备都有两个独立的请求线 REQ 和允许线 GNT。PCI 总线规范没有规定具体的仲裁算法。总线仲裁器可以使用静态的固定优先级法、循环优先级法或先来先服务法等仲裁算法。PCI 必须为它的每个总线事务进行仲裁。而且,PCI 可以在总线进行数据传送时进行总线仲裁,所以仲裁不会浪费总线周期。这种方式称为隐式仲裁。

图 7.14 给出了 A 和 B 两个设备在 PCI 上进行总线仲裁的例子。具体说明如下:

①在第一个时钟开始前,设备 A 已经使它的 REQ-A 信号有效,总线裁决器在第一个时钟开始时检测到这一信号。

②在第一个时钟周期中,设备 B 使它的 REQ-B 信号有效,也请求使用总线。

③同时,总线裁决器发出 GNT-A 信号授权设备 A 可以访问总线。

④设备 A 在第二个时钟的开始检测到 GNT-A,知道自己已被允许使用总线。同时,它发现 IRDY 和 TRDY 信号都没有声明,表明总线是空闲的。因此,它将 FRAME 信号有效表明它要使用总线,同时将地址和命令信息放到相应的信号线上。因为它希望继续进行第二次交换事务,所以继续让 REQ-A 有效。

⑤总线裁决器在第三个时钟的开始采样所有的 REQ 线,根据裁决算法决定由设备 B 进行下一次总线事务。这时,它就让 GNT-B 有效而撤销 GNT-A 信号。但设备 B 只有等到总

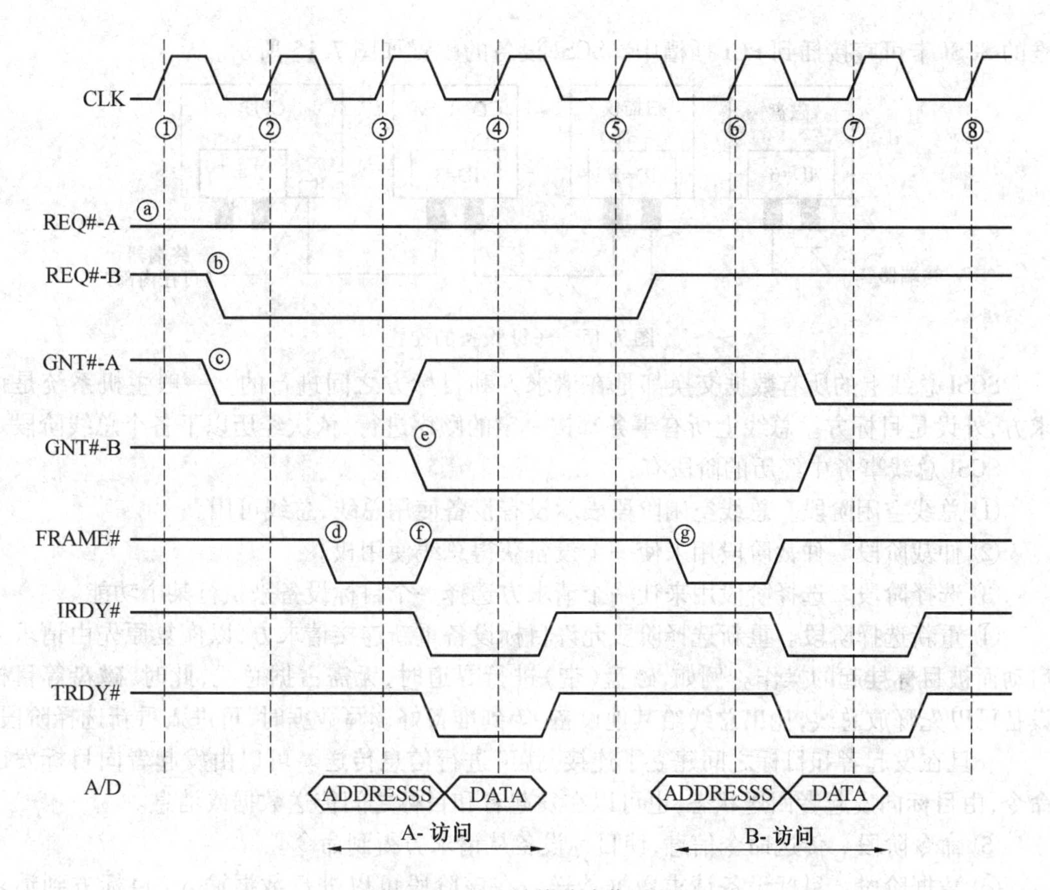

图 7.14 PCI 总线裁决作过程

线空闲后才能使用总线。

⑥设备 A 撤销 FRAME 信号,表示正在进行最后一次数据传送。它将数据放到数据总线上,并用 IRDY 通知目标设备,目标设备在下一个周期读取数据。

⑦在第五个时钟开始,设备 B 发现 IRDY 和 TRDY 信号都没有声明,表明总线是空闲的。因此,它将 FRAME 信号有效表明它要使用总线,同时将地址和命令信息放到相应的信号线上。因为它不希望继续进行第二次交换事务,所以它撤销了 REQ-B 信号。

在设备 B 完成它的事务后,设备 A 将获得总线使用权,以进行它的第二次交换事务。

从上述过程来看,PCI 的总线仲裁确实和数据传送同时进行,因此,PCI 的事务过程中只由一个地址周期和若干个数据周期组成,不包含裁决周期。

7.4.5 SCSI 总线

SCSI(Small Computer System Interface,小型计算机系统接口)总线从 1984 年开始广泛用在 Macintosh 机上,目前已非常普遍地用在了 IBM PC 兼容系统和许多工作站上。SCSI 总线主要用于光驱、音频设备、扫描仪、打印机以及像硬盘驱动器这样的大容量存储设备等的连接。它是一种直接连接外设的并行 I/O 总线,挂接在 SCSI 总线上的设备以菊花链的方式相连。每个 SCSI 设备有两个连接器,一个用于输入,一个用于输出。若干设备连接在一起,一端用一个终结器连接,另一端通过一块 SCSI 卡连到主机上。例如,一块支持 PCI 总线标准的 SCSI 卡可直接插到 PCI 插槽中。SCSI 设备的配置如图 7.15 所示。

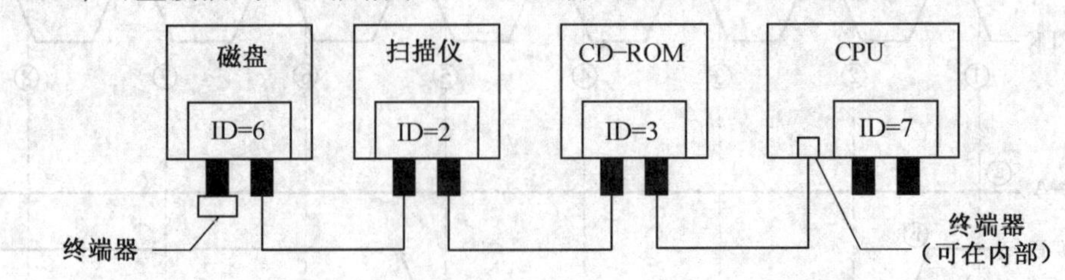

图 7.15 SCSI 设备的配置

SCSI 总线上的所有数据交换都是在请求方和目标方之间进行的。一般主机系统是请求方,外设是目标方。总线上所有事务都按一定的顺序进行,依次经历以下各个总线阶段。

SCSI 总线事务中经历的阶段有:

① 总线空闲阶段。总线空闲阶段表示没有设备使用总线,总线可用。

② 仲裁阶段。仲裁阶段用来使一个设备获得总线使用权。

③ 选择阶段。选择阶段用来让一个请求方选择一个目标设备来执行某个功能。

④ 重新选择阶段。重新选择阶段允许目标设备重新连接请求方,以恢复原先由请求方启动而被目标挂起的操作。例如,磁盘(带)进行寻道时,无需占据总线,此时,磁盘等目标设备可以先释放总线,让出总线给其他设备,等到准备好读写数据时,再进入重新选择阶段。

一旦在发起者和目标之间建立了连接,就可进行信息传送。可以由发起者向目标发出命令,由目标向发起者回送状态,也可以在发起者和目标之间传送数据或消息。

⑤ 命令阶段。传送命令信息,使目标设备从请求方得到命令。

⑥ 数据阶段。目标设备请求数据传送。在该阶段可以进行数据输入(目标方到请求方)或数据输出(请求方到目标方)操作。

⑦ 状态阶段。目标设备向请求方发送状态信息。

⑧ 消息阶段。目标设备请求传送一个或多个消息。在该阶段可以进行消息输入(目标方到请求方)或消息输出(请求方到目标方)。

SCSI 总线中各总线事务在正常情况下按顺序进行,当出现某种条件时,发起者和目标之间通过消息互换,引起总线阶段的转换。SCSI 总线阶段状态转换如图 7.16 所示。

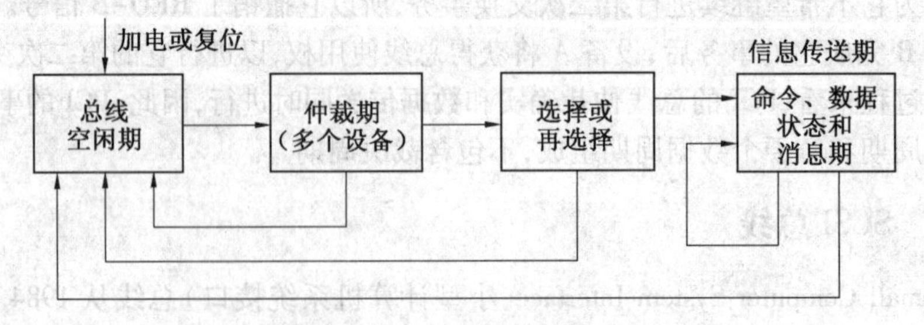

图 7.16 SCSI 总线阶段状态转换

最早的 SCSI 规范 SCSI-1 只提供 8 位数据线,采用异步通信或 5 MHz 的同步通信,最多允许 7 个设备以菊花链方式连接到主机上。1991 年出版了修改后的规范 SCSI-2,数据线可选择扩展到 16 位或 32 位,采用同步通信,时钟速度增加到 10 MHz,所以最大数据传输率为 20 MB/s 或 40 MB/s。

SCSI-1 规范规定了总线的信号系统共有 50 条信号线,采用 50 针扁平电缆或双绞线,称为 SCSI A 电缆。其中有 9 条数据线(8 条数据和 1 条奇偶校验)和 9 条控制线,其余为地线或电源线。9 根控制线如下:

①BSY:由使用总线的设备来设置,表示自己使总线处于忙状态。

②SEL:发起者选择目标时设置,或目标重新选择发起者时设置。

③C/D:目标用来标识数据线上是控制信息(命令、状态或消息)还是数据信息。

④I/O:目标用来标识数据传送的方向。

⑤MSG:目标用来标识正在向发起者传送的是消息。

⑥REQ:目标用来请求数据传送。此时,发起者将接收来自总线的数据(数据输入阶段),或把数据传送到总线(数据输出阶段)。

⑦ACK:发起者用来应答目标的 REQ 请求,表示正在进行相应的数据传送操作。

⑧ATN:发起者用来通知目标,它将有消息可传送。

⑨RST:使总线复位。

SCSI-2 增加了 24 位数据线和相应的 3 个奇偶校验信号线,以及其他控制线和地线及电源线,因而 SCSI-2 在 SCSI A 电缆的基础上增加了 68 针 B 电缆。

在 SCSI 总线中,信息传送的类型有命令输出、数据输入、数据输出、状态输入、消息输入和消息输出。这些命令、数据、状态和消息都是通过数据线传输的。总线通过相应的控制线来区别数据线上传输的信息类型。其定义见表 7.4。

表 7.4 各信息传送阶段的定义

阶段	C/D	I/O	MSG	DB7-0,P	传送方向
数据输出	0	0	0	数据	发起者→目标
数据输入	0	1	0	数据	发起者←目标
命令	1	0	0	命令	发起者→目标
状态	1	1	0	状态	发起者←目标
*	0	0	1	*	
*	0	1	1	*	
消息输出	1	0	1	消息	发起者→目标
消息输入	1	1	1	消息	发起者←目标

SCSI 总线的裁决采用自举分布式方案。总线中的每个设备(一个主机和另外最多 7 个设备)都有一个唯一的标识号 ID(0~7),这个标识号 ID 就是设备对应的优先级,7 为最高,0 为最低。需要使用总线的设备在仲裁阶段启动一根与该设备的 ID 对应的数据线,每个设备通过查看相关的数据线来确定是否将获得总线的使用权。

图 7.17 给出了一个常用的 SCSI 总线时序。它描述了从目标设备读取数据到发起设备的总线事务过程。

①开始时,总线处于空闲状态。

②仲裁阶段。要求使用总线的设备在相应的数据线上置请求信号。各设备通过查看有

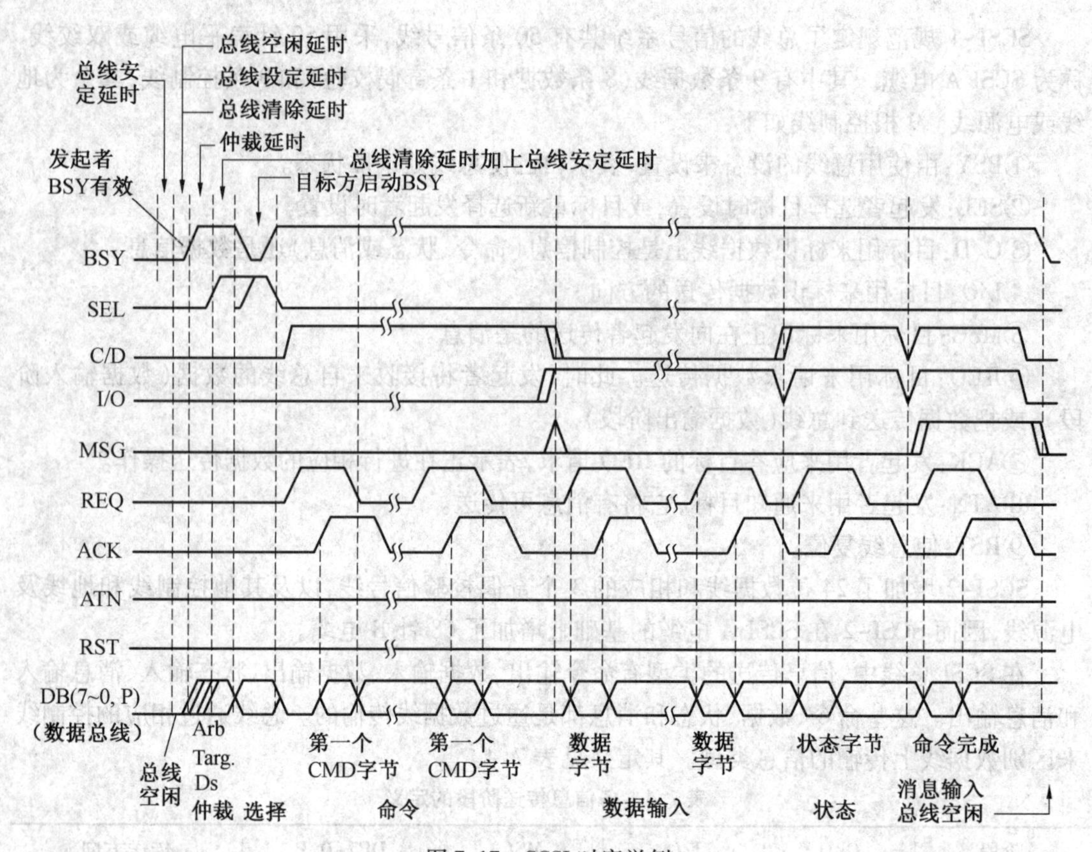

图 7.17 SCSI 时序举例

无优先级比自己高的设备的请求,确定自己是否能占用总线。一旦某设备获胜,就将成为发起者,通过启动 SEL 信号进入选择阶段。

③选择阶段。使自己和目标对应的数据线上 ID 有效,并在一定延迟后,使 BSY 信号无效。当目标检测到 SEL 信号有效,而 BSY 和 I/O 无效,并识别 ID 以后,它使 BSY 信号有效。当发起者检测到 BSY 信号时,释放数据线,并取消 SEL 信号。

④命令阶段。目标通过启动 C/D 线有效,表示已进入命令阶段。它使 REQ 信号有效,请求发起者传送命令的第一个字节。发起者在送出第一个字节后,使 ACK 有效。目标读入一个字节后,取消 REQ 信号,然后发起者也取消 ACK 信号。命令的其他字节用同样的 REQ/ACK 握手信号来传送。

⑤数据输入(出)阶段。目标接收和解释命令后,取消 C/D 信号,使进入数据输入(出)阶段,数据传送的方向由信号 I/O 标识。通过 REQ/ACK 握手信号进行数据传送。

⑥状态阶段。目标使 C/D 信号有效,结束数据阶段而进入状态阶段(此时,I/O 信号有效),通过 REQ/ACK 握手信号进行状态信息的输入。

⑦消息阶段。目标使 MSG 线有效,以进入消息阶段。在正常情况下,会传送"命令完成"消息给发起者。发起者收到该消息后,就释放总线,使其空闲。

SCSI 总线的通信定时方式,缺省为异步方式,即每个字节的传送都由 REQ/ACK 握手信号定时。也可设置为同步方式,仅用于数据输入阶段和数据输出阶段。通过"同步数据传送(SDTR)"消息来设置是否采用同步方式。SDTR 消息的格式见表 7.5。

表7.5 SDTR消息的格式

字节	值	含义
0	01H	扩展消息指示
1	03H	扩展消息长度
2	01H	SDTR消息代码
3	m	最小传输时间($4\times m$ ns)
4	x	最大REQ/ACK偏移(若$x=0$,则为异步)

采用同步方式时,要给出最小传输时间和最大REQ/ACK偏移值。最小传输时间是指为保证正确接收数据,前后两个REQ或ACK脉冲前沿之间相隔的最小时间间隔。最大REQ/ACK偏移值是指目标在接到相应的ACK以前允许发送的REQ脉冲的最大值。

7.4.6 EIA-232-D总线

一个广泛使用的串行总线标准是美国电子工业协会(EIA)于1987年制定的《EIA-232-D标准》,它的前身是EIA在1969年制定的推荐标准RS-232-C。它定义了按位串行传输的数据终端设备(DTE)和数据通信设备(DCE)之间的接口信息。当计算机和通信设备(如MODEM和数字传真机)连接时,计算机的串行接口地位等同于数据终端设备。

EIA-232-D接口由25条信号线构成,其中有一条数据发送线,一条数据接收线,在接口对接时,这两条线交叉连接。为了数据的可靠传输,标准提供了以下几条控制线:

(1)请求发送(Request To Send,RTS)。

当发送方准备发送数据时,向对方发出一个RTS信号,以询问接收方是否准备好。

(2)允许发送(Clear To Send,CTS)。

当接收方收到发送方送来的RTS信号时,如果接收方已准备好接收数据,则向发送方回送一个CTS信号作为回答。

(3)数据终端准备好(Data Terminal Ready,DTR)。

接收方做好了接收数据的准备后,就主动向发送方发送一个DTR信号,以通知发送方进行数据发送。

(4)数据集就绪(Data Set Ready,DSR)。

发送方收到接收方送来的DTR信号后,如果做好了发送准备,就向接收方送出一个DSR信号作为回答。

(5)载波检测(Carry Detect,CD)。

载波检测用于检测是否建立了连接。

7.5 总线结构

在现代计算机系统中,计算机系统中采用的总线结构有单总线结构和多总线结构。一个计算机系统中采用两个以上总线的情况就是多总线分层结构。

7.5.1 单总线结构

在许多微小型计算机中,CPU、主存储器以及所有 I/O 设备都挂接在一个总线上,CPU 与主存、CPU 与 I/O 模块、主存与 I/O 模块之间的传送都通过一组总线进行,如图 7.18 所示。因为一个总线上某一时刻只能有一对设备进行传输,所以所有设备只能分时共享总线。

单总线结构控制简单,系统易于扩展。在单总线结构中要求连接到总线上的逻辑部件必须高速运行,以便在某些设备需要使用总线时,能迅速获得总线控制权;而不再使用总线时,能迅速放弃总线控制权;否则,一条总线由多种部件共用,可能导致很大的时间延迟。

在单总线结构中,所有的主存单元与外部设备接口寄存器的地址一起构成一个连续的地址空间(单总线地址空间),因此,对输入/输出设备的操作,完全与主存的操作方法一样。这样,当 CPU 把指令的地址字段送到总线上时,如果该地址字段对应的地址是主存地址,则主存予以响应,从而在 CPU 和主存之间发生数据传送,而数据传送的方向由指令操作码决定。

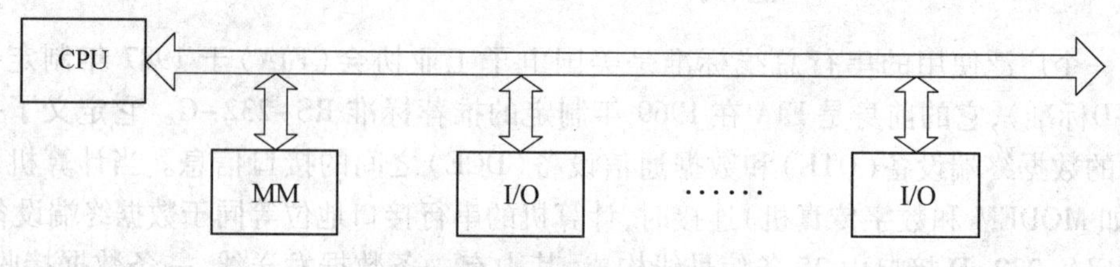

图 7.18 单总线结构

当 CPU 取一条指令时,把程序计数器 PC 中的地址同控制信息一起送到总线上。该地址不仅被送到主存,同时也被送到总线上所有的外围设备。然而,只有与总线上的地址相对应的设备,才执行数据传送操作。通常,在“取指令”情况下的地址是主存地址,因此,此时该地址所指定的主存单元的内容一定是一条指令,而且将被传送给 CPU。取出指令之后,CPU 将通过检查操作码来确定将要执行的操作,以及确定数据是流进 CPU 还是流出 CPU。

由于所有的数据传送都必须通过这条唯一的通路,数据流量受到很大的限制,在信息传送量相对较小的计算机系统中可考虑采用单总线结构。若要既能为键盘、Modem 等这些慢速设备传送数据,也能为高速设备传送数据,而且要把 CPU 从数据传送操作中解放出来,只有采用多总线结构,并根据数据传输的不同要求采用分层次的总线结构。

7.5.2 双总线结构

在单总线的基础上再开辟一条 CPU 与主存之间的通路,形成以主存储器为中心的双总线结构,如图 7.19(a)所示。CPU 与主存间的通路称为主存总线。该总线的速度较高,而且由于只在主存与 CPU 之间传输信息,因而速度快,效率高,又减轻了系统总线的负担,并且保证主存与 I/O 之间也能直接传送,而不需通过 CPU。

图 7.19(b)也是一种双总线结构,它主要用在采用输入/出处理器(IOP)方式进行 I/O 传送的计算机系统中。其基本思想是将 I/O 设备从单总线上分离出来,将原先的单总线分成主存总线和 I/O 总线。CPU、主存和输入/出处理器之间的信息传送在主存总线上进行;而各种 I/O 设备与主机之间的信息交换通过 I/O 总线和主存总线进行。输入/输出处理器是一种专门用于进行输入/输出控制的特殊处理器,它将 CPU 中大部分 I/O 控制任务接管

过来,从而具有对各种 I/O 设备进行统一管理的功能。这种总线结构是一种分层的总线结构。通过 IOP 将 CPU 和 I/O 分离开来,减轻了 CPU 参与 I/O 的负担。一般这种结构的系统会将不同特性的外设分别挂接在输入/出处理器的不同通道上。

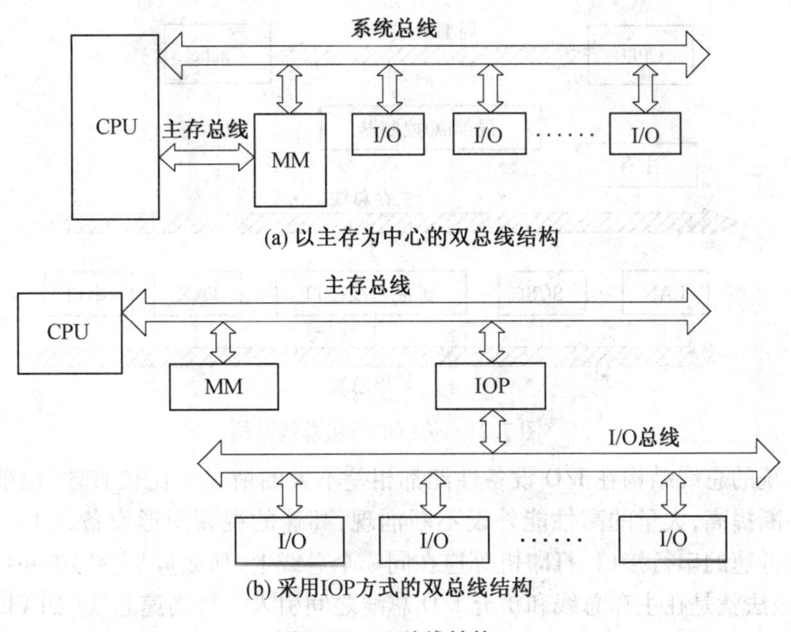

图 7.19　双总线结构

7.5.3　三总线结构

如果在上述以主存为中心的双总线结构中,将 I/O 设备和主存从系统总线上分离出来,将原先的系统总线分成主存总线和 I/O 总线。而在主存和高速的磁盘等设备之间引入一个专门的 DMA 总线,那么系统可构造一种三总线结构,如图 7.20 所示。在这种总线结构中,主存总线用于 CPU 和主存之间的信息传送,I/O 总线用于 CPU 和各个 I/O 之间进行信息传输,DMA 总线用于高速外设和主存之间的信息交换。在这种三总线结构中,DMA 总线和主存总线不能同时用于访问主存。

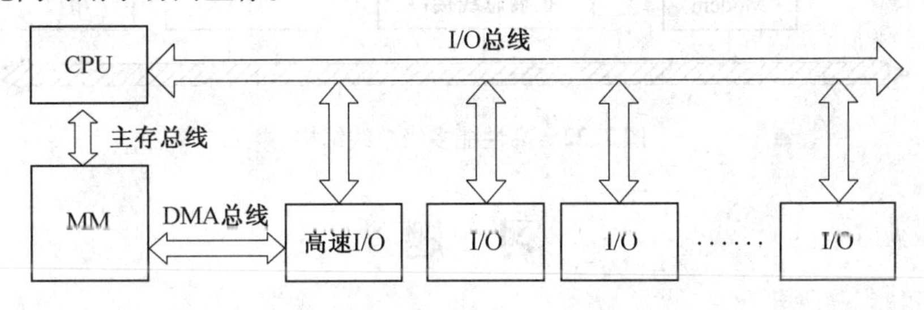

图 7.20　三总线结构

还有一种传统的总线结构采用处理器-Cache 总线、主存总线、I/O 总线三级总线结构,如图 7.21 所示。处理器和高速缓存之间通过专门的局部总线相连,并且可将其他靠近 CPU 的局部设备连接到该总线上。高速缓存同时还与主存储器一起连接到主存总线上,它们之间通过主存总线进行数据传输。这种结构引入了一条或多条扩充 I/O 总线(如 ISA,EISA,

MCA 总线等),主存总线和扩充 I/O 总线上 I/O 设备之间的数据传送可以通过扩充总线接口来缓冲,这种设置使得系统能够支持更广泛的 I/O 设备,并且将 I/O 设备-主存间的通信与处理器的活动隔离开来。

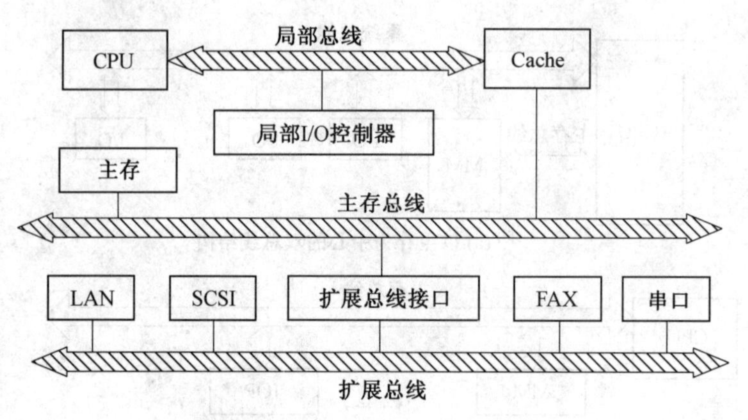

图 7.21　传统的三级总线结构

这种传统的总线结构在 I/O 设备性能都相差不大的情况下比较有效,但随着计算机应用水平的不断提高,大量的高性能外设不断涌现,高速的视频图形设备、LAN 和 SCSI 设备等如果还和低速的串行接口、打印机等连在同一个总线上,那么势必会影响系统的效率。因此,典型的做法就是在主存总线和扩充 I/O 总线之间引入一种高速总线(如 VL 总线、PCI 总线等),将那些高速的大容量 I/O 设备挂接在这种高速总线上。而低速 I/O 设备仍然由扩充 I/O 总线支持。图 7.22 所示即是高性能多级总线结构示意图。

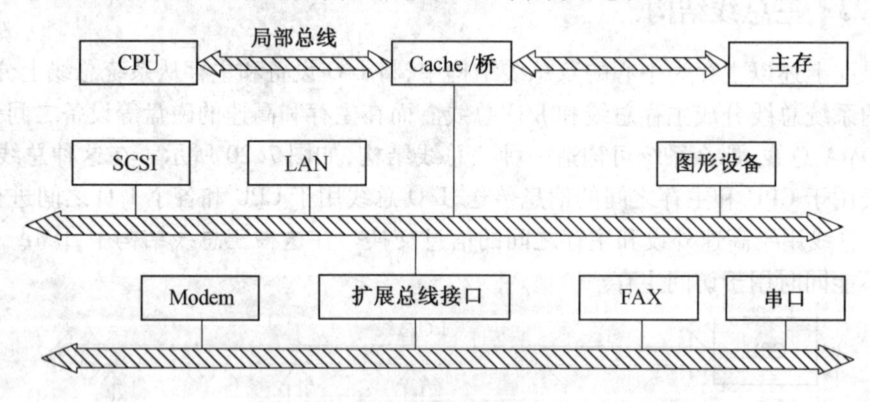

图 7.22　高性能多级总线结构

习　题

1. 什么情况下需要总线仲裁?总线仲裁的目的是什么?常用的仲裁方式有哪些?各有什么特点?

2. 总线通信采用的定时方式有哪几种?各有什么优缺点?

3. 在异步通信中,握手信号的作用是什么?常见的握手协议有哪几种?各有何特点?

4. 什么叫作非突发传送和突发传送?

5. 为什么要在系统中引入像PCI这样的高速总线？一般什么样的设备挂接在高速总线上？

6. 一个并行总线采用同步通信方式，假设其时钟频率为50 MHz，数据总线的宽度为32位，那么这个总线的最大数据传输率为多少？

7. 什么叫作信号线的分时复用？试比较采用专用信号线和分时复用信号线各自的优缺点。

8. VAX SBI总线采用分布式的自举裁决方案。总线上的每个设备有唯一的优先级，而且被分配一根独立的总线请求线REQ，SBI有16根这样的线（REQ0，…，REQ15），REQ0有最高的优先级。问最多可有多少个设备连到这样的总线上？为什么？

9. 一个32位的微处理器，它有16位外部数据总线，总线的时钟频率为40 MHz，假定一个总线事务的最短周期是4个时钟周期，问这个处理器的最大数据传输率是多少？如果将外部数据总线的宽度扩展为32位，那么处理器的最大数据传输率提高到多少？这种措施与加倍外部总线时钟频率的措施相比，哪种更好？

10. 试设计一个采用固定优先级的具有4个输入的集中式独立请求裁决器。

11. 制定总线标准的好处是什么？总线标准是如何制定出来的？

12. 假设存储器系统采用50 MHz时钟，存储器以每周期一个字的速率传输8个字的访问请求，以支持块长为8个字的Cache，每字4字节。对于读操作，访问顺序是1个周期接收地址，3个周期等待存储器读数，8个周期用于传输8个字。对于写操作，访问顺序是1个周期接收地址，2个周期延迟，8个周期用于传输8个字，3个周期恢复和写入纠错码。对于以下访问模式，求出该存储器的最大带宽。

① 全部访问为读操作。

② 全部访问为写操作。

③ 65%的访问为读操作，35%的访问为写操作。

13. 考虑以下两种总线：

总线1是64位数据和地址复用的总线。能在一个时钟周期中传输一个64位的数据或地址。任何一个读写操作总是先有一个地址周期，然后有2个时钟周期的延迟，从第四周期开始，存储器系统以每个时钟周期2个字的速度，最多传送8个字。

总线2是分离的32位地址和32位数据的总线。每个传输占一个时钟周期。读操作包括一个周期的地址传送、2个时钟周期的延迟，从第四周期开始，存储器系统能够以每时钟1个字的速度传输最多8个字。对于写操作，在第一个周期内第一个数据字与地址一起传输，再经过2个周期的延迟之后，能够以每个时钟1个字的速度最多传输7个余下的数据字。假定进行60%的读操作和40%的写操作。

在以下两种情况下，求这两种总线和存储器能提供的最大带宽。

① 只进行单字数据的传输。

② 所有的传输都是8个字的数据块。

第8章 输入/输出系统

学习目标:理解接口的含义及其功能和类型,信息交换的过程;理解并区别几种输入/输出方式的不同特点;理解并能解释中断全过程中涉及的一些重要名词和结论;掌握 DMA 控制器的功能、组成、数据传送方法及过程;理解通道和 I/O 处理机的功能和工作过程;了解常见 I/O 设备的工作原理。

通常把 I/O 设备及其接口线路、控制部件以及 I/O 软件统称为输入输出系统,其功能是对信息进行输入和输出的控制,它是计算机系统中重要的软、硬件结合的子系统。外围设备是指除 CPU 和内存以外的、能与主机连接并交换信息的其他部件,简称外设。它的主要功能是在计算机、其他外设及用户之间进行信息交换。

8.1 I/O 接口

现代计算机系统的一大特点是外围设备种类繁多,其工作方式、组成结构、数据格式和工作速度各不相同,与 CPU 的连接方式也千差万别。为此,在各个外设和主机之间必须要有相应的逻辑部件来解决它们之间的同步与协调、工作速度的匹配和数据格式的转换等问题,该逻辑部件就是 I/O 接口(I/O Interface)。

8.1.1 I/O 接口的功能

I/O 接口是连接外设和主机的一个"桥梁",因此它与外设侧、主机侧各有一个接口。通常把它和主机侧的接口称为内部接口和外设侧的接口称为外部接口。内部接口通过系统总线和内存、CPU 相连,而外部接口则通过各种接口电缆将其连到外设上。因此,通过 I/O 接口,可以在 CPU、主存和外设之间建立一个高效的信息传输的"通路"。I/O 接口的功能可概括为以下几个方面:

1. 数据缓冲

由于主存和 CPU 寄存器的存取速度非常快,而外设速度则较低,所以在 I/O 接口中引入数据缓冲寄存器,以达到主机和外设工作速度的匹配。

2. 状态检测

提供状态寄存器,以保存各种状态信息供 CPU 查用。接口和外设发生的出错情况有两类:一类是设备电路故障或异常情况;另一类是数据传输错,这种错误是通过在每个字符上采用一个奇偶校验位来检测的。

3. 控制和定时

提供控制和定时逻辑,以接收从系统总线来的控制和定时信号。在任何一段时间里,CPU 根据程序中的 I/O 请求,选择相应的设备进行数据通信,要求一些内部资源参与到 I/O 过程中,这样 I/O 接口就必须提供定时和控制功能,以协调内部资源与外设之间动作的先后关系,控制数据通信过程。

4. 数据格式转换

提供数据格式转换部件,使通过外部接口得到的数据转换为内部接口需要的格式,或在相反的方向进行数据格式转换。

5. 与主机和设备通信

上述功能都必须通过 I/O 接口与主机或与设备之间的通信来完成。

数据在外设和主机之间进行传送的过程如图 8.1 所示。CPU 通过系统总线对 I/O 接口进行访问和控制:通过读取设备的状态了解接口和设备的情况,根据情况向设备发相应的控制命令;在适当的时间从数据总线取数据或发送数据到数据总线。

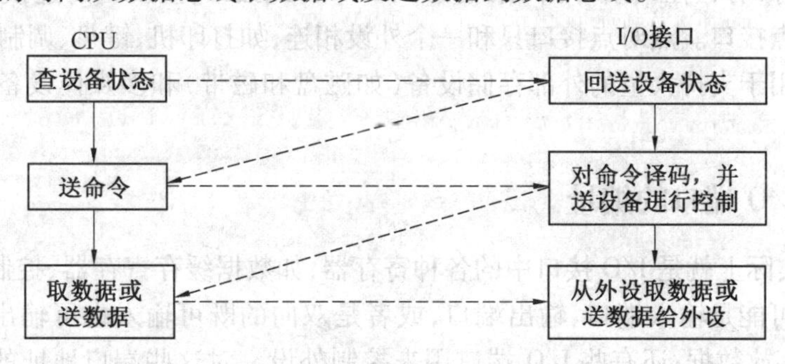

图 8.1　数据在外设和主机间的传送过程

8.1.2　I/O 接口的结构

不同的 I/O 接口在复杂性和控制外设的数量上相差很大,这里只研究 I/O 接口的一般结构,即具有共性的部分。图 8.2 给出了它的通用结构。

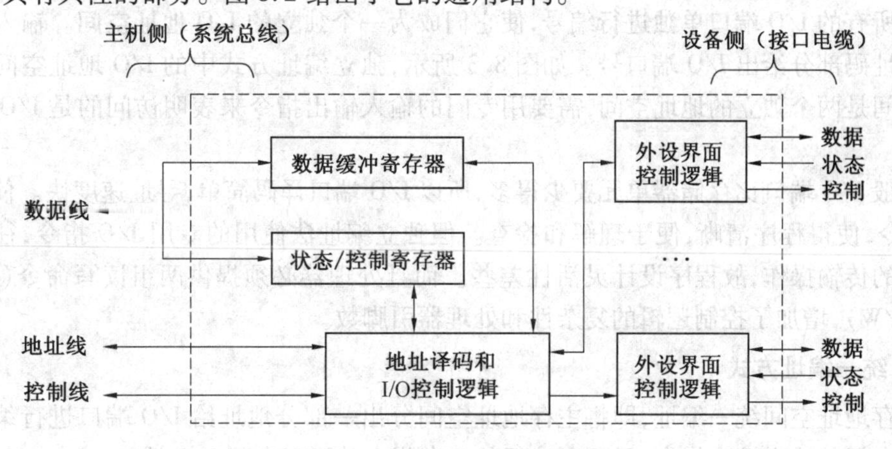

图 8.2　I/O 接口的通用结构

在图 8.2 中,I/O 模块通过属于系统总线的一组信号线与内存、CPU 相连。通过其中的数据线,在数据缓冲寄存器与内存、CPU 之间进行数据传送。同时接口和设备的状态信息被记录在状态寄存器中,通过数据线将状态信息送到 CPU,以供查用。CPU 对外设的控制信息也是通过数据线传送,一般将其送到 I/O 接口的控制寄存器。从功能上来说,状态寄存器和控制寄存器在传送方向上是相反的,而且 CPU 对它们的访问在时间上一般是错开的,因此有的 I/O 接口中将它们合二为一。

如果某个 I/O 接口能够作为数据通信的主控设备(如 DMA 控制器),那么该 I/O 接口就可以发起总线事务并控制总线进行数据传送,控制线上的控制信号由它确定,它的地址线方向是输出。

8.1.3 I/O 接口的分类

I/O 接口按数据传送方式划分,有并行接口和串行接口两类;按功能选择的灵活性划分,有可编程接口和不可编程接口两类;按通用性划分,有通用接口和专用接口;按数据传送的控制方式划分,有程控式接口、中断式接口和 DMA 式接口;按设备的连接方式划分,有点对点接口和多点接口。点对点接口只和一个外设相连,如打印机、键盘、调制解调器等设备。多点方式主要用于支持大量的外部存储设备(如磁盘和磁带)和多媒体设备(如 CD-ROM、视频和音频)。

8.1.4 I/O 端口的编址

I/O 端口实际上就是 I/O 接口中的各种寄存器,如数据缓存寄存器、控制/状态寄存器。一个 I/O 端口可能是输入端口、输出端口,或者是双向的既可输入也可输出的端口。有些 I/O 端口用来存放数据;还有些 I/O 端口用来控制外设。对这些端口地址的写或读就认为是向 I/O 设备送出命令或从设备取得数据。

为了便于 CPU 对 I/O 设备的快速选择和对 I/O 端口的方便寻址,必须给所有的 I/O 接口中的寄存器进行编址,一般采用以下两种方式之一对 I/O 端口进行编址。

1. 独立编址方式

对所有的 I/O 端口单独进行编号,使它们成为一个独立的 I/O 地址空间。输入输出指令中地址码部分给出 I/O 端口号。如图 8.3 所示,独立编址方式中的 I/O 地址空间和主存地址空间是两个独立的地址空间,需要用专门的输入输出指令来表明访问的是 I/O 地址空间。

一般 I/O 端口比存储器单元要少得多,所以 I/O 端口译码简单,寻址速度快。使用专用 I/O 指令,使得程序清晰,便于理解和检查。但独立编址法使用的专用 I/O 指令,往往只提供简单的传输操作,故程序设计灵活性差些。而且处理器必须提供两组读写命令(MEMR/W,IOR/W),增加了控制逻辑的复杂性和处理器引脚数。

2. 统一编址方式

主存地址空间统一编址,即将主存地址空间分出一部分地址给 I/O 端口进行编号。无需设置专门的输入输出指令,只要用一般的访存指令就可以存取 I/O 端口。

如图 8.4 所示,在统一编址方式中 I/O 端口的编号落在主存地址空间中。当 CPU 执行到一个访存指令时，便生成一个存储器读或存储器写总线事务，因为不是专门的 I/O 指令，所以无法通过控制线来区分访问的是主存空间还是 I/O 空间。但是，一般来说，划出来给 I/O 端口的地址部分是一段连续的区域，因此这些地址有一定的特征，只要根据地址的某些特征就可区分访问的是主存单元还是 I/O 端口。

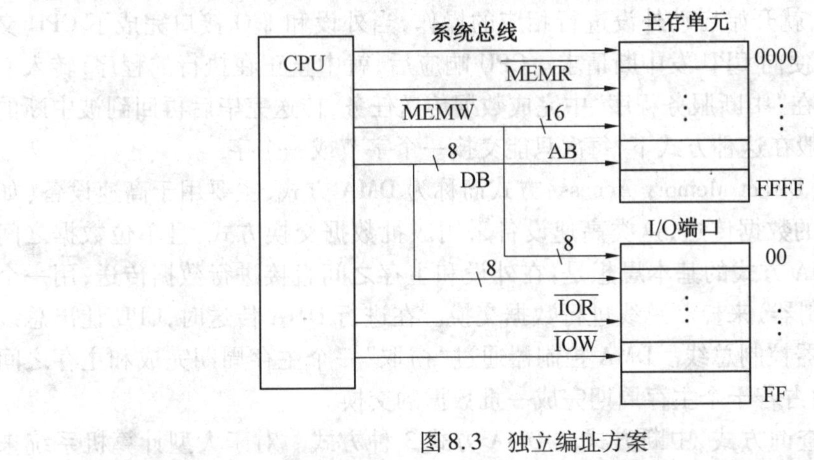

图 8.3　独立编址方案

这种存储器映射方式给编程提供了非常大的灵活性。任何对内存存取的指令都可用来访问位于主存空间中的 I/O 端口，并且所有有关主存的寻址方式都可用于 I/O 端口的寻址。采用统一编址法的另一个好处是便于扩大系统吞吐率，因为外设或 I/O 寄存器数目几乎不受限制，而只受存储容量的限制。这在大型控制或数据通信系统等特殊场合很有用。

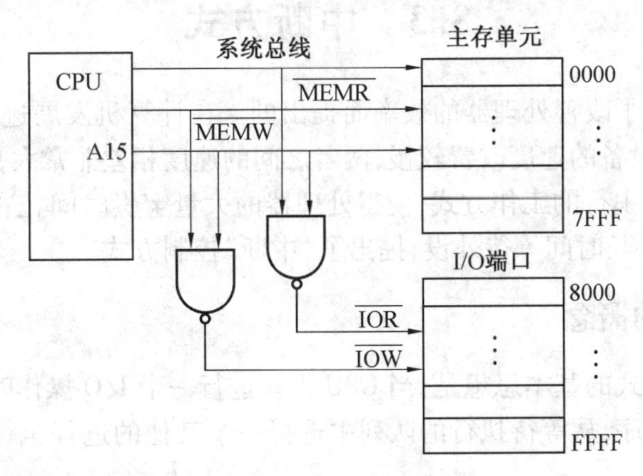

图 8.4　统一编址方式

有些系统设计者愿意选择使用独立编址方式，而另一些则愿意用统一编址方式，各有利弊。

8.2　I/O 数据传送控制方式

主机与外设之间的数据传送方式有程序查询方式、中断方式、DMA 方式、通道方式和 I/O处理机方式。

程序查询方式直接通过程序来控制主机和外设的数据交换。在程序中安排相应的 I/O

指令，通过这些指令直接向 I/O 接口传送控制命令，从 I/O 接口中取得外设和接口的状态，并根据状态来控制外设和主机的信息交换。

中断控制方式的基本思想是：当 CPU 需要进行输入输出时，先执行相应的 I/O 指令，将启动命令发送给相应的 I/O 接口和外设，然后 CPU 继续执行其他程序。I/O 接口接收到 CPU 送过来的命令后，就开始启动外设进行相应的操作，当外设和 I/O 接口完成了 CPU 交给的任务后，I/O 接口便向 CPU 发中断请求。CPU 响应后，就中止正在执行的程序，转入一个“中断服务程序”。在“中断服务程序”中完成数据传送任务，传送完毕后再回到被中断的原程序继续执行。一般在这种方式下，每次只能交换一个字节或一个字。

直接存储器存取（Direct Memory Access）方式简称为 DMA 方式，主要用于高速设备（如磁盘、磁带等）和主机的数据传送，这类高速设备采用成批数据交换方式，且单位数据之间的时间间隔较短。DMA 方式的基本思想是：在外设和主存之间直接进行数据传送，用一个专门的硬件（DMA 控制器）来控制总线进行数据交换。在进行 DMA 传送时，CPU 让出总线控制权，由 DMA 控制器控制总线。DMA 控制器通过“窃取”一个主存周期完成和主存之间的一次数据交换，或独占若干个主存周期完成一批数据的交换。

微型机采用程序查询方式、中断方式及 DMA 方式 3 种方式。对于大型计算机系统来说，为了获得 CPU 和外设之间更高的并行性，也为了让种类繁多、物理特性各异的外设能以标准的接口连接到系统中，通常采用自成独立体系的通道结构或 I/O 处理器。在主存和外设之间进行信息传送时，CPU 执行自己的程序，与通道或 I/O 处理机完全并行。

8.3 中断方式

中断的概念是为了改善处理器的效率而提出的。在计算机发展进程中，处理器的速度提高得很快，而外围设备的速度改善较慢，两者之间的速度相差非常大，在程序查询方式中，CPU 和外设采用完全串行的工作方式，使得处理器的大量宝贵时间花在等待极其慢速的外设上。为了避免 CPU 长时间等待外设，提出了“中断”控制方式。

8.3.1 中断的概念

中断控制 I/O 方式的基本思想是：当 CPU 需要进行一个 I/O 操作时，就启动外设工作，并挂起正在执行的程序，从等待执行的队列中选择一个其他的进程执行，此时，外设和 CPU 并行工作。

当外设完成操作，便向 CPU 发中断请求。CPU 响应请求后，就中止现行程序的执行，转入一个“中断服务程序”，在“中断服务程序”中完成新的数据传送任务，并启动外设进行下一个操作。“中断服务程序”执行完后，返回原被中止的程序断点处继续执行。此时，外设和 CPU 又开始并行工作。这个过程可以用图 8.5 所示的流程来说明。

中断 I/O 方式，使处理器时间被有效利用，充分发挥了 CPU 的高速处理能力，从而提高了系统的吞吐能力。这种工作方式实现了外设与 CPU 的并行，如图 8.6 所示。

中断控制 I/O 几乎用在了所有系统中，除了可以实现外设和 CPU 并行工作以外，还能处理各种异常事件，如除数为 0、运算结果溢出、非法操作码、奇偶校验错等。计算机能及时捕捉到这些错误和故障，并及时予以处理。

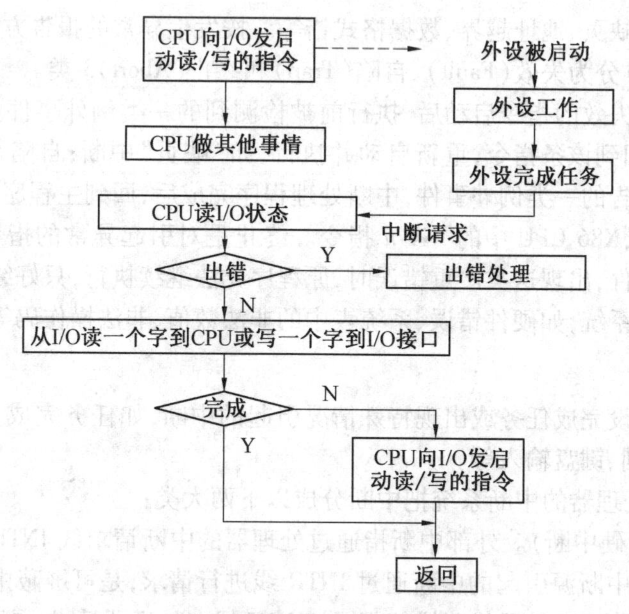

图 8.5　中断驱动 I/O 方式

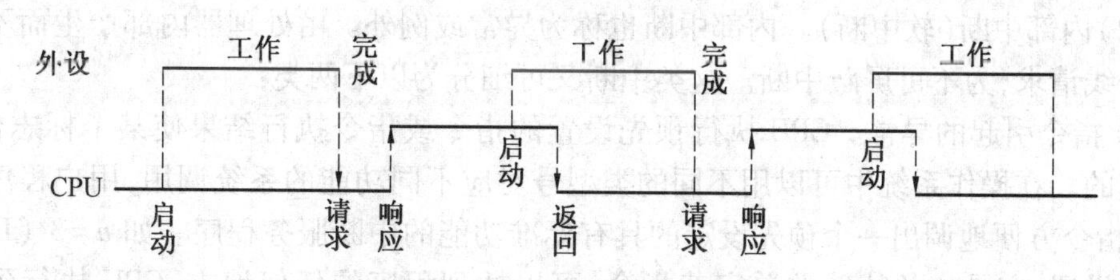

图 8.6　CPU 与外设并行工作

通常把以下过程称为中断:在程序运行过程中,外设完成任务或出现某种异常事件时,必须中止现行程序的执行,转去处理发生的异常事件或外设完成事件。待处理完毕后,再回到原来被中止的程序继续执行。

现代计算机系统都配有完善的中断系统,中断系统是计算机实现中断功能的软、硬件的总称。CPU 中有相应的中断响应和处理的机构,在外设接口中有相应的中断请求和控制逻辑,操作系统中有相应的中断服务程序。这些中断硬连线和中断服务程序有机结合,共同完成中断过程。

8.3.2　中断的分类

中断事件可能发生在计算机系统的各模块中。对中断的分类,每个系统有其特定的分类方法,但一般只是细节上的不同,通常把中断分成内中断和外中断两大类。

1. 内中断

内中断指由处理器内部的异常事件引起的中断。根据其发生的原因又分为硬件性故障中断和程序性中断。

硬件故障性中断由硬连线出现异常引起,如电源掉电、存储器线路错等。

程序性中断也称软中断,是由 CPU 执行某个指令而引起的发生在处理器内部的异常事件,也称为例外(Exception)事件,如除数为 0,溢出、断点、单步跟踪、寻址错、访问超时、非法操作码、堆栈溢出、缺页、地址越界、数据格式错等。按发生异常的报告方式和返回方式的不同,程序性中断又可分为失效(Fault)、自陷(Trap)和终止(Abort)3 类。

失效是在引起失效的指令启动后、执行前被检测到的一类例外事件。在相应的中断处理程序完成后,应回到该条指令,重新启动并执行,如"缺页"中断;自陷是在产生自陷的指令执行完后才被报告的一类例外事件,中断处理程序完成后,回到主程序中该条指令的下一条继续执行。例如,X86 CPU 中的 INT *n* 指令。终止是对引起异常的指令的确切位置无法确定的一类例外事件,出现这类严重错误时,原程序无法继续执行,只好终止,而由中断服务程序重新启动操作系统,如硬件错误、系统表中的非法数值、非法操作码等造成的异常。

2. 外中断

外中断指由外设完成任务或出现特殊情况引起的中断,如任务完成、打印机缺纸、磁盘检验错、采样计时到、键盘输入等。

例如,80X86 处理器的中断系统把中断分成以下两大类:

(1)外部中断(硬中断)。外部中断指通过处理器的中断请求线 INTR 和 NMI 来实现请求的中断。由外设中断源引起的中断通过 INTR 线进行请求,是可屏蔽中断;重要或紧急的硬件故障,如电源掉电、存储器线路错等都通过 NMI 线向处理器请求,是不可屏蔽中断。

(2)内部中断(软中断)。内部中断也称为异常或例外。由处理器内部产生而不通过中断请求线请求,为不可屏蔽中断。这类中断又可细分为以下两类:

① 指令引起的异常。CPU 执行预先设置的指令或指令执行结果使某个标志位置"1"而引起的。在操作系统中可以用不同的类型号对应不同功能的系统调用,用户程序可以用 INT *n* 指令方便地调出一个预先设定的具有标准功能的中断服务程序。如 $n=3$ (INT 3)时为断点设置,它是一条特殊的单字节指令,可以插到程序的任何地方,CPU 执行到该指令时,便停止正常的执行过程,自动调出一个断点处理中断服务程序,进行一些特殊的处理,如显示寄存器和有关主存单元的内容等,以便程序员查看运行的结果,对程序进行相应的调试。

② 处理器检测到的异常。CPU 执行指令时产生的异常,如除法错异常,当 CPU 执行除法指令 DIV 或 IDIV 时,若发现除数为 0 或商产生溢出,则立即产生一个除法错中断(类型号为 0)。

前面讲过,程序性中断中有一类异常事件是通过执行预先设定的指令引起的,这类异常称为自陷,与其对应的特定的中断处理程序就称为"陷阱"。怎样让 CPU 掉入"陷阱"呢?在计算机系统中有一个或一组专门的寄存器,将它称为程序状态字 PSW(Program Status Word)。

由外设引起的 I/O 中断和前面看到的异常在本质上是一样的。但是两者相比,有两个重要的不同点:

(1)一个 I/O 中断相对于指令的执行是异步的,也就是说,I/O 中断不和任何指令相关联,也不阻止指令的完成,它与缺页例外或溢出等例外有很大的不同,中断控制逻辑仅需要在开始一个新指令之前检测是否有 I/O 中断请求。

(2)异常是由处理器自身发现的,不必通过外部的某个信号通知 CPU,也不用识别哪种异常。而对于 I/O 中断,处理器除了被通知一个"I/O 中断已经发生"外,还必须进一步调查诸如哪些设备发生了中断,它们的设备标识号是什么,还要进一步根据其不同的紧急程度选择一个先响应。

8.3.3 中断系统的功能和结构

中断系统由CPU中的中断机构、I/O系统中的中断控制接口和操作系统中相应的中断服务程序组成。每个计算机系统的中断功能可能不完全相同,但其基本功能不外乎以下几个:

(1)及时记录各种中断请求信号。对于外部中断,中断系统中必须要有能够及时记录各种外部中断请求信号的部件,一般是用一个中断请求寄存器来保存。

(2)自动响应中断请求。中断事件是在异常情况发生或外部设备需要CPU干预时产生的,所以CPU必须能够在发生中断事件后,自动响应并处理。中断响应操作是在处理器执行指令流程中固定安排的:总是在一条指令执行完、下一条指令执行前去检查有无中断请求发生。若有,则根据情况决定是否响应和响应哪个中断请求。

(3)自动判优。在计算机系统中,中断源有很多,在中断响应前,可能会有多个中断事件请求。因此,中断系统中必须要有相应的中断判优机构,在有多个中断请求同时产生时,能够判断出哪个中断的优先级高,选择优先级高的中断先被响应。

(4)保护被中断程序的断点和现场。因为中断响应后要转去执行中断服务程序,而执行完中断服务程序后,还要回到原来的程序继续运行。所以原程序被中止处的指令地址和当时的程序状态和各寄存器的内容必须保存,以便能正确回到原处继续执行。

(5)中断屏蔽。现代计算机大多采用中断嵌套技术。即中断系统允许处理器在执行某个中断服务程序时,被新的中断请求打断。但是并不是所有的中断处理都可被新的中断打断,对于一些重要的紧急的异常处理,就要设置成不能被其他新的中断事件打断,这就是中断屏蔽的概念。中断系统中要有中断屏蔽机制,使得每个中断可以设置它允许被哪些中断打断,不允许被哪些中断打断,可以通过在中断系统中设置中断屏蔽字来实现。屏蔽字中的每一位对应某一个外设,称为该外设的中断屏蔽位,“0”表示允许请求中断,“1”表示不允许请求中断。中断系统的基本结构如图8.7所示。

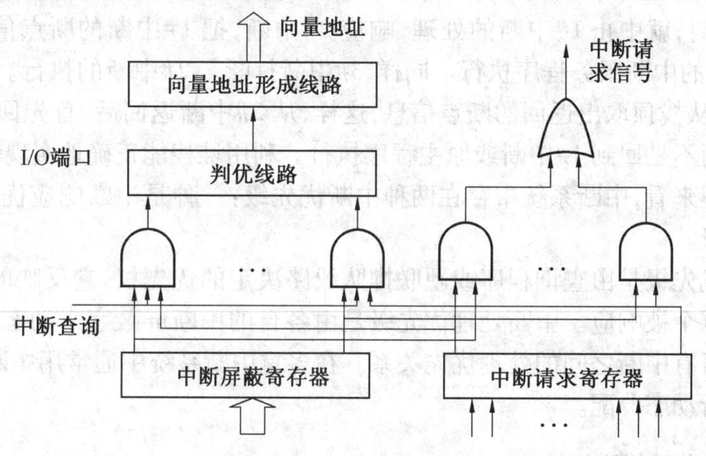

图8.7 中断系统的基本结构

来自各个设备的外部中断请求记录在中断请求寄存器中的对应位,每个中断还有各自对应的中断屏蔽字,在进行相应的中断处理之前被送到中断屏蔽寄存器中。在CPU运行用户程序或某个中断处理程序时,每当 CPU 完成了当前指令的执行,在取出下一条指令之前,就会自动查询有无中断请求信号。若有,则会发出一个相应的中断回答信号(在 CPU 中的中断允许触发器为"1"时),启动图 8.7 中的"中断查询"线,在该信号线的作用下,所有未被屏蔽的中断请求信号一起送到一个判优线路中,判优线路根据每个中断的响应优先级,选择一个优先级最高的中断源响应。这个选出的最高优先级的中断一般用一个中断向量来标识。通过总线,中断向量被送到 CPU,CPU 根据该中断向量就能取到对应的中断服务程序,在下一个指令周期开始,CPU 就执行中断服务程序。

不同的系统,其中断向量的含义有所不同。为了表明 I/O 设备不同的优先级,大多数中断机制具有若干级优先权。这些优先权给出了一种处理器处理中断的顺序。在一个中断处理(即执行中断服务程序)过程中,若又有新的优先级更高的中断请求发生,那么 CPU 应立即中止正在执行的中断服务程序,转去处理新的中断。这种情况为多重中断,也称中断嵌套,如图 8.8 所示。

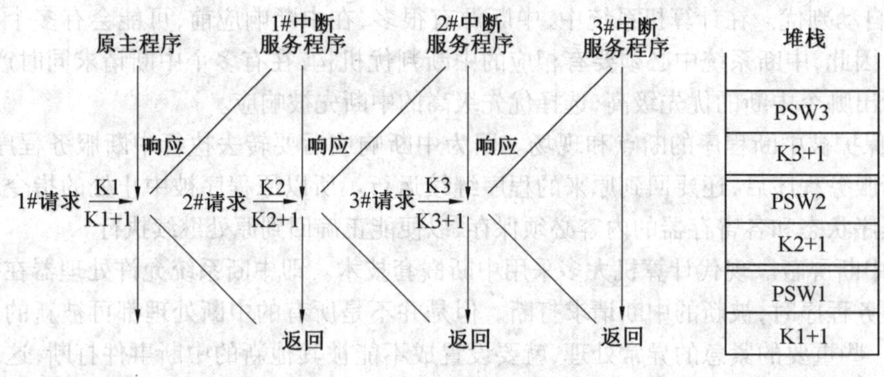

图 8.8 中断嵌套过程

假定在执行用户程序的同时,发生了 1#中断请求,因为用户程序不屏蔽任何中断,所以就响应 1#中断,将原程序的断点保存在堆栈中,然后调出 1#中断服务程序执行,而在执行1#中断的过程中,又发生了 2#中断,而 2#中断的处理优先级比 1#高,1#中断的屏蔽字对 2#中断是开放的,此时,就中止 1#中断的处理,响应 2#中断,把 1#中断的断点信息保存在堆栈中,调出 2#中断的中断服务程序执行。同样,3#中断打断了 2#中断的执行。当 3#中断处理完返回时,系统从栈顶取出返回的断点信息,这样,从 3#中断返回后,首先回到 2#中断的断点(K3+1)处,而不是回到 1#中断或原主程序执行。利用堆栈能正确地实现中断嵌套。

从上述过程来看,中断系统中存在两种中断优先级:一种是中断响应优先级;另一种是中断处理优先级。

中断响应优先级是由查询程序或硬联排队线路决定的优先权,它反映的是多个中断同时请求时选择哪个被响应。中断处理优先级是由各自的中断屏蔽字来动态设定的,反映了本中断与其他所有中断之间的处理优先关系。在多重中断系统中通常用中断屏蔽字对中断处理优先权进行动态分配。

8.3.4 中断过程

中断过程包括两个阶段,即中断响应阶段和中断处理阶段。中断响应阶段由硬件实现,而中断处理阶段则由 CPU 执行中断服务程序来完成,所以中断处理是由软件实现的。

1. 中断响应

中断响应是指主机发现中断请求，中止现行程序的执行，到调出中断服务程序这一过程。中断响应的过程就是处理器从一个程序切换到另一个程序的过程。此过程中应解决好以下 3 个问题。

(1)保存好程序的关键性信息。程序使用的资源有两类:一类是工作寄存器，它们中存放着程序执行的现行值，一般把这类信息称为现场;另一类是表示程序进程状态的程序状态字 PSW 和标志进程运行过程的程序计数器 PC，通常把这类信息称为断点信息。在程序被中止时，必须正确保存这些关键性信息，以便在返回程序后，处理器能正确地沿着断点继续执行。对于现场信息，可以在中断服务程序中把它保存到一个特定的存储区(如堆栈)中。对于断点信息，应在中断响应时自动保存起来。

(2)正确识别中断源。中断响应的结果是调出相应的中断服务程序来执行，所以在中断响应过程中必须能够识别出哪些中断有请求，并且在有多个中断请求出现的情况下，选择优先级最高的中断被响应。

(3)提高中断响应的速度。中断是一种异常或须特别处理的事件，中断响应时间应是中断系统设计时须要考虑的一个重要指标。它反映了整个计算机系统的灵敏度。

在计算机系统中有一个中断允许/禁止标志。它反映了系统在某一时刻的中断允许状态。中断响应的条件有以下 3 个:

①CPU 处于开中断状态。

②至少要有一个未被屏蔽的中断请求。

③一条指令执行结束。

当处理器同时满足上述 3 个条件时，响应中断，进入中断响应周期，它是一种特殊的机器执行周期，如图 8.9 所示。在中断响应周期中，CPU 通过执行一条隐指令，完成以下 3 个操作:

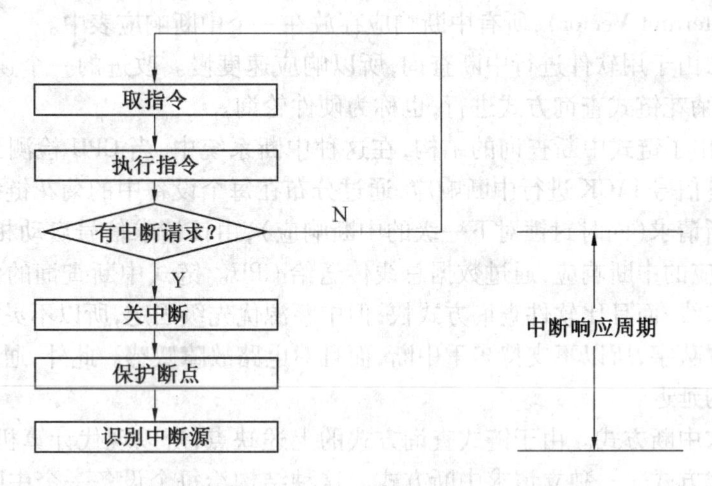

图 8.9　中断响应过程

①关中断。将中断允许标志置为禁止状态，这时将屏蔽掉所有新中断请求。

②保护断点。PC 和 PSW 送入堆栈。

③识别中断源。通过某种方式获得响应优先级最高的中断请求所对应的中断服务程序

的首地址和初始的 PSW。

(4)中断源的识别方法。

中断源的识别方法可以分为软件轮询和硬件判优 3 类:

①软件轮询方法。当 CPU 检测到中断请求时,通过中断响应,自动地转移到一个特定的中断服务程序。在这个中断服务程序中,所有的中断请求被依次一一查询。

这种中断识别方式的硬件结构很简单,只要一根中断请求线,不需要任何专用硬件,中断优先级由中断查询程序的查询顺序决定,所以灵活。但它需花费很多时间查询,中断响应慢,无法实时响应,降低了 CPU 的利用率。图 8.10 给出了这种中断的结构。

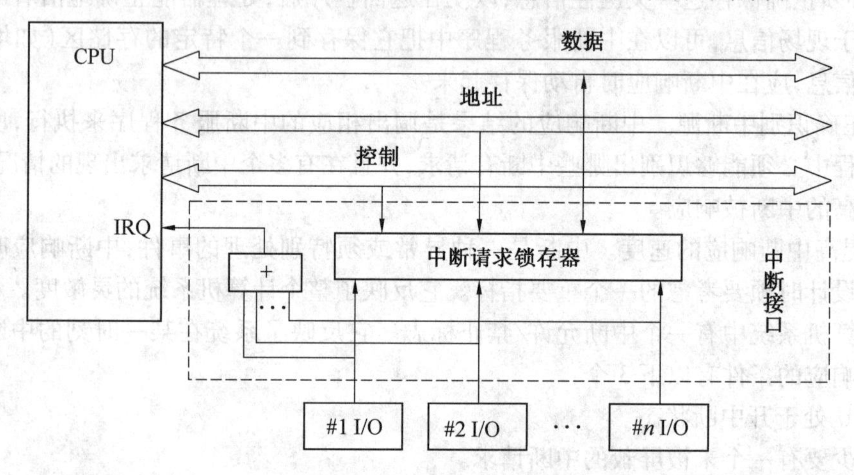

图 8.10　程序查询中断的结构

②硬件判优方法(向量中断) 硬件判优方式,也称为向量中断方式。它是另一种中断处理技术,它根据取得最高优先权中断的向量地址,找到对应的中断服务程序的首地址 PC 和初始 PSW,从而调出中断服务程序执行。通常把中断服务程序的首址 PC 和初始 PSW 称为中断响应 IV(Interrupt Vector),所有中断响应存放在一个中断响应表中。

软件轮询法由于用软件进行中断查询,所以响应速度慢。改进的一个途径就是将查询程序硬化,采用菊花链式查询方式进行,也称为硬件轮询。

图 8.11 给出了链式中断查询的结构,在这种中断系统中,当 CPU 检测到中断请求后,就启动中断回答信号 IACK 进行中断响应,通过分布在每个设备中的菊花链线路,查询到优先级最高的中断请求(同时封锁对下一级的中断响应),由该请求信号启动相应的中断响应发生器,产生对应的中断响应,通过数据总线传送给 CPU。链式中断查询的优点是简单,只需一根中断请求线,而且比软件查询方式快;但中断源优先级固定,所以不灵活,并且无法为每个中断设置屏蔽字,所以不支持多重中断,而且对电路故障敏感。此外,通过链式查询,中断响应有一定的延迟。

③独立请求中断方式。由于链式查询方式的上述缺点,所以现代计算机系统大多采用另一种硬件判优方式——独立请求中断方式。这种结构给每个设备一个中断请求线,当有几个设备同时请求时,经判优逻辑选择一个优先级最高的中断请求,并形成对应的中断响应,通过数据总线送处理器。图 8.12 给出了这种多线独立请求中断的结构。

采用这种方式的中断系统中有一个集中控制的中断控制器,在中断控制器中有相应的中断响应优先权编码器,各个中断请求信号送到该电路,和对应的中断屏蔽位进行“与”操

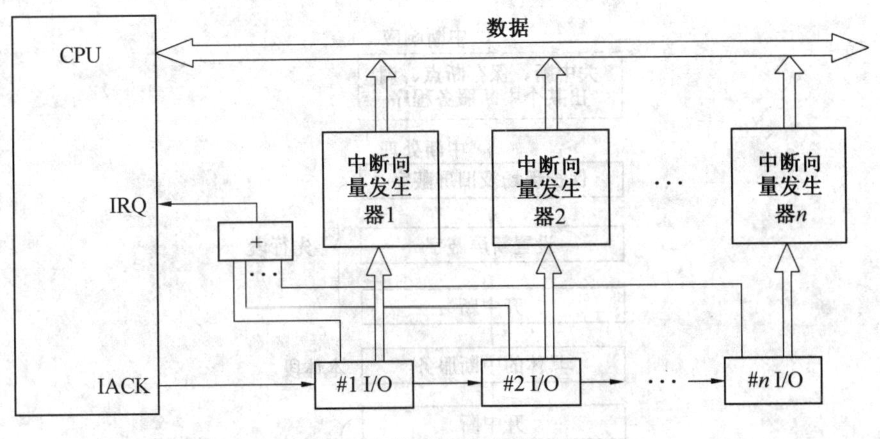

图 8.11 链式查询中断的结构

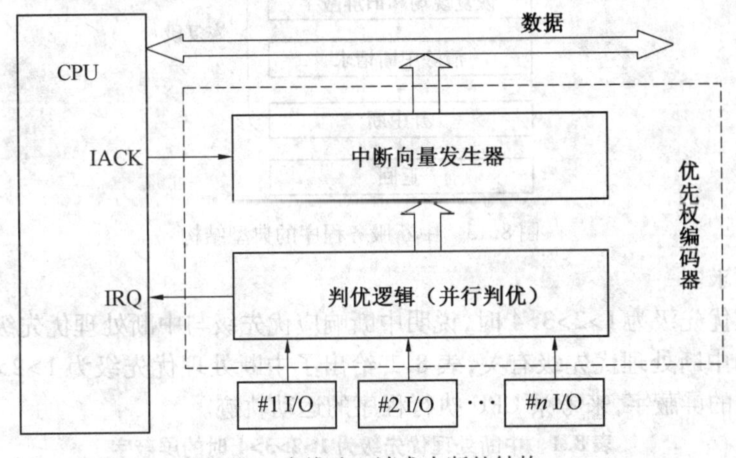

图 8.12 多线独立请求中断的结构

作后，送到一个判优电路中，判优电路的输出被送到一个编码器，该编码器的输出就是中断响应。采用多线请求的集中判优方式，其中断响应速度快。如果是可编程的中断控制器，则优先级可灵活设置。

2. 中断处理

中断处理的过程就是执行相应的中断服务程序的过程，不同的中断源对应的中断服务程序不同。典型的中断处理分为 3 个阶段，即先行段、本体段和结束段。图 8.13 给出了中断服务程序的典型结构。

从图 8.13 中可以看出，在保存断点和现场的过程中，处理器处于关中断状态，同样在恢复阶段也要让处理器关中断。如果在保存和恢复阶段处理器处在开中断状态，那么有可能在断点或现场保存（或恢复）的过程中，又响应了新的中断。这样，断点或现场就会被新中断破坏，而不能回到原中断点继续执行。

下面举个例子来说明中断嵌套过程中 CPU 执行程序的轨迹。

假定某中断系统有 4 个中断源，其响应优先级为 1>2>3>4，分别写出处理优先级为 1>2>3>4和 1>4>3>2 时各中断的屏蔽字及 CPU 完成中断服务程序的过程。假定 CPU 在执行用户程序时，同时发生了 1，3 和 4 级中断请求，而在执行 3 级中断服务程序的过程中又发生

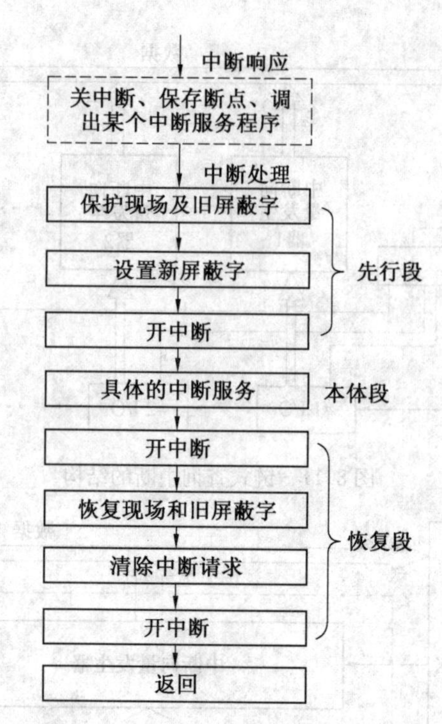

图 8.13　中断服务程序的典型结构

了 2 级中断请求。

中断处理优先级为 1>2>3>4 时，说明中断响应优先级与中断处理优先级是一致的。中断屏蔽字只和中断处理优先级有关，表 8.1 给出了中断处理优先级为 1>2>3>4 时的屏蔽字。根据给定的屏蔽字，来考察 CPU 执行程序的运动轨迹。

表 8.1　中断处理优先级为 1>2>3>4 时的屏蔽字

中断程序级别	屏蔽字			
	1 级	2 级	3 级	4 级
第 1 级	1	1	1	1
第 2 级	0	1	1	1
第 3 级	0	0	1	1
第 4 级	0	0	0	1

注：假定 1 是屏蔽，0 是开放

如图 8.14 所示，在执行主程序时同时发生 1，3 和 4 级中断，根据响应优先级应先响应 1 级中断，而 1 级中断的屏蔽字为 1111，所以在执行 1 级中断的过程中，不响应任何中断，直到 1 级中断处理完回到主程序。此时，还有 3 和 4 级中断未被处理，根据响应优先级，应先响应 3 级中断，调出 3 级中断服务程序执行，在处理 3 级中断的过程中，出现了 2 级中断请求，因为 3 级中断的屏蔽字为 0011，即对 2 级中断是开放的，所以 2 级中断被响应，打断了 3 级中断的处理。2 级中断处理过程中没有出现比它处理优先级更高的中断请求，所以一直到它处理完回到被打断的 3 级中断。CPU 继续执行 3 级中断服务程序，执行完后，回到主程序，最后响应 4 级中断，处理完 4 级中断后，回到主程序。

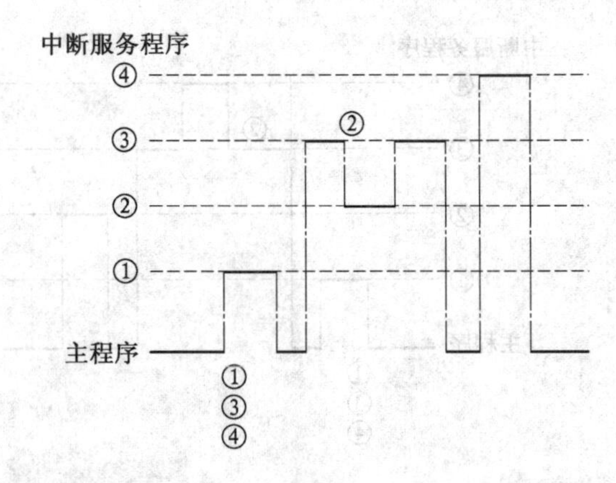

图8.14 处理优先级为1>2>3>4时CPU运动轨迹

表8.2给出了中断处理优先级为1>4>3>2时的屏蔽字。根据表9.3给定的屏蔽字,来考察CPU执行程序的运动轨迹,如图8.15所示。在执行主程序时同时发生1,3和4级中断,根据响应优先级应先响应1级中断,而1级中断的屏蔽字为1111,所以在执行1级中断的过程中,不响应任何中断,直到1级中断处理完回到主程序。此时,还有3和4级中断未被处理,根据响应优先级,应先响应3级中断,调出3级中断服务程序执行,在处理3级中断的过程中,出现了2级中断请求,同时在执行主程序时发生的4级中断请求还未被响应,因为3级中断的屏蔽字为0110,即对2级中断屏蔽、对4级中断开放,此时响应优先级排队电路中,只有4级中断请求被排队判优。因此,4级中断请求被响应,此时中止3级中断,调出4级中断来处理,4级中断处理过程中没有出现比它处理优先级更高的中断请求,所以一直到它处理完回到被打断的3级中断。CPU继续执行3级中断服务程序,执行完后,回到主程序。最后响应2级中断,处理完2级中断后,回到主程序。

表8.2 中断处理优先级为1>4>2>3时的屏蔽字

中断程序级别	屏蔽字			
	1级	2级	3级	4级
第1级	1	1	1	1
第2级	0	1	0	0
第3级	0	1	1	0
第4级	0	1	1	1

注:假定1是屏蔽,0是开放

中断用在低带宽设备上是最好的,因为对于低速设备,我们更关心怎样降低设备控制器和接口的成本,而不是关心怎样提供高带宽的传输。中断方式将传送数据和管理传输的负担放在了处理器。

计算机设计者发明了一种机制,把处理器的负担减了下来,使设备直接与存储器传输数据而不需要处理器的参与,这种机制被称为直接存储器存取(DMA)。在DMA方式中,中断机制仍然要用于设备和处理器之间的通信,但是仅仅在I/O传送完成之后或发生错误时。

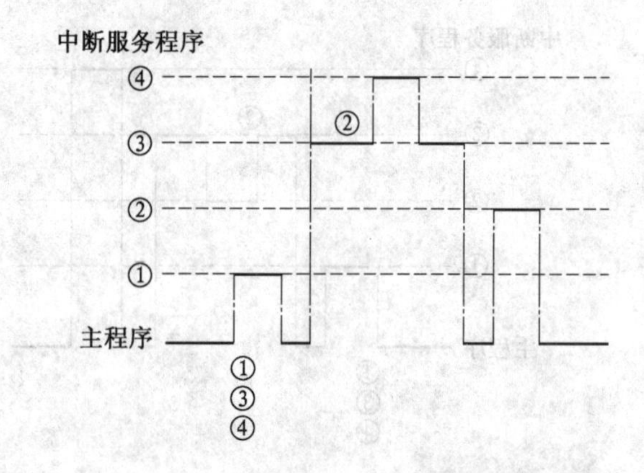

图 8.15 中断处理优先级为 1>4>2>3 时 CPU 的运动轨迹

8.4 直接存储器存取(DMA)方式

在中断控制方式中,CPU 和外设有一定的并行度,但由于对 I/O 请求响应慢、数据传送速度慢,不适合高速设备的批量数据传送。

DMA(Direct Memory Access)称为直接存储器存取。它用专门的 DMA 接口硬件来控制外设与主存间的直接数据交换,而不通过 CPU。通常把专门用来控制总线进行 DMA 传送的硬件接口称为 DMA 控制器。在进行 DMA 传送时,CPU 让出总线控制权,由 DMA 控制器控制总线,DMA 控制器通过“窃取”一个主存周期完成和主存之间的一次数据交换,或独占若干个主存周期完成一批数据的交换。DMA 方式主要用于磁盘、磁带等高速设备和主机的数据传送,这类高速设备采用成批数据交换方式,单位数据之间的时间间隔较短。

DMA 方式与中断方式一样,也是采用“请求-响应”方式,只是中断方式请求的是处理器的时间,而 DMA 方式下请求的是总线控制权。在用 DMA 方式进行高速设备的 I/O 操作中,有些环节是用程序查询方式和中断驱动方式完成的。

8.4.1 3 种 DMA 方式

由于 DMA 控制器和 CPU 共享主存,所以可能出现两者争用主存的现象,为使两者协调使用主存,DMA 通常采用如图 8.16 所示的 3 种方式之一进行数据传送。

(1) CPU 停止法(成组传送)。DMA 传输时,CPU 脱离总线,停止访问主存,直到 DMA 传送一块数据结束。

(2) 周期挪用(窃取)法(单字传送)。DMA 传输时,CPU 让出一个总线事务周期,由 DMA 控制器挪用一个主存周期来访问主存,传送完一个数据后立即释放总线。

(3) 交替分时访问法。每个存储周期分成两个时间片,一个给 CPU,一个给 DMA,这样在每个存储周期内,CPU 和 DMA 都可访问存储器。

在图 8.16(a)中,DMA 访存时 CPU 基本上处于停止状态。一旦 DMA 控制占用了总线,那么它就一直控制总线直到所有数据传送完毕,因此在一个很长的时间内,CPU 都不能使用总线,因而也就无法访问主存,使 CPU 工作受影响。这种方式控制简单,在传输率很高的外设实现成组数据传送时比较适用。

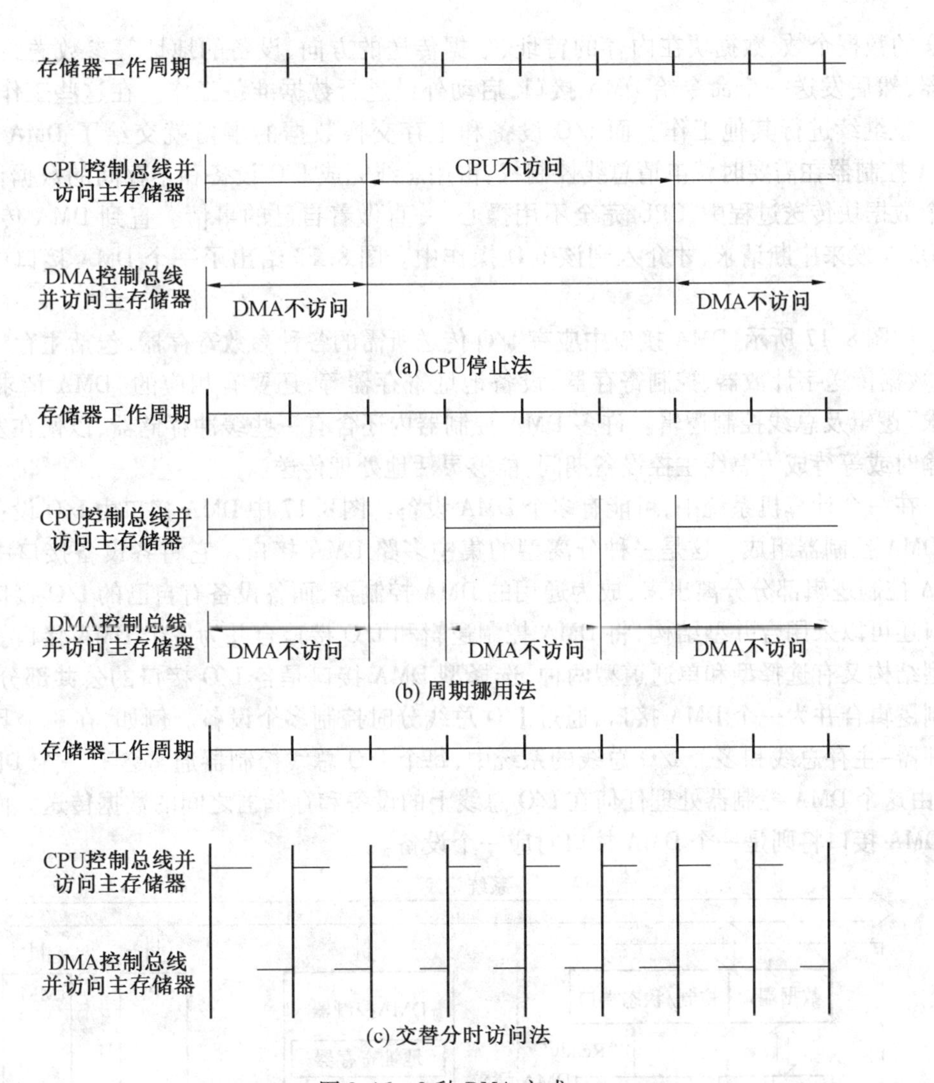

图8.16　3种DMA方式

图8.16(b)给出了周期挪用法的示意图。每次DMA传送完一个数据就释放总线,使在I/O设备准备下一数据时,CPU能插空访问主存。采用周期挪用法既能及时响应I/O请求,又能较好地发挥CPU和主存的效率。在这种方式下,在下一数据的准备阶段,主存周期被CPU充分利用。其缺点是每次DMA访存都要申请总线控制权和释放总线,增加了传输开销。

图8.16(c)给出了交替分时访问的情况,这种方式DMA不需要总线使用权的申请和释放,适用于CPU工作周期比主存存取周期更长的情况。

在这种方式下,CPU既不停止主程序的运行,也不进入等待状态,在CPU工作过程中,不知不觉地完成了DMA数据传送,故又被称为"透明的DMA"方式。

8.4.2　DMA接口的结构和功能

DMA数据传送过程是由DMA接口的控制逻辑完成的,一般把DMA接口中控制传送的硬件逻辑称为DMA控制器。它能像CPU一样控制总线,当CPU需要读写I/O时,就把要传送的数据个数、数据块在内存的首址、数据传送的方向、设备的地址等参数送给 DMA 控制器,然后发送一个命令给 DMA 接口,启动外设进行数据准备工作。在这些工作完成后,CPU 就继续进行其他工作。而 I/O 设备和主存交换数据的事情就交给了 DMA 控制器。DMA 控制器在需要时就申请总线控制权,占用总线完成 I/O 设备和主存间的数据传送。在整个数据块传送过程中,CPU 完全不用操心,一直做着自己的事情。直到 DMA 传送完毕,由 DMA 发来中断请求,才介入到该 I/O 操作中。图 8.17 给出了一个 DMA 接口的典型结构。

如图 8.17 所示,DMA 接口中应有 I/O 传送所需的各种参数寄存器,包括主存地址寄存器、数据传送字计数器、控制寄存器、设备地址寄存器等,还要有相应的"DMA 请求""总线请求"逻辑及总线控制逻辑。许多 DMA 控制器内还含有一些缓冲存储器,以便在发生延迟传输时或等待成为总线主控设备期间,能够灵活地处理传送。

在一个计算机系统中,可能有多个 DMA 设备。图 8.17 中 DMA 接口由 I/O 设备的接口和 DMA 控制器组成。这是一种分离型的集中多路 DMA 接口。它将各设备接口中公用的 DMA 控制逻辑部分分离出来,成为通用的 DMA 控制器,而各设备有自己的 I/O 接口。DMA 接口还可以采用合并型结构,将 DMA 控制逻辑和 I/O 接口合并为一个 DMA 接口。这种合并型结构又有选择型和单通道型两种,选择型 DMA 接口是各 I/O 接口的公共部分和 DMA 控制逻辑合并为一个 DMA 接口,通过 I/O 总线分时控制多个设备。例如,在一个具有单个处理器-主存总线和多个 I/O 总线的系统中,每个 I/O 总线控制器通常含有一个 DMA 控制器,由这个 DMA 控制器处理任何在 I/O 总线上的设备和存储器之间的数据传送。而单通道型 DMA 接口将则是一个 DMA 接口对应一个设备。

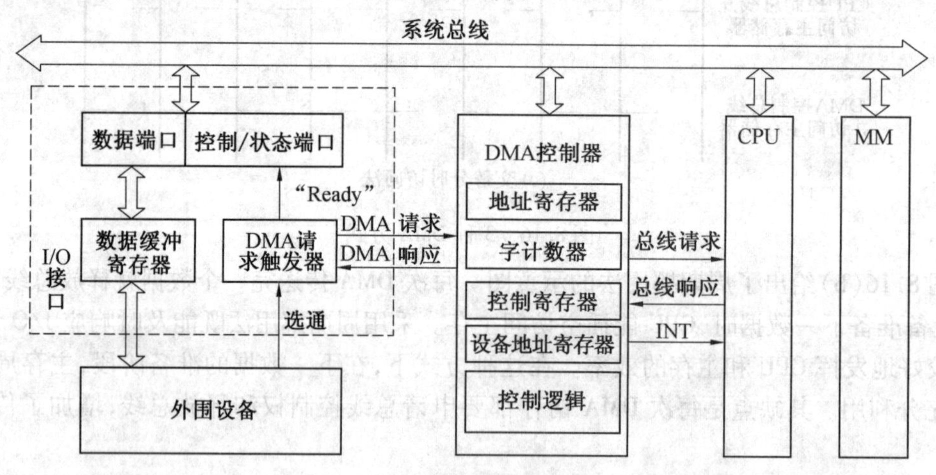

图 8.17 DMA 接口的结构

不管采用哪种结构的 DMA 接口,其功能主要为:

(1) 能接收外设发来的"DMA 请求"信号,并能向 CPU 发"总线请求"信号。

(2) 当 CPU 发出"总线响应"信号后,能接管对总线的控制。

(3) 能在地址线上给出主存地址,并自动修改主存地址。

(4) 能识别传送方向以在控制线上给出正确的读写控制信息。

(5) 能确定传送数据的字节个数。

(6) 能发出 DMA 结束信号。引起一次 DMA 中断,进行数据校验等一些后处理。

8.4.3　DMA 操作步骤

DMA 控制的 I/O 操作过程由以下几个步骤来完成：

1. **DMA 控制器的预置**

DMA 控制器的预置也称初始化，由软件实现。在进行数据传送之前，CPU 将执行一段初始化程序，完成对 DMA 控制器中各参数寄存器的初始值的设定。其主要操作包括：

(1) 准备内存区。若是从外设输入数据，则进行内存缓冲区的申请，并对缓冲区进行初始化；若是输出到外设，则先在内存准备好数据。

(2) 设置传送参数。执行 I/O 指令，测试外设状态，对 DMA 控制器设置各种参数。

(3) 启动外设，然后 CPU 继续执行其他程序。

2. **DMA 数据传送**

DMA 数据传送由硬件实现。CPU 对 DMA 传送的参数初始化，并启动外设工作后，就把数据传送的工作交给了 DMA 控制器。其传送过程如下：

(1) 当外设准备好数据（从外设取数）或准备好接收数据（向外设送数）时，就发"选通"信号，使数据送数据缓冲寄存器，同时 DMA 请求触发器置"1"。

(2) DMA 请求触发器向控制/状态端口发"Ready"信号，同时向 DMA 控制器发"DMA 请求"信号。

(3) DMA 控制器接收到"DMA 请求"信号后，就向 CPU 发"总线请求"信号。

(4) CPU 完成现行机器周期后，响应 DMA 请求，向 DMA 控制器发出"总线响应"信号。DMA 控制器接收到该信号后，向外设接口发 "DMA 响应"信号，使 DMA 请求触发器复位。此时，CPU 浮动它的总线，让出总线控制权，由 DMA 控制器控制总线。

(5) DMA 控制器给出内存地址，并在其读/写线上发出"读"或"写"命令，随后在数据总线上给出数据。

(6) 根据读写命令，将数据总线上的数据写入存储器中，或写入数据端口，并进行主存地址增量，字计数值减"1"。

若采用"CPU 停止法"，则循环第(6)步，直到计数值为"0"。

若采用"周期挪用法"，则释放总线，下次数据传送时再按从(1)到(6)进行。

3. **DMA 结束处理**

若计数值为"0"，发出 DMA 结束信号送接口控制，产生 DMA 中断请求信号给 CPU，转入中断服务程序，做一些数据校验等后处理工作。

8.4.4　DMA 与存储器系统

当 DMA 引入到一个 I/O 系统中时，存储器系统和处理器之间的关系就要改变。没有 DMA 时，所有对存储器的访问都来自处理器，所以存储器存取是通过地址转换和 Cache 访问进行的。有了 DMA 后，就有了另一个访问存储器的路径，它不通过地址转换机制和 Cache 层次。这在虚拟存储器系统和 Cache 系统中会产生一些问题。解决这些问题通常要结合硬件和软件两方面的技术支持。

因为在虚拟存储器系统中，页面同时具有物理地址和虚拟地址特征，所以在具有 DMA

的虚拟存储器系统中,加大了存储管理的困难。在这类系统中,DMA 是以虚拟地址还是以物理地址工作呢?很明显,若用虚拟地址,则 DMA 接口必须要将虚拟地址转换为物理地址;而使用物理地址所带来的问题是,每次 DMA 传送不能跨页。如果一个 I/O 请求跨页,那么,一次请求的一个数据块在送到主存时,就可能不在主存的一个连续的存储区中,因为每个虚页可以映射到主存的任意一个实页中,所以多个连续的虚页不可能正好对应连续的实页。因此,如果 DMA 采用物理地址,就必须限制所有的 DMA 传送都必须在一个页面之内进行。否则,DMA 就只能采用虚拟地址,在这种情况下,DMA 接口中应该有一个小的类似页表的地址映射表,用于将虚拟地址转换为物理地址。在 DMA 初始化的时候,由操作系统进行地址映射。这样 DMA 接口就不用关心传送数据在主存的具体位置了。另外一种方法是操作系统把一次传送分解成多次小数据量传送,每次只限定在一个物理页面内。

因为采用 Cache 的系统,一个数据项可能会产生两个副本,一个在 Cache 中,一个在存储器中。所以对于具有 DMA 的 Cache 系统也会产生问题。DMA 控制器直接向存储器发出访存请求而不通过 Cache,这时,DMA 看到的一个主存单元的值与处理器看到的 Cache 中的副本可能不同。考虑从磁盘中读一个数据,DMA 直接将其送到主存,如果有些被 DMA 写过的单元在 Cache 中,那么,以后处理器在对这些单元进行读时,就会得到一个老的数据。类似的,如果 Cache 采用回写(Write-back)策略,当一个新的值在 Cache 中写入时,这个值并未被马上写回,而此时若 DMA 直接从主存读,那么读的值可能是老值。这个问题称为过时数据问题或 I/O 一致性问题。解决 I/O 数据的一致性问题的方法有 3 种。一种方式是让 I/O 活动通过 Cache 进行,这样就保证了在 I/O 读时能读到最新的数据,而 I/O 写时能更新 Cache 中的任何数据。当然,将所有 I/O 都通过 Cache,其代价是非常大的。因为,一般 I/O 数据很少马上要用到,如果这样的数据把处理器正在使用的有用数据替换出去,那么就会影响 Cache 的命中率,而对处理器的性能也带来很多负面的影响。第二种方式是让操作系统在 I/O 读时有选择地使某些 Cache 块无效,而在 I/O 写时迫使 Cache 进行一次回写操作,这种操作经常被称为 Cache 刷新(Cache Flushing)。这种方式需要少量硬件支持。因为大部分 Cache 刷新操作仅发生在 DMA 数据块访问时,而 DMA 访问不经常发生。所以如果软件能方便而有效地实现这种方法,可能是比较有效的一种。第三种方式是通过一个硬件机制来选择被刷新或使用无效的 Cache 项。这种用硬件方式来保证 Cache 一致性的方式大多被用在多处理器系统中。

8.5 通道和 I/O 处理机方式

在大型计算机系统中,外围设备的数量及种类较多,为了在处理 I/O 请求时进一步减少中断处理次数和处理器的占用时间,通常把对外设的管理和控制工作从 CPU 中分离出来,使 I/O 控制器更具智能化,这种 I/O 控制器称为通道控制器或 I/O 处理机。通道控制器和 I/O 处理机可以独立地执行一系列的 I/O 操作,这些 I/O 操作序列通常被称为 I/O 通道程序,这些程序可能被存储在 I/O 处理机自己的存储器,或在共享的主存中,由 I/O 处理机从主存中取出执行。

8.5.1　通道的基本概念

通道(Channel)是一种专门的 I/O 控制器。通道方式与 DMA 方式的区别在于,DMA 方式是通过 DMA 控制器控制总线,在外设和主存之间直接实现 I/O 传送;而通道通过执行通道程序进行 I/O 操作的管理。对 CPU 而言,通道比 DMA 具有更强的独立处理 I/O 的能力。DMA 控制器通常只控制一台或多台同类的高速设备;而通道可控制多台同类或不同类型的设备。

在具有通道的系统中,通常采用主机(CPU/主存)-通道(CH)-设备控制器-外设四级结构,如图 8.18 所示。系统中可有多个通道,每个通道可接多个设备控制器,一个设备控制器可管理多个设备。

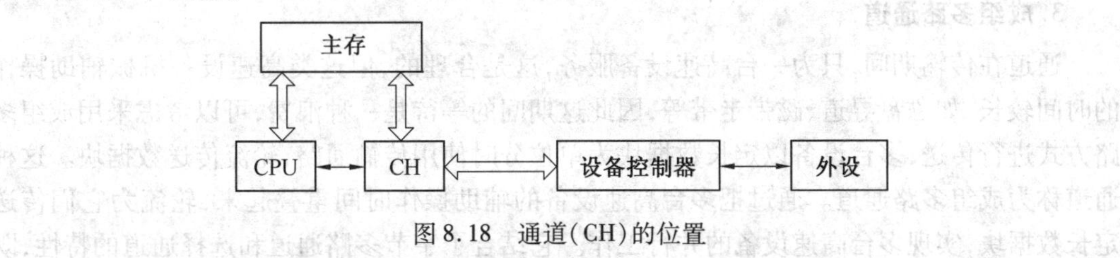

图 8.18　通道(CH)的位置

CPU 对通道的控制通过以下两种途径进行:

1. 执行 I/O 指令

当需要进行 I/O 操作时,CPU 按约定的格式准备好命令和数据,编制好通道程序,然后通过执行 I/O 指令(如 START I/O, TEST I/O,HALT I/O 等)来启动通道。通道被启动后,从主存指定单元取出通道程序执行。I/O 指令是一种管态(特权)指令,在用户程序中不能使用。I/O 指令应给出通道开始工作所需的全部参数,如通道执行何种操作、哪个通道和设备上进行操作等。I/O 指令和 CPU 的其他指令形式相同,由操作码和地址码组成,操作码表示执行何操作,地址码用来表示通道和设备的编号。CPU 启动通道后,通道和外部设备将独立进行工作。

2. 处理来自通道的中断请求

当通道和外设发生异常或结束处理时,通道采用“中断”方式向处理器报告。通道是介于主机和设备控制器之间的机构,它一方面接受 CPU 的控制,向 CPU 发出相应的中断请求信号;另一方面要负责对设备控制器的管理。

8.5.2　通道的种类

按通道独立于 CPU 的程度来分,通道分为结合型通道和独立型通道。结合型通道在硬件上与 CPU 做在一起,而独立型通道则在硬件上独立于 CPU。

按照数据传送方式,通常将通道分为 3 种,即字节多路通道、选择通道和成组多路通道。

1. 字节多路通道

字节多路通道采用字节交叉传送方式进行数据传送,适合于连接多个低速 I/O 设备,一般数据传送率在 20 KB/s 以下,这类设备传送一个字节的时间相应较短,而相邻字节之间数据准备时间较长。在字节多路通道的控制下,多台低速 I/O 设备以字节为单位,分时使用通道，轮流传送数据，实现多台I/O设备间的并行，以提高通道的利用率，所以数据传输率是每个设备的传输率之和。字节多路通道由多个子通道构成，每个子通道并行工作，各服务于一个设备控制器。

2. 选择通道

选择通道用于对高速设备进行控制。对于高速设备，通道难以同时对多个设备进行控制，所以在一段时间内选择通道只执行一个设备的通道程序，为单个设备服务，采用“成组”方式传送。某个设备一旦被选中便独占通道，直到传送完毕才释放通道，所以传输速率高。选择通道可接多台同类设备，其数据宽度是可变的，通道中包含一个参数寄存器，用于记录I/O操作所需的通道参量。

3. 成组多路通道

通道在传输期间，只为一台高速设备服务，这是合理的，但这类高速设备机械辅助操作的时间较长，如磁盘寻道、磁带走带等，因此这期间的等待是一种浪费，可以考虑采用成组多路方式进行传送，多台设备以定长数据块为单位分时使用传输通路，轮流传送数据块。这种通道称为成组多路通道。通过把多台高速设备的辅助操作时间重叠起来，轮流为它们传送定长数据块，实现多台高速设备的并行工作。它结合了字节多路通道和选择通道的特性，既允许各子通道间并行工作，又以独占方式成组地连续传送数据，因而具有很高的传输率。这种通道用于控制多台同类高速设备。

字节多路通道的实际流量是该通道的所有设备的传输率之和。而选择通道和成组通道在一段时间内只能为一台设备传送数据，而且，这时的通道流量就等于这台设备的数据传输率。因此，这两种通道的实际流量是连接在这个通道上的所有设备中数据流量最大的那一个。

8.5.3 通道程序

通道程序由若干通道命令字（CCW）构成，它是一组功能有限的I/O指令，能指定通道I/O操作所需的参量，并完成数据传送操作。CCW一般包括操作命令码、数据在内存的首址、传送数据个数和控制标志字段等。

8.5.4 输入/输出处理机

输入/输出处理机方式是通道方式的进一步发展，有两种输入/输出处理机系统结构。一种是通道结构的输入/输出处理机，通常称为I/O处理机（IOP）。与通道方式一样，IOP也通过执行通道程序对外设进行控制，能和CPU并行工作，提供了DMA控制能力。它与通道的区别主要有：通道只有功能有限的、面向外设控制和数据传送的指令系统；而IOP有自己专用的指令系统，不仅可用于进行外设控制和数据传送，而且可进行算术运算、逻辑运算、字节变换、测试等。在通道方式下，通道程序存于和CPU公用的主存中；而IOP有自己单独的存储器，并可访问系统的内存。在通道方式下，许多工作仍然需要CPU实现；而IOP有自己的运算器和控制器，能处理传送出错及异常情况，能对传送的数据格式进行转换，能进行整个数据块的校验等。

具有IOP的I/O系统是一个分级的I/O系统。用户程序和I/O系统是隔离开的，用户程序只“看见”最高层。当 CPU 执行到用户程序要求进行某种输入/输出操作时，它就发一个 I/O 请求，调用操作系统中的 I/O 管理程序。I/O 管理程序接收到请求后，就组织这次 I/O操作所需的数据/控制信息块，包括总线请求方式、总线物理宽度、通道操作命令字和通道程序的参数块（如设备地址、数据地址、通道程序指针、回送结果单元等）等，并放在主存公共区域，然后启动 IOP 中的通道工作，IOP 从主存公共信息区读取 CPU 放在该处的控制信息，并根据 CPU 预先设置的信息选择一个指定的通道程序执行。

另一种输入/输出处理机系统结构是外围处理器（PPU）方式，在大型计算机系统中，有时选用通用计算机担任 PPU，它基本上独立于主 CPU 工作，也有自己的指令系统，可进行算术/逻辑运算、主存读写和与外设交换信息等。

输入/输出处理机是一种特殊的装置，有特定的任务，所以相对于对等多处理器，其并行性很有限，它只用于传输信息、或对信息进行简单的加工和格式转换等。

前面已经介绍了用于 I/O 设备和主机之间进行数据传送的 5 种方法，即程序查询、中断方式、DMA 控制、通道和输入/输出处理器方式。这些方法逐步把处理 I/O 操作的负担从处理器移到更智能化的 I/O 控制器或 I/O 处理器。这增加了 I/O 系统的复杂性和价格，因此，一个给定的计算机系统应该选择它所连接的设备所合适的 I/O 控制方式。

8.6　外部接口

外部接口是指 I/O 模块中与外设连接一侧的接口。对于一般的设备来说，它总是通过某种电缆插接到相应的外设控制器上，这个电缆和设备控制器之间的接口，就是外部接口。通常我们称某个设备插在并口、串口、SCSI 接口、USB 接口上等，那么这里的并口、串口、SCSI 接口、USB 接口等都是 I/O 接口在外设一侧的一种接插标准。对于 I/O 接口中的内部接口，数据在接口和主机之间总是通过系统总线按字节或字或多字进行并行传输。而在外部接口中，数据在接口和外设之间有串行和并行两种传送方式。所以，按照数据传送方式来分，外部接口可分为并行接口和串行接口两种。

并行接口在设备和接口之间同时传送一个字节或字的所有位；串行接口在设备和接口之间一位一位地传送数据。

8.6.1　串行接口

串行接口用于某个设备的 I/O 接口和串行总线挂接，实现挂接在串行总线上的部件之间的数据接收和发送。串行总线是一种通信总线，主要用于连接主机和外围设备，或在计算机系统之间进行连接。在串行总线接口中必须实现串行数据与并行数据的格式转换。例如，键盘、鼠标、调制解调器、终端等外设都可以通过串行通信线路和主机进行信息交换。从这些外设输入的一位一位的串行数据必须通过接口中的格式转换逻辑变换成 CPU 能处理的并行数据；而 CPU 送出的并行数据也必须先转换为通信线路所需的一位一位串行数据，才能通过串行线路送到外设。在进行数据传送时，串行总线接口的发送端和接收端之间必须有时钟脉冲信号对传送的数据进行定位和同步控制。图 8.19 给出了串行通信的简单原理图。

通信的双方必须遵守一定的通信协议才能完成通信。通信协议也称通信规程，是指通

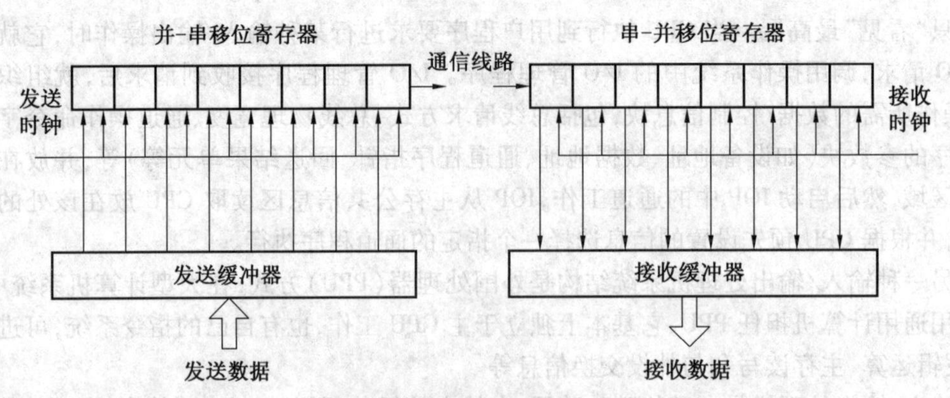

图 8.19 串行通信的简单原理

信双方在信息传输格式上的一种约定。在数据通信中,在收/发器之间传送的一位一位二进制的“0”或“1”,它们在不同的位上有不同的含义,有的可能是用于同步的信息位,有的是用于数据校验的冗余位,也有的是一些控制信息或地址信息,所以传输的并不都是真正的数据信息。因此,在通信的双方必须在通信协议中事先约定好这些传输格式。串行方式下有异步和同步两种通信方式,它们有不同的通信协议。

1. 异步串行通信协议

在异步串行通信中,每个字符作为一帧独立的信息,可以随机出现在数据流中,也就是说,每个字符出现在数据流中的时间是随机的、不确定的,接收端预先不知道。但每个字符一旦开始发送,收/发双方则以预先约定的固定时钟速率传送各位。因此,所谓异步主要体现在字符与字符之间的传送,同一字符内的位与位之间是同步的。为了使收/发双方在随机传送的字符与字符之间实现同步,通信协议规定在每个字符格式中设置起始位和停止位。协议规定每个字符格式由 4 部分组成:

(1)1 位起始位,总是低电平。

(2)5~8 位数据位,紧跟在起始位后,规定从最低有效位开始传送。

(3)没有或 1 位奇偶校验位。

(4)1 位/1.5 位/2 位停止位,规定为高电平。

一般有效数据位为 5 位时,停止位取 1 位或 1.5 位,其他情况取 1 位或 2 位。因此,一个字符可能由 7~12 位信息组成,称其为一个数据帧,异步串行数据传输格式如图 8.20 所示。

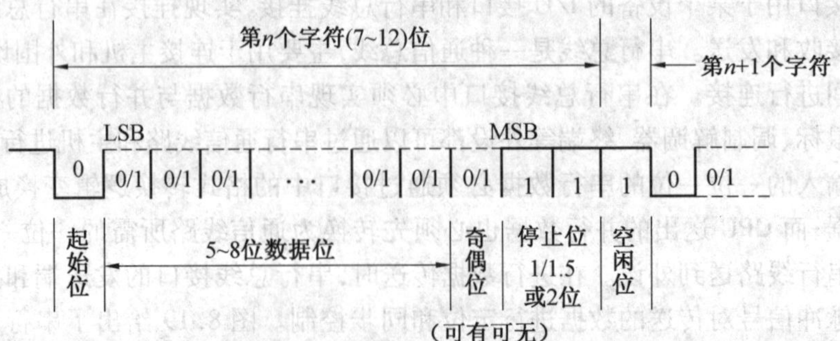

图 8.20 异步串行数据传输格式

异步串行传输格式中,起始位和停止位为异步字符传输的同步起着非常重要的作用。由于同步只需在一个字符期间保持,下一个字符又可通过新的起始位和停止位进行同步,所以发送器和接收器不必使用同一个时钟,只需分别使用两个频率相同的局部时钟,使一个字符传送期间保持串行位的同步,就能保证整个线路上信息传输的正确性。为了使接收器能够准确地发现每个字符的开始点,协议规定起始位和停止位必须采用相反的极性,利用前一个字符的高电平停止位到后一个字符的低电平起始位的负跳变,使接收器能很方便地发现一个字符的开始。为了保证一个字符到下一个字符的转换以负跳变开始,所以,协议规定在字符与字符之间的空闲位也一律用停止位的高电平来填充。空闲位的时间长度是任意的,不必是位时间的整数倍。

2. 同步串行通信协议

在上述异步串行通信中,因为每个字符都有起始位和停止位,所以有效数据占整个信息的比例较小,假定数据帧的格式为:1 位起始位、7 位数据位、1 位校验位、1 位停止位,波特率为 1 200 bit/s,则真正的数据传输率不是 1 200 位/秒,而只有 840 位/秒。所以在一些数据速率要求较高的场合,采用另一种同步通信方式。

在同步串行通信中,数据流中的字符之间、每个字符内部的位与位之间都是同步的。这种通信方式对同步的要求非常严格,所以收/发双方必须以同一个时钟来控制数据的发送和接收。

同步传送的字符格式中没有起始位和停止位,不是用起始位来表示字符的开始,而是用同步字符来表示数据发送的开始。在发送端发送真正的字符数之前,先发送同步字符去通知接收器,接收器在接收到同步字符后,便开始按双方约定的速率成批地连续接收数据,字符之间没有空隙。在发送器发送数据的过程中,如果出现数据没有准备好的情况,发送器就发送同步字符来填充,直到下一个数据块准备好为止。

同步通信规程可分为面向字符型和面向比特型两大类。目前较通用的是面向比特型的通信规程,它有 IBM 公司的同步数据链控制规程 SDLC 和国际标准化组织 ISO 的高级数据链控制规程 HDLC。SDLC/HDLC 两个通信规程的基本原理和格式完全相同,仅在一些技术细节上有些区别。在 SDLC/HDLC 中,帧是信息传输的基本单元,所有信息均以帧的形式传输,既可以用于通信线路的控制,也可以用于数据传输。

8.6.2 并行接口

并行接口用于 I/O 接口和并行总线的挂接,实现部件之间以并行方式进行数据通信。典型的一个例子是 Intel 8255A 接口芯片,它是可编程的并行外部接口,可以和 Intel8086CPU 一起使用。图 8.21 给出了 Intel 8255A 芯片的内部框图。

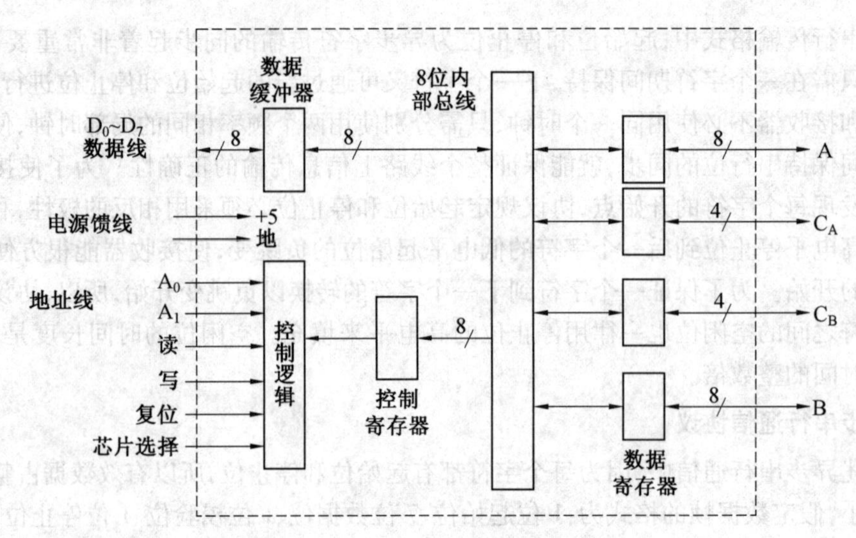

图 8.21 Intel 8255A 可编程外部接口

图 8.21 的右边是 8255A 的外部接口,24 条外部数据线可以分成 3 组(A,B 和 C),每组 8 根线,每组作为一个 8 位的 I/O 端口,可以实现 8 位数据的并行传送。也可以把 A 组和 B 组作为两个 I/O 端口,组 C 划分为两个 4 位组(C_A和 C_B),分别作为 A 组和 B 组的控制信号线。

框图的左边是 8255A 的内部接口。它包括一组 8 位的数据线 $D_0 \sim D_7$,用于在主机和 I/O端口之间传送数据(包括数据信息、状态信息或控制信息)。两根地址线用于指定 3 个 I/O 数据端口和一个控制端口。

SCSI 总线的接口也是一种并行接口。通过 SCSI 接口可以在 SCSI 总线上传输 8 位、16 位或 32 位数据。

8.7 输入输出设备

输入输出设备(又称外围设备)是计算机系统与人或其他机器之间进行信息交换的装置。输入设备的功能是把数据、命令、字符、图形、图像、声音或电流、电压等信息,变成计算机可以接收和识别的二进制数字代码,供计算机进行运算处理。输出设备的功能是把计算机处理的结果,变成人最终可以识别的数字、文字、图形、图像或声音等信息,打印或显示出来,以供人们分析与使用。

8.7.1 输入输出设备的分类

输入输出设备有多种分类法。按信息的传输方向来分可以分成输入、输出与输入/输出 3 类。

1. 输入设备

键盘、鼠标、光笔、触屏、跟踪球、控制杆、数字化仪、扫描仪、语言输入、手写汉字识别,以及纸带输入机、卡片输入机、光学字符阅读机(OCK)等。这类设备又可以分成两类,即采用媒体输入的设备和交互式输入设备。采用媒体输入的设备如纸带输入机、卡片输入机、光学字符阅读机等,这些设备把记录在各种媒体(如低带、卡片等)上的信息送入计算机。一般成批输入,输入过程中使用者不做干预。交互式设备有键盘、鼠标、触屏、光屏、跟踪球等。这些设备由使用者通过操作直接输入信息,不借助于记录信息的媒体。交互式输入设备是近年来研究的热门话题之一,通过它们可以建立人机之间的友善界面。

2. 输出设备

显示器、打印机、绘图仪、语音输出设备,以及卡片穿孔机、纸带穿孔机等。将计算机输出的数字信息转换成模拟信息,送往自动控制系统进行过程控制,这种数模转换设备也可以视为一类输出设备。

3. 输入输出设备

磁盘机、磁带、可读/写光盘、CRT 终端、通信设备等。这类设备既可以输入信息,又可以输出信息。

输入输出设备按功能分,也可以分成以下3类:

(1)用于人机接口。如键盘、鼠标、显示器、打印机等。这类设备用于人机交互信息,且操作员往往可以直接加以控制。这类设备又可以称为字符型设备,或面向字符的设备,即输入输出设备与主机交换信息以字符为单位,这时主机对外设的控制方法往往不同于其他类型设备。

(2)用于存储信息。如磁盘、光盘、磁带机等。这类设备用于存储大容量数据,作为计算机的外存储器使用。这类设备又可以称为面向信息块的设备,即主机与外设交换信息时不以字符为单位,而以由几十或几百个字节组成的信息块为单位,这时主机对外设的控制也不同于字符型设备。

(3)机-机联系。如通信设备(包括调制解调器),数/模、模/数转换设备,主要用于机-机通信。

8.7.2 输入输出设备的特点

输入输出设备的种类繁多,性能各异,但归纳起来有以下特点:

1. 异步性

输入输出设备相对于 CPU 来说是异步工作的,两者之间(CPU 与外设)无统一的时钟。且各类外设之间工作的速度又相差很大,它们的操作在很大程度上独立于 CPU 之外,但又要在某个时刻接收 CPU 的控制,这就势必造成输入输出操作相对 CPU 的时间的任意性与异步性。必须保证在连续两次 CPU 和输入输出设备交往的时刻之间,CPU 仍能高速地运行它自己的程序或者外设管理程序,以达到 CPU 与外设之间,以及外设与外设之间能并行工作。

2. 实时性

在一个计算机系统中,可能连接各种各样类型的很多外设,且这些外设中有慢速设备,也有快速设备,CPU 必须及时按传输速率和传输方式接收来自多个外设的信息或向外设发送信息,否则高速设备可能有丢失信息的危险。

3. 多样性

由于外设的多样性,它们的物理特性差异很大,信息类型与结构格式多种多样,这就造成了主机与外设之间连接的复杂性。但为简化控制,计算机系统中往往提供一些标准接口,以便各类外设通过自己的设备控制器与标准接口相连,而主机无需了解各特定外设的具体要求,可以通过统一的命令控制程序来实现对外设的控制。

8.7.3 输入设备

最常用的输入设备是键盘与鼠标。

1. 键盘

键盘是由一组按键和相应的键盘控制器组成的输入设备,其功能是使用者可通过击键向计算机输入数据、程序和命令等,是计算机不可缺少的最常用输入设备。按键开关的作用是将操作员的按键动作转换成与该按键对应的字符或控制功能的电信号。

键盘所采用的字符以及它们在键盘上的位置均有国际标准和国家标准。键盘可以分成3个区:中央为打字键区,包括字母、数字、符号及一些如回车等特殊的功能键;右侧为数字键区或光标移动键,由 Num lock 功能键控制;左侧或最上方是 10 ~ 12 个特殊功能键,其具体功能可由使用者定义。

键盘控制器由一些逻辑电路或单片机组成,其功能是进行扫描,判断按键的位置,然后将键盘上的位置码转换成相应的 ASCII 码,送入计算机。由于键盘控制器的构成方式不同,键盘可以分成编码键盘和非编码键盘两类。

(1)编码键盘。按键排列成一个 $m \times n$ 的二维阵列,每个按键对应该阵列中的一个相关位置。按下该键,由单片机或一些开关电路组成的编码器将该位置进行译码,然后转换成相应的 ASCII 码送入主机。由于编码器由硬件构成,所以键盘响应速度快,当然,硬件结构也要复杂一些。

(2)非编码键盘。按下键盘上某键,该键在 $m \times n$ 阵列中的位置码转换成 ASCII 码的过程由软件来完成,即主机执行键盘驱动程序,进行查表,将位置码转换成对应的 ASCII 码。这种键盘控制器构成简单。当然,其速度会慢一些。但是,由于主机速度远比人按键速度快,且这种键盘上某些键的功能可以通过软件来重定义,使用灵活,也深受用户欢迎。

键盘价廉、轻便,且其输入内容一般可以由显示器立即显示出来,使用非常方便,因此深受用户欢迎。

2. 鼠标器

鼠标器(Mouse)是一种相对定位设备。它不像键盘那样能进行字符或数字的输入,主要是在屏幕上定位或画图用。它在计算机上的应用要比键盘晚,随着计算机图形学与图像处理技术的发展,鼠标得以广泛应用。

鼠标器是由于其外形如老鼠而得名,通过电缆与主机相连接。鼠标器在桌上移动,其底部的传感器检测出运动方向和相对距离,送入计算机,控制屏幕上鼠标光标做相应移动,对准屏幕上的图标或命令,按下鼠标上相应按钮,完成指定的操作。

根据鼠标器所采用传感器技术的不同,鼠标器可以分成两类,即机械式与光电式。

(1)机械式鼠标器。其底部有一个圆球,鼠标移动时,圆球滚动带动与球相连的圆盘。圆盘上编码器把运动方向与距离送给主机,经软件处理,控制光标做相应移动。该类鼠标器简单,使用方便,但也容易磨损,且精度差。

(2)光电式鼠标器。其底部无圆球,而是由光敏元件和光源组成。使用时,必须在网格板上移动,光源发射光线在网格上反射后为光敏器件所接收,测出移动方向和距离,送入计算机,控制光标的移动。这类鼠标器精度高,可靠性好,但要专门的网格板。

8.7.4　输出设备

1. 打印机

打印机是计算机系统中最基本的输出设备。由于打印机打印结果直观、易阅读,便于永久保存,且由于目前打印机的打印质量不断提高,能打印单色或彩色的高清晰度的文字、图形或图像,而打印机的价格日益降低,因此,深受用户的欢迎。

目前使用的打印机,以其印字原理可分成击打式打印机和非击打式打印机两类,以其输出方式又可分为串行打印机和并行打印机两种。

(1)击打式打印机。击打式打印机是以机械力量击打字锤从而使字模隔着色带在纸上打印出字来的设备,这是最早研制成功的计算机打印设备。该类设备按字锤或字模的构成方式,又可分成整字形击打印设备和点阵打印设备两类。

整字形击打设备利用完整字形的字模每击打一次印出一个完整字形。这类设备的优点是印字美观自然,可同时复印数份。其缺点是噪声大,印字速率低,字符种类少,无法打印汉字或图形,且易磨损,这类打印设备若按字模载体的形态,又可以分成球形、菊花瓣形、轮式、鼓式等打印机。点阵式击打设备是利用多根针经色带在纸上打印出点阵字符的印字设备,又称针式打印机。目前有 7 针、9 针、24 针或 48 针的印字头。这类打印设备结构简单,印字速度快,噪声小,成本低,且可以打印汉字或图形、图像,是目前仍在广泛使用的一类打印设备。

(2)非击打式印字机。非击打式印字机是一种利用物理的(光、电、热、磁)或化学的方法实现印刷输出的设备。与击打式打印设备不同,这类设备的印字头不与纸或其他媒体接触,或虽接触但无击打动作。这类设备打印无噪声,印字速度快,可以打印汉字、图形与图像等,不少设备还可以实现彩色打印。由于该类设备价格已逐步降低,所以深受用户欢迎。

非击打式印字机还可以分成激光印字机、喷墨打印机、热敏打印机电灼式印字机、静电印字机、离子沉积印字机和电子照相印刷机等类型。

2. 显示器

显示器是用来显示数字、字符、图形和图像的设备,它由监视器和显示控制器组成,是计算机系统中最常用的输出设备之一。

显示器在显示原理上分为光栅扫描和液晶两种结构。光栅扫描显示器由阴极射线管(CRT)、亮度控制电路(控制栅)以及扫描偏转电路(水平/垂直扫描偏转线圈)等部件构成。由热发射产生的电子流在真空中几千伏高压影响下射向 CRT 前部,控制栅的电压决定有多少电子被允许通过,经过聚焦的电子束在水平与垂直偏转电路控制下射向屏幕,轰击涂有荧光粉的 CRT 屏幕,产生光点。通过控制栅电压强弱的控制,达到控制光点有无的目的,从而形成显示图像。

在光栅扫描显示器中,为了保证屏幕上显示的图像不产生闪烁,图像必须以 50 ~ 70 帧/秒的速度进行刷新。这样,固定分辨率的图形显示器其行频、水平扫描周期及每像素读出时间均有一定要求。另外,光栅扫描显示器的扫描方式还可以分成逐行扫描与隔行扫描方式两种。

显示器显示字符时有两种模式:一种是字符模式,显示存储器中存放的是字符的编码ASCII码或汉字代码)及其属性(如加亮、闪烁等),其字形信息存放在字符发生器中;另一种模式是图形模式,此时每个字符的点阵信息直接存储在显示存储器中,字符在屏幕上的显示位置可以定位到任意点。

IBM PC图形显示器的结构具有典型性,随着显示控制器(或称图形卡)性能的逐步改进和提高,出现了MDA,CGA,EGA,VGA,TVGA,AGC,SGA等多种类型的字符/图形显示器,EGA/VGA图形显示器其位平面的方式(显示模式为10h时,为16色),每像素4bit分布式在4个不同的位平面上。采用组合型像素格式的图形显示方式(显示模式为13h时),8 bit/像素,256色,可通过彩色表扩大为2^{18}种颜色。

习 题

1. 什么是接口?其基本功能有哪些?按数据传送方式分有哪两种接口类型?

2. 说明串行接口和并行接口的应用特点。

3. CPU如何进行设备的寻址?I/O端口的编址方式有哪两种?各有何特点?

4. 什么是程序查询I/O方式?说明其工作原理。

5. 什么是中断驱动I/O方式?说明其工作原理。

6. 矢量中断的定义是什么?说明在矢量中断方式下形成中断向量的基本方法。

7. 对于矢量中断,为什么I/O模块把中断向量放在总线的数据线上而不是放在地址上?

8. 在大多数计算机中,在现行的机器周期未执行完时都不允许中断。如果在一条指令的执行过程中,CPU为了允许一次中断而停止操作,会产生什么问题?

9. 什么是可屏蔽中断?什么是非屏蔽中断?

10. 若机器有5级中断,中断响应优先级为1>2>3>4>5,而中断处理优先级为1>4>5>2>3。要求:

(1) 设计各级中断处理程序的中断屏蔽位(令1为屏蔽,0为开放)。

(2) 若在运行主程序时,同时出现第4,2级中断请求,而在处理第2级中断过程中,又同时出现1,5,3级中断请求,试画出此程序运行过程示意图。

11. 为什么在保留现场和恢复现场的过程中,CPU必须关中断?

12. DMA方式能够提高成批数据交换效率的主要原因是什么?

13. CPU响应DMA请求和响应中断请求有什么区别?为什么通常使DMA请求具有高于中断请求的优先权?

14. 在DMA接口中,什么时候给出"DMA请求"(或"总线请求")信号?什么时候给出"中断请求"信号?CPU在什么时候响应DMA请求?在什么时候响应中断请求?

15. 某终端通过 RS-232 串行通信接口与主机相连，采用起止式异步通信方式，若传输速率为 1 200 bit/s，传输数据为 8 位代码、无校验位，停止位为 1 位，则传送一个字节所需时间约为多少？若传输速度为 2 400 bit/s，停止位为 2 位，其他不变，则传输一个字节的时间为多少？

16. 输入/输出设备如何分类？其特点是什么？

17. 键盘与鼠标的简单工作原理是什么？

18. 打印机如何分类？有何特点？

第9章 并行计算机系统

学习目标:了解并行性的概念;理解并行性的技术途径和原理;理解常用并行计算机系统的基本原理和过程。

计算机系统性能和容量的快速增长,除了归功于底层VLSI技术的发展之外,另一个重要因素在于计算机体系结构的不断改进,而并行性则是其中的一个主要方面。本章介绍并行性、向量处理机、阵列处理机、多处理机系统、机群系统、网格计算等并行计算机系统的基本概念。

9.1 并行性的概念

所谓并行性,是指计算机系统具有可以同时进行运算或操作的特性,它包括同时性与并发性两种含义。

同时性(Simultaneity)是指两个或两个以上的事件在同一时刻发生。

并发性(Concurrency)是指两个或两个以上的事件在同一时间间隔内发生。

所谓并行计算(Parallel Computing)是指通过网络相互连接的两个以上的处理机相互协调工作,同时计算同一个任务的不同部分,从而提高问题求解速度,或者求解单机无法解决的大规模问题。并行计算的目的有以下两个:

(1)提高速度。

对于一个固定规模的问题,采用并行计算技术可以使求解时间更少。现在的微型机也开始借助于流水线技术、多核技术等并行计算技术来提高系统的速度。

(2)扩大问题求解规模。

由于器件本身的限制,任何单处理器的速度不能超过某个上限,要突破这个上限,必须采用并行计算技术。例如,通过采用并行计算技术对密钥空间进行穷举搜索,实现了对DES(Data Encryption Standard,数据加密标准)的破解,而单个计算机是无法在有效时间内完成这一工作的。

9.1.1 并行性的分类

计算机系统中的并行性有不同的等级。从处理数据的角度看,并行性等级从低到高可分为:

(1)字串位串。同时只对一个字的一位进行处理。这是最基本的串处理方式,不存在并行性。

(2)字串位并。同时对一个字的全部位进行处理,不同字之间是串行的。这里已开始出现并行性。

(3)字并位串。同时对许多字的一位进行处理。这种方式有较高的并行性。

(4)全并行。同时对许多字的全部位进行处理。这是最高一级的并行性。

从执行程序的角度看,并行性等级从低到高可分为:

(1)指令内部并行。一条指令执行时各微操作之间并行。

(2)指令级并行。并行执行两条或多条指令。

(3)任务级或过程级并行。并行执行两个以上过程或任务(程序段)。

(4)作业或程序级并行。并行执行两个以上作业或程序。

在单处理机系统中,这种并行性升到某一级别后(如任务级或过程级并行),需要通过软件(如操作系统中的进程管理、作业管理)来实现;而在多处理机系统中,已具备了完成各项任务或作业的处理机,其并行性是由硬件实现的。在一个计算机系统中,可以采取多种并行性措施,既可以有数据处理方面的并行性,也可以有执行程序方面的并行性。当并行性提高到一定级别时,称为进入并行处理领域。例如,处理数据的并行性达到字并位串级,或者执行程序的并行性达到任务或过程级,就可以认为进入并行处理领域。并行处理着重挖掘计算过程中的并行事件,使并行性达到较高的级别。因此,并行处理是体系结构、硬件、软件、算法、语言等多方面综合研究的领域。

9.1.2　提高并行性的技术途径

计算机系统中提高并行性的措施多种多样,就其基本思想而言,可归纳成如下 4 条途径:

1. 时间重叠

时间重叠即时间并行。在并行性概念中引入时间因素,多个处理过程在时间上相互错开,轮流重叠地使用同一套硬件设备的各个部分,以加快硬件周转时间而赢得速度。

2. 资源重复

资源重复即空间并行。在并行性概念中引入空间因素,采用以数量取胜的原则,通过重复设置硬件资源,大幅度提高计算机系统的性能。随着硬件价格的降低,这种方式在单处理机中广泛应用,而多处理机本身就是实施资源重复原理的结果。

3. 资源重复+时间重叠

在计算机系统中同时运用空间并行和时间并行技术,这种方式在计算机系统中应用广泛,成为主流的并行技术。

4. 资源共享

这是一种软件方法,它使多个任务按一定时间顺序轮流使用同一套硬件设备。例如,多道程序、分时系统就是遵循资源共享原理而产生的。资源共享既降低了成本,又提高了计算机设备的利用率。

9.1.3 并行性的发展

1. 单机系统并行性发展

在发展高性能单处理机过程中，起着主导作用的是时间并行技术。实现时间并行的物质基础是部件功能专用化，即把一件工作按功能分割为若干个相互联系的部分，把每一部分指定给专门的部件完成；然后按时间重叠原理把各部分执行过程在时间上重叠起来，使所有部件依次分工完成一组同样的工作。

指令流水线是由重叠（Overlap）发展而来的。通常，CPU 执行一条指令的过程分为 5 步：从主存中取指令（IF）、指令译码（ID）、执行指令（EX）、访存取数（M）及写回结果（WB）。CPU 在执行其中每一步时，其他部分的功能处于闲置状态。如果能够将这些步骤重叠起来，比如在译码分析一条指令的同时将下一条指令取出，就可以提高 CPU 的效率。流水线是对重叠的引申，它将 CPU 执行一条复杂指令的处理过程分成多个复杂程度相当、处理时间大致相等的子过程，每个子过程由一个独立的功能部件来完成，将这些独立的功能部件按流水线方式连接起来，处理对象在这条流水线上连续流动，满足时间重叠原理。

在同一时间里，多个部件同时进行不同的操作，完成对不同子过程的处理，从而使得处理机内部同时处理多条指令，提高了处理机的速度。显然，时间并行技术实现了计算机系统中的指令级并行。

在单处理机中，空间并行技术的运用也已经十分普遍。不论是非流水处理机，还是流水处理机，多体交叉存储器和多操作部件都是空间并行技术成功应用的结构形式。在多操作部件处理机中，通用部件被分解成若干个专用的操作部件，如加法部件、乘法部件、除法部件、逻辑运算部件等，一条指令所需的操作部件只要空闲，就可以开始执行这条指令，这就是指令级并行。

在单处理机中，资源共享概念的实质就是用单处理机模拟多处理机的功能，形成所谓的“虚拟机”（Virtual Machine，VM）的概念。例如，在分时系统中，在多终端情况下，每个终端上的用户都感觉自己好像独立拥有一台处理机一样。

2. 多机系统并行性发展

多机系统也遵循时间重叠、资源重复及资源共享原理，向 3 种不同的多处理机方向发展，但在采取的技术措施上与单处理机系统有些差别。

多处理机中为了实现时间重叠，将处理机功能分散给各台专用处理机去完成，即功能专用化，各处理机之间则按时间重叠原理工作。例如，输入/输出功能的分离，导致由通道向专用外围处理机发展，许多主要功能（如数组运算、高级语言编译、数据库管理等）也逐渐分离出来，交由专用处理机完成，机器间的耦合程度逐渐加强，从而发展成为异构型多处理机系统。

通过设置多台相同类型的计算机而构成的容错系统，可使系统工作的可靠性在处理机一级得到提高。各种不同的容错多处理机系统方案对计算机间互联网络的要求是不同的，但正确性、可靠性是其首要要求。

如果提高对互联网络的要求，使其具有一定的灵活性、可靠性和可重构性，则可将其发展成一种可重构系统。在这种系统中，平时几台计算机都像通常的多处理机系统一样正常工作，一旦发生故障，就使系统重新组织，降低档次继续运行，直到排除故障为止。

随着硬件价格的降低，人们追求的目标是通过多处理机的并行处理来提高整个系统的速度，因此对计算机间互联网络的性能提出了更高的要求。高带宽、低延迟、低开销的机间互联网络，是高效实现任务级并行处理的前提条件。为了使并行处理的任务能够在处理机间随机地进行调度，就必须使各处理机具有同等的功能，从而成为同构型多处理机系统。

9.2　并行计算机系统

9.2.1　向量处理机

向量处理机是指令级并行的计算机，能较好地发挥流水线技术的特性，达到较高的计算速度，而新型向量流水处理机则采用了多处理机的体系结构。

从数学的概念上讲，标量(Scalar)是指单个量，而向量(Vector)是指一组标量。例如，有一个数组 $\boldsymbol{A}=(a_1, a_2, a_3, \cdots, a_n)$，其中括号内的每个元素 a_i 就是一个标量，而 $\boldsymbol{A}$ 则称为向量，它由一组标量组成。一条向量指令可以处理 N 个或 N 对操作数，我们把这 N 个互相独立的数称为向量，对这样一组数的运算称为向量处理。因此，向量指令的处理效率要比标量指令的处理效率高得多。

9.2.2　阵列处理机

阵列处理机又称并行处理机，主要技术手段是采用硬件资源重复的方法来实现并行性，属于单指令流多数据流(SIMD)结构计算机。SIMD 计算机用一个控制部件同时管理多个处理单元，所有处理单元均收到从控制部件广播来的同一条指令，但是操作的对象却是不同的数据。

向量流水处理机和阵列处理机都能对大量数据进行向量处理，但它们之间存在很大的区别，阵列处理机有着向量处理机所不具备的特点：

(1)阵列机是以单指令流多数据流方式工作的。

(2)阵列机采用资源重复方法引入空间因素，即在系统中设置多个相同的处理单元来实现并行性，这与利用时间重叠的向量流水处理机是不同的。此外，阵列机利用并行性中的同时性，所有处理单元必须同时进行相同的操作。

(3)阵列机是以某一类算法(如图像处理)为背景的专用计算机。这是由于阵列机中通常都采用简单、规整的互联网络来实现处理单元间的连接操作，从而限定了其所适用的求解算法类别。因此，对互联网络设计的研究成为阵列机研究的重点之一。

(4)阵列机的研究必须与并行算法的研究密切结合，以使其求解算法的适应性更强一些，应用面更广一些。

(5)从处理单元来看，由于结构都相同，因而可将阵列机看成是一个同构型并行机。但其控制器实质上是一个标量处理机，而为了完成 I/O 操作及操作系统管理，尚需一个前端机，因此，实际的阵列机系统是由同构型并行机、标量处理机和前端机构成的一个异构型多处理机系统。

9.2.3 多处理机系统

随着集成电路技术的不断发展,基于微处理器的多处理机并行系统由于其突出的性价比而逐渐成为高性能计算机的主流。

1. 多处理机系统的特点

流水线机器通过若干级流水线的时间并行技术来获得高性能,阵列处理机器由多台处理机组成,每台处理机执行相同的程序。这两类机器都是执行单个程序,可对向量或数组进行运算。这种体系结构能高效地执行适合于 SIMD 的程序,所以这类机器对某些应用问题非常有效。但是,有些大型问题在这种 SIMD 结构机器上运行并不那么有效,原因是这类问题没有对结构化数据进行重复运算的操作,其所要求的操作通常是非结构化的而且是不可预测的。要想解决这类问题并保持高性能,只能在多处理机结构中寻找出路。

多处理机的体系结构由若干台独立的计算机组成,每台计算机能够独立执行自己的程序。在多处理机系统中,处理机与处理机之间通过互联网络进行连接,从而实现程序之间的数据交换和同步。

多处理机属于多指令流多数据流 MIMD 计算机,它与属于 SIMD 计算机的阵列处理机相比有很大的差别,其本质差别在于并行性等级不同:多处理机要实现任务或作业一级的并行,而阵列处理机只实现指令一级的并行。

2. 多处理机系统的分类

多处理机系统由多个独立的处理机组成,每个处理机都能够独立执行自己的程序。多处理机系统有多种分类方法。

按多处理机各机器之间物理连接的紧密程度与交互作用能力的强弱,多处理机可分为紧耦合系统和松耦合系统两大类。在紧耦合多处理机系统中,处理机间物理连接的频带较高,一般是通过总线或高速开关实现互连,可以共享主存储器,由于具有较高的信息传输率,因而可以快速并行处理作业或任务。松耦合多处理机系统由多台独立的计算机组成,一般通过通道或通信线路实现处理机间的互连,可以共享外存设备,机器之间的相互作用是以较低频带在文件或数据集一级上进行的。

按处理机的结构是否相同来分,如果每个处理机是同类型的,且完成同样的功能,称为同构型多处理机系统。如果多处理机是由多个不同类型,且担负不同功能的处理机组成,则称为异构型多处理机系统。

9.2.4 机群系统

机群系统(Cluster)指一组完整的计算机互连,它们作为一个统一的计算机资源一起工作,并能产生一台机器的印象。完整的计算机是指一台计算机离开机群系统仍能运行自己的任务。机群系统中的每台计算机一般称为结点。

根据上述定义,机群是并行或分布计算机系统的一种类型,它是由一组完整的计算机(结点)通过高性能的网络或局域网互连而成的系统,作为一个单独的统一计算资源来使用。

首先,机群由完整的计算机(结点)互连而成。机群的结点可以是一个工作站,或者是一台个人计算机,也可以是一台规模相当大的对称多处理机 SMP。在机群的每个结点上除了有一台或多台处理机外,还有足够的存储器、磁盘、I/O 设备和一套完整的标准操作系统,因此机群的结点还可以按常规的交互方式来单独使用。结点间的互连可以通过普通的商品化网络(如以太网、FDDI,ATM 等),使用标准的通信协议,也可以采用专门设计的网络。

其次,机群应能作为一个单独的统一计算资源来使用。对于机群,最主要的是要具有单一系统形象。所谓单一系统形象是指从用户角度来看,整个机群就像一个系统,用户感觉到使用的是一个单一的系统,可以从任何地点的结点上来使用这个机群,而不必关心提供服务的设备在什么地方。

机群不同于局域网。局域网是一个分布式系统,在局域网中各台计算机基本上都是各自独立工作的,它们只是通过局域网共享资源,局域网没有单一系统形象。而机群中的各台计算机既可以单独使用,又是多台计算机连成的一个整体中的一部分,因此,机群可以充分利用机器资源,充分利用通用计算机产品,达到高并行性和高可靠性的要求。

9.2.5　网格计算

所谓网格计算(Grid Computing),是指由一群松散耦合的普通计算机组织起来的一个虚拟化的超级计算机,通过互联网共享强大的计算能力和数据存储能力,常用来协同地解决大型的科学与工程计算问题。

理解网格的一个很好的类比就是"电力网",用电者不需要知道自己用的电是哪个发电厂送出的。像使用电力资源那样使用计算资源成为网格研究者们的一个梦想,当然这还有很远的路要走。

网格计算不仅在理论和技术上发展迅速,在应用方面也获得了广泛的成功。加州大学伯克利分校的 SETI@ home 就是获得广泛成功的网格项目之一。SETI@ home 是一个通过网格计算对来自其他宇宙文明社会的电波信号进行灵敏搜索的项目,它能对 47 种不同 CPU 和操作系统分发客户端软件,客户从 SETI@ home 网站下载并安装客户端软件之后,即加入了该项目,开始了相应的计算。

9.2.6　云计算

云计算(Cloud Computing)是一种基于互联网的超级计算方式,通过这种方式,共享的软硬件资源和信息可以按需提供给计算机和其他设备。云计算描述了一种基于互联网的 IT 设施或服务的增加、交付和使用模式,通常涉及通过互联网来提供动态、易扩展且通常是虚拟化的资源。云计算服务通常提供通用的在线商业应用,可通过浏览器等软件或者其他 Web 服务来访问,软件和数据可存储在数据中心。

"云"其实是网络、互联网的一种比喻说法。过去在图中往往用云来表示电信网,后来也用来表示互联网和底层基础设施的抽象。狭义云计算是指 IT 基础设施的增加、交付和使用模式,指通过网络以按需、易扩展的方式获得所需资源;广义云计算是指服务的增加、交付和使用模式,指通过网络以按需、易扩展的方式获得所需服务,这种服务可以是 IT 和软件、互联网相关,也可是其他服务,它意味着计算能力也可作为一种商品通过互联网进行流通,就像煤气、水电一样,取用方便,费用低廉。

云计算包括以下几个层次的服务:基础设施即服务(IaaS)、平台即服务(PaaS)和软件即服务(SaaS)。

(1)基础设施即服务。用户通过 Internet 从完善的计算机基础设施获得服务,如 Amazon AWS 及 Rackspace。

(2)平台即服务。用户通过 Internet 获得软件开发平台服务,如 Google App Engine。

(3)软件即服务。用户通过 Internet 向提供商租用基于 Web 的软件服务,比较常见的是获得一组账号密码。例如:Microsoft CRM 与 Salesforce. com。

2006 年 8 月 9 日,Google 首席执行官埃里克·施密特在搜索引擎大会(SES San Jose,2006)上首次提出"云计算"的概念。自此之后,云计算技术的发展日新月异,涌现了大量典型的云计算应用,Google,IBM,Microsoft,Amazon 等 IT 业巨头纷纷推出了自己的云计算服务。

习 题

1. 何谓同时性和并发性?何谓并行计算?
2. 实现并行性的技术途径主要有哪些?
3. 常见的并行计算机系统有哪些?
4. 何谓机群系统和网格计算?何谓"云"?

附录 EDA 技术

人类社会已进入到高度发达的信息化社会，信息社会的发展离不开电子产品的进步。电子技术飞速发展，又有力地促进了社会信息化水平的提高。集成电路技术和计算机技术的发展使得电子系统的设计理论、设计方法和设计手段发生了很大的变化。电子设计自动化(Electronic Design Automation，EDA)已成为现代电子系统设计和制造的主要技术手段。

I EDA 技术概述

电子工程师正面临着前所未有的挑战。一方面，电子公司要求工程师在更短的时间里，使用更少的资源来设计新产品；另一方面，技术变化非常快，不同的客户有完全不同的需求，产品更具有个性化。使用 EDA 技术，电子工程师进行电子系统设计的工作效率会更高。

1. EDA 技术简介

EDA 是一门迅速发展的新技术，它是指以计算机为工作平台，实现电子产品自动设计过程的技术。利用 EDA 工具，电子设计师可以从概念、算法、协议等开始设计电子系统，通过计算机完成从电路设计、性能分析到设计出 IC 版图或 PCB 版图的整个过程。EDA 技术是电子系统设计的核心技术，是电子类专业技术人员必须掌握的基本技能之一。EDA 工具可以实现模拟电路设计，也可以实现数字电路设计；在实现的级别上又可分为系统级、电路级和物理实现级。

全球最有名气的 EDA 工具提供商有 Synopsys，Mentor Graphics，Cadence 等公司。常用的 EDA 软件按功能或应用场合可划分为电路设计与仿真工具、PCB 设计软件、IC 设计软件、PLD 设计工具及其他 EDA 软件等几大类。其典型代表有：①SPICE(HSPICE 和 PSPICE)，可用于电路仿真、激励建立、温度与噪声分析、模拟控制、波形输出、数据输出、显示模拟与数字的仿真结果；②MATLAB，可用于数据分析、数值和符号计算、工程与科学绘图、控制系统设计、数字图像信号处理及通信系统仿真等；③Protel，主要作为印刷板自动布线工具使用，它是个完整的全方位电路设计系统，包含电原理图绘制、模拟电路与数字电路混合信号仿真、多层印刷电路板设计(包含印刷电路板自动布局布线)图表生成、电路表格生成、支持宏操作等功能。

利用 EDA 技术进行电子系统的设计具有以下几个特点。

(1)用软件的方式设计硬件。

(2)用软件设计的系统到实际硬件系统的转换过程是由软件自动完成的。

(3)设计过程中可用软件进行各种仿真。

(4)系统可现场编程，在线升级。

(5)整个系统可集成在一个芯片上,体积小、功耗低、可靠性高。

2. 基于可编程逻辑器件的数字系统设计方法

本书所涉及的内容主要是数字系统的设计实现,所以,这里主要探讨数字系统设计方法。现代数字电子系统设计通常以大规模可编程逻辑器件为设计载体,以硬件描述语言为系统逻辑描述方式,以计算机、大规模可编程逻辑器件的开发软件为设计工具。用软件的方式设计电子系统,自动完成硬件系统的逻辑综合及优化、布局布线、逻辑仿真,最后在特定的目标芯片中完成适配编译、逻辑映射、编程下载等工作,形成集成电子系统或专用集成芯片。

目前常用的大规模可编程逻辑器件是 CPLD(复杂可编程逻辑器件, Complex Programmable Logic Device)和 FPGA(可编程逻辑阵列, Field Programmable Gate Array)。

现代数字系统设计工程师首先对系统或者设计进行构思,然后在计算机上用硬件描述语言(Verilog HDL 或者 VHDL)来描述这一构思,设计出软件代码。然后使用 EDA 软件检查设计中是否有错误。确定设计适合目标的可编程逻辑器件后,检查设计是否达到了性能要求,把设计下载到目标器件中,直接在硬件中调试功能。现在的 FPGA 设计能够把 CPU, I/O 和 DSP 等都放在一个可编程逻辑芯片中。

3. 硬件描述语言

硬件描述语言(HDL)是 EDA 技术的重要组成部分,目前常用的 HDL 主要有:VHDL, Verilog HDL,SystemVerilog 和 System C。其中 VHDL 和 Verilog 使用最多,几乎得到所有主流 EDA 工具的支持。而 SystemVerilog 和 System C 这两种 HDL 语言主要加强了系统验证方面的功能。

VHDL 的英文全名是 VHSIC(Very High Speed Integrated Circuit) Hardware Description Language,已成为硬件描述语言的业界标准之一,在电子设计领域得到了广泛应用,并与 Verilog 一起逐步取代了其他的非标准硬件描述语言。

创建 HDL 的最初目标是用于标准文档的建立和电路功能模拟,其基本想法是在高层次上描述系统和元件的行为。但后来人们发现,HDL 不仅可以作为系统模拟的建模工具,而且可以作为电路系统的设计工具,可以利用软件工具将源码自动地转化为文本方式表达的基本逻辑元件连接图,即网表文件。这种方法显然对于电路自动设计是一个极大的推进。HDL 具有与具体硬件电路无关和与设计平台无关的特性,并且具有良好的电路行为描述和系统描述的能力。

Ⅱ 可编程逻辑器件

在早期的数字逻辑设计中,设计人员在电路板或者面包板上把多个芯片连在一起构成系统。每个芯片包括一个或者多个逻辑门(如 NAND,AND,OR 门),或者简单逻辑结构(如触发器等)。

1. 逻辑设计基本流程

在实现逻辑功能时,首先要建立真值表,真值表列出了逻辑所有可能的输入及输入组合可能产生的相关输出。对于 n 输入,有 2^n 种可能的输入组合,根据真值表,建立卡诺图,用卡诺图化简逻辑表达式。

根据卡诺图中含有1的每个框,结合每个框的公共输入,我们可以建立函数的一个“乘积和”式的逻辑表达式,如公式(附1)所示。

$$Y = AB + CD + BD + BC + AD + AC \quad (附1)$$

表达式由6个乘积项组成,每个乘积项对应一个与门。要在硬件中直接实现这一功能,需要6个2输入与门,1个6输入或门,如果希望同步输出,还需要一个输出寄存器或者触发器。6输入或门不支持TTL,因此,需要级联更小的或门,这增加了延时和元件数量。为解决这些问题,TTL设计人员使用与非逻辑重写公式,如(附2)所示。

$$Y = \overline{\overline{AB} \cdot \overline{CD} \cdot \overline{BD} \cdot \overline{BC} \cdot \overline{AD} \cdot \overline{AC}} \quad (附2)$$

这样,使用7400系列标准元件来最终实现这些逻辑。

总体上,可以使用这一例子中介绍的方法把大部分数字电路的逻辑功能简化为乘积和。使用两个组合逻辑级来实现这些功能,与门建立乘积项,或门对乘积求和。

在输入上可以采用非门来置反输入,以产生所需的功能。为了存储输出,或者使输出与其他输出同步,需要寄存器形式的同步逻辑。最后,在实验面包板或者印刷电路板上,用铜线把这些分立元件连在一起。

2. 可编程阵列逻辑器件 PAL(Programmable Array Logic)

如果把这些逻辑门和寄存器组合到一个器件中会怎样?从与门到或门,从或门到寄存器有固定的连接会怎样呢?更进一步,如果有一种方法来设置输入和与门之间的连接,以确定应使用哪些输入,以及在哪里使用,又会怎样呢?这方面的思考导致了第一款可编程阵列逻辑器件PAL的产生。

将逻辑门和输出寄存器固定为通用逻辑后,选择使用逻辑输入及其互补逻辑,就可以建立任何逻辑功能。在输入和进入与门的线之间进行连接,可实现线与操作。与门输出构成乘积项。乘积项通过或门完成乘积和,从而产生最终函数输出。然后,将其送入寄存器进行存储或者同步。

PAL在设计上非常灵活,设计人员采用一类器件就能够建立很多不同的设计,不用担心逻辑的可用性。这种灵活性使可编程逻辑设计实现起来更复杂,与PAL配套产生了很多自动设计工具,简化了设计过程,缩短了设计时间。PAL最强的功能在于它可以支持在系统编程和重新编程,很容易修复故障或者更新设计,而不需要替换电路板元件。

3. 从PAL到PLD到复杂可编程逻辑器件CPLD

PAL之后是PLD(Programmable Logic Device,可编程逻辑器件),PLD和PAL器件非常相似,但是加入了一些其他特性,成为真正的可编程器件,而且更实用。该器件区别于简单PAL器件的主要进步是它含有全面可编程宏单元,以及可变乘积项分配。宏单元提供多种可编程选择,实现乘积和输出。可编程宏单元还能够反馈至阵列或者使用输出引脚作为输入。灵活的PLD宏单元成为实现逻辑功能真正实用的器件。

PLD理念进一步扩展便产生了CPLD。与由多个PAL和宏单元构成的PLD相似,CPLD包含多个和

I/O引脚连接的PLD逻辑模块,彼此之间通过可编程互连架构进行连接。

CPLD中的逻辑模块通常被称为逻辑阵列模块(LAB,Logic Array Block),每个LAB就像一个PLD。CPLD LAB一般含有4到20个宏单元。LAB中的可编程阵列非常类似于

PAL 或者 PLD 阵列。

CPLD 相对于 PLD 最大的优点在于逻辑数量及布线选择。CPLD 的 I/O 特性和功能远远超出了 PLD 的简单 I/O,在 I/O 怎样工作上提供更多的选项和控制功能。

与 PAL 和 PLD 一样,CPLD 在电路板上电时即可瞬时接通工作。它们具有成本低,占用电路板面积小。非易失 EEPROM 编程体系结构使其非常适合使用在系统编程方法进行测试和调试,不需要在电路板上电时对其进行重新编程。

4. 从 CPLD 到 FPGA

CPLD 相对于老的 PLD 器件的最大进步在于它能够在单个器件中容纳大量的逻辑。理论上,可以不断在 CPLD 中加入 LAB,继续增加逻辑数量。实现所有这些 LAB 的连接,其连接数量会呈指数增长,直到芯片管芯的连线数量超过逻辑数量,这限制了容量的扩展。解决方法是把 LAB 排列在网格中,从而产生了现场可编程门阵列 FPGA 的概念,LAB 都被排列在大型阵列中,器件可以现场编程或者重新编程,和 CPLD 一样。没有采用中心全局器件互连,而是把布线放置在

LAB 之间的空格上,就像大城市的街道。这种布线被排列成行列互连的形式。

FPGA LAB 和 CPLD 的 LAB 设计不同。CPLD LAB 由宏单元构成,包括自己的本地可编程阵列,而 FPGA LAB 由大量的逻辑模块构成,这些模块被称为逻辑单元,即 LE(Logic Element),而且本地互连和逻辑分开。LE 看起来可能和 CPLD 宏单元相似,但更容易配置,有更丰富的特性来提高性能,减少逻辑资源的浪费。

Ⅲ FPGA 系统的结构和资源

由于技术的进步,产生了百万级的 FPGA,同时为了照顾用户的特殊需求,现在包含了 4 种可编程资源,即位于芯片内部的可编程逻辑单元(LE)、位于芯片四周的可编程 I/O、分布在芯片各处的可编程布线资源和片内嵌入式存储器块 RAM,也增加了嵌入式乘法器、锁相环的资源。

1. 可编程逻辑单元(LE)

LE 包括 3 个主要部分,即查找表(LUT)、进位逻辑和输出寄存器逻辑。其中,FPGA 用查找表(LUT)替代了 CPLD 中的乘积项阵列,它是 FPGA 中组合逻辑输出乘积和的关键。大部分器件使用 4 输入 LUT,而有些器件提供输入数量更大的 LUT,以建立更复杂的功能。LUT 由一系列级联复用器构成。

逻辑之所以被称为查找表,是因为通过“查找”正确的编程级来选择输出,并根据 LUT 输入信号通过复用器将输出送到正确的地方。

LUT 本质上就是一个 RAM。对于 4 输入的 LUT,每个 LUT 可以看成一个有 4 位地址线的 16×1 的 RAM。当用户通过原理图或 HDL 语言描述了一个逻辑电路以后,CPLD/FPGA 开发软件会自动计算逻辑电路的所有可能的结果,并把结果事先写入 RAM。这样,每输入一个信号进行逻辑运算就等于输入一个地址进行查表,找出地址对应的内容,然后输出即可。

FPGA LE 含有专门的进位逻辑和 LAB 中的寄存器链布线,为这些信号提供最短链接。

进位位可以来自LAB中的其他LE,也可以来自器件中的其他LAB。产生的进位位可以输出到其他LE,或者器件互连中。

2. 可编程布线

FPGA器件中的布线通道看起来简单,但实际上提供更多的功能和互连。FPGA布线通道使器件资源能够与芯片任何地方的所有其他资源进行通信。老款的非FPGA器件是无法实现的。

FPGA布线通道可以分成两类,即本地互连及行列互连。本地互连直接连接LE,邻近LAB之间进行最短连接,称为直接链路。另一类互连是行列互连。这类互连的长度固定,跨过一定数量的LAB,或者整个器件。LAB I/O可以连接到本地互连,实现高速本地操作,或者直接连接至行列互连,向芯片的其他部分发送数据。

3. 可编程I/O

FPGA I/O控制功能含在阵列边沿的模块中,所有器件资源都可以通过FPGA布线通道使用该功能。FPGA中的I/O模块通常被称为I/O单元。I/O单元含有和老款CPLD I/O控制模块相同的基本功能,但是功能更丰富,使FPGA I/O单元非常适合用于所有类型的设计。除了基本输入、输出及双向信号,I/O引脚还支持多种I/O标准,包括多种最新的低电压高速标准。

4. 嵌入式存储器RAM

现代FPGA器件除了LAB之外还含有特殊的硬件模块。这些专用资源模块占用了阵列中一个或者多个模块,通过FPGA布线通道可以访问这些模块。这些专用资源通常在器件中以特殊行列模块的形式进行排列。存储器模块就是特殊的专用模块,可以配置为不同类型的存储器。

FPGA存储器模块可以配置成单端口或者双端口RAM,或者可编程ROM,还可以用做移位寄存器或者FIFO缓冲,以替代LAB逻辑。由于FPGA存储器模块和器件中的其他结构一样可以进行编程,因此,上电时能够以任意存储器内容对其进行初始化。可以初始化为任意存储器模式,并进行测试,所以这对设计调试非常有用。

5. 嵌入式乘法器

现代FPGA器件中另一类专用资源模块是嵌入式乘法器。嵌入式乘法器是高性能逻辑模块,能够完成乘法、加法和累加操作。它们可以替代LUT逻辑来提高设计中的算术性能。这对DSP设计非常有用。某些器件还具有高速收发器。这些I/O结构支持高速协议,传送速率达到每秒百兆位甚至千兆位。较高的传送速率一般用于通信和网络设备中。

6. 时钟

由于FPGA是基于同步寄存器逻辑的,因此,时钟和时钟控制结构是FPGA体系结构的重要组成部分。时钟基本上是高速扇出控制信号,FPGA器件有控制时钟信号应分配到哪里、时钟信号怎样到达目的地的硬件。所有FPGA器件都含有专用时钟输入引脚。

这些引脚接收时钟信号,直接连接至芯片中的其他时钟控制结构。其他引脚可以用做时钟引脚,但信号需要通过其他逻辑结构。当不用做时钟时,时钟输入引脚可以用作标准I/O。

7. FPGA 与 CPLD 的对比

CPLD 和 FPGA 都是由逻辑阵列模块构成的，但是 CPLD LAB 基于乘积和宏单元，而 FPGA LAB 使用基于 LUT 的逻辑单元。CPLD LAB 围绕中心全局互连排列，随着器件中逻辑数量的增加，呈指数增长。

FPGA LAB 以网格阵列排列，随器件密度线性增长。CPLD 互连包括 LAB 本地可编程阵列及中心可编程互连。FPGA 器件包括本地互连，用于各个 LAB，但是和 LAB 逻辑分开，器件还包括行列互连，这些互连跨过阵列中的多个 LAB，以及整个芯片的长宽。

FPGA 器件一般包括专用资源模块用于存储或者 DSP 逻辑。CPLD 不含有这些资源。最后，CPLD 包括片内 EPROM，EEPROM 或者闪存结构，以存储编程和配置信息，这些信息在断电后也不会丢失。FPGA 使用 SRAM 单元进行编程，这种易失编程技术要求器件每次上电时都进行编程。

对基本特性进行对比，是选择使用哪种技术最好的方法。CPLD 性能合适，而 FPGA 速率更高。这两种技术都能够为复杂功能设计提供大量的逻辑。但是，FPGA 由于具有 LAB 网格阵列，逻辑资源更丰富。

Ⅳ 基于可编程器件的系统设计流程

目前，全球最知名的可编程器件生产和开发工具提供商是美国的 Xilinx 和 Altera 公司，基于它们生产的可编程器件的设计方法可以总结为一个简单的设计流程，Xilinx 公司的 ISE 软件和 Altera 公司的 Quartus II 软件是全集成开发工具，完全支持这一设计流程。具体设计流程如下：

(1)进行源文件的编辑和编译。首先需要将设计思路用文本方式或图形方式表达出来，进行排错编译，为进一步的逻辑综合做准备。常用的源程序输入方式有原理图输入方式和文本输入方式。

(2)进行逻辑综合和优化。将源文件经过一系列的操作，分解成一系列的逻辑电路及对应的关系，最终获得门级电路甚至更底层的电路描述文件，即生成与 FPGA/CPLD 基本结构相对应的网表文件。

(3)进行目标器件的布线/适配。在选用的目标器件中建立起与网表文件相符合的基本逻辑电路的对应关系。

(4)目标器件的编程下载。如果编译、综合、布线/适配和行为仿真、功能仿真、时序仿真等过程都没有发现问题，即满足原设计的要求，则可以将布线/适配器产生的配置/下载文件下载电缆载入目标芯片中。

(5)硬件仿真/硬件测试。将下载好程序的 FPGA 放在开发板上进行测试，以验证设计思想与实际电路的偏差。

Ⅴ 基于可编程器件的 EDA 集成开发工具简介

目前比较流行的用于可编程器件的 EDA 集成开发工具主要有 Altera 公司的 Quartus II、Xilinx 公司的 ISE。下面分别进行简要的介绍，有兴趣的读者可以参见相关书籍或者软件指导手册。

1. Quartus II

Quartus II 是由 Altera 公司开发的 FPGA/CPLD 集成开发工具,是 Altera 前一代 FPGA/CPLD 集成开发环境 MAX+plus II 的更新换代产品,它提供了一个与结构无关的设计环境,易学易用。它支持原理图、VHDL 和 Verilog 语言文本输入方式和波形或 EDIF 格式的文件作为输入,且支持这些文件的混合设计。同时,它具有门级仿真器,可以进行功能仿真和时序仿真,能够产生精确的仿真结果。在适配后,系统生成 EDIF,VHDL 和 Verilog 网表文件。其界面的友好和使用的便捷使其被誉为业界最宜使用的 EDA 软件。Quartus II 是 MAX+Plus II 的改进版,并保持了兼容性。

Quartus II 内部嵌有 Verilog、VHDL 和 SystemVerilog 逻辑综合器,具备仿真功能,同时也支持第三方仿真工具,如 ModelSim。Quartus II 编译器包括的功能模块有分析/综合器(Analysis & Synthesis)、适配器(Fitter)、装配器(Assembler)、时序分析器(Timing Analyzer)、设计辅助模块(Design Assistant)、EDA 网表文件生成器(EDA Netlist Writer)、编辑数据接口(Compiler Database Interface)等。图 A.1 给出了 Quartus II 的 GUI 界面。

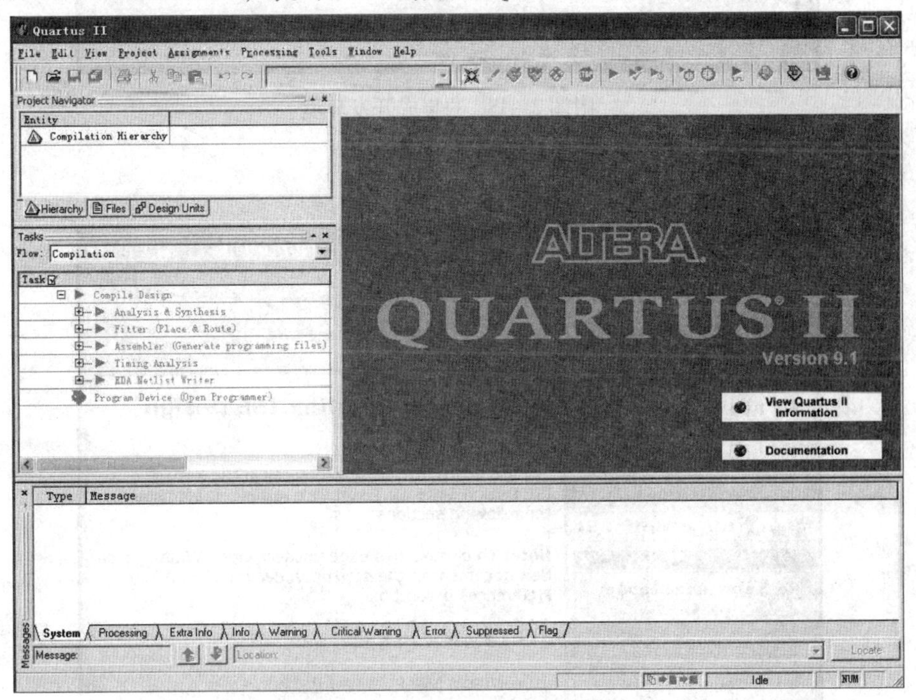

附图 1 Quartus II 的 GUI 界面

2. ISE 和 ModelSim

ISE 是 Xilinx 公司最新推出的基于 CPLD/FPGA 的集成开发软件。它提供给用户从程序设计到综合、布线、仿真和下载的全套解决方案,并且可以很方便地与其他 EDA 工具进行衔接。HDL 逻辑综合可以使用其自己开发的 XST 或 Synplicity 的 Synplify/Synplify Pro 等第三方 EDA 软件。设计仿真通常使用 Model Tech 公司(已被 Mentor 公司收购)的 ModelSim。图 A.2 和图 A.3 分别给出了 ISE 和 Modelsim 集成开发环境。

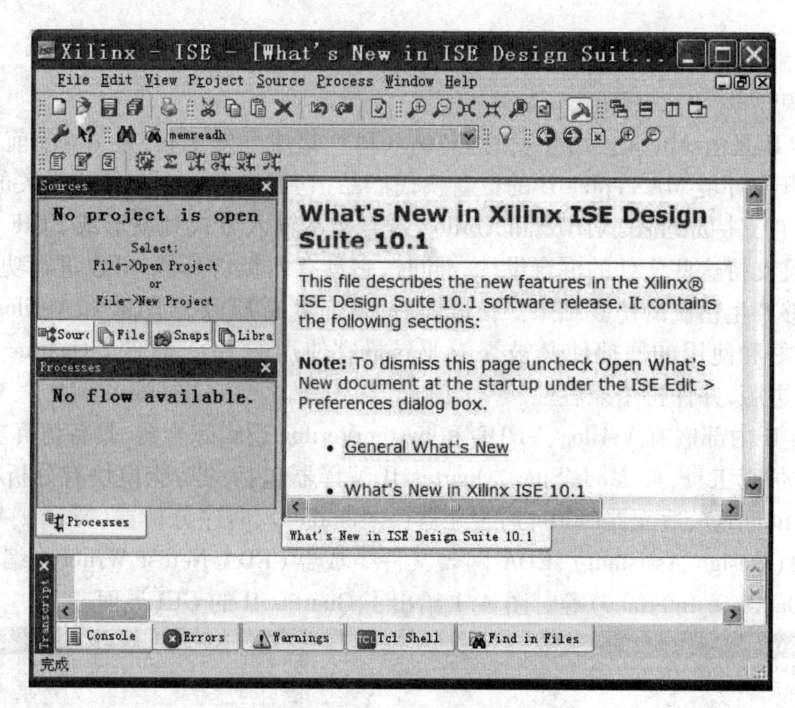

附图 2　ISE 的集成开发环境

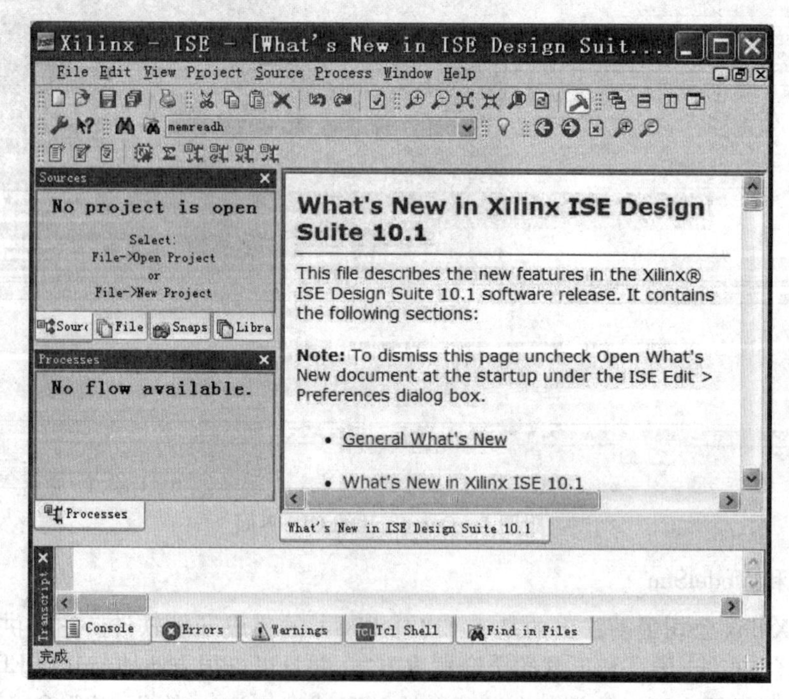

附图 3　ModelSim SE 集成开发环境

以上是对EDA技术的简单介绍,限于本书的篇幅,这里不能详细讲解设计的流程。如要获得详细信息,可登陆相关网站,如www.altera.com.cn;www.xilinx.com。

EDA技术是电子设计领域的一场革命,目前正处于高速发展阶段,每年都有新的EDA工具问世,我国EDA技术的应用水平长期落后于发达国家,因此,广大电子工程人员应该尽早掌握这一先进技术,这不仅是提高设计效率的需要,更是我国电子工业在世界市场上生存、竞争与发展的需要。

参考文献

[1] 白中英. 计算机组成原理[M]. 5 版. 北京:科学出版社,2013.
[2] 潘雪增. 计算机组成与设计[M]. 杭州:浙江大学出版社,2007.
[3] 王爱英. 计算机组成与结构[M]. 3 版. 北京:清华大学出版社,2001.
[4] 蒋本珊. 计算机组成原理[M]. 北京:清华大学出版社,2013.
[5] STALLINGS W. Computer organization and architecture: designing for performance[M]. 5th ed. London: Prentice Hall,2002.
[6] 夏宇闻. Verilog 数字系统设计教程[M]. 3 版. 北京:北京航空航天大学出版社,2013.
[7] 唐塑飞. 计算机组成原理[M]. 2 版. 北京:高等教育出版社,2008.
[8] 徐福培. 计算机组成结构[M]. 3 版. 北京:电子工业出版社,2013.
[9] 薛宏熙,胡秀姝. 计算机组成与设计[M]. 北京:清华大学出版社,2007.
[10] 李伯成. 计算机组成与设计[M]. 北京:清华大学出版社,2011.